高等职业教育"十二五"规划教材
教育部高等学校高职高专汽车类专业教学指导委员会推荐精品课程教材

汽车市场调查与预测

（理实一体化教程）

主编 贾桂玲 胡慧敏

U0654009

上海交通大学出版社
SHANGHAI JIAO TONG UNIVERSITY PRESS

内容提要

    本书从汽车市场调查、预测工作过程出发,根据汽车市场不同角度,选取了汽车销售市场调查、汽车消费市场调查、汽车消费市场预测和汽车服务调研预测四个教学项目。书中以项目为载体,结合了职业资格证书考试的相关要求,重点介绍汽车市场调查预测基本知识、汽车市场调查问题的分析、汽车市场调查预测方案的设计、调查的设计、调查实施、调查资料的分析与预测以及汽车市场调查预测报告的撰写。四个教学项目中的理论知识由浅入深、由简单到复杂,部分内容采用了图表形式表达,易学易懂。

    本书可作为高等职业教育汽车服务与营销专业系列教材,也可用于汽车服务类培训,还可用于汽车服务及管理人员学习参考。

图书在版编目(CIP)数据

汽车市场调查与预测/贾桂玲,胡慧敏主编. —上海:上海交通大学出版社,2014(2017 重印)
理实一体化教程
ISBN 978-7-313-10944-6

Ⅰ. 汽... Ⅱ. ①贾... ②胡... Ⅲ. ①汽车—市场调查—教材 ②汽车—市场预测—教材 Ⅳ. F766

中国版本图书馆 CIP 数据核字(2014)第 051616 号

汽车市场调查与预测

主 编:贾桂玲 胡慧敏	
出版发行:上海交通大学出版社	地 址:上海市番禺路 951 号
邮政编码:200030	电 话:021-64071208
出 版 人:郑益慧	
印 制:江苏凤凰数码印务有限公司	经 销:全国新华书店
开 本:787mm×1092mm 1/16	印 张:17.75
字 数:435 千字	
版 次:2014 年 5 月第 1 版	印 次:2017 年 8 月第 2 次印刷
书 号:ISBN 978-7-313-10944-6/F	
定 价:38.00 元	

前　言

我国的汽车服务业是伴随民族汽车工业的飞速发展,特别是汽车由奢侈品转化为代步工具而兴起并逐步发展繁荣起来的。汽车市场调查与预测是高等职业教育汽车服务类专业核心课程,该课程旨在培养学生对汽车市场信息的收集能力和市场分析能力,以使学生毕业后能够满足汽车营销岗位对职业能力的需求。

本教材是高等职业教育汽车服务与营销专业系列教材,使用对象主要是高等职业教育汽车服务与营销及相关专业在校学生,也可用于汽车服务类培训,还可用于汽车服务及管理人员学习参考。整个教材通篇贯穿现代职业教育教育理念和课程改革的要求,以工作岗位所需的知识和技能为出发点,以工作过程为导向、以项目为载体,结合了职业资格证书考试的相关要求。实训内容贴近工作一线实际,突出了高素质技术技能型人才培养特点,使学生在完成工作任务的过程中达到知识和能力培养的目标。

本教材摒弃了传统教材篇章结构的编写形式,采取项目和任务的格式与体例,并且在教材正文前面加入了课程的整体设计。项目前设有的"项目理解"栏目,对每一个工作任务进行了说明,以帮助学生加深对该部分内容的认识与理解。在工作任务前设有情景描述、任务剖析和任务载体,对工作任务的执行做出了专门说明。知识融入在每个工作任务中,并且设计了学习案例、资料参考。知识内容主要包括汽车市场调查预测基本知识、汽车市场调查问题的分析、汽车市场调查预测方案的设计、调查的设计、调查实施、调查资料的分析与预测以及汽车市场调查预测报告的撰写。每个工作任务相关知识之后都设有任务回顾和任务实施步骤,便于学生进行检查对照。思考与训练部分突出了工作现场的实践性,有利于学生的学习和技能训练。拓展提高栏目则为学生学习提高提供了更多的案例和素材。另外,教材中相关知识栏目加入了一些鲜活的案例和参考资料,使整个教材显得生动活泼。

本教材吸收了国内外汽车服务行业教育培训的最新理念和行业发展的最新成果,部分内容采用了图表形式表达。全书行文简洁、要点突出、易学易懂。期望此书的出版能为我国高等职业教育汽车服务类专业学生的学习提供便利,为全国的职教同行提供启示和帮助。

本教材由贾桂玲、胡慧敏担任主编,赵章彬、张振英担任副主编,其中,胡慧敏主要负责了项目一汽车销售市场调查的编写;贾桂玲、赵章彬主要负责了项目二汽车消费市场调查的编写;贾桂玲、张振英主要负责了项目三汽车消费市场预测的编写;田春林主要负责了项目四汽车服务调研预测的编写。胡国权、孙江波、刘奎英负责了企业调查预测工作程序部分的审核,并提供部分调查参考资料。全书由贾桂玲负责审稿。

本教材在编写过程中参考和引用了国内外相关资料,在此对相关作者表示衷心的感谢,也向为本书付出辛勤劳动的各位编者表示感谢,同时,欢迎读者提出宝贵意见。

由于编者水平有限,书中存在的疏漏和错误之处,敬请读者指正。

编　者

2014 年 1 月 27 日

目　　录

▶ 项目一

汽车销售市场调查

任务一 汽车市场调查基本知识
任务二 汽车市场调查与预测的程序和内容分析
任务三 确定调查课题
任务四 汽车市场调查与预测方案的设计
任务五 汽车市场调查问卷的设计
任务六 问卷整理分析
任务七 调查报告的撰写

❓ 学习目标

通过本项目任务的学习,你将在了解汽车市场调查和预测基本知识的前提下,掌握简单的汽车销售市场调查与预测的流程和内容。

☆ **期待效果**

通过汽车销售市场调查项目的模拟实践,学会在现实中科学、合理地进行汽车销售市场调查项目。

📔 项目理解

管理的重点是经营,经营的核心是决策,决策的基础是调查与预测。汽车市场调查与预测是汽车企业取得良好经济效益的保证,只有恰当地掌握并运用好汽车市场调查与预测的方法,才能更好地获得准确的信息资料,使汽车市场调查与预测真正成为汽车企业制定市场营销决策的重要依据。

本项目以汽车销售市场调查为载体,熟悉并掌握比较简单的汽车市场调查和预测工作如何开展,并为以后的学习奠定基础。

任务一:充分认识汽车市场调查和预测对企业发展的重要性,才能树立调查和预测的意识,为以后进入汽车及相关企业工作打下良好的基础。

任务二:充分了解汽车市场调查的类型、内容,熟练掌握汽车市场调查与预测的基本程序,以便于项目的正确开展。

任务三:在进行正式的汽车市场调查与预测之前,与委托调查一方沟通调查想要解决的生产、经营或管理中的问题,从企业内外获得大量的信息,确定调查课题是非常重要的。

任务四:汽车市场调查是一项复杂的、严肃的、技术性较强的工作,为了圆满完成调查任务,事先制定一个科学、严密、可行的调查方案是十分重要和必要的。

任务五:采用问卷进行市场调查可以为有效地收集和测定市场特征资料,提供良好的技术手段,因此问卷被广泛应用于汽车市场调查的诸多方面。

任务六:汽车市场调查问卷的整理分析是汽车市场调查的收获阶段,将收集到的问卷按照科学的流程进行整理,并且按一定的方法进行分类、计算、分析等,使之成为适用的信息资料,为企业的经营管理决策提供依据。

任务七:汽车市场调查是整个营销工作的开端,它指引着其他营销工作的方向和进程,起着举足轻重的作用,然而市场调查结果的表述是市场调查与其后的营销工作的衔接点,准确地说调查部门在整个调查活动所得到的信息是通过调查报告传递给其他相关部门(营销决策者或管理决策者),从而进一步开展营销策划等工作的。按照正确的内容和格式撰写汽车市场调查报告是非常重要的。

任务一　汽车市场调查基本知识

知识目标

- 了解汽车市场调查和预测的概念、特点。
- 了解汽车市场调查与预测的发展历程。

能力目标

- 能够意识到调查和预测对汽车市场发展的重要作用。
- 能够举一些汽车销售市场调查和预测的例子。
- 持续关注汽车市场调查和预测的各种动态,并在以后的工作中具有调查和预测意识。

情境描述

这部分情境的设计主要是通过一个案例来引起学生们对汽车销售市场调查和预测的重视,再结合学习汽车市场调查和预测的基本知识,培养调查和预测意识。

任务剖析

充分认识汽车市场调查和预测对企业发展的重要性,才能树立调查和预测的意识,为以后进入汽车及相关企业工作打下良好的基础。

任务载体

1964年,著名的汽车大王李·艾柯卡,为福特汽车公司推出的新产品"野马"轿车取得了轰动一时的成功,两年内为福特公司创造了11亿美元的纯利润。在不到一年的时间里,野马汽车风行整个美国,各地还纷纷成立野马车会。为什么野马汽车如此受人欢迎呢?这与独特周密的营销计划是分不开的。李·艾柯卡在仔细分析了市场状况之后,制定了一整套推出野马汽车的营销策略,令人瞠目结舌的销售业绩也使他获得了"野马之父"的称号。

　　1962年,李·艾柯卡就任福特汽车公司分部总经理后,便策划生产一种受顾客欢迎的新车,这一念头是他对整个汽车市场营销环境做了充分调查研究之后产生的:第一,福特公司的市场调查人员通过调查得知:第二次世界大战以后,生育率激增,当时几千万的婴儿都已成长为大人,今后10年的人口平均年龄要急剧下降,20多岁的年龄组要增长一半,18～34岁的年轻人渴望占到新车购买者的一半。根据这一消息,他预见,今后10年的汽车销售量会大幅度增长,对象就是年轻人。第二,李·艾柯卡的职员通过调查发现:随着受教育程度的提高,消费模式也在改变,妇女和独身者顾客数量增加,有两辆汽车的家庭越来越多,人们愿意把更多的钱花在娱乐上。人们正在追求一种样式新颖的轻型豪华车。第三,李·艾柯卡在欧洲了解福特汽车公司生产的"红雀"牌汽车销售情况时,发现"红雀"太小了,没有行李箱,虽然省油,但外形不漂亮,如不尽快推出一种新车型,公司就有可能被对手击败。于是,根据以上市场调查的结果,李·艾柯卡提出了一个目标市场,适合这个市场的车应当是:车型要独树一帜,容易辨认;为便于妇女和新学驾驶汽车的人购买,要容易操纵;为便于外出旅行,要有行李箱;为吸引年轻人,外型要像跑车,而且要胜过跑车。

　　在做了充分的市场调查以及其他工作后,野马汽车获得了巨大的成功。从李·艾柯卡的调查中我们得到了什么启示?

相关知识

1.1　汽车市场调查与预测相关概念及知识

1.1.1　汽车市场

　　过去的20世纪已经无可争议地成为"汽车世纪",在这一世纪迅速崛起的国家(如美国、日本、德国、韩国、巴西等)都是因为他们国内的汽车行业的快速发展而获得成功的,这些国家的汽车市场已经日趋成熟。

　　中国的汽车工业起步较晚,汽车市场的发展也经历了一个由慢到快的过程。入世后,中国汽车业的发展历程,可以说是中国汽车业迅速成长的10年。入世后,中国汽车市场空前活跃,汽车行业得到了前所未有的跨越式发展。另一方面,"入市"后的中国市场竞争日益激烈,在变幻莫测的销售市场,做好市场的调查与预测是具有相当重要意义的。

1.1.2　汽车市场调查

　　汽车市场调查,是以提高营销效益为目的,运用科学的手段与方法,有计划、有目的、有系统地收集、整理和研究分析汽车及相关市场的信息资料,并提供各种市场调查数据资料和各种市场分析研究结果报告,为企业市场预测和经营决策提供依据的活动。

　　汽车销售市场调查,它涉及对企业销售活动进行全面审查,包括对销售量、销售范围、分销渠道等方面的调查,顾客的需求调查(包括需要什么、需要多少、何时需要等),产品的市场潜量、市场占有率的变化情况,都是销售调查的内容。销售调查还应该就本企业相对于主要竞争对手的优劣势进行评价。

1.1.3　汽车市场预测

市场预测,是运用各种信息资料和数学方法,通过分析研究,测算未来一定时期内市场需求与供应的变化趋势,从而为生产和流通部门(或企业)确定计划目标,进行销售决策提供科学依据。针对汽车及相关市场的预测主要是汽车市场预测。

1.1.4　汽车市场调查与预测的意义

市场是企业经营的起点、是商品流通的桥梁,市场调查是市场营销活动中的一个重要要素,它把消费者、客户、公众和营销者通过信息联系起来。这些信息的主要职能是识别、定义市场机会和可能出现的问题,制定、优化营销组合并评估其效果。市场调查的主要对象是消费者,即那些购买商品和消费商品的个人或组织。通过调查了解特定时间、特定地域范围内,消费者群体有关购买和消费商品的各种事实、意见以及动机。

汽车市场运行规律比较复杂,市场需求经常出现波动,会经常向汽车生产、流通企业反馈一些虚假信息,为汽车营销工作带来了许多困难。因而在加强研究汽车市场运行规律的基础上,做好预测工作对于提高市场营销水平具有重要的现实意义。

资料 1-1　华晨金杯——高档 MPV 市场调研

目前国产 MPV 形成了五大细分市场,在 25W 以上的高端 MP 市场,目前通用 GL8 一家独大。如何更好地进入这一细分市场,是华晨金杯急需解决的问题。

华晨金杯委托北京华经纵横咨询有限公司进行这项专项调研项目。

资料来源:中国产业竞争情报网　2012-07-04

汽车市场调查与预测的意义主要有:

(1) 有利于汽车及相关企业制定战略及策略。调查能够获取汽车及相关市场系统的、客观的数据、信息,通过分析、预测,明确市场现状及其未来状况,为汽车企业营销策略的制定打好基础,从战略高度上,汽车市场调查与预测也是汽车企业制定战略的依据。

(2) 有利于充分了解和发现市场需求。随着我国经济的高速发展以及汽车在家庭中的普及,汽车的作用由原来的炫耀品、奢侈品逐渐变为代步工具,汽车市场需求也同其他商品一样发生着变化,汽车市场的调查预测为发现新的市场需求提供了保证,更好地指导汽车的生产、销售和服务。

(3) 有利于发现汽车市场的发展机会。通过汽车市场调查,从宏观上了解经济、国家政策和法律法规、社会文化等变化对汽车企业发展的影响,预测未来经济走向,抓住发展机会。

(4) 有利于参与市场竞争。调查预测使得汽车企业做到知己知彼,在竞争中才能立于不败之地。

(5) 汽车及其相关企业取得良好效益的保证。

案例 1-1

丰田进军美国

1958 年,丰田车首次进入美国市场,年销量仅为 288 辆。丰田进入美国的第一种试验型客车,是一场灾难,这种车存在着严重的缺陷:引擎的轰鸣像载重卡车,车内装饰粗糙又不舒服,车灯太暗不符合标准,块状的外型极为难看。并且该车与其竞争对手"大众牌甲壳虫"车1600美元的价格相比,它的2300美元的定价吸引不了顾客。结果,只有5位代理商愿意经销其产品,而且在第一个销售年度只售出288辆。1960年,美国汽车中心底特律推出了新型小汽车Falcom、Valiant、Corvair与"甲壳虫"竞争,尽管丰田公司并非底特律的竞争对手,但由于美国方面停止进口汽车,迫使丰田公司进行紧缩。

面对困境,丰田公司不得不重新考虑怎样才能成功地打进美国市场。他们制定了一系列的营销战略。其中最重要的一步就是进行大规模的市场调研工作,以把握美国的市场机会。

调研工作在两条战线上展开:①对丰田公司对美国的代理商及顾客需要什么,以及他们无法得到的是什么等问题进行彻底的研究;②研究外国汽车制造商在美国的业务活动,以便找到缺口,从而制定出更好的销售和服务战略。

丰田公司通过多种渠道来搜集信息。除了日本政府提供信息外,丰田公司还利用商社、外国人及本公司职员来收集信息。丰田公司委托一家美国的调研公司去访问"大众"汽车的拥有者,以了解顾客对"大众"车的不满之处。这家调研公司调查了美国轿车风格的特性、道路条件和顾客对物质生活用品的兴趣等几个方面。从调查中,丰田公司发现了美国市场由于需求趋势变化而出现的产销差距。

调查表明,美国人对汽车的观念已由地位象征变为交通工具。美国人喜欢座位下有伸脚空间、易于驾驶和行驶平稳的美国汽车,但希望在购车、节能、耐用性和易保养等方面能使拥有一辆汽车所花的代价大大降低。丰田公司还发现顾客对日益严重的交通堵塞状况的反感,以及对便于停放和比较灵活的小型汽车的需求。

调查还表明,"大众甲壳车"的成功归因于它所建立的提供优良服务的机构。由于向购车者提供了可以信赖的维修服务,大众汽车公司得以消除顾客所存有的对买外国车花费大,而且一旦需要时却经常买不到零配件的忧虑。

根据调查结果,丰田公司的工程师开发了一种新产品——皇冠牌(Crown)汽车,一种小型、驾驶和维修更经济实惠的美国式汽车。

经过不懈努力,到1980年,丰田汽车在美国的销售量已达到58000辆,两倍于1975年的销售量,丰田汽车占美国所进口的汽车总额的25%。

资料来源:北京弘业百成管理咨询有限公司官网

1.1.5　汽车市场调查与预测的特点

1.1.5.1　市场调查的特点

1. 全过程性

市场调查是对市场状况进行研究的整体活动,它不仅仅是纯粹对市场信息资料进行收集的过程,而是包括信息识别、收集、分析和传递的全部过程,这一过程的每一阶段都关系重大。首先要界定调查课题,决定需要什么信息;其次是确定有关信息的来源,并且评估数据收集方法的有效性,力争使用最适宜的方法采集数据,分析和解释这些数据并提出建议;最后,将调查的发现与结果传递给管理层,管理层根据这些信息做出决策,并付诸实施。

2. 目的性

市场调查是有目的的,任何调查本身都不是目的,而是一种了解市场特征、掌握市场变动趋势的手段。市场调查的最终目的是为有关部门和企业进行预测和决策提供科学的依据,使企业能够更好地满足消费者的需求并在竞争中获胜。所以说市场调查是一个项目非常明确的工作,必须有组织、有计划、有步骤地进行。因此,每次市场调查都要事先定好调查的范围和所要达到的目标。

3. 系统性

市场调查的每一个阶段都要制定系统的计划。每个阶段所采用的程序应尽可能在方法上是可靠和完整的。这些程序要预先设定、有案可查并相互关联,数据的收集与分析是为了检验预定的观念和设想,所以,市场调查要采用科学的方法。

4. 实践性

市场调查是一项离不开实践的工作,调查工作人员必须深入实践才能搜集到全面、具体和时效性强的调查资料。调查人员通过对调查资料的分析,从中得出富有行动意义的结论,为企业管理部门进行决策提供依据,并指导企业的实践,更好地组织市场营销工作。企业决策是否得当,还需要通过各种市场信息的反馈,接受实践的检验,而这种反馈信息也要依靠市场实地调查才能得到。

5. 客观性

市场调查是为了提供反映真实情况的准确无误的信息,市场调查应不偏不倚、不折不扣、不允许掺杂有调查人员或管理层的任何个人偏见。可以说市场调查的相关人员就好比是一个法官,要公正、客观。

6. 不确定性

市场调查不能确保企业预测和决策一定能成功,不能认为搞了市场调查就万事大吉了,由于市场是一个受众多因素综合影响和作用的场所,市场调查有可能只掌握部分信息或者有许多资料在调查时被忽视了,即使获得的资料完整,也可能具有某种不确定性,这是市场调查中应该注意的。

7. 相关性

市场调查一般均以某种产品的营销活动为中心展开具体的调查工作,因此,与产品的营销业务直接有关,这是市场调查的相关性。它为产品的营销提供各种有关市场和市场环境的信息,并对消费者的需求变化和潜在市场的变化趋势进行预测,直接指导企业的营销活动。

1.1.5.2　市场预测的特点

1. 延续性

由于市场经济发展过程中,经济变量遵循的发展规律常常表现出延续性,就是说过去和现在的经济活动中存在的某种发展规律会持续下去,并适用于未来。经济发展过程中的这种延续性,规定了经济预测工作的延续性。

2. 相似性

在市场经济发展过程中,不同的(一般是指无关的)经济变量所遵循的发展规律有时是相似的,即具有一定的相似性,这就决定了我们预测工作中的相似性。可以利用这种相似,由已知的经济变量发展规律类推出未知变量的未来发展。

3. 相关性

在市场经济发展过程中,一些经济变量之间往往不是孤立的,而是存在着相互依存的因果关系,即经济变量之间存在着一定的相关性。利用经济变量之间的这种相关性,我们可以通过对一些经济变量的分析研究,找出受这些变量影响的另一个(或一些)经济变量发展的规律性,从而做出预测。因果关系预测就是基于相关性这一特性。

4. 统计规律性

在市场经济发展过程中，对于某个经济变量所做的一次观察的结果往往是随机的，但多次观察的结果却具有某种统计规律性，经济变量的这种统计规律性是应用概率论及数据统计的理论和方法进行经济预测的基础。

在市场经济发展过程中，经济变量发展的规律性、经济变量的关系是极其复杂的，经常是多种规律同时起作用，这就决定了市场预测工作的复杂性，常常要同时综合考虑各种情况进行市场预测。

1.1.6 汽车市场调查与预测的发展

1.1.6.1 市场调查与预测是商品经济的产物

市场调查与预测作为一种经商之道和经营手段，是伴随着市场经营活动的产生而出现的。商品生产、经营者要销售自己的商品，实现商品的价值，就必须了解市场的状况和发展趋势。

据记载，早在古希腊，有个名叫塞利斯的哲学家，就很注意市场调查和预测。有一年，他根据天气情况预测到油橄榄会大丰收，可别人对他的预测都不相信。塞利斯于是把榨油机都买下来，结果这年的油橄榄果真大丰收。第二年，塞利斯以高价出租榨油机，赚了不少钱。他说他这样做主要不是为了赚钱，而是借此惩罚那些不相信市场调查与预测的人。我国古代的一些著名的经商大家对市场调查与预测也有论述。如春秋时期的陶朱公范蠡提出，"论其有余不足，则知贵贱，贵上极则反贱，贱下极则反贵。"这是从对市场供求的调查分析，判断和预测价格的涨落，并揭示了供求与价格之间的关系及运动规律。他主张谷贱时由政府收购，谷贵时平价售出。他又说："旱则资舟，水则资车"，"知斗则修备，时用则知物"，即根据外部环境和生产变化决定什么时候供应和供应什么。这些均显示出范蠡已经注意运用市场调查与预测，为调控市场和营销决策提供依据。但是，这种早期的市场调查与预测，在很大程度上是一种实践经验的积累，是局部的、零星的，并带有较大的随意性。

有组织并系统的进行市场调查与预测是在资本主义生产方式占主导地位以后出现的。其例证是发生在 18 世纪中叶的某些美国农业机械生产商所作的市场调查与预测。他们向全美范围的农业官员和报纸广泛发信，征询各地区的农作物生产信息，以及相关的天气、土壤和其他有关信息。这些信息被用来估计对农业机械设备的需求。

1.1.6.2 市场调查与预测学科发展的三个阶段

市场调查与预测作为一门学科，是从 20 世纪才开始建立和完善起来的。其发展过程大致可以分为 3 个阶段。

1. 开拓和建立阶段

从 20 世纪初至 20 世纪 30 年代是这门学科的开拓和建立时朗。证据显示，在美国，从 1907—1912 年间，存在着数家类似市场调查的企业。在此同时期，哈佛商务学校创建了商务调查所。西北商业学校则在 1918 年创建了所属的商务调查所。首批论及市场调查问题及其过程的书也在此时发表。随着经济计量学的发展，科学的市场预测也在这一时期得到发展，美国的穆尔在 1917 年发表的《棉花收获量和价格预测》一文即是证明。一些公司开始配备专职商务调查人员，并开始应用市场调查和预测技术。比如美国纽约的柯蒂斯出版公司在 1919 年，应用市场调查技术，系统的搜集、记录、分析各种读者的习惯和爱好，以及和人口统计有关的资料,作为公司出版业务的依据获得很大成功。在 1937 年,由美国市场营销协会资助的出版物《市场调研技术》问世。同年由罗纳德出版公司出版,布朗编著的题为《市场调研与分析》一书,成为第一本被广泛使用的有关市场调查方面的教材。

2. 巩固提高阶段

从 20 世纪 30 年代末到 20 世纪 50 年代初是这门学科的巩固提高阶段。直至 20 世纪 30 年代中期,大多数与介绍统计有关的课程中,均局限于平均数、长期趋势等内容。30 年代末和 40 年代初,样本设计技术获得很大进展。这一突破促进了市场调查在业务应用和学校教学中的整体质量的提高。

3. 大发展阶段

20 世纪 50 年代以后是这门学科的大发展阶段。第二次世界大战结束以后,科学技术的突飞猛进和管理技术的日趋完善,促进西方主要资本主义国家的劳动生产率大大提高,经济发展迅速。加上一些国家实行高工资、高福利、高消费政策,促使市场空前繁荣,并出现了前所未有的买方市场。在买方市场条件下,买方竞争日益加剧,顾客逐渐成为市场的主导方。企业的经营观念开始从生产导向转为市场消费需求导向,开始更加重视对市场的调查与预测。对市场调查与预测的普遍重视和广泛应用,又反过来促进了学科的大发展。除了政府设有市场调查与预测机关外,大多数企业也设有相应的机构。很多大专院校把市场调查与预测作为重要课程。有关市场调查与预测的书籍、教材、报纸、杂志得到大量出版发行。市场调查与预测的理论、方法、技术越来越高级化、系统化、实用化。至今,它们还在继续发展之中。

1.1.6.3 市场调查与预测在中国的发展

市场调查与预测在中国的发展经历了一个曲折的过程。中华人民共和国成立后,尽管客观上对市场的调查、分析、研究、预测工作从来没有停止过,但在党的十一届三中全会以前,由于受到"左"的思想影响,限制甚至否定商品经济,把计划与市场对立起来,以指令性计划和行政命令为主要手段实行直接管理。企业无须了解市场,从而不存在市场调查与预测机构,不存在应用市场调查与预测技术的问题。高等学校中不存在市场调查与预测的课程,更谈不上市场调查与预测学科的建设。当时对市场的调查、研究、分析、预测工作,范围狭窄,领域有限,更多地表现为在行政指令下进行的带有统计特征的资料收集、汇总、分析工作,其功能仅局限于为政府提供某种信息资料。

随着经济体制改革的深入,特别是社会主义市场经济体制的确定,企业作为独立的商品生产经营者地位的确立,国家主要以经济手段对企业实行间接管理,以及市场供求格局的根本好转,卖方市场逐步向买方市场转化,卖方竞争日益激烈,企业开始确立以市场为导向的市场营销观念,开始重视市场信息,从而为市场调查与预测的发展提供了必要的环境条件。

党的十一届三中全会以后,市场调查与预测在中国进入大发展时期。不但越来越多的高等院校开设这门课程,各类出版物相继问世,市场调查与预测的理论、技术不断完善,而且越来越多的企业开始重视,并应用这门技术。

2004 年以后,中国的汽车市场开始进入买方市场,汽车市场竞争空前激烈,这为市场调查与预测在我国汽车行业的发展带来了契机。各类市场调查与预测公司纷纷建立,企业也纷纷建立相应机构或配备专职人员。更为令人喜悦的是,作为一门学科,它已从 20 世纪 70 年代末、80 年代初的从西方引进、介绍阶段,开始进入大规模的应用阶段,并逐步朝向结合中国特点,形成具有中国特色的市场调查与预测的理论、方法、技术发展。

1.1.6.4 市场调查与预测的未来

由于市场调查与预测在制定营销策略中的重要作用,在未来的一段时间内市场调查与预测将会在数量上和质量上都得到极大的提高。与此同时,随着信息产业的飞速发展,一些区别于以往的调查方法也会被广泛使用,调查的范围也将快速地扩展到一些非营利组织和政府服务部门。几乎所有的企业都会有属于自己的市场调查部门,同时更多、更专业的市场调查与预测公司将纷纷涌现。值得一提的是,市场调查与预测的未来将会由于互联网这种工具,而以前所未有的速度发展,这主要是因为互联网会在市场调查与预测的许多领域得到广泛应用,并可以使一些工作的效率更高。

任务回顾

1. 根据案例引出调查和预测在汽车销售市场中的重要作用。
2. 通过知识的学习,再次回顾总结案例的内容,谈谈个人的认识。

任务实施步骤

(一)任务要求

理解调查和预测在汽车销售市场的重要作用

(二)任务实施的步骤

(1)通过任务中的引入案例体会调查与预测对汽车市场发展的重要作用。
(2)学习汽车市场调查与预测的相关知识。
(3)再次阅读任务中的引入案例,谈谈自己的认识。

思考与训练

1. 汽车市场调查与预测的概念是什么?
2. 汽车市场调查与预测的作用是什么,请举例说明。
3. 模拟实践训练:将本班同学分成若干个小组,小组内部自行搜集本地区某汽车品牌的销售资料,谈谈此汽车品牌的发展前景。

拓展提高

案例

新 华 信

新华信是中国领先的营销解决方案和信用解决方案提供商。1992年末,新华信在北京成立,率先在中国开展市场研究咨询服务和商业信息咨询服务,并于2000年推出数据库营销服务。迄今,新华信已发展为中国领先的营销解决方案和信用解决方案提供商。

早在1994年,新华信就开始通过市场研究和咨询服务协助汽车厂商开拓市场。10多年来,新华信已经成为汽车市场研究和营销咨询服务最领先的公司。

2005 年,整合汽车市场研究和营销咨询服务、客户信息管理服务、直复营销服务,推出了汽车营销解决方案,致力于通过信息、服务和技术的整合向汽车厂商提供全面的营销服务,协助汽车厂商进行准确的产品定位,确定目标市场并进行有效的营销推广,成功开拓市场和发展持久、盈利的客户关系。

1. 推出不同的适销产品

新华信提供的产品较多,提供与汽车产品有关的各种研究和咨询服务协助汽车厂商推出针对不同用户群体的合适产品。这些研究和咨询服务包括市场细分与评估、竞争产品研究、产品定位研究、产品概念测试、产品测试、产品上市策略、产品投放与跟进咨询、产品竞争力研究、定位诊断等。提供的车型测试服务、上市验证研究尤其受到汽车厂商的欢迎。

2. 规划和管理渠道

新华信是国内最大的汽车汽车渠道管理解决方案提供商,他们帮助厂商规划渠道网络、制定渠道服务标准,提供针对渠道考核和能力提升的客户满意度研究、神秘顾客研究、飞行检查和客户满意度管理解决方案,以及经销商能力评估与提升、网络分析管理解决方案,经销商销售明检与经销商满意度研究,通过这些产品和服务,用心致力于帮助厂商提高渠道服务能力,持续提升市场竞争力,协助汽车厂商提高经销商的客户服务能力和水平,从而提高客户的满意度。

3. 渠道运营能力提升

新华信的渠道运营整体解决方案可以协助汽车厂家树立渠道运营标准、缩短新店成长周期,提升销售/售后运营能力,打造新产品营销能力。同时提供活动策划、组织服务,满意度改善提升等八大类专项提升服务。

4. 促进品牌提升

品牌解决方案通过品牌检核及诊断、品牌战略规划、品牌战略实施方案等协助汽车厂商制定持久的品牌战略和有效的实施方案。同时也提供广告测试与效果评估协助厂商制作优秀的品牌广告并评估品牌广告的效果。

5. 挖掘和发现更多商业机会

新华信汽车商业决策解决方案部和商业智能部,是中国汽车咨询行业唯一的一支成规模、成建制、业务范围涵盖企业数据应用全生命周期的营销咨询服务团队。提供客户数据挖掘与分析服务,协助汽车厂商把握客户行为、细分市场和客户、挖掘销售机会。数据整合服务协助汽车厂商整合来自不同部门、不同时间的客户和潜在客户数据,藉此使汽车厂商拥有统一的、全面的和准确的客户数据库,提高汽车厂商的一对一营销能力和客户关系管理能力。

6. 改善中国汽车售后服务

新华信基于自身行业认知、汽车售后服务管理专家团队方法,结合近年来同各品牌共同探索研究的项目,形成了对中国汽车售后服务提升改善的多种服务方案。

通过对汽车厂商所处发展阶段(如成长期、成熟期、变革期)、不同阶段的核心目的(满意度、盈利、持续竞争力提升)、工作目标对象(经销商、客户、内部管控)和改善意图(执行力、工具方法、意识)等多个维度的分析,获得准确的改善定位和导向,使用不同的咨询研究产品组合,构成整体解决方案。

问题:(1) 为什么新华信能够在中国汽车产业取得如此大的成就?

(2) 请结合调查和预测在汽车市场的作用谈谈你的想法。

任务二　汽车市场调查与预测的程序和内容分析

知识目标

- 掌握汽车市场调查的类型。
- 掌握汽车市场调查与预测的基本程序。
- 了解汽车市场调查与预测的原则。
- 熟悉汽车市场调查的内容。

能力目标

- 能够与顾客沟通所做调查的内容。
- 能够判断所接调查项目的类型。
- 能够按照规定流程进行汽车市场的调查与预测。

情境描述

汽车销售市场调查的类型和内容很多,要根据企业决策的具体情况来选择合适的调查类型和内容;具体调查项目执行时也必须按照汽车市场调查与预测的基本程序进行,才能确保项目进行的科学性。

任务剖析

充分了解汽车市场调查的类型、内容,熟练掌握汽车市场调查与预测的基本程序,以便于项目的正确开展。

任务载体

2004—2005 年度中国汽车市场调查过程说明

受主办单位委托,新生代市场监测机构有限公司担任了 2004—2005 年度中国汽车市场调查的实施工作,对中国汽车市场进行了综合调查,负责研究的设计、执行和报告撰写等工作。十分感谢主办单位的各位领导对新生代的信任和认可。本次调查主要针对用车满意度、品牌特征、车型评价、购车行为特征等四个思维度,设置了 40 个方面的问题,进行了较为全面的考察。

新生代是一家 1998 年成立的专业市场研究机构,目前以北京为总部,并在上海、广州设立了办事机构,综合实力处于行业 TOP10 行列,总体人员规模在 200 人左右。新生代自 1997 年开始,与英国市场研究局合作的,针对中国大陆大众人群进行的"中国媒体与市场研究"、以及随后开展的媒介研究、行业客户的委托研究在行业内处于领先地位。

2004 年,新生代着手针对中国"新富"人群进行连续性的跟踪研究。该研究涉及全国 12 个经济比较发达,具有良好消费能力的城市,每年针对 10 000 个高收入群体进行连续调查,从而填补了市场研究行业相对缺少针对该类人群的连续研究数据资料。该项目不仅仅是简单围绕着汽车、房产、旅游、珠宝、数码消费等各品类产品的消费、品牌进行研究,同时还结合该类人群的媒体消费习惯、生活形态、生活方式进行全方位的挖掘,其研究成果将对客户连续审视特定市场、并进行整合营销具有良好的参考价值。

　　2004年,新生代机构专门成立了汽车研究部,借助强大优势的基础数据平台基础上,整合"北上广"三地多年来的外部和内部资源,提供客户更加全面和领先的研究服务。该部门从行业高度自主进行长期的行业动态跟踪,拥有实时更新的国内汽车行业基础信息库。新生代的长远目标是:协助客户完善调查过程,全面支持客户的营销调查平台,从而建立长期的战略性合作伙伴关系。从研究领域上,新生代全面开展了行业、消费者、特定市场等三个领域的研究工作。其中,针对消费者研究则按照汽车产品从研发到上市的各个环节,根据客户的需求提供全面的研究服务,具体包括:新车概念测试、汽车诊所研究、市场细分研究、消费者购买决策研究、汽车品牌研究、经销商满意度研究、新车用户研究、用户满意度研究等等。而特定市场研究则包括:商务市场研究、二手车市场研究、出租车市场研究等等。

　　目前,互联网的作用和价值越发凸显,这已经成为不可争论的事实。互联网作为汽车厂商的信息发布平台、广告平台、用户资源的整合平台等越来越受到厂家的重视,也越来越受轿车用户的欢迎。根据研究,互联网已经成为汽车目标消费群体重要的汽车相关信息的获取途径。新生代最近针对互联网与汽车行业、汽车消费之间的内在关系与价值进行了深入分析,并认为互联网也将会成为汽车行业领域进行市场研究重要工具之一。新浪网作为新生代机构的重要合作伙伴之一,在本次项目中与新生代共同承担了数据采集工作当中的网络采集部分,并取得了良好的效果。

　　在本次调查中,新生代根据在汽车行业的调查经验,针对汽车这一种特殊的消费品,在实施调查的时候综合使用了实地、电话、杂志夹寄、网络调查及专家访问等方式,新生代与新浪网并共同对网络调查的质量进行了控制。

　　通过实地调查、电话调查、杂志夹寄以及新浪网上调查共获得获取53 098份有效样本。所有有效样本经过严格审查,均为本次调查的目标受访者。在调查结束后,新生代公司在各协会的支持下又针对调查结果对数十位专家进行了访问,保证了本次调查的专业性和准确性。

资料来源:搜狐汽车 2010.2005-09-28

相关知识

1.2　汽车市场调查与预测的程序

1.2.1　汽车市场调查的类型

过去从各种角度分类,将市场调查区分为不同的类型,有利于市场调查作全面系统的理解,也有利于市场调查实践中明确调查目的和确定内容。

1.2.1.1　根据购买商品目的分类

根据购买商品的不同,汽车市场调查可分为汽车消费者市场调查和产业市场调查。

　　(1)汽车消费市场的购买目的是为了满足个人或家庭的生活需要。消费者市场是最终产品的消费市场,是社会再生产消费环节的实现。消费者市场数量的目的主要是了解消费者需求数量和结构及变化。而消费者的需求数量和结构的变化受到多方面因素如人口、经济、社会文化、购买心理和购买行为等影响。对消费者市场进行调查,除直接了解需求数量及其结构外,还必须对诸多的影响因素进行调查。

(2)产业市场也称为生产资料市场,其购买目的是为了生产出新的产品或进行商品转卖。产业市场是初级产品和中间的消费市场,涉及生产领域和流域。产业市场主要是对市场商品供应量、产品的经济寿命周期、商品流通渠道等方面的内容进行调查。

资料 1-2 重点汽车企业营销体系调研项目

企业的组织架构是一种决策权划分及各部门分工协作的职责区分体系。就企业组织架构的形式而言,分为直线制、职能式、事业部制、矩阵制等形式。

为进一步整合市场及内部资源、提高公司运作能力及效率,北汽福田基于业务结构进行了优化调整,营销公司对于组织架构的调整也势在必行。

为此,北京华经纵横咨询公司受北汽福田营销公司委托,就重点关注的汽车销售企业营销体系进行调研。

资料来源:中国产业竞争情报网 2011-12-29

1.2.1.2 按调查范围分类

按调查范围不同,市场调查可分为需求调查和供给调查。

(1)需求调查是对市场中的消费的调查,包括现实的消费、潜在的消费、购买行为以及消费水平变化的调查。

(2)供给调查是对某一时期内,在某市场中投放商品供给量的调查,包括进货途径、数量和货源结构的调查。

1.2.1.3 按空间层次分类

根据空间不同,市场调查可分为国内市场与国际市场调查。

(1)国内市场调查是指以国内市场为对象进行的调查。可以分为全国性、地区性市场调查。还可以划分为城市、农村市场调查。

(2)国际市场调查是以世界市场的需求动向为对象进行的调查。我国国内市场是国际市场的重要组成部分,国际市场同时也影响着我国国内市场。按不同空间组织的市场调查资料,对于研究不同空间市场的特点、对于合理地组织各地区商品生产与营销、对于进行地区间合理的商品流通,具有十分重要的价值。

1.2.1.4 按时间层次分类

根据时间层次不同,市场调查可分为定期市场调查和不定期市场调查。

(1)定期市场调查是对市场现象每隔一段时间就进行一次调查。其目的在于获得关于事物全部发展变化过程及其结果的信息资料。

(2)不定期市场调查则是为了解决某种市场问题而专门组织的一次性调查。其目的在于收集事物在某一特定时点上的水平、状态等资料。

1.2.1.5 按调查组织的方式分类

根据调查组织的方式不同,市场调查可分为全面市场调查和非全面市场调查。市场调查的组织方式是指如何处理被调查对象总体,而不是具体地收集市场资料的方法。

(1) 全面市场调查又称为普查,是对市场调查对象总体的全部单位进行的调查,目的是了解市场的一些至关重要的基本功情况,对市场状况做出全面、准确的描述,从而为制定有关政策、规划提供可靠的依据。其调查结果虽比较正确,但不易进行,需在一定的人力、物力。汽车市场调查不采用全面调查方式。

(2) 非全面市场调查,是对总体中的部分单位调查。它又分为市场典型调查、市场重点调查和市场抽样调查。市场典型调查是从总体中选择具有代表性的部分单位作为典型进行的调查,其目的是通过典型单位的调查来认识同类市场现象总体的规律性及其本质。重点调查是从调查对象总体中选择少数重点单位进行调查,其目的是通过对这些重点单位的调查,反映市场的基本情况。如,调查我国汽车的年产量,不需要对全国各家汽车企业全部调查,选其中的几家像东风、一汽大众等占有很大生产比例的企业,年产量占全国总产量的80%以上,完全能够推断我国汽车产量。市场抽样调查是根据概率原则抽出适当样本进行的调查,其结果可以控制,在市场调查中应用较广。

1.2.1.6　按调查资料的来源不同分类

根据调查来源不同,市场调查分为文案调查、实地调查和网络调查法。

(1) 文案调查是收集各种历史的和现实的已有的资料,从而获取与调查目的相关的信息。具有获取信息快、方法简单、节省资金等特点,是实地调查的补充。如,调查分析汽油价格变化对消费者购车的影响,则可以通过文案调查对过去的资料进行搜集,而现在的资料则采用实地和网络调查的方式获得。

(2) 实地调查包括访问法、观察法、实验法等。实地调查借助于科学的方法,收集第一手资料的方法,是市场调查的主要方法。

访问法是将拟定的调查事项,以面访、电话、书面等形式向被调查者提出询问,获取调查资料的方法。包括电话访问、留置问卷、面访、邮寄问卷。观察法是凭借自己的眼睛或借助仪器,观察市场发生的状况或行为,并进行现场记录,用以收集调查资料的方法。

(3) 网络调查是通过网络收集一手资料和二手资料,是近年来比较普遍采用的调查方法。具有不受时空限制、节省资源、获取信息快的特点。

1.2.2　汽车市场调查与预测的基本程序

1.2.2.1　市场调查的基本程序

一般认为,市场调查的程序由四个阶段、8个步骤所构成,有些调查项目根据调查目的要求,需要进行预测,市场预测是调查工作的延续,在程序上则在调查工作的基础上,增加预测环节,撰写调查预测报告(见图1-1)。

1. 非正式调查阶段

非正式调查阶段的主要职能是对所要进行的调查课题进行非正式的摸底。它包含以下三个步骤:

(1) 明确调查问题。当市场调查与预测主体接受一项市场调查任务或委托之初,尽管委托者会对调查课题的相关情况作介绍,但这种介绍并不总是详尽和充分的。这时,市场调查与预测人员必须确确实实搞清楚所要调查的问题究竟是什么,也要了解清楚调查的目的究竟是什么。

(2) 情况分析。情况分析是指在明确调查问题的基础上,由市场调查与预测人员利用自

```
                    ┌──────────────┐
                    │ 1.明确调研目的 │
                    └──────┬───────┘
                           ↓
                    ┌──────────────┐
                    │ 2.情况分析    │
                    └──────┬───────┘
   第一阶段                 ↓
   非正式调查阶段    ┌──────────────┐
   ─ ─ ─ ─ ─ ─ ─ ─ │ 3.非正式调查   │
                    └──────┬───────┘
                           ↓
                      ╱────────╲        否    ┌──────┐
                     ╱ 是否要    ╲─────────────│ 停止 │
                     ╲ 进一步调查? ╱            └──────┘
                      ╲────────╱
                           │是
                           ↓
                    ┌──────────────┐
   第二阶段         │ 4.市场调查设计 │
   市场调查设计阶段  └──────┬───────┘
   ─ ─ ─ ─ ─ ─ ─ ─         ↓
                    ┌──────────────┐
   第三阶段         │ 5.资料收集    │
   资料收集阶段      └──────┬───────┘
   ─ ─ ─ ─ ─ ─ ─ ─         ↓
                    ┌──────────────┐
                    │ 6.资料整理分析 │
                    └──────┬───────┘
   第四阶段                 ↓
   调查结果处理分析阶段 ┌────────────┐
                    │ 7.市场预测    │
                    └──────┬───────┘
                           ↓
                ┌────────────────────┐
                │ 8.撰写调查(预测)报告 │
                └──────────┬─────────┘
                           ↓
                          追踪
```

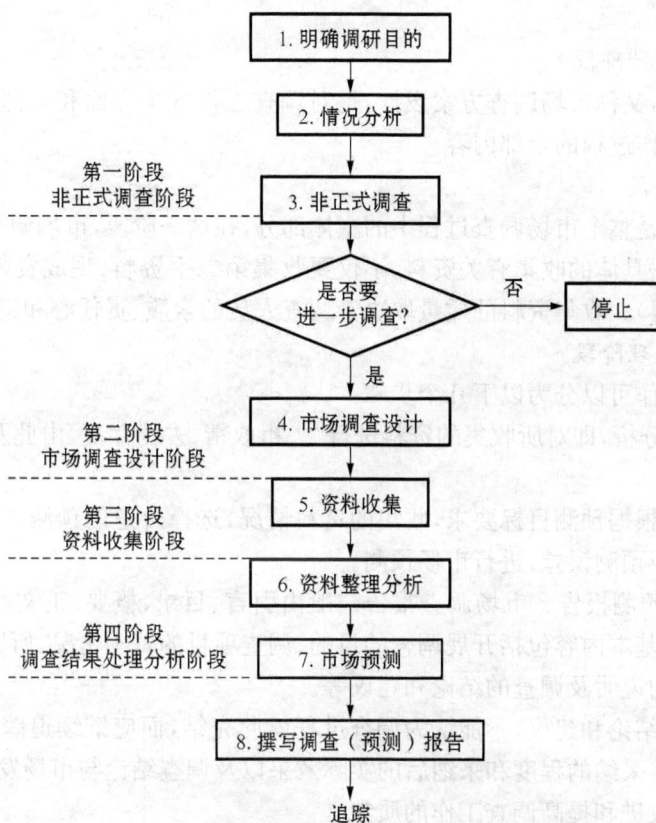

图 1-1　市场调查的程序

己的知识和经验,根据已经掌握的资料,进行初步分析。分析的涉及面应尽量宽一些,包括对所要调查的问题本身、大致的范围、调查的可能性和难易程度等。通过情况分析,调查人员应对课题的基本框架有个大致的了解。

(3)非正式调查。非正式调查是指由市场调查与预测人员找一些与调查问题相关,熟悉这方面情况,并且与消息灵通的人士交谈,进一步了解有关情况,积累资料。实际上这也是一种调查、是一种非正式的调查。它可以弥补调查人员本身经验和掌握资料的不足,为判断是否需要进一步调查提供更充分的条件。

非正式调查阶段在调查的过程中之所以必要,是因为它有利于节约人力、财力和时间。在确定的市场调查项目中,无非是两种情况:

一种情况是所制订的项目不恰当。往往有这样的情况,当初确定的市场调查项目并不合适,或者是在决定时是合适的,但随着时间的推移,主客观条件发生了变化,该项目变得不再合适;或者发现在当时的条件下,无法完成项目的主要任务等等。在这些情况下,如果一开始就进行正式调查,会造成很大的浪费。通过非正式调查阶段的工作,可以及时地中止这些项目,避免不必要浪费情况的出现。

另一种情况是当初制定的调查项目是合适的。即使在这种情况下,进行非正式调查也有其合理性。这是因为,调查问题通常涉及的方面多、范围广、且弹性大,通过非正式调查,可以合理地界定调查的范围和深度,为第二阶段的调查工作奠定良好的基础,节省人力、财力和时间。

2. 市场调查设计阶段

市场调查设计，又称市场调查方案设计，是对调查工作各个方面和全部过程的通盘考虑，包括了整个调查工作过程的全部内容。

3. 资料收集阶段

资料收集阶段是整个市场调查过程中的主体部分，在这一阶段，市场调查人员按计划规定的时间、地点及方法具体的收集有关资料，不仅要收集第二手资料（现成资料），而且要搜集第一手资料（原始资料）。收集资料的质量取决于调查人员的素质、责任心和组织管理的科学性。

4. 调查结果处理阶段

这个阶段的工作可以分为以下几个步骤：

(1) 资料整理分析，即对所收集的资料进行"去粗取精、去伪存真、由此及彼、由表及里"的处理。

预测一般需要根据预测目标要求，收集的资料情况，选择合适的预测方法，定量预测需要建立预测模型，分析预测误差，进行市场预测。

(2) 撰写调查预测报告。市场调查报告一般由引言、目录、概要、正文、结论和建议、附件等六部分组成。其基本内容包括开展调查的目的、调查项目的基本情况、所调查问题的事实材料、调查分析过程的说明及调查的结论和建议等。

提出了调查的结论和建议，不能认为调查过程就此完结，而应继续追踪调查，了解其结论是否被重视和采纳，采纳的程度和采纳后的实际效果以及调查结论与市场发展是否一致等，以便积累经验，不断改进和提高调查工作的质量。

1.2.3　汽车市场调查与预测的原则

汽车市场调查与预测要本着以下原则：

1. 时效性原则

市场调查预测的时效性表现为应及时捕捉和抓住市场上任何有用的情报、信息，及时分析、及时反馈，为企业在经营过程中适时地制定和调整策略创造条件。

2. 准确性原则

市场调查收集到的资料，必须体现准确性原则，对调查资料的分析必须实事求是，尊重客观实际，切忌以主观臆造来代替科学的分析。同样，片面、以偏概全也是不可取的。要使企业的经营活动在正确的轨道上运行，就必须要有准确的信息作为依据，才能瞄准市场、看清问题、抓住时机。采用正确的方法调查预测，能够得到准确的调查和预测结果。

3. 系统性原则

市场调查与预测的系统性表现为应全面收集的有关企业生产和经营方面的信息资料，在时间上，包括有过去的资料和调查得到的一手资料。市场调查既要了解企业的生产和经营实际，又要了解竞争对手有关情况；既要认识到其内部机构设置、人员配备、管理素质和方式等对经营的影响，也要调查社会环境的各方面对企业和消费者的影响程度。

4. 经济性原则

无论是市场调查还是预测，都是一件费时费力费财的活动。它不仅需要人的体力和脑力付出，同时还要利用一定的物质手段，以确保调查工作顺利进行和调查结果的准确。市场调查与预测要讲求经济效益,力争以较少的投入取得最好的效果。

5. 科学性原则

市场调查不是简单地搜集情报、信息的活动,为了在时间和经费有限的情况下,获得更多更准确的资料和信息,就必须对调查的过程进行科学地安排。采用什么样的调查方式、选择谁作为调查对象、问卷如何拟订才能达到既明确表达意图、又能被调查者易于答复的效果。这些都需要进行认真的研究;同时运用一些社会学和心理学等方面的知识,以便与被调查者更好地交流;在汇集调查资料的过程中,要使用计算机这种高科技产品代替手工操作,对大量信息进行准确严格的分类和统计;对资料所作的分析应由具有一定专业知识的人员进行,以便对汇总的资料和信息做出更深入的分析;分析人员还要掌握和运用相关数学模型和公式,从而将汇总的资料以理性化的数据表示出来,精确地反映调查结果。市场预测更是用科学的方法和程序,将已有资料和收集的二手资料综合,在一定的误差控制下,才有较为准确的预测结果。

6. 保密性原则

市场调查的保密性原则体现在两个方面:一是为客户保密。许多市场调查是由客户委托市场调查公司进行的。因此市场调查公司以及从事市场调查的人员必须对调查获得的信息保密,不能将信息泄露给第三者。在激烈的市场竞争中,信息是非常重要的,不管是有意或是无意,也不管信息泄露给谁,只要将信息泄露出去就有可能损害客户的利益,同时反过来也会损害市场调查公司的信誉。所以市场调查人员必须特别谨慎,二是为被调查者提供的信息保密,不管被调查者提供的是什么样的信息,也不管被调查者提供信息的重要性程度如何。如果被调查者发现自己提供的信息被暴露出来,一方面可能给他们带来某种程度的伤害,同时也会使他们失去对市场调查的信任。被调查者愿意接受调查是调查业存在的前提,如果市场调查不能得到被调查者的信任和配合,那么整个市场调查业的前景也是不堪设想的。

1.2.4　汽车市场调查的内容

市场调查与市场预测是市场信息工作整个过程中两个前后相继、紧密相关的部分,针对同一个课题,市场调查与市场预测的内容也是一个有机的整体。汽车市场调查与预测的类型、程序等与其他课题的调查与预测基本类似,但调查与预测的内容与其他课题差别很大。

汽车市场调查的内容主要包括汽车市场环境调查、汽车市场需求调查、汽车市场竞争情况调查和汽车市场营销要素调查等四部分。

1.2.4.1　汽车市场环境调查

汽车市场环境是汽车企业生存和发展的外部条件,企业的生产经营活动与市场环境相适应,就能促进企业各项事业的发展。反之,企业就难以在市场上立足,乃至被市场淘汰。因此,必须对汽车市场环境进行调查研究,其主要内容如下:

1. 政治环境调查

从事汽车市场活动时,要充分考虑一个国家的政治环境。政治环境调查,主要是了解对汽车市场影响和制约的国内外政治形势以及国家管理汽车市场的有关方针政策。

政治环境调查的内容主要包括:

(1) 对政府有关汽车方面的方针、政策和各种法令、条例等可能影响本汽车企业的诸因素的调查。如汽车产业发展政策、汽车贸易政策、汽车税收政策、汽车金融政策、人口政策和环境保护政策等。

（2）调查有关部门，找出公司开辟市场要打交道的政府职能部门和单位的领导人和关键人员，并调查其可能影响本汽车企业的诸因素。

2. 法律环境调查

法律环境对企业的影响是非常大的，一个国家可以制定各种法律限制进口，促进出口。从某种意义上讲，市场经济就是法制经济，在市场上，法律规定起着决定性的作用，世界上许多发达国家都十分重视经济立法并严格遵照执行。我国作为发展中国家，也正在加速向法制化方向迈进，先后制定了经济合同法、商标法、专利法、广告法等多种经济法规和条例，这些都对企业经营活动产生了重要的影响。随着外向型经济的发展，我国与世界各国的交往越来越密切。许多国家都制定了相应的进口限制、税收管制及有关外汇的管理制度等，这些都是汽车企业进入国际市场所必须了解的。

3. 经济环境调查

在市场经济体制中，经济环境对市场活动的影响最大。一个国家的经济状况直接决定了该国的生产、消费能力。经济环境调查，主要从以下两方面来进行：

（1）生产方面。生产决定消费，市场供应、居民消费都有赖于生产。生产方面的调查主要包括这样几项内容：能源和资源状况、交通运输条件、经济增长速度及增长趋势、产业结构、国民生产总值、通货膨胀率、失业率以及农、轻、重比例关系等。

（2）消费方面。消费促进生产，对生产起到正面的推动作用，是经济环境调查不可忽视的重要因素。消费方面的调查主要是了解某一国家的国民收入、消费水平、消费结构、物价水平、物价指数等。

对于不同的地区，所需调查的经济环境内容大有不同，必须结合具体项目情况展开有针对性的调查。

4. 科技环境调查

科学技术是第一生产力，现在各大汽车公司，乃至国家综合国力的竞争已经转化为科技实力的竞争。科技影响力既可能给汽车企业创造新的市场机会并在竞争中取得成功，也可能给汽车企业造成环境威胁。因此，应及时了解新技术、新材料、新产品、新能源的状况，国内外科技总的发展水平和发展趋势，本企业所涉及的技术领域的发展情况、专业渗透范围、产品技术质量检验指标和技术标准等，这些都是科技环境调查的主要内容。

5. 社会文化环境调查

社会文化环境也是市场调查的重要内容，它主要从两个角度影响企业：①影响消费者的购买动机、购买行为和购买心理；②影响企业的组织文化。

社会文化环境调查主要包括消费者的教育程度和文化水平、民族分布、宗教信仰、风俗习惯、思维方式和审美观等内容。企业经营活动必须适应相关国家的文化和传统习惯，才能为当地消费者所接受。

1.2.4.2　汽车市场需求调查

汽车市场需求调查，即调查过去几年中的汽车销售总额，现在汽车市场的需求量及其影响因素，其主要内容如下：

1. 人口调查

一个国家购买力总量及人均购买水平的高低决定了该国市场需求的大小。在购买力总量一定的情况下，人均购买力的大小和人口总数成反比。为了研究人口状况对市场需求的影响，便于进行市场细分,就应对人口情况进行调查。人口调查的主要内容包括人口的空间分析、性别、年龄和家庭状况分析等。

2. 购买力调查

只有人口,还不足以构成市场,他们还必须具备购买力。社会购买力是指在一定时期内,全社会在市场上用于购买商品和服务的货币支付能力。购买力调查的主要内容包括消费者的收入状况、消费结构和消费水平等。

1.2.4.3 汽车市场竞争情况调查

优胜劣汰是竞争的必然结果,对企业经营者来说,随时了解竞争对手的情况则是使自己立于不败之地的有效方法。汽车市场竞争情况调查,是对与本企业生产经营存在竞争关系的各类汽车企业,以及现有竞争程度、范围和方式等情况的调查。具体调查的内容有:竞争对手情况、竞争环境、竞争战略等方面的调查。

1.2.4.4 汽车市场营销要素调查

汽车市场营销要素对汽车企业的生产经营活动起着最直接的影响,其内容包括品牌调查、产品调查、价格调查、渠道调查、广告调查和促销调查等。

市场预测是市场调查的后续过程,其内容不仅包括市场调查的相关内容,还包括:①预测国民经济发展趋势;②预测不同时期汽车市场供求趋势;③预测本企业产品销售前景,包括产量、车型、价格等的变化;④预测竞争对手的营销活动变化;⑤预测与企业有关的科学技术发展趋势及其对汽车更新换代的影响;⑥预测消费者购买力投向、汽车资源状况、国际汽车市场情况等六方面。

资料 1-3 凌志(Lexus)将价格赋予豪华,还是将豪华赋予价格

20 世纪 80 年代,日本丰田汽车公司开发了一种新型概念车,最终大获成功。该概念车就是 Lexus,Lexus 推出前,丰田公司做了大量调查,调查显示,拥有附加功能的汽车市场非常广阔,并且潜力很大,但是这部分市场大多被高价位的汽车占有,而消费者喜欢这些附加功能,又不愿意花高价购买梅赛德斯的高性能轿车。丰田针对这一市场状况,设计出了质量与梅赛德斯媲美,但价格更加易于为消费者接受,并且还能让消费者感觉到自己是聪明的。

1989 年,Lexus 研发成功,与此同时,丰田也进行了聪明的广告宣传,介绍这种新车型的问世。其中的一个广告将 Lexus 和一辆梅赛德斯并列放在一起,标题是"历史上首次出现了这样的事:用一辆价值 73 000 美元的汽车换回一辆价值 36 000 美元的交易,竟然是明智之举。"当然,Lexus 具备了梅赛德斯的所有优点,如精心雕琢的外表、高质量的涂饰、豪华的内部装饰等。除了车本身的特点之外,Lexus 还从其他方面展现自己的特点。如创造独特的销售方式,宽敞的展厅、免费的甜点服务、高素质的销售人员等,这种销售方式具有一种能使有钱的消费者满意的气氛。

在强调新车功能方面,丰田也下了很大功夫。公司制作了一个长达 12 分钟的录像广告展现 Lexus 的一流制造,然后,将录像带用包裹形式寄给每一个潜在消费者。录像带中有这样的画面,在梅赛德斯和 Lexus 的发动机平台上各放一玻璃杯水,前者的水开始摇晃时,后者的水却始终保持平静,用此证明发动机的稳定性能高。另一画面是后者仪表盘上装水的玻璃杯,在刹车时也保持笔直。录像广告成功的带来了消费者,消费者认为 Lexus 超出了他们的期望。

于是,其他豪华车采取的对策要么降价、要么涨价,降价就意味着承认以前的定价过高、涨价就需要增加更多的附加功能,也同时再次强调其代表富人形象,定位仍然不会是普通消费者。经过调研和反复斟酌,最后,这些豪车选择了降价,想利用降价打败丰田。从 1992 年开始,梅赛德斯、宝马、Jaguar(福特公司品牌)都保持了一个低价位,并逐步提高产品质量,三个公司的销售额都获得显著增长。

取得成功后,Lexus 在 1994 年提高了价格。从 30 000 美元涨到了 50 000 美元,但这项战略没有取得预期效果。Lexus 因此认识到,由于它缺乏欧洲豪华轿车的显赫声望,许多消费者花高价还是愿意购买欧洲名车。因此,Lexus 决定重新进行广告宣传,从情感上激发消费者的购车欲望。为了能更有效地做好宣传,Lexus 调查研究了提高价格后市场下降的原因,其中部分原因是 Toyota、Avalon、Nissan Maxima、the Mazada Millenia 等"近豪华"车。吸引走了许多豪华车消费者,而宝马、梅赛德斯也开发宝马 3 系列和梅赛德斯 C 级轿车,同样是"近豪华"车型。

Lexus 投资 5 000 万美元,加大宣传力度,广告请了著名的第一组广告公司制作。广告"非常壮观地展现了急速行驶的双桅西式帆船和无边无际、连绵起伏的沙丘,它首先建立一种高速、品质优越和时间无限的感觉,然后让小车在广告片的结尾出现"。宣传的主题是 Lexus 小车设计精良。同时 Lexus 也印制了印刷广告,广告重点是汽车的物理特征。新杂志的读者会收到一个 12 页的插页广告,大约有 78 个杂志刊登了单色广告描述 Lexus 汽车的特征。公司还向大约 400 000 名拥有 Lexus 车的消费者发出邀请函,请他们试驾新车型 LS400。

资料改自:郁广健.市场调查与预测 110 方法和实例

🔍 任务回顾

1. 熟悉汽车市场调查的常见类型和内容。

2. 分析判断案例中所提到的项目《2004—2005 年度中国汽车市场调查》中调查的类型和内容分别是什么。

3. 掌握汽车市场调查与预测的流程。

⬇ 任务实施步骤

(一)任务要求

掌握汽车市场调查的类型和内容,能够按照基本流程进行汽车销售市场的调查与预测。

(二)任务实施的步骤

(1)通过任务中的引入案例体会调查与预测对汽车市场发展的重要作用。

(2)学习汽车市场调查与预测的相关知识。

(3) 再次阅读任务中的引入案例,谈谈自己的认识。

思考与训练

1. 汽车市场调查与预测的概念是什么?
2. 汽车市场调查与预测的作用是什么,请举例说明。
3. 模拟实践训练:将本班同学分成若干个小组,小组内部自行搜集本地区某汽车品牌的销售资料,谈谈此汽车品牌的发展前景。

拓展提高

案例

威尔森研究:市场环境平稳发展 车企稳中求胜

国内外需求双双创新高

9月全国消费者信心指数为100.8,从7月本年度最低位的99.4逐步上升。9月城镇居民平均收入为人均5918元,同比上升12.5%。人均收入以及消费者信心指数上升刺激国内消费需求,社会零售消费总额创两年内新高,为18 227亿元,同比上升14.2%。9月为汽车传统销售旺季,除日系车因钓鱼岛事件受挫外,其他品牌订单量普遍上升两成。

欧洲危机让国外消费者对我国汽车需求增加,9月汽车出口量为11.2万辆,同比增长35.6%,创下两年以来最高纪录。

规范车保体制 汽车金融利好

保监会近日发布了《关于支持汽车企业代理保险业务专业化经营有关事项的通知》,该政策鼓励和支持汽车企业出资设立保险代理、保险经纪公司,或与已有保险代理、保险经纪公司合作,由保险代理、保险经纪公司统筹开展汽车保险业务。

近年国内乘用车销量增长明显,到2011年全国汽车销量达到1040万辆,汽车保险业务潜力巨大。汽车企业出资设立保险代理公司一方面利于汽车保险业务的专业化进程,另一方面利好整车企业自身整合渠道、发展金融业务。保监会向车企抛出橄榄枝,汽车金融有望成为新的投资热点。

车企融资环境乐观 生产成本居低位

就整车企业运营来说,政府实施积极的财政政策和稳健的货币政策,M2广义货币量持续上升,于9月创两年以来新高,同比增长14.8%。贷款基准利率为6%,比去年同期下降0.6%,证明车企融资环境进一步改善,有助保持资金链健康运行。

而汽车生产原材料方面,像钢材、橡胶等,价格指数处于近两年内低位水平,汽车生产原料成本持续低位,有助车企节流,积攒利润。

资料来源:网易在线 http://auto.163.com/12/1029/17/8F0IJ7R400084TV9.html

问题:(1) 本案例中对汽车市场的研究都从哪些内容进行的?

(2) 为什么对汽车市场的研究要从多方面进行,请谈谈你的认识?

任务三　确定调查课题

知识目标
- 了解汽车市场信息的来源渠道。
- 掌握大多数汽车及相关产品企业所面临的调查课题内容。

能力目标
- 辨别和确定调查课题。
- 能够根据调查课题选择合适的信息来源渠道搜集信息。

情境描述

这部分情境的设计主要是通过与委托调查企业沟通,将企业生产、经营过程中遇到的难以解决的决策性问题转化为调查课题。

任务剖析

在进行正式的汽车市场调查与预测之前,与委托调查一方沟通调查想要解决的生产、经营或管理中的问题,从企业内外获得大量的信息,从而确定调查课题是非常重要的。

任务载体

A企业是一家微型汽车生产企业,其产品在全国有一定的知名度。近几年来,微型企业行业在国家产业政策和市场竞争的作用下,迎来了新的发展机遇,潜在的市场空间不断扩大,行业整体水平在日益激烈的竞争中有了较大幅度的提高。

为配合本品牌微型企业扩大在××市的市场占有率,评估××市本品牌微型汽车行销环境,制订相应的营销策略,围绕市场环境、消费者、竞争者为中心进行一次市场调查是非常必要的。

A企业委托××调查公司负责本次的调查活动。首先,明确调查课题市场调查过程中最重要也是较困难的任务。

相关知识

1.3　汽车市场信息的来源

1.3.1　汽车市场信息的来源

狭义的市场信息,是指有关市场商品销售的信息,如商品销售情况、消费者情况、销售渠道与销售技术、产品的评价等。

广义的市场信息包括多方面反映市场活动的相关信息,如社会环境情况、社会需求情况、流通渠道情况、产品情况、竞争者情况、原材料、能源供应情况、科技研究、应用情况及动向等。

总之,市场是市场信息的发源地,而市场信息是反映市场活动的消息、数据,是对市场上各种经济关系和经营活动的客观描述和真实反映。

市场信息的来源主要有几个途径:

一是市场人员的市场调查及客户的反馈是信息来源的首要途径。而且市场信息的收集也是市场或销售人员的主要职责,但市场人员的学识、经验很大程度左右了其获取信息的真实性及有效性,这里就需要提供相应的培训及信息收集的表格化,尽量不赋予其分析判断职能,产品信息及渠道信息多半是由市场人员所获取的;

二是相关报刊、杂志、电视报道,专业的报刊杂志等公共媒体能够最大程度上提供行业内的有效信息,而且由于其接触层面高,更多的是对策略及战略信息的一些传播,多半是宣传性的公共信息,不涉及商业机密;

三是权威部门的信息披露,国家主管部门及行业组织披露的信息主要是行业规划、政策约束及相关发展前景展望和数据公布;

四是互联网发布,作为新兴媒体作用不可小觑,而且实效性强,但互联网信息泛滥,要对其真实性进行甄别;

五是业内人士的发言及交流、传播,这里更多的是指私下的传播和交流,由于了解内情,信息往往比较真实,但要防止因其个人好恶而带来的信息歪曲。

1.3.2　调查课题的确定

明确调查课题的目的就是找出企业本身市场活动中存在的问题,从而研究和探讨解决问题的途径和方法。这是市场调查过程中最重要也是较困难的任务。如果调查人员对调查的主题不明确,只能造成人财物的浪费。在调查中对调查主题的确定须先搞清以下几个问题:①为什么要调查? ②调查中想了解什么? ③调查结果有什么样的用处? ④谁想知道调查的结果? 一般而言,大多数企业所面临的调查课题有以下四种。

1. 企业生产和经营中出现的问题

在生产和经营过程中,会出现这样或那样的困难,如销售出现困难,导致产品的挤压,资金呆滞,市场占有率下降等,需要找出产生问题的原因和解决问题的办法。如果初步调查后,发现渠道不畅是影响销售的主要原因,那么就可以把调查的主题和重点放在渠道选择上。

2. 企业潜在市场的问题

不断开发潜在市场是企业的主要任务,然而企业生产的产品能否满足潜在市场的需求必须通过系统的调查才能得知。潜在市场开发问题是市场调查的重要内容。

3. 市场环境影响

由于市场环境的变化,企业为了生存与发展就必须在分析环境变化所带来的机会与威胁,以及企业自身的优势与劣势的基础上,制定一套合乎企业未来发展的规划,而这种战略规划是基于对市场化的中国汽车工业起步较晚,汽车市场的发展也经历了一个由慢到快的过程。"入世"后,中国汽车业的发展历程,可以说是中国汽车业迅速成长的10年。"入世"后,中国汽车市场空前活跃,汽车行业得到了前所未有的跨越式发展。另一方面,"入世"后的中国市场竞争日益激烈,在变幻莫测的销售市场,做好市场的调查与预测是具有相当重要意义的。

资料1-4　福田汽车——汽车4S店售后服务客户满意度调研

当今世界汽车产业市场竞争日趋激烈,产业链分工重组愈演愈烈,产业链的附加值也不断发生变化,总体呈现"两端高、中间低"的格局,即:整车组装在价值链中的地位不断降低,而处于产业链上游的研发和核心零部件配套和下游的销售、售后服务以及汽车金融的附加值不断增加。

当我国汽车销售市场不断增长的同时,售后服务变得越来越重要并逐渐成为4S店的主要利润来源。因此,做好售后服务各项工作,不断提高品牌客户满意度,培养客户忠诚度,是许多4S店面临的重要课题。

经与委托方福田汽车集团沟通,2008年4月起,华经纵横就福田汽车4S店售后服务情况开展客户满意度调查研究,设计从销售接待到回访跟踪一整套服务流程指标体系。

经与福田汽车相关负责人沟通,本次调研将实现以下目的:

(1) 了解福田汽车4S店售后服务工作流程的客户满意度

(2) 了解福田汽车4S店售后服务管理水平现状

(3) 就福田汽车4S店售后服务管理问题提出针对性建议

资料来源:中国产业竞争情报网　2011-07-01

4. 市场定位问题

市场定位是企业与竞争者相比,确定现有产品在市场上所处的位置。定位是根据消费者对该类产品某些特征或属性的重视程度,为塑造本企业产品的与众不同,产生该产品在消费者中具有鲜明的印象、个性或形象,这种形象能够生动地传递。定位的实质是使本企业与其他企业严格区分开来,使顾客明显感觉和认识到这种差别,从而在顾客心目中占有特殊的位置。

因此,市场定位一方面要了解竞争对手的产品具有的特色,另一方面还需要研究消费者对该产品的各种属性的重视程度。对这两个方面进行分析后,选定本公司产品的特色和独特形象,确定该产品在市场上适当的位置,并给与描述和宣传,在消费者中树立产品和企业的形象。

资料1-5　公司激发了兴奋

20世纪60—70年代,通用汽车公司的Pontiac分部经营得十分成功。但石油危机和进口车的日益增多使得该分部的销售业绩下降,市场份额随之减少。80年代初,Pontiac决定重新夺回市场,并取得消费者满意。要做的第一项工作是研究到底什么是Pontiac,Pontiac到底能变成什么样。于是,公司从外部请来了专家,帮助做该项工作。专家调查发现,Pontiac没有自己的形象。品牌形象是影响汽车销售的一个关键因素。为了改变这种现状,Pontiac将自己的品牌形象宣传为"我们带来兴奋",并将Pontiac的汽车定位于年轻、受过良好教育并且收入较高法人消费者。很快,Pontiac重新赢得了市场,并且成了进口轿车的头号对手。

这一事例说明,市场调查问题的重要性,同时也说明了,企业和产品的定位是品牌形象的重要部分。

资料来源:郁广健.市场调查与预测110方法和实例.北京:中国国际广播出版社.2000.

🔍 任务回顾

1. 根据案例提出调查课题确定的必要性和重要性。
2. 通过知识的学习,确定案例中的调查课题。

⬇ 任务实施步骤

(一) 任务要求
能够帮助委托调查企业明确调查课题。

(二) 任务实施的步骤
(1) 明确调查意图。
(2) 分析问题背景。
(3) 确定调查课题。

📝 思考与训练

1. 请简述汽车市场信息来源的渠道?
2. 汽车及相关产品企业面临的常见调查课题有哪些?
3. 模拟实践训练:分组搜集现实汽车及相关产品企业在生产、经营上存在的问题,并选择一个欲解决的问题,为其确定调查主题。

❓ 拓展提高

案例

东风汽车公司

东风汽车公司始建于 1969 年,业务范围涵盖全系列商用车、乘用车、校车、汽车零部件和汽车装备,是与中国第一汽车集团公司和上海汽车工业(集团)总公司、中国长安汽车集团股份有限公司,一起被视为中国综合实力最强的四大汽车企业集团之一。公司有着"立足湖北,辐射全国,面向世界"的视野布局。公司具有良好的产品研发能力、生产制造能力和市场营销能力。现在,东风企业已经成为家喻户晓的品牌。

近年来,在科学发展观的指引下,东风公司相应的提出了建设"永续发展的百年东风,面向世界的国际东风,在开放中自主发展的东风"的发展意愿。同时,确立了做强做优,建设国内最强、国际一流汽车制造商的奋斗目标。

公司为了能尽快地实现建设国内最强、国际一流汽车制造商的奋斗目标,计划加大新产品的开发力度。为了确保产品开发的成功,需要做一个详细的调查。

问题:(1) 请根据所学内容帮助东风公司明确调查的课题。

(2) 请判断此调查课题属于哪种类型的课题。

任务四　汽车市场调查方案的设计

知识目标

- 了解汽车市场调查方案的含义。
- 熟练掌握汽车市场调查方案的内容和结构。

能力目标

- 能够按照汽车市场调查方案的内容和结构要求策划设计市场调查方案。
- 能够有针对性地培养从事汽车市场调查与预测工作的能力。

📢 情境描述

这部分情境的设计主要是××调查公司为 A 企业制订了一份调查方案,这份方案体现了汽车市场调查方案的基本内容。

📖 任务剖析

汽车市场调查是一项复杂的、严肃的、技术性较强的工作,为了圆满完成调查任务,事先制订一个科学、严密、可行的调查方案是十分重要和必要的。

🎓 任务载体

××调查公司根据确定的调查课题,制订了本项目的调查方案。

××市某品牌微型汽车市场调查方案

1. 前言

近几年以来,微型汽车行业在国家产业政策和市场竞争的作用下,迎来了新的发展机遇,潜在的市场空间不断扩大,行业整体水平在日益激烈的竞争中有了较大幅度的提高。

为配合某品牌微型汽车扩大在××市的市场占有率,评估××市某品牌微型汽车行销环境,制订相应的营销策略,预先进行××市某品牌微型汽车市场调查大有必要。

本次市场调查将围绕市场环境、消费者(各种类型的客户,我们在这里统称为消费者)、竞争者为中心来进行。

2. 调查目的

要求详细了解××市某品牌微型汽车市场各方面情况,为该产品在××市的扩展制订科学合理的营销方案提供依据,特撰写此市场调查方案。

(1) 全面摸清企业品牌在消费者中的知名度、渗透率、美誉度和忠诚度。

(2) 全面了解本品牌及主要竞争品牌在××市的销售现状。

(3) 全面了解目前××市主要竞争品牌的价格、广告、促销等营销策略。

(4) 了解××市的人口统计学资料,预测某品牌微型汽车市场容量及潜力。

3. 调查内容

市场调查的内容要根据市场调查的目的来确定。市场调查分为内、外调查两个部分,此次市场调查主要运用外部调查,其主要内容有:

1) 行业市场环境调查

(1) ××市某品牌微型汽车市场的容量及发展潜力。

(2) ××市汽车销售行业的营销特点及行业竞争状况。

(3) ××市居民生活环境对该行业发展的影响。

(4) 当前××市微型汽车的种类、品牌及销售状况。

(5) ××市汽车销售行业的经销网络状态。

2) 消费者调查

(1) 消费者对某品牌微型汽车的购买形态(购买过什么品牌、购买地点、选购标准等)与消费心理(必须品、偏爱、经济、便利、时尚等)。

(2) 消费者对某品牌微型汽车的了解程度(包括外形、乘坐舒适性、动力性、燃油经济性和价格等)。

(3) 消费者对品牌的意识、对本品牌及竞争品牌的观念及品牌忠诚度。

(4) 消费者平均月收入及开支情况的统计。

(5) 消费者理想的微型汽车描述。

3) 竞争者调查

(1) 主要竞争者的产品与品牌优、劣势。

(2) 主要竞争者的营销方式与营销策略。

(3) 主要竞争者市场概况。

(4) 本产品主要竞争者的经销网络状态。

4. 调查对象及抽样

为了准确、快速地得出调查结果,此次调查决定采用分层随机抽样法在全市市民中选取调查对象。由于××市微型车经销商只有20家,数量不太大,故将其全部作为调查对象。

具体情况如下:

消费者:3 000名(其中火车站、20个知名居民小区楼下、9个大型商店附近各100份)

微型车经销商:20家

消费者样本要求:

(1) 家庭成员中没有人在某品牌微型汽车生产单位或经销单位工作。

(2) 家庭成员中没有人在市场调查公司或广告公司工作。

(3) 消费者没有在最近半年中接受过类似产品的市场调查测试。

(4) 消费者所学专业或从事的工作不能为市场营销、调查或广告类岗位。

5. 调查人员的规定、培训

1) 调查人员的规定

(1) 仪表端庄、大方。

(2) 举止谈吐得体,态度亲切、热情。

(3) 具有认真负责、积极的工作精神及职业热情。

(4) 访员要具有把握谈话气氛的能力。

（5）访员要经过专门的市场调查培训，专业素质好。

2）调查人员的培训

培训必须以实效为导向。本次调查，其人员的培训决定采用举办培训班，集中讲授的方法，针对本次活动聘请有丰富经验的调查人员面授调查技巧和调查经验。并对他们进行思想道德方面的教育，使之充分认识到市场调查的重要意义，培养他们强烈的事业心和责任感，端正其工作态度、作风，激发他们对调查工作的积极性。

6．人员安排

根据我们的调查方案，在××市进行本次调查需要的人员有三种：调查督导、调查人员、复核员。具体配置如下：

调查督导：1名。

调查人员：40名（其中30名对消费者进行问卷调查、10名对经销商进行深度访谈）。

复核员：1～2名　可由督导兼职，也可另外招聘。

如有必要还将配备辅助督导（1名），协助进行访谈、收发和检查问卷与礼品。问卷的复核比例为全部问卷数量的30%，全部采用电话复核方式，复核时间为问卷回收的24小时内。

7．市场调查方法及具体实施

1）对消费者以问卷调查为主，具体实施方法如下：

在完成市场调查问卷的设计与制作以及调查人员的培训等相关工作后，就可以把调查问卷平均分发给各调查人员，开展具体的问卷调查了。调查人员在进行调查时，要先说明来意，并特别声明，在调查结束后将赠送调查对象精美礼物一份，吸引调查对象的积极参与，以便于得到正确有效的调查结果。调查过程中，调查人员应耐心等待，切不可催促。

2）对经销商以深度访谈为主

由于调查形式的不同，对调查人员所提出的要求也有所差异。与经销商进行深度访谈的调查人员（访员）相对于实施问卷调查的调查人员而言，其专业水平要求更高一些。因为时间较长，调查人员对经销商进行深度访谈以前一般要预约好时间并承诺付与一定报酬，访谈前调查人员要做好充分的准备、列出调查所要了解的所有问题。调查人员在访谈过程中应占据主导地位，把握着整个谈话的方向，能够准确筛选谈话内容，并快速做好笔记，以得到真实有效的调查结果。

3）通过网上查询或资料查询调查××市人口统计资料

调查人员查找资料时应注意其权威性及时效性，以尽量减少误差。因为其简易性，该工作可直接由复核员完成。

8．调查程序及时间安排

市场调查大致来说可分为准备、实施和结果处理3个阶段。

1）准备阶段

它一般分为界定调查问题、设计调查方案、设计调查问卷或调查提纲三个部分。

2）实施阶段

根据调查要求，采用多种形式，由调查人员广泛地收集与调查活动有关的信息。

3）结果处理阶段

将收集的信息进行汇总、归纳、整理和分析，并将调查结果以书面的形式——调查报告表述出来。

在客户确认项目后，有计划的安排调查工作的各项日程，用以规范和保证调查工作的顺利

实施。按调查的实施程序,可以分成以下 8 个小项来对时间进行具体安排:

调查方案、问卷的设计	·············	××个工作日
调查方案、问卷的修改、确认	·············	××个工作日
项目准备阶段(人员培训、安排)	·············	××个工作日
实地访问阶段	·············	××个工作日
数据预处理阶段	·············	××个工作日
数据统计分析阶段	·············	××个工作日
调查报告撰写阶段	·············	××个工作日
论证结段	·············	××个工作日

9. 经费预算

(1) 策划费	××
(2) 交通费	××
(3) 调查人员培训费	××
(4) 公关费	××
(5) 访谈费	××
(6) 问卷调查费	××
(7) 统计费	××
(8) 报告费	××
总计	××

10. 附录

参与人员:	×××
项目负责人:	×××
调查方案、问卷的设计:	×××
调查方案、问卷的修改:	×××
调查人员培训:	×××
调查人员:	×××
调查数据处理:	×××
调查数据统计分析:	×××
调查报告撰写:	×××
论证人员:	×××
调查方案撰写:	×××

相关知识

1.4　汽车市场调查方案的设计

1.4.1　汽车市场调查方案的含义

市场调查方案设计,就是根据调查研究的目的和调查对象的性质,在进行实际调查之前,

笔记

对调查工作总任务的各个方面和各个阶段进行的通盘考虑和安排,提出相应的调查实施方案,制订出合理的工作程序。它的主要特点可以归纳为"预期"和"说明"四个字,即预期调查项目所需的主客观条件,大致说明从调查中所要得到的东西及所要做的工作。

市场调查的范围可大可小,但无论是大范围的调查,还是小规模的调查工作,都会涉及到相互联系的各个方面和全部过程。

这里所讲的调查工作的各个方面是对调查工作的横向设计,就是要考虑到调查所要涉及的各个组成项目。例如,如果对我国汽车企业竞争能力进行调查,就应将我国所有汽车企业生产汽车的车型、质量、价格、服务、信誉等方面作为一个整体,对各种相互区别又有密切联系的调查项目进行整体考虑,避免调查内容上出现重复和遗漏。

全部过程则是对调查工作纵向方面的设计,它是指调查工作所需经历的各个阶段和环节,即调查资料的搜集、调查资料的整理和分析等。只有对此事先做出统一考虑和安排,才能保证调查工作有秩序、有步骤地顺利进行,减少调查误差,提高调查质量。

1.4.2　汽车市场调查与预测人员的要求

市场调查活动是一项科学细致的工作,作为一个优秀的调查人员,必须具备基本素质,并具有相应的知识和技能。

1.4.2.1　思想品德素质要求

思想品德素质是决定调查人员成长方向的关键性因素,也是影响市场调查效效果的一个重要因素;一个具有良好的思想品德素质的调查人员,应该能够做到以下几点:

(1)政治素质。熟悉国家现现行有关的方针、政策、法规。具有强烈的社会责任感和事业心。

(2)道德修养。具有较高的职业道德修养,表现在调查工作中能够实事求是、公正无私,绝不能满足于完成任务而敷衍塞责,也不能迫于压力屈从或迎合委托单位和委托单位决策层的意志。

(3)敬业精神。要热爱市场调查工作,在调查工作中要认真、细致,要具有敏锐的观察力,不放过任何有价值的资料数据,也不错拿一些虚假的资料。要凭自身业务素质,断定有些资料存在有疑点,能够不怕辛苦,反复核实,做到万无一失。

(4)谦虚谨慎、平易近人。调查人员最主要的工作是与人打交道。一些谦逊平和、时刻为对方着想的调查人员,往往容易得到被调查对象的配合,从而能够获得真实的信息,而那些脾气暴躁、盛气凌人、处处只想到自己的调查人员,容易遭到拒答或得到不真实的信息。

1.4.2.2　业务素质要求

业务素质的高低是衡量市场调查员的首要条件。市场调查工作不仅需要一定的理论基础,还需要具备较强的实际经验。对于调查访问人员重点具有以下素质要求:

(1)具有市场调查的一些基础知识。由于访问员不是专业的研究人员,所以不要求他们具有高深的专业知识,但至少他们应该做到:了解调查工作中访问员的作用和他们对整个市场调查工作成效的影响;在访问中要保持中立;了解调查计划的有关信息;掌握访谈过程中的技巧;熟知询问问题的正确顺序;熟悉记录答案的方法。

(2)具有一定的业务素质。访问员的业务能力可从以下几方面体现:①阅读能力。理解问卷的意思,能够没有停顿地传达问卷中的提问项目和回答项目。②表达能力。要求访问人员在调查过程中能够将要询问的问题表达清楚。③观察能力。具有敏锐的观察能力,判断受访者回答的真实性。④书写能力。能够准确、快速地将受访者的回答原原本本地记录下来。⑤独立外出能力。访问员能够独自到达指定的地点,寻找指定的受访者,并进行访问。⑥随机应变能力。在调查过程中遇到的是各种各样的人,所以访问员要能够随机应变,适应不同类型的人的特点。

(3)身体素质。身体素质包括两个基本素质:体力和性格。市场调查是一个非常艰苦的工作,特别是入户访谈和拦截调查,对调查人员的体力要求较高。同时,市场调查人员的性格最好属于外向型,会交际、善谈吐、会倾听,善于提出、分析和解决问题,谨慎而又机敏。

在实际调查过程中,调查工作是通过一支良好的调查队伍来实现的。调查人员的思想道德素质是必须的,是前提条件。而调查人员的业务素质和身体素质则可以随着调查的方法不同而有所不同。

1.4.3　市场调查与预测的机构

市场调查的机构是市场调查的组织者和实施者。市场调查的机构由国家的政府机构、社会调查机构、企业内部调查机构等,不同的机构有不同的职能。

1. 市场调查的专门机构

由于企业的经营决策与市场调查预测有着密切关系,随着社会分工日益专门化,应运而生的一些专业性和专门性的市场调查和预测机构,像调查公司、咨询公司、广告公司等。调查公司涉及面广,综合能力强,调查技术先进。如我国的零点调查公司、美国的白金瀚调查公司、澳大利亚的模范调查社等。这些调查公司都是根据工作目的的要求,进行细致、系统的调查工作。咨询公司是以调查结果为依据,充当企业的顾问,为企业提供生产、经营、决策建议等。广告公司是广告业务所必须的,目的是提高广告的吸引力进行的专项、细致的市场调查。

2. 新闻单位、学校研究机关

新闻单位和学校研究机关,可以独立地开展市场调查活动,定期或不定期地公布市场信息,经常性地出售市场信息。如成立于1992年的复旦管理咨询公司,是复旦大学管理学院下属的全资咨询公司,为跨国公司、国内大型企业、各级政府部门提供全方位管理咨询服务。该公司以实力强劲的复旦大学管理学院为后盾,由复旦大学管理学院各学科著名教授组成咨询专家团队。咨询项目内容涉及广泛,主要包括:企业发展战略研究、组织变革、管理制度和业务流程再造、市场调研、市场营销战略筹划、人力资源制度设计等。

3. 政府机构设立的调查机构

主要是根据国家经济发展的需要和制定政策的需要,进行针对性较强的调查。如经济状况调查、汽车工业发展调查等。

4. 企业内部的市场调查机构

根据企业规模、自身需求和能力,在企业内部设立的市场调查部门,也可以是部门兼管,调查人员的选择同样可以专职,也可以兼职。

资料1-6　选择调查公司的基本原则

一般来说,在选择调查公司时,主要考察的主要有以下一些方面:

- 提供者的声誉如何?
- 通常能按时间要求完成调查项目吗?
- 是否被公认为是维持职业道德标准的?
- 是否有灵活性或可变通性?
- 调查项目能否高质量完成?
- 有什么样的调查经验?
- 有多少这样的经验?
- 提供者的人员结构中是否既有技术方面的专家,又有非技术方面的专家?
- 能否与客户很好对话或交流?
- 资金是否充足?
- 公司有怎样的营业方式?

要记住,最便宜的投标不一定是最好的。在招标时既要比较价格也要比较质量,这样才能得到有竞争力的投标。在调查项目开始之前最好要有书面投标书或合同。决定选择调查服务提供者就如同其他管理决策问题一样,要以可靠的信息为依据。

资料改自:态度 8 调查网

1.4.4　汽车市场调查与预测方案设计的内容

汽车市场调查预测的方案设计是对市场调查预测工作各个方面和全部过程的通盘考虑,包括了整个市场调查预测工作过程的全部内容。所设计的方案是否科学、可行,是整个调查成败的关键。

市场调查预测方案设计主要包括下述 11 个方面的内容:

1.4.4.1　确定调查目的

明确调查目的是调查设计的首要问题,只有确定了调查目的,才能确定调查的范围、内容和方法,否则就会列入一些无关紧要的调查项目,而漏掉一些重要的调查项目,无法满足调查的要求。

例如,1990 年我国第四次人口普查的目的就规定得十分明确,即"准确地查清第三次人口普查以来我国人口在数量、地区分布、结构和素质方面的变化,为科学的制定国民经济和社会发展战略与规划,统筹安排人民的物质和文化生活,检查人口政策执行情况提供可靠的依据。"

可见,确定调查目的,就是明确在调查中要解决哪些问题,通过调查要取得什么样的资料,取得这些资料有什么用途等问题。衡量一个调查设计是否科学的标准,主要就是看方案的设计是否体现调查目的的要求,是否符合客观实际。

1.4.4.2　确定调查对象、调查单位和调查地点

明确了调查目的之后,就要确定调查对象和调查单位,这主要是为了解决向谁调查和由谁来具体提供资料的问题。调查对象就是根据调查目的、调查任务确定调查的范围以及所要调查的总体,它是由某些性质上相同的许多调查单位所组成的。调查单位就是所要调查的社会经济现象总体中的个体,即调查对象中的每个具体单位,它是调查中要调查登记的各个调查项目的承担者。

例如,为了研究某市各汽车销售公司的经营情况及存在的问题,需要对全市汽车销售公司进行全面调查,那么该市所有汽车销售公司就是调查对象,每一个汽车销售公司就是调查单位。又如,在某市职工家庭基本情况调查中,该市全部职工家庭就是这一调查的调查对象,每一户职工家庭就是调查单位。

在确定调查对象和调查单位时,应该注意以下四方面的问题:

第一,由于市场现象具有复杂多变的特点,因此在许多情况下,调查对象也是比较复杂的,必须用科学的理论为指导,严格规定调查对象的含义,并指出它与其他有关现象的界限,以免造成调查登记时由于界限不清而发生的差错。例如,以城市职工为调查对象,就应明确职工的含义,划清城市职工与非城市职工、职工与居民等概念的界限。

第二,调查单位的确定取决于调查目的和对象,调查目的和对象发生改变,调查单位也要随之改变。例如,要调查城市职工本人基本情况时,这时的调查单位就不再是每一户城市职工家庭,而是每一个城市职工了。

第三,调查单位与填报单位是有区别的,调查单位是调查项目的承担者,而填报单位是调查中填报调查资料的单位。例如,对某地区工业企业设备进行普查,调查单位为该地区工业企业的每台设备,而填报单位是该地区每个工业企业。但有的情况下,两者又是一致的。例如,在进行职工基本情况调查时,调查单位和填报单位都是每一个职工。在市场调查方案设计中,当两者不一致时,应当明确是从何处取得资料并防止调查单位重复和遗漏。

第四,不同的调查方式会产生不同的调查单位。如采取普查方式,调查总体内所包括的全部单位都是调查单位;如采取重点调查方式,只有选定的少数重点单位是调查单位;如果采取典型调查方式,只有选出的有代表性的单位是调查单位;如果采取抽样调查方式,则用各种抽样方法抽出的样本单位是调查单位。

在调查方案中,还要明确规定调查地点。调查地点与调查单位通常是一致的,但也有不一致的情况,当不一致时,尤有必要规定调查地点。例如,人口普查中,规定调查登记常住人口,即人口的常住地点。若登记时不在常住地点,或不在本地常住的流动人口,均须明确规定处理办法,以免调查资料出现遗漏和重复。

1.4.4.3 确定和培训调查人员

由于调查对象是社会各阶层成员,思想认识、文化水平差异较大,所以从事调查工作的调查人员应当在思想品质、知识结构和能力结构等方面具备良好的素质,以便于更好的完成调查工作,达到预期效果。简要地说,调查人员应当具备的条件主要有以下几方面的内容:

首先,要求汽车市场调查人员具备一定的文化基础知识,能够正确理解调查提纲、表格、问卷内容,能够比较准确地记录调查对象反映出来的实际情况和内容,能够做一些简单的数字运算和初步的统计分析。

其次,要求汽车市场调查人员具备一定的市场学、管理学、经济学方面的知识,对调查过程中涉及到的专业性概念、术语和指标等应有正确的理解。

再次,要求汽车市场调查人员具备一定的社会经验,要有文明的举止、大方开朗的性格,要善于和不同性格类型的人打交道,取得他们对调查工作的配合。

最后,要求汽车市场调查人员必须具备严肃、认真、踏实的工作态度。参加汽车市场调查,不但工作任务复杂繁忙,很多时候也单调枯燥,如果缺乏良好的工作态度,不能严肃认真地按要求去进行调查,那么取得的调查资料将会产生很大的偏差,可信度降低,严重的甚至导致调查工作的失败。

不同的调查课题，要求调查人员有不同的知识准备。应当根据具体的调查目的和调查任务，确定相应的调查人员。一些汽车市场调查工作，由于工作量较大，有时还需要聘请一些临时性的工作人员，使调查人员具有一定的流动性和不确定性。因此，为了保证汽车市场调查结果的可靠性，必须对调查人员进行必要的培训。

具体的培训内容主要包括以下几方面的内容：

首先，要围绕调查课题的具体内容，对汽车市场调查人员进行思想教育，统一认识，使每个调查人员都能深刻认识该调查的具体目的和现实意义。

其次，介绍本次调查的具体要求，根据调查项目的内容，对有关专业性的概念、术语进行解释，明确统计资料的口径和选择调查对象的原则和条件等。

再次，要对调查人员进行工作技能训练，包括如何面对调查对象、如何提问、如何解释，遇到一些情况如何处理等。

对汽车市场调查人员的培训，可以采用模拟训练法，即由有经验的调查人员扮演调查对象，由初次参加调查的人员进行模拟过程的共同讨论、评价，找出最佳方法。模拟训练法，可以使新手迅速胜任工作，避免由于缺乏经验而给调查工作带来不必要的损失。

确定和培训调查人员是保证调查工作质量的重要环节之一。

1.4.4.4 确定调查项目

调查项目是指对调查单位所要调查的主要内容，确定调查项目就是要明确向调查对象了解些什么问题，调查项目一般就是调查单位的各个标志的名称。

例如，在消费者调查中，消费者的性别、民族、文化程度、年龄、收入等。其标志可分为品质标志和数量标志，品质标志是说明事物质的特征，不能用数量表示，只能用文字表示，如本例中的性别、民族和文化程度；数量标志表明事物的数量特征，它可以用数量来表示，如本例中的年龄和收入。标志的具体表现是指在标志名称之后所表明的属性或数值，如本例中消费者的年龄为 30 岁或 50 岁，性别是男性或女性等。

在确定调查项目时，除要考虑调查目的和调查对象的特点外，还要注意以下几个问题：

第一，确定的调查项目应当既是调查任务所需，又是能够取得答案的。凡是调查目的需要又可以取得的调查项目要全部列入，否则不应列入。

第二，调查项目的表达必须明确，要使答案具有确定的表示形式，如数字式、是否式或文字式等。否则，会使调查对象产生不同理解而做出不同的答案，造成汇总时的困难。

第三，确定调查项目应尽可能做到项目之间相互关联，使取得的资料相互对照，以便了解现象发生变化的原因、条件和后果，便于检查答案的准确性。

第四，调查项目的涵义要明确、肯定，必要时可附以对调查项目的解释。

1.4.4.5 制订调查提纲和调查表

当调查项目确定后，可将调查项目科学的分类、排列，构成调查提纲或调查表，方便调查登记和汇总。

调查表一般由表头、表体和表脚三部分组成。

(1) 表头包括调查表的名称、调查单位(或填报单位)的名称、性质和隶属关系等。表头上填写的内容一般不作统计分析之用，但它是核实和复查调查单位的依据。

(2) 表体包括调查项目、栏号和计量单位等，它是调查表的主要部分。

（3）表脚包括调查人员或填报人的签名和调查日期等，其目的是为了明确责任，一旦发现问题，便于查寻。

调查表可以分成单一表和一览表两种。

（1）单一调查表是每张调查表只登记一个调查单位的资料，常在调查项目较多时使用。它的优点是便于分组整理，缺点是每张表都注有调查地点、时间及其他共同事项，造成人力、物力和时间的耗费较大。

（2）一览调查表是一张调查表可登记多个单位的调查资料，它的优点是当调查项目不多时，应用一览表能使人一目了然，还可将调查表中各有关单位的资料相互核对，其缺点是对每个调查单位不能登记更多的项目。

调查表拟定后，为便于正确填表、统一规格，还要附填表说明。内容包括调查表中各个项目的解释，有关计算方法以及填表时应注意的事项等，填表说明应力求准确、简明扼要、通俗易懂。

1.4.4.6　确定调查时间和调查工作期限

调查时间是指调查资料所属的时间。如果所要调查的是时期现象，就要明确规定资料所反映的是调查对象从何时起到何时止的资料。如果所要调查的是时点现象，就要明确规定统一的标准调查时点。

调查期限是规定调查工作的开始时间和结束时间，包括从市场调查方案设计到提交调查报告的整个工作时间，也包括各个阶段的起始时间。设置调查期限的目的是使调查工作能及时开展、按时完成。为了提高信息资料的时效性，在可能的情况下，调查期限应适当缩短。

表1-1是根据经验总结出来的市场调查较为合理的时间分配。

表1-1　市场调查合理的时间分配

项　目	占用时间比例/%
调查方案的设计和起草	4～6
文案调查	10～15
实地调查	30～40
资料审核、整理和分析预测	20～25
报告准备和报告初稿	1～2
修改、编辑和报告定稿	4～8
提交报告和汇报	3～4

1.4.4.7　确定调查方式和方法

在调查方案中，还要规定采用什么组织方式和方法取得调查资料。搜集调查资料的方式有普查、重点调查、典型调查、抽样调查等。具体调查方法有文案法、访问法、观察法和实验法等。在调查时，采用何种方式、方法不是固定和统一的，而是取决于调查对象和调查任务。在市场经济条件下，为准确、及时、全面地取得市场信息，尤其应注意多种调查方式的结合运用。

1.4.4.8　确定调查资料整理和分析方法

采用实地调查方法搜集的原始资料大多是零散的、不系统的，只能反映事物的表象，无法深入研究事物的本质和规律性，这就要求对大量原始资料进行加工汇总，使之系统化、条理化。

市场预测还需要确定预测方法,个别有调查预测条件限制的,在本节内容中需要加以规定和说明。目前这种资料处理工作一般已由计算机进行,这在设计中也应予以考虑,包括采用何种操作程序以保证必要的运算速度、计算精度及特殊目的。

随着经济理论的发展和计算机的运用,越来越多的现代统计分析手段可供我们在分析时选择,如回归分析、相关分析、聚类分析等。每种分析技术都有其自身的特点和适用性,因此,应根据调查的要求,选择最佳的分析方法并在方案中加以规定。

1.4.4.9　确定提交报告的方式

主要包括报告书的形式和份数,报告书的基本内容、报告书中图表量的大小等。

1.4.4.10　确定调查费用

每次汽车市场调查活动都需要支出一定的费用,因此,在设计调查方案时,应当编制出调查费用预算,合理估计调查的各项开支。

编制费用预算的基本原则是:在坚持调查费用有限的条件下,力求取得最佳的调查效果;或者在保证实现调查目标的前提下,力求使调查费用支出最少。

调查费用以总额表示,至于费用支出的细目,如专家咨询费、人员劳务费、问卷印刷费、资料费、交通费、问卷处理费、杂费等,应根据每次调查的具体情况而定。具体可以参考表 1-2 调查费用估计单。

表 1-2　调查费用估计单

申请人:
调查课题:
调查地点:
调查时间:　　　　年　　　月　　　日～　　　　年　　　月　　　日

项目	数量	单位	金额	备注
资料费				
文件费				
差旅费				
统计费				
交际费				
调查费				
劳务费				
杂费				
其他				
总计				

资料 1-7　进行资金预算时常考虑的因素

①调查方案策划与设计费;②抽样和问卷设计费;③调查表测试费;④问卷的印刷和装订费;⑤调查实施费(包括调查员培训、交通、住宿、劳务费,礼品费和其他费用);⑥数据加工处理费(包括数据录入、整理、统计分析费等);⑦各种相关资料的资料费和复印费;⑧调查报告撰写费;⑨管理费、税金;⑩其他费用等。

1.4.4.11 制订调查的组织计划

调查的组织计划,主要是指调查的组织领导、调查机构的设置、工作步骤及其善后处理等,是为确保实施调查的具体工作计划。有时调查的组织计划中还必须明确规定调查的组织方式。

🔍 任务回顾

1. 通过案例简单了解汽车市场调查方案的基本设计。
2. 通过知识的学习,熟练掌握汽车市场调查方案的设计内容。

⬇ 任务实施步骤

(一)任务要求

制定一份科学的汽车市场调查方案。

(二)任务实施的步骤

设计汽车市场调查方案。

🖊 思考与训练

1. 汽车市场调查方案的概念是什么?
2. 作为一名汽车市场调查和预测的从业人员,应满足哪些要求。
3. 模拟实践训练:分组根据上一任务确定的调查课题,撰写本组的汽车市场调查方案。

❓ 拓展提高

案例

常州汽车配件市场调查方案

1. 前言

汽车现在已逐渐普及,然而汽车配件随着汽车的发展也在逐步走向市场,在这样的市场环境下,汽配市场会走向主导地位,特此以汽配市场为中心进行市场调查。

2. 调查目的及意义

(1)了解汽配市场的经营项目。

(2)了解汽配市场的经营情况。

(3)了解消费者对汽车配件的需求情况。

(4)了解汽配市场的规模。

(5)为以后大学生就业提供就业平台。

3. 调查内容

对常州市汽配公司情况的调查。

(1)汽配市场销售情况与产品的价格之间的关联。

（2）汽配公司与 4S 店或维修店之间的合作情况。

（3）汽配公司是否采用促销手段来销售汽车零配件。

（4）了解汽配公司所经营的项目。

（5）汽配公司员工销售礼仪情况调查。

4. 市场调查方法及具体实施

1）主要以观察与记录为主

在完成调查表格及问卷设计与制作后，即可展开具体的调查。首先，通过对常州市特定区域的汽配市场进行实地观察与了解，在观察与了解后，将会得出相应的数据资料，其次做出相应的统计，得出此次调查目的所需。在观察过程中，分工到个人，为调查数据的合理性、真实性作铺垫，每个人都必须将调查数据详细记录。

2）适当以采访为主

以便于和汽配公司的老板员工较好地沟通来了解相关信息。

3）二手资料

通过网上搜集，得以更深入地了解汽车配件市场，更全面地制订调查方案。

5. 调查程序及时间安排

调查大致可以分为准备、实施和结果三个阶段

（1）准备阶段。界定好调查的问题、设计好调查方案、设计好调查提纲。

（2）实施阶段。依据调查的要求采用合适的形式，由调查人员广泛收集与调查活动有关的信息。

（3）结果处理阶段。将收集的信息进行汇总、归纳、整理和分析，并将结果以书面形式调查报告表现出来。有计划的安排调查工作的各项日程，用以规范和保证调查工作的顺利实施。按调查实施程序，可分为七个小项目来对时间进行具体安排：

调查方案设计 ……1 个工作日

项目准备阶段 ……1 个工作日

数据预处理阶段 ……1 个工作日

数据统计分析阶段 ……1 个工作日

调查报告撰写阶段 ……1 个工作日

论证阶段 ……1 个工作日

6. 调查员的规定

（1）仪表端正、大方。

（2）具有认真负责，积极的工作精神及职业热情。

（3）举止谈吐得体。

7. 经费计算（单位：元）

策划费 ……50

调查人员费用 ……50

打印费 ……20

总计 ……120

8. 附录

项目负责人：朱小龙

调查方案设计:徐杰

调查人员:赵佳龙、陆秋宇、朱小龙

调查数据处理:徐杰、姜秋洋

调查数据统计分析:基正婷

调查报告撰写:吴智慧

问题:这份汽车配件市场的调查方案设计得合理吗? 请结合所学内容,进行分析评价。

任务五　问卷与问卷调查

知识目标

- 了解问卷调查的含义。
- 熟练掌握问卷的结构和设计重点。
- 熟练掌握优秀问卷的评判标准。

能力目标

- 能够按照问卷的结构和设计重点设计调查问卷。
- 能够正确判断一份问卷的优劣。

情境描述

采用问卷进行市场调查可以为有效地收集和测定市场特征资料提供良好的技术手段,因此问卷被广泛应用于汽车市场调查的诸多方面。

任务剖析

××调查公司决定采用问卷调查法来搜集所需的信息。

任务载体

××品牌汽车项目市场调查问卷

尊敬的顾客朋友:

您好,我们正在进行一项关于××品牌汽车转型和影响汽车消费因素的市场调查,非常希望能得到您的支持! 此次调查所获得的信息只作为本次调查的研究分析之用,我们承诺保守秘密,并不将所获信息用作其他用途。谢谢您的支持!

为使调查顺利进行,请您关注下面的填表说明:

(1) 本问卷已经将所有需要回答的问题编号,您只需按照卷面上表明的要求回答即可,请在您选择的答案对应的符号前划√,不论单选还是多选。

(2) 有些题目如果没有您想选择的项目或题目注明需要您填写,请直接填在_____上。

1. 您拥有汽车的时间_____

A. 暂时没有　　　　B. 1年及1年以内　　C. 1～3年　　　　D. 3～5年

E. 5年以上

（若选择A,请跳答第6题）

2. 您的汽车的品牌_____

3. 您买车的主要用途_____

A. 家庭使用　　　　B. 公司或单位用车　　C. 长途运输用车

D. 快运等业务用车　　E. 其他

4. 您买车时考虑最多的因素是_____（可多选）

A. 经济省油　　　　B. 价格高低　　　　C. 容量大小　　　　D. 驾乘舒适度

E. 技术参数　　　　F. 安全性能　　　　G. 售后服务　　　　H. 品牌

I. 其他

5. 您对目前汽车使用状况的满意程度_____

A. 非常满意　　　　B. 满意　　　　　　C. 不满意　　　　　D. 非常不满意

E. 无意见

6. 您考虑换车或者新购置车辆的时间是_____

A. 暂时不考虑　　　B. 半年内　　　　　C. 0.5～1年内　　　D. 1～3年内

E. 其他

7. 您考虑购车能承受的价格是_____

A. 5万元以下　　　B. 5～8万元　　　　C. 8～10万元　　　D. 10万元以上

8. 您怎样看待贷款购车_____

A. 很好,准备尝试一下　　　　　　　　　B. 一般,没什么兴趣

C. 无所谓,与我没关系

9. 请注明您可能要选择的品牌_____

10. 您对××品牌汽车的了解程度_____

A. 很了解　　　　　B. 了解一点　　　　C. 不了解

（选择C者请跳答第12题）

11. 您了解××品牌汽车的渠道是_____

A. 电视广告　　　　B. 报纸广告　　　　C. 网站介绍　　　　D. 朋友推荐

E. 其他

12. 您认为汽车使用者是否有必要了解其产品的性能、技术、维护知识_____

A. 有必要,由厂商提供培训　　　　　　　B. 没必要,出问题找厂商

C. 无所谓　　　　　D. 其他

13. 您认为××品牌在提高品牌知名度方面可以从以下哪些方面着手_____（可多选）

A. 加强自身建设,练好内功　　　　　　　B. 加大宣传力度

C. 改换标志　　　　　　　　　　　　　　D. 其他(请注明)_____

14. 如果您准备买车或者再次买车,您准备购买的车型是_____

A. 轿车　　　　　　　　　　　　　　　　B. 轻客

C. SUV(运动型多功能车)　　　　　　　　D. MPV(多功能乘用车)

E. 卡车(含皮卡)

15. 如果您准备买车或者再次买车,您更倾向于_____
   A. 柴油车   B. 汽油车

16. 您准备选择的汽车品牌是_____
   A. 进口品牌   B. 国产自主品牌   C. 合资品牌

17. 如果您考虑买车或者再次买车,您最信赖的购车地点是_____
   A. 专卖店   B. 大卖场
   C. 汽车商城   D. 其他(请注明)_____

18. 您选择购车地点的标准是_____
   A. 硬件设施   B. 服务专业才   C. 维修实力   D. 售后服务
   E. 车价   F. 其他

19. 您是否××品牌的老用户_____
   A. 是   B. 不是   (选B请跳答第21题)

20. 作为我们的老用户,您觉得我们还需要改进的地方主要是_____

21. 您的个人及家庭情况_____
   (1) 性别:A. 男   B. 女
   (2) 年龄:A. 20岁及以下   B. 21～30岁   C. 31～40岁
            D. 41～50岁   E. 51～60岁   F. 60岁以上
   (3) 婚姻:A. 已婚   B. 未婚   C. 其他
   (4) 职业:A. 公务员   B. 个体企业老板   C. 教师
            D. 企业工人   E. 其他
   (5) 学历:A. 高中及以下   B. 大专   C. 本科
            D. 研究生及以上
   (6) 家庭人数:A. 2人   B. 3人   C. 4人
               D. 4人以上
   (7) 家庭平均月收入:A. 1 000元以下   B. 1 000～2 000元   C. 2 000～3 000元
                     D. 3 000～4 000元   E. 4 000～5 000元   F. 5 000元以上

   (8) 为保证调查质量,公司将对问卷进行复查,如果方便的话,请您留下姓名和联系电话_____。

再次感谢您的支持!

相关知识

1.5 问卷与问卷调查

1.5.1 问卷调查的含义

问卷调查法也称问卷法,它是调查者运用统一设计的问卷向被选取的调查对象了解情况或征询意见的调查方法。

问卷调查是以书面提出问题的方式搜集资料的一种研究方法。研究者将所要研究的问题编制成问题表格,以邮寄方式、当面作答或者以追踪访问方式填答,从而了解被试对某一现象或问题的看法和意见,所以又称问题表格法。

1.5.2　问卷的结构

不同类型的调查问卷在具体结构、题型、措辞和版式等方面会有所不同,但总的来说,一份完美的调查问卷应该在形式和内容两个方面同时做到尽善尽美。从形式上看,要求版面整齐、美观、便于阅读和作答。从内容上看,一份好的问卷调查表至少应该满足四方面的要求:①问题具体、表述清楚、重点突出、整体结构好;②确保问卷能完成调查任务与目的;③调查问卷应该明确正确的政治方向,把握正确的舆论导向,注意对群众可能造成的影响;④便于统计整理。

一份完整的调查问卷通常包括标题、问卷说明、调查对象基本情况、调查内容、编码号、附录等内容。

1.5.2.1　问卷的标题

问卷的标题,即问卷的题目,它应当能够概括说明调查主题,使调查对象对所要回答的问题有一个大致的了解。标题应简明扼要,易于引起调查对象的兴趣。例如"北京亚运村汽车交易市场用户调查","顾客购车因素调查"等。而不要简单采用"问卷调查"这样的标题,它容易引起调查对象因不必要的怀疑而拒绝回答。

1.5.2.2　问卷说明

问卷说明旨在向调查对象说明调查的目的、意义。有些问卷还有填表须知、交表时间、地点及其他事项说明等。问卷说明一般放在问卷开头,通过它可以使调查对象了解调查目的,消除顾虑,并按一定的要求填写问卷。其内容一般包括以下几个方面:

(1) 称呼、问候。如"女士(先生):您好!"

(2) 调查人员自我介绍,说明调查的主办单位和个人的身份。

(3) 简要的说明调查的内容、目的、填写方法。

(4) 说明作答的意义或重要性。

(5) 说明调查所需时间。

(6) 保证作答对调查对象无负面作用,并替他保守秘密。

(7) 表示真诚的感谢,或说明将赠送小礼品。

问卷说明的语气应该语气亲切、诚恳、有礼貌,简明扼要,切忌罗嗦。问卷的开头是十分重要的,大量的实践表明,几乎所有拒绝合作的人都是在开始接触的前几秒钟内就表示不愿参与的。如果潜在的调查对象在听取介绍调查来意的一开始就答应了参与,绝大部分都会合作,而且一旦开始回答,几乎都会继续并完成,除非在非常特殊的情况下才会中止。

问卷说明既可采取比较简洁、开门见山的方式,也可在问卷说明中进行一定的宣传,以引起调查对象对问卷的重视。

案例 1-2

问卷说明

女士(先生):

您好!

体验经典美洲座驾,感受纯正美洲风情!畅谈一部经典好车,分享一段异域风情!凯迪拉克——让您身边的风景更美丽!快来参与凯迪拉克真情问卷小调研,精美礼品大放送!

1.5.2.3　调查对象基本情况

调查对象基本情况是指调查对象的一些主要特征,如在消费者调查中,消费者的性别、年龄、民族、家庭人口、婚姻状况、文化程度、职业、单位、收入、所在地区等等。又如,对企业调查中的企业名称、地址、所有制性质、主管部门、职工人数、商品销售额(或产品销售量)等情况。通过这些项目,便于对调查资料进行统计分组、分析。在实际调查中,列入哪些项目,列入多少项目,应根据调查目的、调查要求而定,并非多多益善。

1.5.2.4　调查主题内容

调查的主题内容是调查人员所要了解的基本内容,也是调查问卷中最重要的部分。它主要是以提问的形式提供给调查对象,这部分内容设计的好坏直接影响整个调查的价值。

主题内容主要包括以下几方面:①对人们的行为进行调查,包括对调查对象本人行为进行了解或通过调查对象了解他人的行为;②对人们的行为后果进行调查;③对人们的态度、意见、感觉、偏好等进行调查。

1.5.2.5　编码

在较大规模的统计调查中,调查人员常常采用以封闭式问题为主的问卷,为了将调查对象的回答转换成数字,输入计算机进行处理和定量分析,往往需要对回答结果进行编码。编码有助于调查者统计分析,同时也方便被调查者查看。

所谓编码就是赋予每一个问题及其答案一个代码,编码的工作既可在问卷设计时就设计好,也可等调查完成后再进行,前者称为预编码,后者称为后编码。

在实际调查中,调查人员大多采用预编码,因此预编码就成了问卷中的一个部分,编码一般放在问卷每一页的最左边,有时还可用一条纵线将它与问题及答案部分分开,下面就是编码的例子:

(1) 您的年龄:＿＿＿＿＿岁

(2) 您的性别:①男　□
　　　　　　　②女　□

(3) 您的文化程度:①小学以下　□
　　　　　　　　　②初中　□
　　　　　　　　　③高中或中专　□
　　　　　　　　　④大专以上　□

(4) 您每月的收入为多少?＿＿＿＿＿元

1.5.2.6　附录

附录包括作业证明记录、图表说明和结束语等内容。

(1) 作业证明记录。作业证明记录用以登记调查访问工作的执行和完成情况,内容包括调查人员的姓名、访问日期和访问地点等,以明确调查人员完成任务的性质。如有必要,还可写上调查对象的姓名、单位或家庭住址、电话等,以便于审核和进一步追踪调查。但对于一些涉及调查对象隐私的问卷,上述内容则不宜列入。

这项内容虽然简单,但对于检查调查计划的执行情况,复查或修正某些调查内容,以及证明整个调查的真实性和可靠性具有重要意义,因此也要认真设计。

(2) 图表说明。为了让调查对象了解问卷,以便能够准确作答,如有必要,可将图表说明附在最后。

（3）结束语。结束语是问卷的最后部分，一般包括两个方面的内容：①提出几个开放式问题，由调查对象深入自由回答，在量化的基础上进行质的分析，加深对问题的认识，或者让调查对象提出对本研究的建设性意见；②对调查对象的合作表示谢意。

结束语根据问卷的需要设置，如果没有必要，也可以不设置。

1.5.3　问卷的设计

问题及其答案是一份调查问卷的基本构成要素，是反映问卷调查目的和调查项目的必要手段。因此，问卷设计的核心内容是对问题及其答案的设计。在进行问卷设计时，必须对问题的类别和提问方法仔细考虑，对问题有较清楚的了解，并善于根据调查目的和具体情况选择适当的询问方式，否则会使整个问卷产生很大的偏差，甚至导致市场调查的失败。

1.5.3.1　问题的主要类型及询问方式

1. 直接性问题、间接性问题和假设性问题

（1）直接性问题。直接性问题是指在问卷中能够通过直接提问方式得到答案的问题。直接性问题通常给调查对象一个明确的范围，所问的是个人基本情况或意见，比如，"您的年龄"、"您的职业"、"您最喜欢的汽车品牌"等，这些都可获得明确的答案。这种提问对统计分析比较方便，但遇到一些窘迫性问题时，采用这种提问方式，可能无法得到所需要的答案。

（2）间接性问题。间接性问题是指那些不宜于直接回答，而采用间接的提问方式得到所需答案的问题。通常是指那些调查对象因对所需回答的问题产生顾虑，不敢或不愿真实地表达意见的问题。调查人员不应为得到直接的结果而强迫调查对象，使他们感到不愉快或难堪。这时，如果采用间接回答方式，使调查对象认为很多意见已被其他调查人员提出来了，他所要做的只不过是对这些意见加以评价罢了。这样，就能排除调查人员和调查对象之间的某些障碍，使调查对象有可能对已得到的结论提出自己不带掩饰的意见。

（3）假设性问题。假设性问题是通过假设某一情景或现象存在而向调查对象提出的问题。例如，"有人认为目前的汽车污染问题是由于人们的环保意识差造成的，您的看法如何？""如果在购买汽车和住宅中您只能选择一种，您可能会选择哪一种？"这些语句都属于假设性提问。

2. 开放性问题和封闭性问题

（1）开放性问题。是指所提出问题并不列出所有可能的答案，而是由调查对象自由做答的问题。开放性问题一般提问比较简单，回答比较真实，但结果难以作定量分析，在对其作定量分析时，通常是将回答进行分类。

（2）封闭性问题。是指已事先设计了各种可能答案的问题，调查对象只要或只能从中选定一个或几个现成答案的提问方式。封闭性问题由于答案标准化，不仅回答方便，而且易于进行各种统计处理和分析。但缺点是调查对象只能在规定的范围内被迫回答，无法反映其他各种有目的的、真实的想法。

3. 事实性问题、行为性问题、动机性问题、态度性问题

（1）事实性问题。是要求调查对象回答一些有关事实性的问题。这类问题的主要目的是为了获得有关事实性资料。因此，问题的意见必须清楚，使调查对象容易理解并回答。

通常在一份问卷的开头和结尾都要求调查对象填写其个人资料，如职业、年龄、收入、家庭状况、教育程度、居住条件等，这些问题均为事实性问题，对此类问题进行调查，可为分类统计和分析提供资料。

（2）行为性问题。是对调查对象的行为特征进行调查。例如，"您是否拥有自己的爱车？""您是否去过 4S 店？"等。

（3）动机性问题。用于了解调查对象行为的原因或动机。例如，"是什么原因让您购买这款轿车？"，"为什么选择这家 4S 店？"等等。在提动机性问题时，应注意人们的行为可以是有意识动机，也可以是半意识动机或无意识动机产生的。对于前者，有时会因种种原因不愿真实回答；对于后两者，因调查对象对自己的动机不十分清楚，也会造成回答的困难。

（4）态度性问题。是关于调查对象的态度、评价、意见等相关信息的问题。例如，"您是否喜欢××牌子的轿车？"

以上是从不同的角度对各种问题所做的分类。应该注意的是，在实际调查中，几种类型的问题往往是结合使用的。在同一个问卷中，既有开放性问题，也有封闭性问题。甚至同一个问题中，也可将开放性问题与封闭性问题结合起来，组成结构式问题。例如，"您家里目前有汽车吗？ 有_____，无_____；若有，是什么品牌的？"。同样，事实性问题可采取直接提问方式，对于调查对象不愿直接回答的问题，也可以采取间接提问方式，问卷设计者可以根据具体情况选择不同的提问方式。

1.5.3.2 问题的排序

一份调查问卷包含许多问题，如何将这些不同类型的问题进行合理的编排，是问卷设计的另一个重要问题。同样一组问题由于设计的顺序不同，很有可能导致不同的结果。

美国著名学者格罗斯曾经研究了问题的先后次序对购买兴趣的影响。他将调查对象分为五组，并设计了五种不同的问题顺序，每一组调查对象只接受一种问题顺序。这五种问题的顺序是：

（1）先将产品的各种特征告诉调查对象后，立即问他对产品的购买兴趣；

（2）先告知此产品的优点，再问购买兴趣；

（3）先告知此产品的缺点，再问购买兴趣；

（4）先告知此产品的优点，再告知其缺点，最后问购买兴趣；

（5）先告知此产品的缺点，再告知其优点，最后问购买兴趣。

调查后，统计结果如表 1-3 所示。

表 1-3　问题编排不同时的调查结果统计表（%）

	只说明特征	只说明优点	只说明缺点	先优点再缺点	先缺点再优点
非常有兴趣	2.8	16.7	0	5.7	8.3
有些兴趣	33.3	19.4	15.6	28.6	16.7
有一点兴趣	8.3	11.1	15.6	14.3	16.7
不太有兴趣	25.0	13.9	12.5	22.9	30.6
没有兴趣	30.6	38.9	56.3	28.5	27.7

从上述结果可以看出：

第一，只说明优点或缺点，都会使一些消费者产生抗拒的心理，没有兴趣的比例较高；

第二，先告知产品的优点，会提高调查对象的购买兴趣；

第三,先告知产品的缺点,会降低调查对象的购买兴趣;

第四,只告知产品特征,情况适中。

这项研究至少告诉我们,问题的设计顺序可能导致不同的结果。至于什么问题顺序比较合适,还要根据实际的情况来决定。一般说来,问题的编排应当遵循两条基本原则:①便于调查对象方便快捷地回答;②便于调查人员对调查资料的整理和分析。

问题的顺序一般按照以下五方面的规则进行编排:

1. 按照问题的逻辑顺序编排

问题的排序,首先应考虑问题的类别。如果一份问卷的调查内容涉及多个方面,则应当根据具体内容对问题进行分类,并将相同类别的问题排列在一起,也可以用分类标题将同类问题集中起来。问卷设计人员应当根据各方面内容的逻辑关系,决定各类问题的先后顺序。这样有利于调查对象按照一定的思路、顺序回答问题,而不至于因为跳跃式的回答而中断思路。

2. 按照问题的深浅程度编排

在问题的排序上,应当先易后难、由浅入深。具体地说,应当①事实性问题在先,态度性问题和动机性问题在后;②一般性问题在先,感情性问题和敏感性问题在后;③简单问题在先,复杂问题在后;④封闭性问题在先,开放性问题在后。

也就是说,调查人员先向调查对象提出一些一般的问题,然后随着问题被逐渐地引向深入,提问也聚焦到非常具体和非常关键的问题上来。需要注意的是,对关键性和敏感性问题,不要提得过多,以免引起调查对象的反感。

3. 按照问题所反映的时间顺序编排

如果设计的问题涉及到调查项目的时间,则应该按照时间顺序对问题进行编排。具体排列的顺序,可以按照顺时序排列,也可以按照非顺时序排列。例如,"过去—现在—将来",或"现在—过去—将来"。

4. 易引起调查对象兴趣的问题放在前面

把调查对象感兴趣的问题放在问卷的前面,可以引起他们填写问卷的兴趣和注意力,从而消除调查对象的反感心理,提高整个调查的质量。

5. 开放式问题放到最后

由于回答开放式问题相对来说比较费时费力,故不应设置过多,并将其放置在最后。否则会影响调查对象填写问卷的积极性,进而影响整个问卷的回答质量。

1.5.3.3 问卷的答案设计

在市场调查中,无论是何种类型的问题,都需要事先对问句答案进行设计。在设计答案时,可以根据具体情况采用不同的设计形式。

1. 二项选择法

二项选择法又称为真伪法或二分法,是指提出的问题仅有两种答案可以选择,"是"或"否","有"或"无"等。这两种答案是对立的、排斥的,调查对象的回答非此即彼,不能有更多的选择。

例如,"您家里现在有汽车吗?"

答案只能是"有"或"无"。

又如,"您是否打算在近五年内购买汽车?"

回答只有"是"或"否"。

这种方法的优点是易于理解,可迅速得到明确的答案,便于统计处理,分析也比较容易。但调查对象没有进一步阐明理由的机会,难以反映调查对象意见与程度的差别,了解的情况也不够深入。这种方法,适用于互相排斥的两项择一式问题,及询问较为简单的事实性问题。

2. 多项选择法

多项选择法是指所提出的问题事先预备好两个以上的答案,调查对象可任选其中的一项或几项。

例如,"您喜欢下列哪一款轿车?"(在您喜欢的□内划√)

宝来□   捷达□   红旗□   奇瑞QQ□   富康□   雅阁□   其他□

由于所设答案不一定能表达出填表人所有的看法,所以在问题的最后通常可设"其他"项目,以便使调查对象表达自己的看法。

这个方法的优点是比二项选择法的强制选择有所缓和,答案有一定的范围,也比较便于统计处理。但采用这种方法时,设计者要考虑以下两种情况:

(1)要考虑到全部可能出现的结果,及答案可能出现的重复和遗漏。

(2)要注意根据选择答案的排列顺序。有些调查对象常常喜欢选择第一个答案,从而使调查结果发生偏差。此外,如果答案较多,容易使调查对象无从选择,或产生厌烦。一般这种多项选择答案应控制在8个以内,当样本量较多时,多项选择易使结果分散,缺乏说服力。

3. 顺位法

顺位法是列出若干项目,由调查对象按重要性决定先后顺序,顺位方法主要有两种:一种是对全部答案排序;另一种是只对其中的某些答案排序。究竟采用何种方法,应由调查人员来决定。具体排列顺序,则由调查对象根据自己所喜欢的事物和认识事物的程度等进行排序。

例如,"您选购汽车时主要考虑的因素是"(请将所给答案按重要顺序1,2,3…填写在□中)

价格便宜□   外型美观□   维修方便□   品牌知名度高□
动力强劲□   噪声低□   舒适性好□   其他□

顺位法便于调查对象对其意见、动机、感觉等做衡量和比较性的表达,也便于对调查结果加以统计。但调查项目不宜过多,过多则容易分散,很难顺位,同时所询问的排列顺序也可能对调查对象产生某种暗示影响。这种方法适用于对要求答案有先后顺序的问题。

4. 回忆法

回忆法是指通过回忆,了解调查对象对不同商品质量、品牌等方面印象的强弱。

例如,"请您举出最近在电视广告中出现的汽车品牌:

①_____、②_____、③_____、④_____"

调查时可根据调查对象所回忆牌号的先后和快慢以及各种牌号被回忆出的频率进行分析研究。

5. 比较法

比较是采用对比提问方式,要求调查对象做出肯定回答的方法。

例如,"请比较下列车型,哪种乘坐舒适性更好?"(在各项您认为舒适性好的方格□中划√)

本田雅阁□   丰田花冠□   大众帕萨特□   现代索纳塔□

比较法适用于对质量和效用等问题做出评价。应用比较法要考虑调查对象对所要回答问题中的商品品牌等项目是否相当熟悉,否则将会导致空项发生。

6. 自由回答法

自由回答法也称封闭型问题,是指提问时可自由提出问题,调查对象可以自由发表意见,并无已经拟定好的答案。

例如,"您觉得 4S 店有哪些优势和不足?","您认为应该如何设计汽车市场调查问卷?"等。

这种方法的优点是涉及面广、灵活性大,调查对象可充分发表意见,可为调查人员搜集到某种意料之外的资料,缩短问者和答者之间的距离,迅速营造一个调查气氛;缺点是由于调查对象提供答案的想法和角度不同,因此在答案分类时往往会出现困难,资料较难整理,还可能因调查对象表达能力的差异形成调查偏差。同时,由于时间关系或缺乏心理准备,调查对象往往放弃回答或答非所问,因此,此种问题不宜过多。这种方法适用于那些不能预期答案或不能限定答案范围的问题。

7. 过滤法

过滤法又称"漏斗法",是指最初提出的是离调查主题较远的广泛性问题,再根据调查对象回答的情况,逐渐缩小提问范围,最后有目的地引向要调查的某个专题性问题。这种方法询问及回答比较自然、灵活,使调查对象能够在活跃的气氛中回答问题,从而增强双方的合作,获得调查对象较为真实的想法。但要求调查人员善于把握对方心理,善于引导并有较高的询问技巧。此方法的不足是不易控制调查时间。这种方法适合于调查对象在回答问题时有所顾虑,或者一时不便于直接表达对某个问题的具体意见时所采用。例如,对那些涉及调查对象自尊或隐私等问题,如收入、文化程度、妇女年龄等,可采取这种提问方式。

8. 评判法

评判法是指要求调查对象表示对某个问题的态度和认识程度。

例如,"根据我们的销售记录,您购买×××轿车已经 4 年了,请问,经过多年使用,您认为其性能:

很稳定□　　　　稳定□　　　　一般□　　　　不稳定□　　　　很不稳定□

这种方法适合专题性深入调查,用以测量顾客对各种问题的见解和意见,在汽车市场调查中应用较为广泛。

9. 赋值法

赋值法又称标尺法,是指事先设置好问题和肯定程度依次递减的几个答案,并将各答案赋予一定的分值,要求调查对象选答其一。

例如,"您对×××轿车的满意程度是:非常满意 5 分□　　　　比较满意 4 分□

一般 3 分□　　　　不太满意 2 分□　　　　不满意 1 分□"

运用此法统计调查数据,可以求出调查结果的平均值,将其量化。

1.5.3.4　问卷设计应注意的几个问题

对问卷设计总的要求是:问卷中的问句表达要简明、生动,注意概念的准确性,避免提似是而非的问题,具体应注意以下几点:

1. 避免提一般性的问题

一般性问题对实际调查工作并无指导意义。

例如,"您对奇瑞汽车公司的印象如何?"这样的问题过于笼统,很难达到预期效果,可具体提问:"您认为奇瑞汽车公司生产的车型是否齐全、性价比如何、售后服务怎样?"等。

2. 避免用不确切的词

如"普通"、"经常"、"一些"等,以及一些形容词,如"美丽"等不确切的词语,在问卷设计中应避免或减少使用,因为人们对这些词语的理解往往不同。

例如,"您是否经常给您的爱车作保养维护?"调查对象不知经常是指一周、一个月还是一年,可以改问:"您一年为您的爱车保养几次?"

3. 避免使用含糊不清的句子

例如,"您最近是出门旅游,还是休息?"出门旅游也是休息的一种形式,它和休息并不存在选择关系,正确的问法是:"您最近是出门旅游,还是在家休息?"

4. 避免引导性提问

如果提出的问题不是"中性"的,而是暗示出调查人员的观点和见解,力求使调查对象跟着这种倾向回答,这种提问就是"引导性提问"。

例如,"消费者普遍认为××品牌的汽车很受欢迎,您的印象如何?"

引导性提问会导致两个不良后果:一是调查对象不加思考就同意所引导问题中暗示的结论;二是由于引导性提问大多是引用权威或大多数人的态度,调查对象考虑到这个结论既然已经是普遍的结论,就会产生心理上的顺向反应。此外,对于一些敏感性问题,在引导性提问下,不敢表达其他想法等。因此,这种提问是调查的大忌,常常会引出和事实相反的结论。

资料1-8　克服诱导性问句偏差

　　为控制诱导性问句偏差,在表明态度的问句中,可以使用分离投票技术,即同一个问题用两种相反的措辞。比如,美国某机构在一个对小型车购买行为的调查项目中,问卷发放对象中有小型进口车车主,也有小型美国车车主。问卷中的一个问题设计成两种相反的措辞。一半的进口车购买者受到的问卷是询问他们同意或反对这样一个陈述"小型美国汽车的保养比小型进口汽车便宜"。另一半的进口汽车车主收到的问卷中则是这样的陈述"小型进口汽车的保养比小型美国汽车便宜"。

---

5. 避免提断定性的问题

例如,"您每次修车需要支付的费用是多少?"这种问题即为断定性问题,调查对象如果根本没修过车,就会造成无法回答。正确的处理办法是此问题可加一条"过滤"性问题。即:"您修过车吗?"如果调查对象回答"是",可继续提问,否则就可终止提问。

6. 避免提令调查对象难堪的问题

如果有些问题非问不可,也不能只顾自己的需要,穷追不舍,应考虑调查对象的自尊心。

例如,"您是否离过婚? 离过几次? 谁的责任?"等。又如,直接询问女士年龄也是不太礼貌的,可列出年龄段:20岁以下,20～30岁,30～40岁,40岁以上,由调查对象挑选。

7. 问句要考虑到时间性

时间过久的问题易使人遗忘,如"您去年家庭的生活费支出是多少? 用于食品、衣服分别为多少?"除非调查对象连续记账,否则很难回答出来。一般可问:"您家上月生活费支出是多少?"显然,这样缩小时间范围可使问题回忆起来较容易,答案也比较准确。

8. 拟定问句要有明确的界限

对于年龄、家庭人口、经济收入等调查项目,通常会产生歧义的理解,如年龄有虚岁、实岁,家庭人口有常住人口和生活费开支在一起的人口,收入是仅指工资,还是包括奖金、补贴、其他收入、实物发放折款收入在内。如果调查人员对此没有很明确的界定,调查结果也很难达到预期要求。

9. 问句要具体

一个问句最好只问一个要点,一个问句中如果包含过多询问内容,会使调查对象无从答起,给统计处理也带来困难。

例如,"您为何不买轿车而买越野车?",这个问题包含了"您为何不买轿车?""您为何要买越野车?"和"什么原因使您改买越野车?"等。防止出现此类问题的办法是分离语句中的提问部分,使得一个语句只问一个要点。

10. 要避免问题与答案不一致

所提问题与所设答案应做到一致。

例如,"您经常看哪个栏目的电视? 请回答:①经济生活;②焦点访谈;③电视商场;④经常看;⑤偶尔看;⑥根本不看。"后三个备选答案与所提问题无关。

1.5.4 优秀问卷的标准

一份优秀的调查问卷必须具备四个功能:一是能将问题准确地传达给被调查者;二是使被调查者乐于回答,三是调查问卷必须方便数据统计分析,四是调查结果能回答调查者所想了解的问题。这样的问卷才具有一定的信度和效度。要实现这两个功能,调查问卷的设计工作应当精益求精。

调查问卷通常由三部分组成:卷首语、主体内容和结束语。

问卷前面的卷首语十分重要,一定要字斟句酌,它往往决定了被调查者是否愿意继续合作的意愿。卷首语应阐述调查主题、研究目的、意义、调查的主办单位及对个人资料隐私保护等的说明。文字务必简练易懂,意思一定要清楚明晰,并能激发被调查者的兴趣。卷首语一定要遵循信件的标准写作格式,言辞诚恳礼貌,否则会被视为对被调查者的不尊重,从而导致调查失败。如果有需要,卷首语往往还包括被调查者的基本情况和填写问卷的说明。被调查者的基本情况包括被调查者的年龄、性别、文化程度、职业、住址、家庭人均月收入等。如果问卷较为复杂,为指导被调查者更好地完成问卷填写工作,可编制专门的调查问卷说明,其内容主要包括填表要求、被调查者注意事项、交表时间等。

问卷主体内容是调查所要收集的主要信息,它由很多小问题及相应的选项构成。在问题的设置上,以下注意事项是关键:

(1) 问题的设置一定要紧扣研究主题,不要问一些关联度不大的问题。问卷必须要有系统性,要依据研究问题的理论框架和研究思路,对所设置问卷题目的前后顺序进行适当调整。由浅而深、由易而难,以提升被调查者的积极性,敏感性问题往往放在最后做答。问卷各部分问题之间应该有严谨的逻辑关系,诸如时间顺序、递进关系或者由一般到特殊。最理想的问卷结构,应当与被调查者的思考逻辑相接近,且能避免问卷设计者的引导性倾向植入其中。

(2) 每个问题涉及到的关键概念,需要先行界定,避免被调查者可能有不熟悉的俗语、缩写或专业术语,不要让被调查者产生歧义甚至理解错误,以避免调查结果失真。

(3) 选择合适的问卷方式。封闭式问卷(即被调查者只能在给定的被选答案中选择)可以让被调查者易于决断,但各备选项间必须有清晰的界限,不得出现相互关联的情况,影响被调查者的判断。对很多不易明确分解的问题,应用利克特量级表来询问,这不仅能减少被调查者的工作量,更易于调查工作的开展,保证调查质量。最好不要采用开放式问卷,被调查者一般不情愿和调查者展开长时间面对面的交流,除非有特殊的工作关系或情感纽带。也尽量少采用填空(或半封闭式问卷)的回答方式,过多的填空易造成被调查者的倦怠情绪。为保障问卷调查的质量,有学者喜欢在问卷形式的多样化方面做文章,例如将对错判断、选择、填空、排序、量级表、分配式、影音互动式等相结合。但本书不推荐这种方法,毕竟在一个问卷中出现很多种提问方式会令被调查者产生应接不暇之感。

(4) 设置问题时,题干文字必须表述准确,用字口语化而不艰涩,但应尽量缩减文字,以免题干过长或者因被调查者对题意的认知及诠释有困难,导致其惰性抬头而终止问卷填写。题干文字要有艺术性,要避免对被调查者有不良心理暗示的表述,防止被调查者产生心理抗拒而不愿继续合作。此外,切忌一题多意。(例子:请问你是否满意企业在承担社会责任和提升员工福利方面的表现?)

(5) 问卷不一定要过于详细。很多问题分得太细,调查结果反而不真实,因为太过详细的问题往往需要被调查者有详尽的素材和精深的专业知识。一旦被调查者感觉到问题棘手,超过了自己的知识上限,就会随意做答,提供不真实的信息。

(6) 既不要设置显而易见的问题浪费被调查者的精力,也不要设置让被调查者左右为难的问题(例子:向单位员工调查对顶头上司的评价,这样的问题往往令被调查者无从回答。),更不要在设置问题的时候就出现引导性语句。同时,问题也不要设置太多,以免被调查者产生畏难情绪,未战先怯。问卷各部分的问题应尽可能不重复。相似问题过多,被调查者容易敷衍了事。同类型问题在问卷风格设置上要统一。可以考虑运用里克特量级表将同类型问题归总,使被调查者更方便填写。

(7) 问卷千万不能出现错别字、漏字、排版混乱、表格设计粗糙等外观质量缺陷,否则会降低调查者科研态度的严谨性,并给被调查者留下极为不好的印象。此外,版面的安排、字体的大小、同一题避免分页出现、纸张及装订质量等细微之处,问卷设计者都需谨慎思考。这些细节的提升能确保调查问卷的整洁、庄重,让被调查者感觉到调查活动的正式、严肃。

(8) 问卷设计完成后,最好请参与研究的其他课题组成员或者相关专家试填,其目的是为发现问卷中存在歧义、解释不明确的地方,寻找封闭式问题额外选项,以及了解被调查者对调查问卷的反应情况。对发现的问题要及时修订。问卷填写时间不应过长,题目量最好限定在20~30 道左右,时间控制在 10~20 分钟为宜。

(9) 对于必须了解的被调查者所在机构的整体情况,例如某个单位的人力资源整体状况、企业总资产构成等,可以单独设置一份问卷,寻求相关职能部门的帮助来完成信息获取,不必让调查对象一一做答。这些高端信息,大多只掌握在企业核心成员手上,一般的被调查者是接触不到的,所以不要用这些问题去打击被调查者的参与热情。

(10) 要设计出一份优秀的调查问卷,查询、借用其他研究人的类似问卷是一条重要的捷径。当然,研究问题不同,问卷的核心内容自然不一样,但借鉴别人问卷中的长处总是有益的。一个集中查询问卷的方法是进入 CNKI 的优秀硕士或者博士论文库,在"目录"搜索栏中输入"问卷",这样可以一次性查询到论文中附有的问卷。在此基础上,再结合所研究的课题方向进行二次检索,就能很快获得所需的文献资料。

问卷结束语,应能郑重表示对被调查者合作的感谢,并记录调查时间、调查地点、调查人员

笔记 等相关信息。结束语要简短明了。

🔍 任务回顾

1. 掌握问卷设计的基本内容。
2. 把学到的知识结合企业实际调查需求设计调查问卷。

⬇ 任务实施步骤

(一) 任务要求
设计科学、合理的调查问卷。

(二) 任务实施的步骤
(1) 设计一份汽车市场调查问卷。
(2) 评价问卷。
(3) 问卷调查。

📝 思考与训练

1. 什么是问卷调查?
2. 问卷的完整结构是什么。
3. 问卷设计的重点在哪里?
4. 一份优秀问卷的判断标准是什么?
5. 模拟实践训练:分组根据上一任务确定的调查课题,撰写本组的汽车市场调查问卷。

❓ 拓展提高

案例

汽车市场调查问卷

尊敬的顾客朋友:

你好! 我们是汽车技术服务与营销专业的大学生,正在做一项关于"汽车选购"的调查研究。你的意见对我们的进步和改善非常有帮助,希望你能花两分钟的时间完成下面的问卷,谢谢你的配合。

你的个人信息及家庭情况,还有对汽车有关导购方向,请你在(　　)内写上问题的选项字母(单选题)

1. 你的年龄段是(　　)

A. 18～25　　　　B. 26～30　　　　C. 31～35　　　　D. 36～40

E. 40 以上

2. 你的性别(　　)

A. 男　　　　　　　　　　　　　　B. 女

3. 你的婚姻(　　　)

A. 已婚　　　　　　　　　　　　　B. 未婚

4. 你的职业(　　　)

A. 学生　　　　　B. 教师　　　　　C. 公务员　　　　　D. 公司职员

E. 私营业者　　　D. 其他

5. 你家庭平均月收入(　　　)元

A. 2 000 以下　　　B. 2 000～3 000　　　C. 3 000～4 000　　　D. 4 000～5 000

E. 5 000～6 000　　F. 6 000 以上

6. 你是否已有汽车(如果你选 A 请做 7～13 题,如果你选 B 请做 14～22 题)

A. 有　　　　　　　　　　　　　　B. 没有

有车一族

7. 你的汽车品牌是(　　　)

A. 自主品牌:奇瑞(QQ. A3. A5. 东方之子. 瑞虎)、吉利(豪情. 美人豹. 全球鹰. 自由舰)、
力帆(320. 520. 620)、长安(奔奔. CX2. 悦翔)、比亚迪(F0. F3. F6. G3)

B. 合资品牌:上海大众(高尔夫. 桑塔纳. 帕萨特)、东风日产(天籁. 逍客. 骐达)、长安福特
(福克斯. 嘉年华. 蒙迪欧)、北京现代(纳瑞. 伊兰特. 悦动)

C. 日韩品牌:本田(里程. 雅阁. 奥德赛)、凌志(ES. GS. LX)、三菱(格蓝迪. Colt. 三菱 i)、
丰田(汉兰达. 普锐斯. 普拉多)、马自达(马自达 3. 马自达 5. 马自达 6)、起亚(霸锐. 速
迈. 起亚 Ceed)

D. 美系品牌:进口别克(昂科雷. 君越. 英朗)、克莱斯勒(300C. 交叉火力. PT 漫步者)、福
特(福克斯. 嘉年华. 福特 GT)

E. 欧系品牌:雷诺(风景. 雷诺 Clio. 科雷傲)、雪铁龙(大 C4 毕加索. 雪铁龙 C3. 雪铁龙
C4)、大众(大众 CC. 高尔夫. POLO)、奔驰(A 级. GL. GLK)、宝马(i 系. 3 系. X5)、沃
尔沃(C30. C70. S60)、奥迪(A4. A6. A8)

F. 其他品牌

8. 你购买汽车的目的是(　　　)

A. 上班　　　　　B. 营运　　　　　C. 家务　　　　　D. 商用

E. 其他

9. 你拥有的汽车颜色是(　　　)

A. 白色　　　　　B. 黑色　　　　　C. 红色　　　　　D. 银色

E. 其他

10. 请问您是出于什么样的原因而选择这几款车的? (　　　)[多选题]

A. 性价比高　　　B. 经济、油耗少　　C. 质量好、返修率低　　D. 外观漂亮、大气

E. 品牌知名度高　F. 售后服务好

11. 您购买汽车最看重的因素是什么? (　　　)[多选题]

A. 价格　　　　　B. 品牌　　　　　C. 性能　　　　　D. 外观

E. 内饰配置精美　F. 安全性好　　　G. 车辆空间宽敞　　　H. 售后服务

I. 配置水平　　　J. 发动机排量　　K. 耗油

12. 您最担心购车后会出现什么问题? (　　　)[多选题]

A. 车的质量　　　B. 售后服务　　　C. 安全性　　　D. 其他

13. 您一般通过什么途径了解汽车?（　　）[多选题]

A. 朋友介绍　　　B. 媒体广告　　　C. 网络　　　D. 厂家宣传

E. 车展

无车一族

14. 请问您对汽车有兴趣吗?（　　）

A. 是　　　　　　　　　　　B. 否

15. 请问您想拥有自己的汽车吗?（　　）

A. 是　　　　　　　　　　　B. 否

16. 请问您最喜欢哪一类型的汽车?（　　）

A. 轿车　　　B. 越野车　　　C. SUV　　　D. MPV

E. 其他

17. 你喜欢的汽车颜色是（　　）

A. 白色　　　B. 黑色　　　C. 红色　　　D. 银色

E. 其他

18. 您理想的汽车价格是多少?（　　）

A. 5 万元以下　　B. 5 万元～10 万元　C. 10 万元～15 万元　D. 15 万元～20 万元

E. 20 万元～30 万元　F. 30 万元以上

19. 请问您打算买车吗?（　　）

A. 不打算　　　B. 1 年以内　　　C. 1～2 年　　　D. 2 年以上

20. 您买车是为了?（　　）

A. 代步　　　B. 经商　　　C. 运输　　　D. 工作需要

E. 其他

21. 您买车时,对于下列因素的重视程度?（　　）[多选题]

A. 配置　　　B. 性能　　　C. 外观　　　D. 内饰

E. 价格　　　F. 驾乘

22. 你对什么车系感兴趣最大?（　　）

A. 自主品牌:奇瑞(QQ. A3. A5. 东方之子. 瑞虎)、吉利(豪情. 美人豹. 全球鹰. 自由舰)、力帆(320.520.620)、长安(奔奔. CX2. 悦翔)、比亚迪(F0. F3. F6. G3)

B. 合资品牌:上海大众(高尔夫. 桑塔纳. 帕萨特)、东风日产(天籁. 逍客. 骐达)、长安福特(福克斯. 嘉年华. 蒙迪欧)、北京现代(纳瑞. 伊兰特. 悦动)

C. 日韩品牌:本田(里程. 雅阁. 奥德赛)、凌志(ES. GS. LX)、三菱(格蓝迪. Colt. 三菱 i)、丰田(汉兰达. 普锐斯. 普拉多)、马自达(马自达 3. 马自达 5. 马自达 6)、起亚(霸锐. 速迈. 起亚 Ceed)

D. 美系品牌:进口别克(昂科雷. 君越. 英朗)、克莱斯勒(300C. 交叉火力. PT 漫步者)、福特(福克斯. 嘉年华. 福特 GT)

E. 欧系品牌:雷诺(风景. 雷诺 Clio. 科雷傲)、雪铁龙(大 C4 毕加索. 雪铁龙 C3. 雪铁龙 C4)、大众(大众 CC. 高尔夫. POLO)、奔驰(A 级. GL. GLK)、宝马(i 系. 3 系. X5)、沃尔沃(C30. C70. S60)、奥迪(A4. A6. A8)

F. 其他品牌

问题:(1)这份汽车市场调查问卷设计得合理吗?请结合所学内容,进行分析评价。

(2)修改不合理的问题。

任务六 问卷整理分析

知识目标

- 熟练掌握问卷的整理程序。
- 熟练掌握问卷的分析方法。

能力目标

- 能够按照问卷的整理程序整理回收到的问卷。
- 能够选择正确的方法分析问卷。

情境描述

汽车市场调查问卷的整理和分析是汽车市场调查的收获阶段。在这一个阶段,需要按照科学的流程和方法进行整理和分析,才能得到对企业生产经营管理决策适用的信息资料。

任务剖析

通过这一任务掌握汽车市场调查问卷的整理和分析过程,体会整理和分析工作的细致、繁琐和重要性。

任务载体

××品牌汽车进行汽车销售调查,按市场调查设计,发出5 000份问卷,回收4 888份,需要对回收的4 888份问卷进行整理和分析,才能够为企业提供决策依据。

问卷的整理实际上就是对收回的4 888份问卷检查和缺失数据进行处理,剔除不合格问卷,个别遗漏值可以补充的应补充完善,问卷回收率达不到设计要求的补充调查。在将整理数据编码,录入数据库,为下一步工作做好准备。

相关知识

1.6 问卷的整理与分析

1.6.1 问卷的整理

在调查中,从前期准备工作到正式执行,再到最后的数据处理中,中间存在问卷回收整理这一步骤,其实这一步骤也是非常重要的环节,通常的做法是包含下列程序:

1. 问卷初步检查

对于市场调查所回收的问卷,应当场检查,否则等访问员解散回家后对于有疑问的问卷将无法更正,检查时应包括下列项目,且最好负责该项目的研究员也一同参与。

(1) 首先应检查相关配额,查看是否与我们要求的配额一样,若否,应当着访问员的面把该卷作废并要求她重新补做应有的配额。

(2) 答案是够正确、齐全? 问卷的答案是否存在逻辑矛盾,如有,应设法核实清楚,确实无法核实的只能将该题作为遗漏值(Missing Value)来处理。

(3) 字迹是否清楚,尤其是开放题,有时被访者的答案很多,而访问员无法快速记下来,有时字迹会比较潦草,或用自己的一些符号和缩写来代替,应在访问员解散前跟他确认清楚。

(4) 应先将问卷按照配额要求分成几叠,方便下一步录入人员的录入工作。

2. 空白与乱填等不完整问卷的处理

(1) 空白不完整问卷的处理。问卷有时由于问题不合适,或者被访者不喜欢回答某些问题,或被访者、访问员本身的疏忽而导致问卷中某部分或某些问题有空白现象,这时如果访问员可以解决的,就当场请访问员更正,如果是无法解决的问题,就以遗漏值(Missing Value)的方式来处理,不予以计算此部分或此题的资料。

(2) 乱填问卷处理。市场调查的问卷由于受访者不认真作答或者不耐烦,而将问卷的答案乱填,包括全部不相同的答案或乱填。这种问卷一定要把它作为废卷处理,如果把这种问卷也纳入分析的样本,对整个研究结果是一定会有影响的。

3. 对于有多项答案的问卷处理

若市场调查的问卷是单项的选择题,但由于问卷上并没有注明,或者是被访者觉得答案应有两个以上,而选择两个或两个以上答案,对于这种问卷,目前的处理方法主要有两种:

(1) 把它视为遗漏值(Missing Value)的方式处理。如果只有极少数的问卷发生这种现象,则对于整个研究分析并不会造成影响,可以直接以这种方式处理。

(2) 用加权法的方式来处理。如果问卷中这种样本很多,把它视为遗漏值(Missing Value)来处理会影响整个数据分析时,可先把这种答案在数据库录入进去,然后由研究员采用加权法的方式来进行处理。

4. 问卷编码与录入

在问卷处理完之后,接着就是对问卷及答案进行编码。首先是对问卷进行编码,问卷编码很简单,只要注意一点:不要重复就可以了。

其次是答案编码,就是把问卷的答案加以量化成电脑可以接受的语言,如 1、2、3、4、5 等,一般而言,是根据问题的答案进行分类编码,答案分几类就有几种编码,通常是在问卷审核时把碰到的答案都记载下来进行归类然后再编码。

5. 数据检查

问卷在录入后,就是对数据进行检查。数据检查一般分三个步骤:

首先把所有数据进行抽查。把每个录入员的数据按照 $10\%\sim20\%$ 的比例对照问卷进行随机抽查,如果发现错误则对该录入员的数据进行加倍的抽查,直到抽查错误率控制在 2% 以内为止。

其次是对项目要求的总体配额进行核查。检查配额是否与项目要求的配额一致。

再次是对数据的完整性。对有遗漏值(Missing Value)的地方进行检查核实。

1.6.2　问卷的分析

对问卷调查结果如何进行分析计算,与问卷调查如何设计有关。设计方法不同,计算和分析结果的分析方法不同。

(1) 绝对量化计算分析方法。调查者收回问卷后加以整理归纳,统计出每一个问题不同答案的选择人数,制成统计表或统计图。

(2) 相对量化计算分析。这种类型的调查问卷从形式上与前一种并无本质上的区别。只是在收回问卷后,按照调查问卷的项目顺序逐项统计各答案的选择人数。即对该调查项目内容有多少个人认为是答案1,多少人认为是答案2……。然后对于每一个答案,计算出该答案的选择人数在总体中的比率。比如,某次问卷调查,被调查者50人,对于问卷中第一个项目内容表态结果是选择答案1的有0人、答案2的有0人、答案3的有1人、答案4的有2人、答案5的有8人、答案6的有29人、答案7的有10人。则可以计算出各答案的选择数在总数中所占的比率依次是:0%,0%,2%,4%,16%,58%,20%。再将这些数字制成统计表或统计图。

通过统计表或统计图显示的数字信息,分析出现这种结果的原因是什么,撰写成分析报告。

资料 1-9　统计小知识

所谓统计图,就是用点、线、面的位置、升降或大小来表达统计资料数量关系的一种陈列形式。汽车市场调查人员在获取大量资料后制成统计表,为了使数字表现直观、明朗,常把统计表的资料用几何图形或图案等形式表示,即成为统计图,方便汽车市场调查人员和汽车企业的分析和使用。统计图包括柱形图(条图)、饼图(圆图)、横柱型图、线图、点图、散点图、直方图等。

(1) 柱形图。柱形图(棒形图、条图)以柱(棒、条)的长度表示事物的数量,可用以表示绝对数,也可用以表示相对数或平均数,常用的有单式柱图、复式柱图和分段柱图。

单式柱图,如图1所示;单式横柱图,如图2所示。

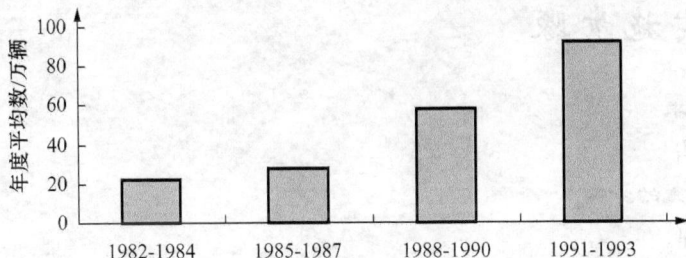

图1　历年汽车进口数量统计

(2) 圆图(饼图)。圆图用扇形的面积,也就是用圆心角的度数来表示数量。它用来表示组数不多的品质资料或间断性数量的内部构成,各部分百分比之和必须是100%。圆心角(度)的计算方法是将百分数乘以3.6。绘制圆图时要注意:各扇形应按大小或自然顺序自时钟9时或12时处开始,顺时针方向排列;各扇形内要注明简要的文字和百分比。

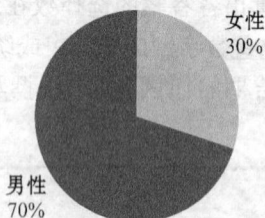

图2　影响消费者购车因素

圆图有平面圆图和立体圆图两种,分别如图3和图4所示。

图3　中国汽车网用户的性别比例　　　图4　中国汽车网用户的受教育程度

任务回顾

1. 掌握问卷整理流程、内容,问卷分析的方法。
2. 通过知识的学习,进行调查问卷的整理和分析活动。

任务实施步骤

(一) 任务要求

撰写分析报告

(二) 任务实施的步骤

(1) 问卷整理。

(2) 问卷分析。

(3) 撰写分析报告。

思考与训练

1. 问卷的整理程序分哪几步?
2. 问卷的设计方法有哪些?
3. 模拟实践训练:分组根据回收的调查问卷,进行问卷的整理和分析。

拓展提高

案例

消费者对几种洗衣粉满意程度的调查问卷整理与分析

共发出问卷 400 份,收回 352 分,其中城镇居民 238 户、农村居民 114 户,回收率 88%。

对调查材料认真进行了审核汇总,并计算了结构相对数(比重),以便探索消费者购买洗衣粉的动机。调查汇总资料见表 1 至表 5。

表 1 最近购买洗衣粉品牌问卷调查汇总表

品牌	城镇(238 户)		农村(114 户)		合计(352 户)	
	户数	比重/%	户数	比重/%	户数	比重/%
A	102	42.86	30	26.32	132	37.50
B	65	27.31	16	14.04	81	23.01
C	61	25.63	53	46.49	114	32.39
D	10	4.20	15	13.15	25	7.10
合计	238	100.00	114	100.00	352	100.00

表 2 城乡消费者对几种洗衣粉满意程度问卷调查汇总表

品牌	内容	非常满意		比较满意		一般		不满意	
		户数	比重/%	户数	比重/%	户数	比重/%	户数	比重/%
A	质量	90	37.82	104	42.69	38	15.97	6	2.52
	包装	48	20.17	108	45.38	78	32.77	4	1.68
	价格	25	10.50	81	34.03	87	36.55	45	18.92
	广告	70	29.41	93	39.08	70	29.41	5	2.10
B	质量	105	44.12	76	31.94	53	22.27	4	1.67
	包装	80	33.61	98	41.18	54	22.69	6	2.52
	价格	21	8.82	75	31.51	84	35.29	58	24.38
	广告	101	42.44	71	29.83	47	19.75	19	7.98
C	质量	35	14.71	78	32.77	97	40.76	28	11.76
	包装	32	13.45	68	28.57	126	52.94	12	5.04
	价格	33	13.87	77	32.35	99	41.60	29	12.18
	广告	37	15.55	70	29.41	88	36.97	43	18.07
D	质量	35	14.71	83	34.87	91	38.24	29	12.18
	包装	28	11.76	86	36.14	101	42.44	23	9.66
	价格	20	8.40	92	38.66	96	40.34	30	12.60
	广告	35	14.71	67	28.15	96	40.34	40	16.80

注:城镇调查户数为 238 户。

表3　农村消费者对几种洗衣粉满意程度问卷调查汇总表

品牌	内容	非常满意		比较满意		一般		不满意	
		户数	比重/%	户数	比重/%	户数	比重/%	户数	比重/%
A	质量	45	39.47	40	35.09	25	21.93	4	3.51
	包装	20	17.54	47	41.23	44	38.60	3	2.63
	价格	14	12.28	21	18.42	47	41.23	32	28.07
	广告	35	30.70	29	25.44	45	39.47	5	4.39
B	质量	56	49.12	29	25.44	24	21.05	5	4.39
	包装	32	28.07	38	33.33	37	32.46	7	6.14
	价格	15	12.81	34	30.18	39	34.21	26	22.80
	广告	48	42.11	25	21.93	37	32.46	4	3.50
C	质量	22	19.30	41	35.96	37	32.46	14	12.28
	包装	30	26.32	35	30.70	42	36.84	7	6.14
	价格	18	15.79	47	41.23	36	31.58	13	11.40
	广告	17	14.91	30	26.32	39	34.21	28	24.56
D	质量	21	18.42	38	33.33	44	38.60	11	9.65
	包装	18	15.79	40	35.09	49	42.98	7	6.14
	价格	15	13.16	34	29.92	54	47.37	11	9.55
	广告	16	14.04	26	22.80	58	50.58	14	12.28

注:农村调查户数为114户。

分析报告:

根据对调查问卷的整理,我们写出如下分析报告,仅供有关单位参考:

日用消费品市场竞争探秘
——洗衣粉市场需求问卷调查分析

在市场经济条件下,企业要生存、发展首先要解决销售问题。暑期我们对我省3县2区进行调查,选择了洗衣粉作为日用消费品的代表进行问卷调查。选取了"A"、"B"、"C"、"D"等品牌。调查中发出问卷400份,回收352分。其中城镇家庭238户,农村家庭114户,回收率为88%。在这次调查中,得到如下启示:

1. 同类产品质量

通过对调查资料的分析,发现在各种洗衣粉中,城镇与乡村对不同品牌的需求首先注重质量。在接受调查的352户中,近期购买"A"的132户占总户数的37.5%;

近期购买"B"的81户占总户数的23.01%;近期购买"C"的114户占总户数的32.39%;近期购买"D"的25户占总户数的7.10%。"A"和"C"的需求超过30%,但前者超出后者5.11个百分点。这足以证明"A"品牌的竞争优势,其优势何在? 从表4中可以看出"A"在质量的评价明显优于其他品牌。

笔记

表4 我省城乡居民对洗衣粉质量满意程度对比表

品牌	非常满意		比较满意		一般		不满意	
	城镇	农村	城镇	农村	城镇	农村	城镇	农村
A	37.82	39.47	43.69	35.09	15.97	21.93	2.52	3.51
B	44.12	49.12	31.94	25.44	22.27	21.05	1.67	4.39
C	14.71	19.30	32.77	35.96	40.76	32.46	11.76	12.28
D	14.71	18.42	34.87	33.33	38.24	38.60	12.18	9.65

在城市,人们对"A"内在质量非常满意的有90户,占被调查家庭的37.82%;而对于"C"质量非常满意的仅有35户,占14.71%。城镇居民在对洗衣粉内在质量要求上,不仅考虑洗衣粉的效果,而且还从有无副作用、是否清香等方面进行评价。在农村,人们对"A"质量非常满意的有45户,占39.47%;而对"C"非常满意的仅有22户,占19.30%。从数据中可以看出城镇和农村对"A"的质量都很满意。

2. 同等质量看宣传

在调查中,针对企业产品宣传,采访了部分居民。相信电视广告的为78.9%。调查资料表明,在农村114户中,比较买"C"的广告效果的有47户,占被调查者的41.23%;而买"D"的有42户,占36.84%。这就是"C"虽然在质量上和"D"差不多(对"C"质量非常满意的占19.3%;对"D"质量非常满意的占18.42%)但销量却远远高于"D"的原因。可见企业产品不仅仅靠质量,宣传也同样具有举足轻重的作用。

3. 同等宣传看价格

在对城市居民的调查中发现,对"A"和"B"的质量非常满意的比率分别为:37.82%和44.12%;广告非常满意的分别为29.41%和42.44%。就质量和宣传而言,两者相差不多,甚至"B"还要优于"A"。但其销量却相差甚远,原因何在? 请看两者的价格比较:

表5 城乡居民对洗衣粉价格满意程度比较表

品牌	非常满意		比较满意		一般		不满意	
	城镇	农村	城镇	农村	城镇	农村	城镇	农村
A	10.50	12.28	34.03	18.42	36.55	41.23	18.92	28.07
B	8.82	12.81	31.51	30.18	35.29	34.21	24.38	22.80
C	13.87	15.79	32.35	41.23	41.60	31.58	12.18	11.40
D	8.40	13.16	38.66	19.92	40.34	47.37	12.60	9.55

由表5看出:城镇居民对"A"价格非常满意率为10.50%;而对"B"的满意率仅为8.82%。由于居民收入水平的差异导致对于价格的承受能力不同,从而对产品的销售量产生影响。启示企业对不同的消费者制订合理的价格。

4. 同等价格看包装

价格是根据产品的成本及供求关系而制定的。在市场上出售的洗衣粉中,"A"和"D"价格相近,而两者的销量却不同,这与产品包装关系密切。城镇居民对"A"品牌包装满意的占65.55%,而D仅占47.90%,调查中一些居民表示非常欣赏"A"产品的包装,有适合消费者心

笔记

理的大小包装,更具特色的是具有里外两层的防潮特点。

结合以上启示,我们对日用消费品生产厂家提出如下建议:

(1) 以质量为核心狠抓广告宣传。在抓好质量的前提下,运用多种媒体进行广告宣传,提高产品知名度。

(2) 针对不同对象,实行两种包装,并采取差别定价方式,对不同的消费者实行不同的价格。对于农村居民采用简单包装实行低价格,对于城镇居民可采取精致包装,价格可以略高些。

资料来源:刘子君.统计学案例分析[M].长春:东北大学出版社,2010.

问题:(1) 请简要点评本调查问卷的整理和分析结果。

(2) 看看能否对调查数据有不一样的分析?

任务七　调查报告的撰写

知识目标

- 了解撰写汽车市场调查报告的重要意义。
- 熟练掌握汽车市场调查报告的结构。
- 了解调查报告口头提交的目标效果。

能力目标

- 能够按照正确的结构撰写调查报告。
- 能够实现口头提交调查报告的较好效果。

情境描述

汽车市场调查是整个营销工作的开端,它指引着其他营销工作的方向和进程,起着举足轻重的作用,然而市场调查结果的表述是市场调查与其后的营销工作的衔接点,准确地说调查部门在整个调查活动所得到的信息是通过调查报告传递给其他相关部门(营销决策者或管理决策者),从而进一步开展营销策划等工作的。按照正确的内容和格式撰写汽车市场调查报告是非常重要的。

任务剖析

通过这一任务掌握汽车市场调查报告的撰写结构和内容,体会调查报告在汽车市场调查和预测过程中的重要作用。

任务载体

A 企业委托的微型汽车市场调查项目接近尾声,××调查公司通过调查课题的分析、调查方案的制定、调查问卷的设计、问卷的实地调查、问卷的整理和分析,获得了大量的适用信息,这些信息需要通过调查报告的形式传递给调查项目委托方的相关部门负责人。

相关知识

1.7 汽车市场调查报告的撰写

市场调查是整个营销工作的开端,它指引着其他营销工作的方向和进程,起着举足轻重的作用,然而市场调查结果的表述是市场调查与其后的营销工作的衔接点,准确地说调查部门在整个调查活动所得到的信息是通过调查报告传递给其他相关部门,从而进一步开展营销策划等工作的。所以调查报告所表达信息的准确性、客观性、完整性以及建设性,对于企业决策、制定营销策略是至关重要的。并且调查报告的表述形式要易于报告对象理解,调查报告内容要能够提供企业决策者和营销策略制定者所需要的信息并能够给予他们充分的启示。

1.7.1 市场调查报告的结构

市场调查是为了满足相关决策者的信息需求,因此,市场调查报告的撰写也要符合报告对象的需求。譬如说,如果决策者想了解有关某个问题的信息,则这个市场调查报告应该属于专题报告,需要撰写报告的人员以该问题或者问题的相关内容为重点撰写报告;如果决策者所需的信息学术性比较强,那么该市场调查报告应属于研究性报告,这类报告需要对问题进行更加深入地分析研究,在撰写报告中体现更加深入的东西。

一份完整的市场调查报告一般包括标题页、目录、概要、正文、结论和建议、附件等六部分内容。

1.7.7.1 标题页

一般来说,对于较为正式的市场调查报告,标题页是必不可少的,它一般作为市场调查报告的第一页。绝大多数的市场调查报告在标题页上书写报告的标题(在一些报告中有可能包括正副标题)、委托方、调查单位的名称和地址、调查报告的呈送日期等内容。

标题是画龙点睛之笔,它必须准确揭示市场调查报告的主题思想,做到题文相符,同时还必须要简单明了,高度概括,具有较强的吸引力,这样才便于报告对象正确的理解报告意图以及其重要程度。

标题的形式主要有以下三种:

1. "直叙式"标题

"直叙式"标题直接反映调查意向、调查地点或调查项目,以最简单的语言向报告对象传递报告的主要内容。例如《有关家用轿车的市场调查报告》、《××市汽车市场容量调查报告》等标题都属于这种类型。

2. "总结式"标题

"总结式"标题直接阐明调查报告的观点、看法以及对调查信息的评价,可以让报告对象在未看报告内容之前就对调查研究的结论有所了解。例如《质量比品牌更重要》、《对当前贷款购车的顾客群体不可忽视》等标题都属于这种类型。

3. "提问式"标题

"提问式"标题以设问或者反问的形式突出调查报告要解决的中心问题,并且给报告对象设置一种悬念,强化报告对象对报告的兴趣,促进其思考。比如,《××品牌汽车为什么畅销》、

《价格战能否根本提高汽车企业的效益》等标题都属于这种类型。

以上几种形式的标题各有所长,特别是后两种,既表明了作者的态度,又揭示了主题,具有很强的吸引力,但从标题上不易看出调查的范围和调查对象。因此,这种形式的标题又可分为正标题和副标题,并分作两行表示,如:

质量比品牌更重要
——××市汽车市场调查报告
××品牌汽车为什么畅销
——对××品牌汽车销售情况的调查报告

市场调查报告的撰写应该根据其调查内容选用不同的标题,譬如说,专题报告更适合于选择"提问式"标题和"总结式"标题,因为该种报告所要解决的就是某个问题,报告内容也是围绕这个问题展开的,"提问式"标题可以突出报告的内容和目的,而"总结式"标题则可以直接告知报告对象需要的信息。

1.7.7.2　目录和概要

1. 目录

通常情况,一份完整的市场调查报告所承载的信息量是非常大的,为了方便读者阅读,应当使用目录或索引形式列出报告所分的主要章节和附件,并注明标题、有关章节号码及页码。目录的篇幅一般不宜超过一页,通常撰写两个层次的目录,较短的报告也可以只撰写第一层次的目录。当然,在报告中一些重要的图表也可以在目录下面或第二页用图表目录注明。例如:

目录

一、概要 - 1
······

图表目录

图 1 - 3
······
表 1 - 5
······

2. 概要

概要是在调查报告正文之前对调查报告正文的概述,主要用来阐述课题的基本情况,按照市场调查课题的顺序将问题展开,并阐述对调查的原始资料进行选择、评价、做出结论、提出建议的原则等,一般包括以下三方面内容:

(1) 简要说明调查目的,包括调查课题的由来和委托调查的原因。

(2) 介绍调查对象和调查内容,包括调查时间、地点、对象、范围、调查要点及所要解答的问题。

(3) 简要介绍调查的方法。介绍调查方法和选用的原因,有助于使人确信调查结果的可靠性。

1.7.7.3　正文

正文是市场调查报告的核心部分,它包括对报告的介绍、对所用方法的解释、对结果的讨论、对限制条件的陈述以及一系列结论和建议。阅读者可以从这部分了解到调查过程的起因、发展、变化、结论,从报告者的结论和建议中阅读者可以得到更深的启示。

正文部分一般包括引言、调查方法和调查过程、调查资料的整理和分析、调查结果和局限性等内容。

1. 引言

引言，又称问题的提出，该部分的目的是让报告对象对报告有初步的了解，这部分应该包括市场调查的一般目的和特殊目的的陈述以及一些相关的背景资料。引言部分的写法大致主要有以下两种。

（1）列出问题所在，即市场调查的原因，证明该市场调查的必要性以及重要意义，然后进行深一步的讨论和分析。

（2）将调查结论列出，然后进行分析证明。

2. 调查方法和调查过程

将调查数据资料和背景资料作以客观的介绍说明，如企业背景、面临的市场营销问题、市场现状等，使阅读市场调查报告的人大致了解进行市场调查的原因、目的以及市场调查环境。

对所选用的市场调查方法进行详细的描述，并说明采用该种方法的利弊。客观的介绍在实地调查过程中，起用了多少名、什么样的调查人员，对他们如何培训和监督管理，如何进行实地调查、如何检查等。

此部分篇幅不宜过长，只要具有必要的信息，使读者知道数据的收集方法和来源就可以了。如果在调查过程中，次级资料被采用，一定要进行标注，所用调查问卷或观察记录表应编入附件。

3. 调查资料的整理和分析

借用计算机或其他手段对大量零散的、不系统的原始资料进行加工汇总，使之系统化、条理化。根据调查的具体要求，选择最佳的分析方法对整理后的调查资料进行细致的分析，分析中得出的量化结论要上升为理性的结论。

4. 调查结果和局限性

调查结果应当在正文中占较大篇幅，可以配合一些总括性的表格和图像。这部分内容应按某种逻辑顺序提出紧扣调查目的的一系列项目发现。

完美无缺的市场调查是难以做到的，所以必须指出市场调查报告的局限性，诸如作业过程中无法避免的偏差和抽样程序中存在的问题等。讨论市场调查报告局限性是为了给正确的评价调查成果以现实的基础。在报告中，将成果加以绝对化，不承认它的局限性和应用前提，不是科学的态度。当然，也没有必要过分强调它的局限性。

1.7.7.4　结论和建议

结论和建议是分析问题和解决问题的必然结果，是撰写报告的根本目的所在。这部分内容包括对通篇报告主要内容的总结，并提出如何利用已证明为有效的措施和解决某一具体问题可供选择的方案和建议。结论和建议与正文部分的论述要紧密对应，不可以提出无根据的结论，也不要进行无结论性意见的论证。

结论和建议部分是市场调查报告的结束语，好的结尾，可使读者明确题旨，加深认识，启发读者思考和联想。这一部分一般有4种写作形式。

1. 概括全文

经过层层剖析后，综合说明市场调查报告的主要观点，深入文章的主题。

2. 形成结论

在对真实资料进行深入细致的科学分析的基础上,得出报告结论。

3. 基础看法和建议

通过分析,形成对事物的看法,在此基础上,提出建议和可行性方案。提出的建议必须能确实掌握企业状况及市场变化,使建议有付诸实行的可能性。

4. 展望未来,说明意义

通过调查分析展望未来前景。

1.7.7.5　附件

附件是指市场调查报告正文包含不了或没有提及,但与正文有关必须附加说明的部分,它是对正文报告的补充或更详细的说明。

附件通常包括市场调查方案、调查问卷、观察记录表、被访问者名单、统计表和参考文献等内容,如果附件篇幅较长,可以设置附件目录。

1.7.2　市场调查报告的口头提交

书面报告仅仅是提交市场调查结果的方式之一。除此之外,还有一种口头提交的方式,这就是市场调查报告口头简介。经验表明,口头简介的价值愈来愈被人们所重视。它不仅起到了对书面报告的有力补充和支持作用,同时它还具有书面报告所没有的功能。例如:它允许听众提问,并可逐条回答;市场调查者可以强调报告中最重要的内容,而人们在阅读时可能对此未引起注意。

由于已经有了市场调查书面报告、且需要介绍的内容涉及面较广、又要回答可能出现的提问,所以报告的口头简介对市场调查者提出了很高的要求。只有明确口头简介的目标,认真策划,才能取得较好的效果。否则,它只能成为一场不具效果的公式化演讲。

口头简介的目标,正如书面报告一样,口头简介也有其目标。归纳起来,口头简介的目标大致有以下几项:

(1) 将市场调查结果告诉那些可能不会阅读报告的人士;

(2) 澄清报告中的复杂部分;

(3) 特别强调某些重要事项;

(4) 刺激大家对市场调查的兴趣;

(5) 引导人们对结论及建议的讨论;

(6) 达成将来努力方向的共识。

任务回顾

1. 掌握汽车市场调查报告的结构和内容。

2. 通过知识的学习,进行汽车市场调查报告的撰写和口头汇报活动。

任务实施步骤

(一) 任务要求

撰写合格的汽车市场调查报告并进行口头汇报。

(二) 任务实施的步骤

(1) 撰写市场调查报告。

(2) 调查报告口头汇报。

思考与训练

1. 汽车市场调查报告的结构是什么?

2. 调查报告的口头汇报要达到什么样的效果?

3. 模拟实践训练:分组各自撰写所选主题的调查报告,并进行口头汇报。

拓展提高

案例

某市汽车消费情况市场调查报告

1. 概要

随着经济的发展,汽车开始进入寻常百姓家,我们的生活也离不开它了。

某市汽车经销商为了给企业决策提供依据,通过市场调查,从而了解该市的家用汽车消费者情况。采取简单随机抽样的方法进行,调查的对象主要是30~50岁左右的某市居民,通过调查了解消费者家用汽车使用情况,并了解汽车市场未来的发展趋势。企业应该把握家庭消费购买,开发满足消费者需求的产品。

2. 正文

1) 引言

本次调查主要是想了解家庭汽车的消费情况,收入、家庭结构、消费者职业、用户年龄、消费者购车的各种因素等。在分析各种可能造成消费者购车的条件下,企业做出相应的决策。

2) 情况介绍

消费者的情况分析

A. 有车用户家庭月收入

在调查中,家庭收入为2 000~3 000元的和2 000元以下的所占比例最高,分别为33.7%和28.26%。收入低的,所占比重反而比较高,说明汽车已经进入到了普通家庭中,这也是国家经济发展、消费者生活水平提高的一种表现。

B. 有车用户家庭结构

调查结果显示,夫妻或与子女、父母同住的家庭有车的比例达到80.44%,而单身或其他的比例只有19.56%,说明家庭是购买汽车的一个重要因素,家庭的一种美满的氛围更使得人们努力去提高自身的生活水平。

C. 消费者职业构成

消费者职业中,企业人员、公务员及自由职业者的比例达到了67%,其他的则为33%,不仅仅只是收入的不同,还有工作的需要,这些工作需要他们出门便利,提高工作效率及质量。

D. 有车用户年龄及驾龄分析

有车用户的年龄中,30~40岁和30岁以下的比重分别为43%和28%,40~50岁的比重为 23％，50 岁以上的比重为 6％，结果表明，汽车的主要消费人群是 30～40 岁左右，中年人所占比例较重，中年人是人生智力发展的最佳状态，能进行逻辑思维和作出理智的判断，具备独立解决问题的能力，情绪趋于稳定，应变能力较强，是驾车最好的年龄段。

E. 影响消费者购车的因素

影响消费者购车的因素有很好种，但不是每种都能成为决定性因素，但各种因素又是占有一定比例的。通过调查，油耗经济性好占 22％的比重，是消费者购买汽车的重要因素，性价比合理占到 21％，售后服务占 15％，安全性有保障占 13％，品牌知名度占 13％，其他的因素比例为 16％。调查研究发现，除了汽车物有所值，汽车本身的质量好以外，企业的服务也是影响消费者购车的重要因素。

F. 消费者获得信息的渠道

研究发现，消费者获得信息的渠道中，汽车报纸杂志所占比重最多为 27％，电视广播、上网查询、广告、亲友介绍及实地调查所占比重分别为 23％、18％、9％、9％、2％。结果表明，企业要想提升营业额、扩大消费人群，必须在汽车杂志上和电视广播上加大宣传力度，并在其他方面扩大宣传面。

G. 消费者最信赖的购车场所

在消费者最信赖的购车场所中，品牌专卖店所占比重为 74％，大型汽车市场所占比例为 18％，综合销售点为 7％，其他为 1％，调查结果显示，在消费者心中，品牌专卖店占有举足轻重的位置。因此，企业要做好自身工作，加强品牌意识，把企业的产品和服务做到最强。

H. 消费者满意的支付方式

经过调查发现，最让消费者满意的支付方式是一次付清，其次是分期付款，最后是银行贷款，所占比重分别是 60％、33％和 7％。经济发展，人们的收入水平也在不断地提高，消费者更倾向于一次付清的付款方式。

3）分析和预测

汽车虽然已经进入普通的家庭，但是汽车业还有很大的发展空间。从调查数据看，19.56％的单身人士和其他以家庭为单位购车之外的群体，也是一个不小的消费群体。企业可提高自身服务能力，加大产品的宣传力度。2 000 元～3 000 元收入的家庭有车的用户比例达到 61.96％，而收入 5 000 元以上的比例只有 8.69％，而高额的现实利润和乐观的预期收益，会吸引大量的预期资金投入这一行业，企业数量显著增加但都偏小，所以在普及率增长的同时会出现一个明显的调整期，增长速度会放慢。

3. 结论及建议

（1）在发展空间较大的今天，企业应该注重自身服务、品牌意识及产品质量等的提高，宣传力度的加大也是重要的一个方面。伴随人民生活水平的提高，企业更要以服务消费者作为己任。

（2）加强企业的管理，提高管理效益，加强成本控制，降低运营成本，以特色产品满足消费者需求，以差异化的营销策略参与激烈的市场竞争。

问题：（1）阅读调查报告，写出汇报提纲。

　　　（2）做出 PPT，并对这篇调查报告进行口头汇报。

▶ 项目二

汽车消费市场的调查

任务一　汽车市场调查与预测方案的评价
任务二　汽车市场的调查设计
任务三　调查实施(1)——询问调查
任务四　调查实施(2)——文案调查
任务五　调查实施(3)——观察与实验调查
任务六　汽车市场调查资料的整理分析
任务七　汽车市场调查的完成

? 学习目标

通过本单元的学习:
1. 清楚汽车消费者市场与产业市场的区别。
2. 学会利用二手资料。
3. 能进行消费者态度测量。
4. 灵活运用汽车市场调查方法。

☆ **期待效果**
通过汽车消费市场的调查,学会实践中的不同汽车市场项目的调查及其分析。

项目理解

　　按汽车市场调查的工作程序,在设计调查预测方案后,还有调查方案的评估、调查设计、调查实施、调查资料的整理分析、调查报告撰写及应用几个环节。本项目将上述几个环节共分解为七个基本任务。

　　任务一:汽车市场调查预测方案设计中必须能够明确以下几个问题,即为什么要调查? 调查什么? 向谁调查? 由谁去调查? 如何调查? 在何时何地调查? 预算怎样? 调查结果提供给谁? 调查方案是否符合调查实际,能否获取所需资料,能否有合理的投入产出比,是需要在实地调查实施前进行评估。市场调查总体方案是否科学、可行,关系到整个市场调查工作的成败。如何评估,具体可能用到哪些指标? 是需要学习的。

　　任务二:汽车市场的调查设计主要是在调查方案中涉及到的市场调查的问卷、抽取的样本、访问和观察调查的设计、实验调查的设计、文案调查设计。汽车市场调查采用非全面调查方式,按抽样计划抽样调查。针对汽车消费者来说,常常会涉及到消费的态度问题,消费者的购买心理、习惯和态度尤为重要,对汽车消费市场调查常常采用态度测量技术。针对消费者态度、心理方面的测量问题的设计,就是本任务学习的态度测量技术,属于问卷设计的一种技巧。

任务三:汽车市场调查预测的实施是调查方案的执行过程,主要包括实地调查、资料的收集与汇总、调查监控及反馈几方面。实地调查时首先要进行调查人员的选择与培训,然后按计划实施调查。

任务四:文案调查和网络资料收集是经济、便捷的调查方法,在调查实践中,应首先收集二手资料,在二手资料的基础上再进行一手资料的收集。二手资料的收集分析,不仅在消费者市场调查中应用,在汽车销售市场调查中,如,竞争对手调查、市场需求调查等,二手资料应用同样广泛。

任务五:汽车市场的调查也经常运用观察和实验法收集资料,比如"神秘顾客"是调查实践中很常用的汽车市场调查方法,实验法也是针对消费者在汽车使用过程中收集信息的方法。

任务六:对于调查收集的资料必须整理、分析才能找出收集信息的特点和共性,形成"产品的部件",为调查这个"产品"的形成提供必备的条件。不同的人可能会对调查资料分析出不相同的结果,得出不一样的结论。因此,资料的整理分析是组成调查成果的不可缺少的重要部分。

任务七:调查完成除了有前面的各步之外,还需要提交成果,调查成果大多以调查报告的形式提交,有些项目在提交成果的同时还需要向委托方汇报调查成果。调查报告也需要评价。

任务一　汽车市场调查与预测方案的评价

知识目标
- 明确调查(与预测)方案评估的指标。

能力目标
- 能评价调查方案。

技能点
- 评价调查(与预测)方案。

知识点
- 汽车市场调查(与预测)方案的评价指标。

情境描述

随着汽车工业的高速发展,汽车产品同质化现象加深,汽车行业竞争加剧,一些国际汽车集团公司,比如大众、通用、福特等,都以自己独特的竞争优势,在汽车市场占有一席之地,在我国汽车消费市场上更有突出表现,每个品牌都拥有诸多强大的,且对应不同细分市场的次级品牌。因此,品牌因素在市场竞争中扮演着越来越重要的角色。随着国内汽车产品和服务水平的不断提高,消费者对品牌的重视程度增加,在购车中会更多考虑品牌因素,品牌还意味给消费者带来一系列的价值。如何面对消费者需求变化,在激烈的竞争中培育消费者的忠诚度?从目前的汽车市场来看,重点是在消费者购车及购车后的使用过程中,消费者对该品牌的产品和所提供服务的满意度决定了对品牌的忠诚度,影响其是否再次购买该品牌产品及推荐率。

任务剖析

汽车市场调查方案是调查和预测之前,对市场调查和预测工作的各个方面和各个环节进行的通盘考虑和安排,并提出相应的实施方案,制订合理的工作程序。由于市场因素的变化,设计过程中侧重点的不同,汽车市场调查与预测方案的不一定唯一,同时,实际的方案是否科学,需要经过必要的论证,选择最优方案,对方案进行试点和修改,按确定的方案实施调查,并完成该调查项目。

任务载体

在项目一中,已经对某汽车销售市场调查进行了方案的设计,消费市场调查同样需要设计调查方案,设计的方案中哪个方案既科学,又能更好的完成调查任务? 现在进行某城市汽车消费市场调查,目的是了解消费市场现状,指导消费者进行汽车及其相关产品消费,调查的城市、调查的时间、经费相同,不同的调查团队,同样也会设计出不一样方案。如,汽车市场调查的内容包括宏观上的和微观方面的内容,偏重面不同,设计的方案也就有所区别。因此,调查预测方案的评估是完成好调查工作的保证。

相关知识

汽车消费者市场是指为满足自身需要而购买的由个人和家庭构成的汽车市场。组织市场是指一切为了自身生产、转售或转租或者用于组织消费而采购的一切组织构成的市场,主要包括生产者市场、中间商市场和政府市场。汽车产业市场主要是汽车生产者市场、汽车中间商市场(汽车销售市场),中间商市场主要包括零售商、代理商和经销商。其购买的目的是为再生产和转售而采购的组织形成的市场。汽车消费者市场不同的是购买为了消费。

2.1　调查预测方案的评估

调查方案形成后,首先检查方案是否回答了"干什么?"、"怎么样?"、"怎么样?"、"做什么?"等问题,执行该方案能否达到客户要求? 是否具有可行性? 调查实践中大多由公司内部和客户评估审核,达到客户要求之后再进行下一步的工作。

2.1.1　调查预测方案的评估的内容

调查方案的评估是对调查方案内容的评价,有以下几个方面:

(1) 调查预测主题是否清晰,是否有歧义;

(2) 方案设计是否体现了市场调查和预测的目的要求;

(3) 方案设计是否科学、完整和使用方便;

(4) 方案设计能否使调查质量有所提高;

(5) 方案各阶段的设计能否再进一步细化,使落实更容易;

(6) 时间、进度安排、经费预算是否合理,有无余量;

(7) 方案中是否考虑了各种不可预期的因素;

(8) 通过市场调查与预测检验方案的时效性、可行性。

调查预测方案评估模式如图 2-1 所示,根据评估结果,对原有方案进行修改完善,保证调查预测方案的科学、可行、时效、费用效益最优,以便于下一步工作的顺利进行。

图 2-1　方案评估的简要模式

2.1.2　调查预测方案的评估的方法

常用逻辑分析法、经验判断法、试点调查法,评估调查预测方案是否体现调查目的、是否具有可操作性、是否科学完整等。并提出改进意见,修改完善调查预测方案。

可从逻辑层面对方案分析,如,利用比较、分析、推理法评估方案。

可小范围试点调查,如,利用解剖麻雀法细致地分析评估方案。

可以组织有经验的市场调查人士对方案初步研究判断,说明方案的合理性和可行性。

案例 2-1

某 4S 汽车销售公司市场研究方案(简本)

前言(略)

1. 研究目的

(1) 了解本公司代理品牌市场情况。

(2) 分析影响车型销售的原因。

(3) 加强企业与使用顾客、潜在顾客的感情沟通。

(4) 本公司的市场占有情况。

2. 研究内容

1) 市场情况

(1) 公司所售车型的使用情况;使用用途;同档次车型的社会保有量、市场份额情况;潜在消费者首选车型的比例和规格;对同类车型性能的比较;同类产品价格比较;售后服务质量比较。

(2) 所代理车型的知名度及其所处的地位;本公司的社会知名度及所处地位。

(3) 影响汽车购买的因素:经济环境、服务质量、影响源(媒体与舆论)、竞争对手分布。

2) 广告情况

企业、产品广告的接触率;广告评价;广告形式、内容、途径的改进意见。

3) 售后服务

售后服务的技术,售后服务的质量,需要改进的建议。

4) 基本情况

性别、文化程度、年龄、职业、个人收入。

3. 研究方式

(1) 售后服务现场调查。

(2) 购车用户电话或上门拜访。

（3）驾驶学校、出租公司访查。

（4）老顾客推荐。

（5）以问卷为主、访谈为辅。召开两次由老顾客参加的销售服务人员交流访谈会。

（6）调查与公关相结合。

4.样本情况

（1）城市样本：××市

（2）集体样本：从全市中随机抽取5所驾驶学校，两家汽车出租公司。随机抽取全市车辆管理所两家。

（3）老顾客样本：从购车顾客中调查150～200人。

（4）潜在顾客样本：老顾客推荐目标消费群随机抽150～200人。

（5）经销商样本：同车型竞争对手两家；竞争车型3～5种。

5.研究日程（2013年5月25日开始）

研究日程，见表1。

表1 研究日程

项　　目	时　间　安　排
研究立项	5月底前完成
调查准备	6月10日前完成
制定计划	6月11—17日
实施计划	6月17日—7月1日
数据整理	7月2—8日
报告写作	7月9—24日
提交报告	7月25日

6.研究经费

问卷按500份问卷、100份登记表计；访谈会按每次30人计；管理费按预算的20%计算，见表2。

表2 研究经费

	项　　目	费用/元	合计/元
问卷设计调查	问卷设计及打印费	2 233	8 899
	调查费	3 000	
	礼品费	1 200	
	公关费	300	
	分析处理费	2 166	
访谈会	招待费	780	2 620
	礼品费	1 200	
	公关费	240	
	场租费	200×2＝400	
管理费	管理费	2 303	2 303
经费总计		13 823	

笔记

7. 报告提交

市场研究报告以电子文档和纸质方式提交,同时,进行项目汇报。

8. 其他说明(略)

主要是调查的限制条件、调查过程中的特殊状况等。

9. 附件(略)

规定报告提交时提供的附件。

任务回顾

1. 调查预测方案的评估是完成好调查工作的保证。

2. 调查预测方案评估主要从调查目的的完成和科学完整性入手。

3. 逻辑分析法、经验判断法、试点调查法是调查方案评估的方法。

任务实施步骤

(一) 任务要求

评估调查方案的有效性、价值性、可执行性。

(二) 任务实施的步骤

调查预测方案评估的基本步骤:

(1) 确定评估标准和要求。

(2) 选择评估方法。

(3) 评估调查预测方案,提出方案问题。

(4) 修改完善方案。

思考与训练

1. 汽车调查预测方案评估有哪些内容?

2. 方案评估的方法有哪些?

3. 假设你所在的调查公司受某 4S 店委托,做你所在城市居民轿车需求调查预测,为该 4S 店下一年度的营销活动提供依据。请根据所学知识,设计调查预测方案并评估。要求调查时间 15 天,调查费用约 5 000 元。

拓展提高

问题:(1) 参考案例 2-1,设计一份"某区家用轿车消费者购买行为调查方案"。

(2) 与其他同学对换,找出问题,修改完成。

任务二　汽车市场的调查设计

知识目标
- 明确调查设计的内容。
- 掌握随机抽样和非随机抽样方法的运用。
- 熟悉并掌握态度测量技术。

能力目标
- 能较好的设计调查表。
- 能初步进行文案、访问、观察、实验调查的设计。

技能点
- 进行调查问卷和不同调查方法的设计。

知识点
- 抽样调查相关概念、态度测量的概念及方法、几种调查方法的理解。

情境描述

对市场调查预测方案中设计的调查方法、样本选取等，还需要进一步地确定和细化，调查设计完善、合理，调查实施按程序执行，保证在预计的时间内，获取有效的调查资料，为进一步地分析、预测以及决策做好充分的准备。

任务剖析

按调查方案中的调查内容和调查方法要求，还需要进行调查的设计，就是调查实施的内容设计。调查设计包含有所有调查方法的工作内容和程序。不同的调查项目，调查内容不一样；在不同调查条件下，采用的调查方法也不尽相同。根据调查方案要求，调查设计可以是抽样设计、问卷设计、访问设计、观察设计、实验设计。

任务载体

明确了调查内容，确定调查的方法，进行调查设计。对于汽车消费市场来说，一般采用抽样调查，可选用的调查方法有访问、发放问卷、观察等，还有些资料通过文案或网络形式获取。先看下面的数据：

1970 年日本采用普查的方法进行了国势调查，同时也以 1％和 10％为抽样样本进行了抽样调查，调查结果如表 2-1 所示。

从表中可以看出，10％抽样的人口总数与普查相比，误差是百万分之 4.4，1％抽样的总人口与普查相比，误差约千分之一。所以，正确的抽样设计，认真扎实的工作，抽样调查结果是准确的。

笔记

表 2-1　日本国势调查人口数目表

项　目	人口总数	男	女
普查结果	83 199 637	40 811 760	42 387 877
10%抽样结果	83 200 000	40 791 000	42 490 000
1%抽样结果	83 110 000	40 740 000	42 370 000

数据来源:王若军.市场调查与预测.北京:清华大学出版社,2007.

　　问卷也同样,问卷设计的问题和答案直接影响着调查的结果。汽车消费市场是汽车企业与消费者接触的一个关键环节,可以说消费者的态度决定市场的大小和发展。

　　二手资料是汽车市场调查中重要的调查方法之一,网络的极大普及,使得消费者在获取汽车市场信息时常常从互联网上查找并判断,在信息的海洋中,哪些信息是需要的,能获取哪些信息,怎样找到这些信息等,进行事先设计和安排。

　　观察、实验也同样需要在实施之前,有合理的安排。

相关知识

2.2　调查设计

2.2.1　调查设计的概念理解

　　汽车市场的调查设计主要是在调查方案中涉及到的市场调查的问卷、抽取的样本、访问和观察调查的设计、实验调查和文案调查的设计。

2.2.2　汽车市场调查的抽样技术

2.2.2.1　与抽样有关的概念

　　抽样是从需要研究的全部中抽取一部分样品单位。基本要求是要保证所抽取的样品单位对全部样品具有充分的代表性。通过对被抽取样品单位分析、研究,估计和推断全部的研究方法。抽样调查:从研究对象的总体中,按照一定的原则抽取一部分样本进行调查,并利用样本调查结果推断总体的方法。

　　总体与样本:总体是指调查对象的全体,通常用 N 表示。样本是总体中的部分,来自于总体的部分个体的集合,通常用 n 表示。在市场调查时,样本数目大于 30 时被称为大样本,小于30 被称为小样本。

　　调查单位和抽样单位:抽样单位是抽取样本过程中的单位形式。抽样框是将抽样单位按某种顺序排列编制的名单,即抽样中所需认识总体的抽样单位。

　　重复抽样和不重复抽样:随机抽取一个样本调查后又放回总体中,然后继续从总体中抽取样本被称为重复抽样,又叫放回抽样。随机抽取一个样本调查后不再放回总体中,然后从剩余的总体中抽取样本被称为不重复抽样。

　　抽样误差:主要有调查误差(登记性误差)和抽样误差两种。调查误差是非随机性误差,可以通过提高调查人员的责任感和专业技术水平降低乃至消除。由于抽样的随机性产生的一种样本对总体的代表性误差则是抽样误差。抽样误差不可避免,但可以计算并能够通过适当方法加以控制。

抽样调查属于非全面调查,由于科学的选取样本进行调查,能够达到时效、准确、经济、可深入的特点。

抽样调查的程序:

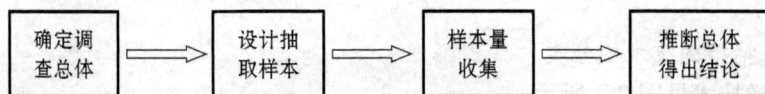

```
┌──────┐    ┌──────┐    ┌──────┐    ┌──────┐
│确定调│    │设计抽│    │样本量│    │推断总体│
│查总体│ ⇒ │取样本│ ⇒ │收集  │ ⇒ │得出结论│
└──────┘    └──────┘    └──────┘    └──────┘
```

图 2-2 抽样程序

抽样调查适用于以下几方面:

(1) 汽车市场现象。

(2) 破坏性的汽车产品质量调查。

(3) 时效性强,时间要求紧。

(4) 补充汽车市场调查。

案例 2-2

调查样本采集设计

某汽车品牌专营公司,针对销售车型库存严重,维修服务台次下降,盈利水平降低,并出现亏损迹象,进行营销调研样本采集设计如下表。

某公司营销调研样本采集表

样本名称	样 本 特 征		样本数量	主要获取信息
集体样本	驾校		2 所	了解目标消费群体信息
	汽车出租公司		1 家	市场信息
	全市车管所		2 家	消费群体情况
顾客样本	购车用户	已购车客户	60~80 人	业务状况、满意度
		意向客户	40~70 人	业务状况、满意度
	维护服务用户	老用户(来公司保养 3 次以上)	50~100 人	业务状况、满意度
		新客户	30~50 人	业务状况、满意度
		重点集体用户	90% 以上	业务状况、满意度
		潜在顾客(公司资料或老顾客推荐)	50~100 人	业务状况
	内部顾客	公司在职员工	全部	满意度
		公司离职员工	30%	满意度
经销商样本	同品牌车型竞争对手		全部	竞争状况
	竞争车型		3 家	竞争状况

并进行如下几项设计:

(1) 编制调查问卷 3 份,分别为用户调查问卷、购车用户调查问卷、维护服务调查问卷。

考虑到问卷的回收情况和所掌握的的顾客资料,每份问卷印制 150 份,回收率不低于 80%;能够进行访谈的用户原则上不再发放问卷。

（2）召开 2～3 次访谈会。

（3）针对近期的公司广告,召集两个实验组进行对比实验,了解广告的实际效果。

（4）对正式调查前分析出的问题进行小范围整改实验,观察其效果。

资料来源:张揩桄,段钟礼.汽车营销师（四级）[M].北京:中国劳动社会保障出版社.2008,11.

2.2.2.2　抽样的技术的分类

主要的抽样技术见图 2-3 所示。

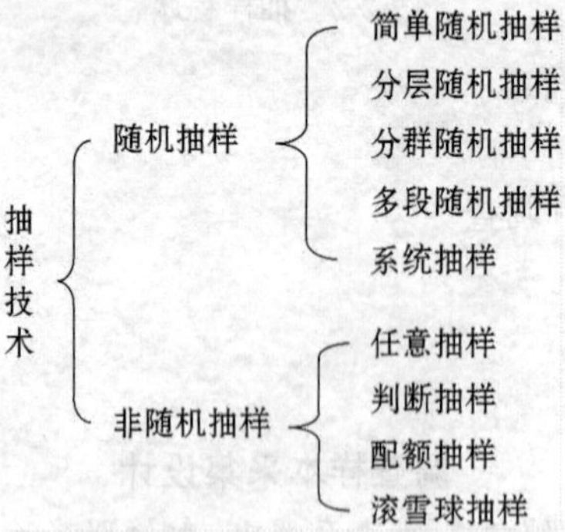

图 2-3　主要抽样技术

随机抽样:又称为等概率抽样。按照随机的原则,即保证总体中每个单位都有同等机会被抽中的原则抽取样本。常用的随机抽样方法主要有简单随机抽样、分层随机抽样、分群随机抽样、系统抽样、多阶段随机抽样等。

非随机抽样:又称为非概率抽样、不等概率抽样。就是调查者根据自己的方便或主观判断和需要抽取样本。又分为任意抽样、判断抽样、配额抽样、滚雪球抽样。

2.2.2.3　抽样技术之随机抽样的应用

1. 简单随机抽样

抽样者不作任何有目的的选择,用纯粹偶然的方法抽取样本。对调查先按调查单位编号,再用抽签、摸球、计算机抽取或随机数字表等方法进行抽样。

适用范围:该方法适用于总体不太大,总体中个体差异不大的情况。

（1）抽签法:给总体容量的各单位编上序号,做成号签,将号签充分混合,从中抽选,被抽到的号码所代表的单位就作为样本成员,直到抽到预定需要的样本数为止。缺点:总体容量很多时,编制号签的工作量很大,且很难掺和均匀。

（2）随机数表法:用字母顺序或身份证号等任何方便的方法对总体容量编号,利用随机数表从 1 到总体容量 N 中随机抽取 n（样本容量数）个数,遇到那些不在编号里的数字需跳过。

表 2-2 是通过 Excel 形成的随机数表片段,在使用该表抽样时,第一个样本可以随机从数表中的任何位置开始,数字位数应与编码的最大数一致,然后确定一个选取规律,其余的 $n-1$ 个样本按同一规律抽取,编号超出编码的跳过。

表 2-2　计算机生成的随机数表片段

列＼行	1	2	3	4	5	6
1	19 130	54 547	48 933	99 158	45 742	13 771
2	45 977	06 898	84 715	66 051	03 781	23 755
3	93 915	28 136	00 686	79 783	88 223	07 193
4	09 587	92 470	48 703	77 401	48 252	03 349
5	91 153	08 493	69 074	92 312	27 525	40 469
6	66 540	83 628	96 441	32 838	05 087	65 691
7	07 912	76 131	80 624	76 456	70 062	52 066
8	50 907	08 824	82 677	73 073	36 437	74 709
9	73 952	65 676	96 313	44 397	24 099	76 686
10	42 584	71 068	98 130	75 151	51 760	81 886
11	30 042	16 187	50 310	05 561	70 858	53 477
12	27 515	82 363	67 224	64 000	10 190	87 635
13	58 411	38 985	94 716	22 023	20 205	54 652
14	90 436	23 320	91 693	92 328	83 958	59 136
15	11 134	50 467	59 119	48 788	17 860	55 852

案例 2-3

某汽车综合市场欲对前来市场的消费者进行汽车品牌认知调查，设调查对象为近两年汽车消费者，共有消费者约 5 000 人，以调查样本设计 10 人为例，采用随机数表法抽样（见表 2-2），具体步骤如下：

①对 5 000 人编号。②假设第一个样本从第一列，第一行"19 130"中的 1913 开始（编号最大是四位数），沿着第一行的不同列选取其他样本。③则第二个样本为 5 454，不在编号中，跳过，继续，为第三列的 4 893，第三个样本为 4 574……④第一行用完可以继续使用第二行，直到选够 10 个样本数。其他样本编号见图 2-2 黑体字标记位置。

2. 分层随机抽样

分层随机抽样有称为类型抽样，是将欲调查的总体中的所有单位按某一定的标志分成 i 层（类型或组），然后在各组中采用简单随机抽样或等距抽样方式，抽取一定数目的调查单位构成所需的样本。具体又有等比例分层抽样和最佳比例分层抽样。

适用范围：主要适用于总体情况比较复杂，各类型或层次之间的差异较大，而总体单位又较多的情形，分层使层内各单位之间的差异减小，层间差异扩大。

（1）等比例分层抽样。等比例分层抽样是各层（类型）中抽取的样本单位数 n_i 占该层（类型）所有单位数 N_i 的比例是相等的，等同于样本单位总数 n 占总体单位数 N 的比例。等比例分层抽样各层（类型）组应抽取的样本量计算如下：

$$n_i = n \times \frac{N_i}{N}$$

n_i 为第 i 层应抽样本数；N_i 为第 i 层总样本数；N 为调查确定的总体量；n 为预定抽取样本数

案例 2-4

某汽车项目调查，调查总体为 10 000 人，月收入 8 000 元以上的 1 000 人，月收入 3 000～8 000 元的 2 000 人，月收入低于 3 000 元的 7 000 人，调查设计的样本数为 200 个。按等比例分层抽样，则高收入人群抽取样本数为 20 个，中收入人群抽取 40 个，低收入人群抽取 140 个样本。

（2）非等比例分层抽样。非等比例分层抽样也称最佳分层抽样、类型适宜抽样，在抽取样本单位数时，要考虑各层（类型、组）包含的单位数不同和标志变动度（S_i）的不同，变动程度（S_i）大的层抽取样本数要多，变动程度（S_i）小的组取样本数少，使得各层的变动程度（S_i）在所有类型组变动程度之和中的比例相等，等同于是或。非等比例分层抽样各层抽取样本数量计算方法如下：

$$n_i = n \times \frac{N_i S_i}{\sum N_i S_i}$$

式中：S_i 为各抽样层的标准偏差

$$S_i = \sqrt{\frac{\sum (x_{ij} - \bar{x}_i)^2}{n}}$$

x_{ij} 为第 i 层的总体中的 j 个样本，$\bar{x}_i$ 为第 i 层总体量的平均数。

分层随机抽样知道总体和各层数目，具有的分的层间明显差异；层内个体一致，分层数目不宜多的特点。

3. 分群随机抽样

分群随机抽样也称整群抽样，是调查总体中以群（或组）为单位，按简单随机方式或等距抽样方式，抽取若干群（或组），然后对所有抽中的各群（或各组）中的全部单位一一进行调查，以达到样本设计要求。其优点是样本较集中，可减少调查的工作量；不需知道被调查样本的全部名单。所分的群群间差异小，但群内差异大。

4. 系统抽样

系统抽样也称等距抽样、机械抽样，是先将总体各单位排队编号，然后根据抽取的样本数量计算抽选距离，第一个样本采用简单随机法选出，其他按相等的抽选间隔抽取样本单位。抽取样本的间距用 k 表示，即：

$$k = N/n$$

N 为总体数量；n 为计划抽取的样本数量

第 n 部分抽取的样本号为 $i+(n-1)k$，其中 i 是第一个样本的编号。

系统抽样能保证被抽取到的样本单位在全及总体中均匀分布，也简化了抽样过程。但需要注意避免抽样间隔或样本距离和现象本身的节奏性或循环周期相重合。

5. 多段随机抽样

在总体包括的单位很多，且分布很广，一次抽样抽选出样本很困难，这时采用多阶段抽样。多段随机抽样是将多个抽样程序分成若干阶段，然后逐阶段进行抽样，以完成整个抽样过程。在不同阶段采用不同的随机抽样方法。

笔记

6. Excel 随机抽样法

打开 EXCEL 2003,依次选择:工具→加载宏,加载"数据分析库"。加载成功后,可以在工具的下拉菜单中看到"数据分析"选项。EXCEL2007 则需要在"选项"→"加载项"→"分析工具库"进行加载。

操作步骤:

(1) 打存放需要抽样数据的 EXCEL 表格,本例为 27 个购车客户的虚拟 QQ 号码和姓名进行介绍,如表 2-3 所示。

表 2-3 购车客户的虚拟 QQ 号和名字

QQ 号	姓名	QQ 号	姓名	QQ 号	姓名
23584211	姚娟平	12356889	安映冬	6998251	武付元
13210123	曹鑫平	2561223	惠世星	21466658	雷丽
37562477	欧欣雨	19874512	翁翎惠	58799543	吉璋
7845610	戴宛菡	23145879	燕韩一	32144567	水苑
4321567	童彦新	215764455	龙彪	45312431	凤宏
19875562	武仁娟	32886635	诸中伟	3254789	庞采文
172312546	成詹	3653215	皮盼夏	112466598	李采枫
9576514	勾恒	154267924	阮广斌	3472890	冯宏
2564187	费鹏	457268	尹宏	231890543	范航

假设要求随机抽取样本量为 6 个客户作为服务满意度调查。如果采用系统抽样,则计算出的抽样间隔为 $27/6 \approx 4$。

(2) 选择"工具—数据分析—抽样"后,出现对话框有简单随机和周期性(系统)抽样两种。简单随机抽样如图 2-4 所示。

(3) 简单随机抽样。在步骤(2)的基础上,点击确定,因为系统默认的是重复抽样,若出现重号现象,则去掉重复号,再补充样本,或者事先增加一定样本,也可以选择再重新抽取一遍。抽取结果如图 2-5 的 D 列,简单随机抽样获取的 6 个样本。

(4) 添加姓名。假设抽样时还需要知道与 QQ 号对应的姓名,则再选择 VLOOKUP 函数,然后如图 2-5 中的函数对话框,选择参数,其中"Col_index_num"栏中的"2"是要查找的"姓名"所在的列,"Range_lookup"为抽取的第一个 QQ 号的精确匹配,填写为数字"0"即可。结果如图 2-5 所示。

点击确定,则与 QQ 号对应的姓名如图 2-6 中的"范航"。

采用自动填充法,用鼠标拖动图 2-6 中箭头所指的填充句柄向下拖动到需要的位置即可得到其他 QQ 号对应的姓名。出现有结果的如图 2-7 所示。

如果采用系统抽样,在抽样选项中,各个参数选取如图 2-7 所示的抽样对话框所示,抽取结果在图 2-8 的 F 列,姓名查找同前,结果出现在图 2-8 的 G 列。

2.2.2.4 抽样技术之非随机抽样的应用

非随机抽样也称非概率抽样,是根据调查人员分析、判断和需要来进行抽样,有意地选取具有一定代表性的对象作为样本,用以估计总体性质。包括任意抽样、判断抽样、配额抽样三种。

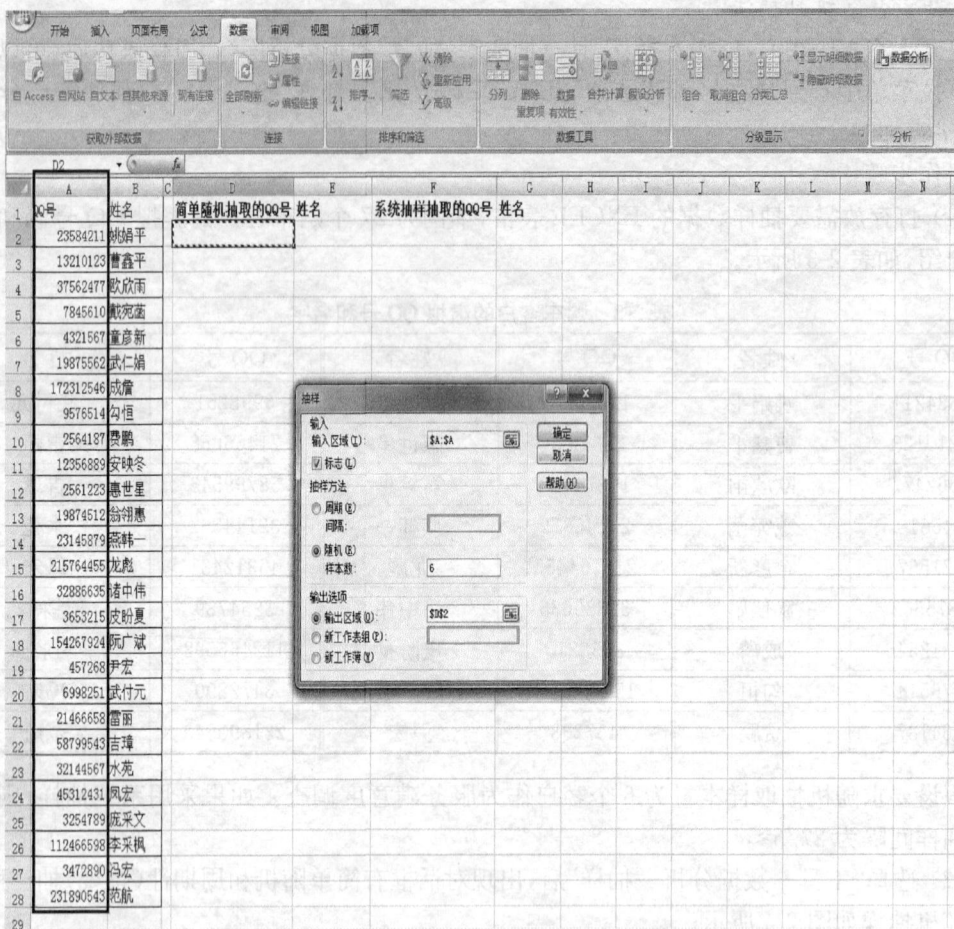

图 2-4　Excel 抽样对话框

1. 任意抽样

任意抽样也叫"便利抽样"，是指调查人员本着随意性原则去选择样本的方式。任意抽样是非随机抽样中最简便、费用和时间最节省的一种方法。任意抽样通常由调查人员从工作方便出发，在确定调查范围和调查对象后，在调查范围内随意抽选一定数量的样本进行调查。最常见的任意抽样法是"街头拦访"和"空间抽样法"两种。"街头拦访"是在街上或路口任意找某个行人，作为被调查者进行调查。如，请行人填答问卷。"空间抽样法"是对某一聚集的人群，抽取空间上不同方向和方位的人进行调查。

任意抽样的前提是认为被调查总体的每个单位都相同，选谁为样本进行调查，其调查结果都是一样的。但实际上并非如此，因此，任意抽样只有在调查总体中各个单位大致相同的情况下才适用。如果总体中单位差异较大，抽样结果偏差较大，可信程度较低，抽取的样本没有足够的代表性。抽样误差也较大。

2. 判断抽样

判断抽样是基于调查人员对调查对象的分析和判断，决定选取的具有代表性（典型）的样本作为调查对象的抽样方法。要求调查人员对项目研究的领域熟悉，且对调查总体比较了解，能根据自己的判断获取代表性较高的样本。所以，判断抽样大多应用于总体小而内部差异大

笔记

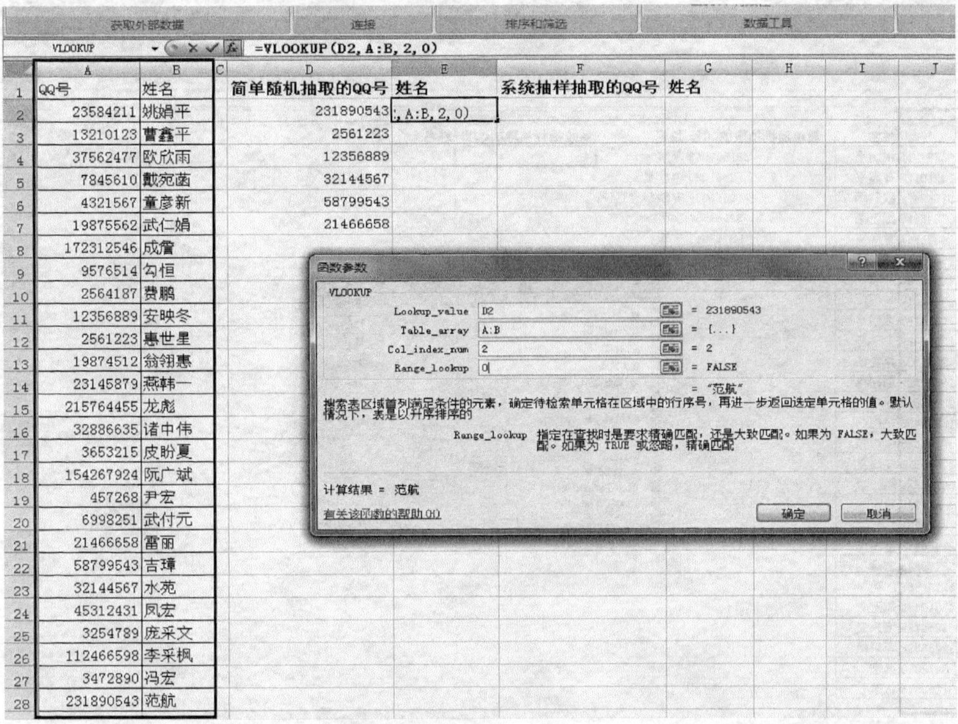

图 2-5 简单随机的 QQ 号和 Vlookup 函数对话框

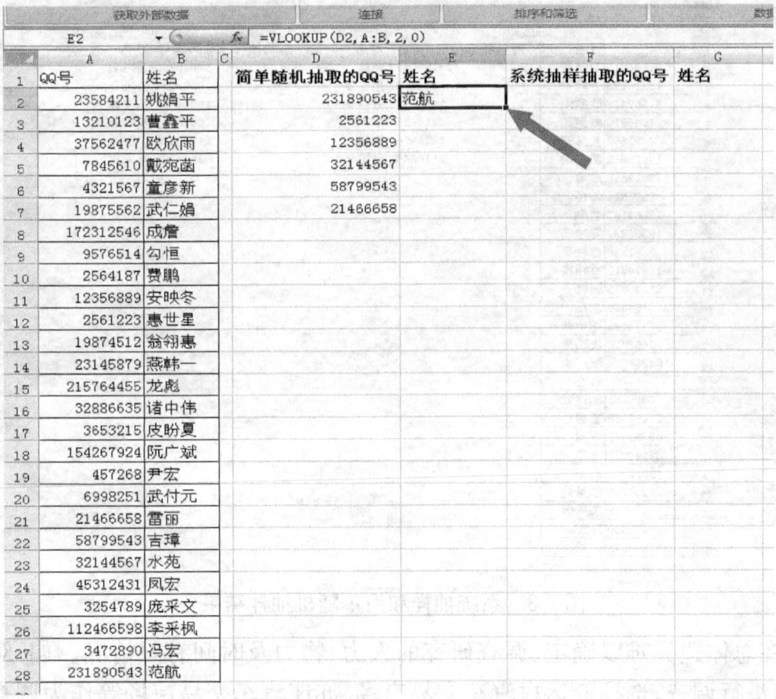

图 2-6 QQ 号对应的姓名

笔记

	A	B	D	E	F	G
1	QQ号	姓名	简单随机抽取的QQ号	姓名	系统抽样抽取的QQ号	姓名
2	23584211	姚娟平	231890543	范航		
3	13210123	曹鑫平	2561223	惠世星		
4	37562477	欧欣雨	12356889	安映冬		
5	7845610	戴宛菡	32144567	水苑		
6	4321567	童彦新	58799543	吉璋		
7	19875562	武仁娟	21466658	雷丽		
8	172312546	成僧				
9	9576514	勾恒				
10	2564187	费鹏				
11	12356889	安映冬				
12	2561223	惠世星				
13	19874512	翁翎惠				
14	23145879	燕韩一				
15	215764455	龙彪				
16	32886635	诸中伟				
17	3653215	皮盼夏				
18	154267924	阮广斌				
19	457268	尹宏				
20	6998251	武付元				
21	21466658	雷丽				
22	58799543	吉璋				
23	32144567	水苑				
24	45312431	凤宏				
25	3254789	庞采文				
26	112466598	李采枫				
27	3472890	冯宏				
28	231890543	范航				

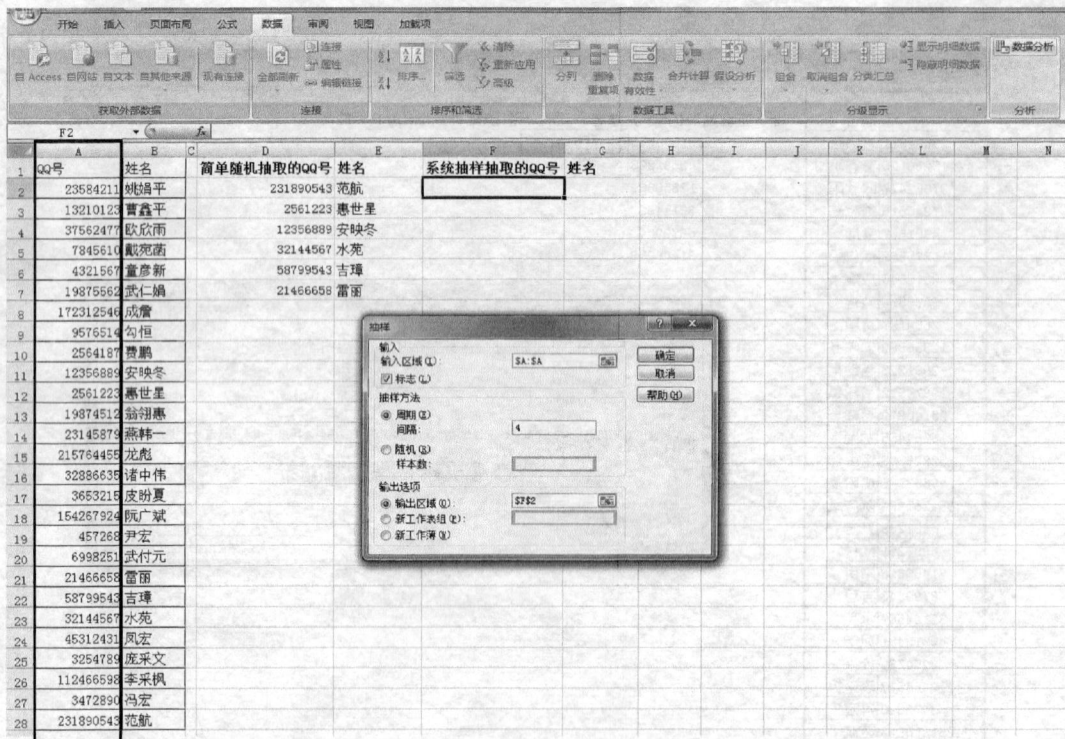

图 2-7 QQ号对应的姓名及系统抽样对话框

	A	B	D	E	F	G
1	QQ号	姓名	简单随机抽取的QQ号	姓名	系统抽样抽取的QQ号	姓名
2	23584211	姚娟平	231890543	范航	7845610	戴宛菡
3	13210123	曹鑫平	2561223	惠世星	9576514	勾恒
4	37562477	欧欣雨	12356889	安映冬	19874512	翁翎惠
5	7845610	戴宛菡	32144567	水苑	3653215	皮盼夏
6	4321567	童彦新	58799543	吉璋	21466658	雷丽
7	19875562	武仁娟	21466658	雷丽	3254789	庞采文
8	172312546	成僧				
9	9576514	勾恒				
10	2564187	费鹏				
11	12356889	安映冬				
12	2561223	惠世星				
13	19874512	翁翎惠				
14	23145879	燕韩一				
15	215764455	龙彪				
16	32886635	诸中伟				
17	3653215	皮盼夏				
18	154267924	阮广斌				
19	457268	尹宏				
20	6998251	武付元				
21	21466658	雷丽				
22	58799543	吉璋				
23	32144567	水苑				
24	45312431	凤宏				
25	3254789	庞采文				
26	112466598	李采枫				
27	3472890	冯宏				
28	231890543	范航				

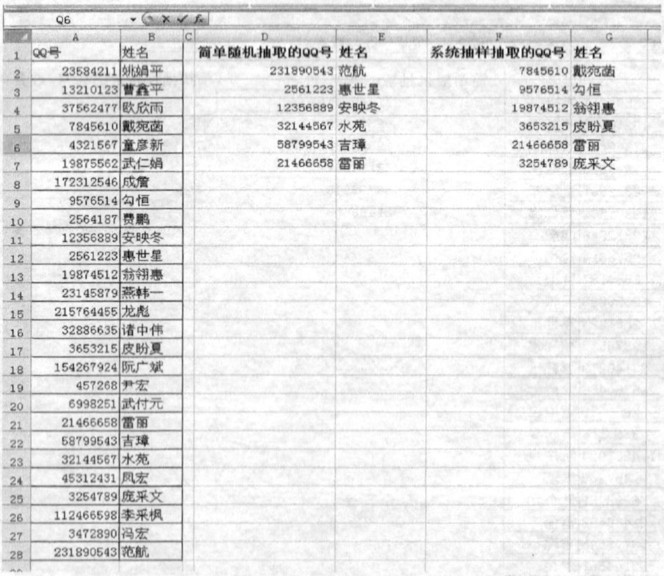

图 2-8 系统抽样和简单随机抽样结果

的情况，或者在总体边界难以确定、调查研究的人力、物力及时间有限情况。如，对北京的汽车整车消费市场进行调查，选择亚运村汽车交易市场、亦庄汽车交易市场等作为调查样本调查是判断抽样。在进行新产品测试时采用判断抽样也是较好的选择。

判断抽样法有利于达到调查目的和特殊需要的要求，能够充分地利用调查样本的已知资料,被调查者容易配合,资料回收率高。具有简便易行、操作成本低的特点。

判断抽样结果受调查人员倾向性影响大,当调查人员主观判断出现偏差,抽样也会出现偏差,影响对调查总体的推断。

3. 配额抽样

配额抽样是指由调查者根据所规定的控制特性,以及事先确定和分配的调查数额选取调查对象。又分为独立控制的配额抽样和相互控制的配额抽样两种。

独立控制的配额抽样是分别独立地按各类控制特性分配样本数,对各类控制特性中的交叉关系不做规定的抽样时独立控制配额抽样。相互控制的配额抽样是按各类控制特征分配样本数时还要考虑各类型之间的交叉关系。如,有关汽车安全性能的调查项目,分别选择 A、B 两个区,每个区调查 400 个样本。A 区的抽样样本按表 2-4 选取,表中的年收入、性别、年龄独立满足即可。B 区抽样样本按表 2-5 抽取,选择的样本既要满足性别条件,还要满足行车里程和年龄的限制。A 区按表 2-4 的抽样就是独立控制的配额,而 B 区按表 2-5 的要求抽样则属于相互控制的配额的抽样。

配额抽样在所有抽样技术中最为复杂,特别是相互控制的配额抽样,根据调查需要,几种特性都要满足,设计样本结构,方法科学,调查的样本针对性强,调查结果准确。

表 2-4　A 区独立控制配额抽样分配

年收入/元	人数	性别	人数	年龄/岁	人数
＜5 000	60	男	240	30 以下	100
5 000～10 000	100			30～40	140
10 000～20 000	140	女	160	40～50	100
＞20 000	100			50 以上	60
合计样本数	400	合计样本数	400	合计样本数	400

表 2-5　B 区按年收入\年龄\性别控制的配额抽样分配

年龄		性别	行车里数与安全性能				合计
			＜5 000	5 000～2 万	2～5 万	＞5 万	
	30 以下	男	9	15	21	15	100
		女	6	10	14	10	
	30～40	男	13	21	29	21	140
		女	8	14	20	14	
	40～50	男	9	15	21	15	100
		女	6	10	14	10	
	50 以上	男	5	8	13	9	60
		女	4	6	8	6	
合计			60	100	140	100	400

4. 滚雪球抽样

在有些调查中,总体较少,或事件发生率较低,可以采用滚雪球抽样。滚雪球抽样是对随机选择的一些被调查者先实施访问,然后再由这些调查者推荐属于研究目标总体特征的调查对象,再对这些调查对象实施访问,就像滚雪球一样。该方法的关键是个体的确定,因此个体的代表性很重要。但调查费用相对低,由于样本的名单来源于那些最初调查过的人,很大程度上会出现相似样本,如果被调查者不愿意提供人员再接受调查,调查就可能中断。

2.2.2.5 抽样误差与样本量

由于调查抽取的样本单位之间存在着个体差异,样本也往往不能包含总体的全部信息,因此,抽样误差是不可避免的。抽样误差就是抽样产生的样本指标与总体指标之间的差异。显然,抽样误差越小,样本对总体的代表性越好。采用不同的抽样方法,即使是从同一总体中抽取含量相等的样本,抽样误差也会有所不同。几种随机抽样方法的误差一般由大至小依次为:

整群抽样>单纯随机抽样>系统抽样>分层抽样

也就是分层抽样误差最小,整群抽样误差相对最大。另外,同一种抽样方法,抽样误差的大小主要取决于总体中各单位之间的变异程度和样本量的大小。变异程度越小,样本量越大,则抽样误差越小;反之,变异程度越大,样本量越小,抽样误差就越大。标准差是变异程度的很好体现。

1. 误差计算

按统计原理,抽样平均数的平均误差重复抽样和不重复抽样有所不同。

(1)重复抽样的平均误差是总体标准差按样本数平均。

$$\mu_x = \sqrt{\frac{\sigma^2}{n}}$$

式中:μ_x 为抽样的平均误差;σ 为方差,σ^2 为总体标准差;n 为样本单位数。

(2)不重复抽样的误差是在重复抽样误差的基础上乘修正系数 $\sqrt{\frac{N-n}{N-1}}$。

$$\mu_x = \sqrt{\frac{\sigma^2}{n} \times \frac{N-n}{N-1}}$$

当调查总体 N 很大时,$\frac{N-n}{N-1}$ 可以写成 $1-\frac{n}{N}$ 的形式,公式如下。此种情况下,修正系数<1。

$$\mu_x = \sqrt{\frac{\sigma^2}{n}\left(1-\frac{n}{N}\right)}$$

上式中:N 为总体单位数;$1-\frac{n}{N}$ 为修正系数。

对比重复抽样和不重复抽样误差,由于 $\sqrt{\frac{N-n}{N-1}}<1$,所以不重复抽样误差小于重复抽样的误差。但是,当抽取样本数很小,总体单位数目很大时,修正系数$\propto 1$,因此实际工作中按不重复抽样,但采用重复抽样计算抽样平均误差。

综上,影响抽样误差原因主要有:样本量的多少、总体各单位标志值的变异程度、抽样调查的组织方式。样本量越大,误差相对小,但增加样本量的同时还要考虑调查的成本,因此,确定必要样本的数目尤为重要。必要样本数目就是保证抽样推断能达到预期的可靠程度和精确程度的恰当的样本单位数目。

2. 必要样本数的确定

1）简单随机抽样条件下，样本量的计算（重复抽样）

可以采用下面的公式：

$$n = \frac{t^2 \sigma^2}{\Delta_x}$$

式中，t：标准误差的置信水平，也称置信度，概率度，可靠程度。常用的置信度是 90%、95% 和 99%，如果置信度是 90%，$t=1.64$；置信度 95%，$t=1.96 \approx 2$；置信度 99%，$t=2.56$。

总体标准差计算为

$$\sigma = \sqrt{\frac{\sum (x_i - \bar{x})^2}{n}}$$

式中：x_i 为第 i 个作答者的答案值；$\bar{x}$ 是所有被调查者答案的平均值；Δ_x：可接受的误差水平，即要求的精度。

在调查实践中，σ 值可以利用经验结果，也可以试验性调查后计算，还可以由管理人员集中分析判断。

公式中用到的概率度（t）和误差（Δ_x）必须由调查人员与客户进行磋商后确定。概率度与误差范围的确定既要符合统计原则，也要顾及调查成本、时间方面的要求。工作中往往在精确度、置信度与成本之间进行权衡，以达到合理范围。例如，只想通过调查基本了解一下消费者对某品牌一个车型的普遍态度是正面有还是负面的，精确度就显得不太重要了。但如果是新车的创意测试，就需要精确度较高的销售估计值，以便做出是否向市场推荐某种新产品的高成本、高风险的决策。

2）确定抽样量时要考虑的因素

确定必要的样本量是确定抽样组织方式之后要做的工作，也是抽样设计的主要任务之一。根据样本量计算公式可以看出，确定抽样量时要考虑的因素如下：

（1）抽样推断的可靠程度（置信度），用概率度 t 表示。若要求抽样的可靠程度较高，抽样的数目就要多些；若可靠程度要求不高，抽样的数目就要少些。

（2）总体方差 σ^2 的大小。即被研究总体标志的变异程度，变异程度大，则需多抽取一些样本单位；若变异程度小，则可少抽取一些。

（3）抽样推断的精确程度。如允许误差大，可少抽取样本单位；允许误差小，则需多抽取样本单位。针对问卷调查，则是对某个问题的应答百分率。如果要求对该问题应答百分率为 100%，就只能进行全面调查，才能保证有较高的准确度。

（4）抽样方法与组织形式。一般分层抽样和等距抽样可以比纯随机抽样需要的样本单位数少，整群抽样比纯随机抽样需要的单位数多。重复抽样需要多抽取样本。

（5）问卷回收率的高低。

从以上因素考虑抽样单位数目后，还应结合调查的人力、物力和财力的具体情况作适当调整，确定一个恰当的样本单位数目。

资料 2-1

　　1936 年美国一著名杂志社为了预测总统候选人罗斯福与兰登两人谁能当选，调查是以电话簿上的地址和俱乐部成员名单上的地址为对象，随机发出了 1000 万封信，收回回信 200 万封,杂志社根据回收的这 200 万份问卷进行了预测,由于他们花费了大量的人力、物力,回收的调查问卷虽然是调查史上是少有的容量,但杂志社相信自己的调查分析的结果,即,兰登将以 57% 对 43% 的比例获胜,并按此结果进行了大力宣传。当最后选举的结果出来时,却让杂志社大失所望,结果是罗斯福以 62% 对 38% 的巨大优势获胜。

杂志社调查预测失败的原因首先是,选民是全体美国国民,而杂志社抽样选择的是电话簿上的地址和俱乐部成员名单上的地址为对象,1936 年,美国有私人电话和参加俱乐部的家庭是比较富裕的家庭,不能代表总体。其次,发出了 1 000 万封信,收回回信仅 200 万封,只占预计调查样本的 1/5,这么低的回收率也难以代表确定的调查总体。

2.2.3　态度测量技术

测量是指按照特定的规则对测量对象(目标、人物或事件)的某种属性赋予数字或符号,将其属性量化的过程。测量对象可以是目标、人物或事件。如,针对某品牌汽车消费者,在购车过程中对销售服务的态度、特征或行为,赋予其一个值,使其数值能代表销售服务中所代表的概念或状况。

态度测量就是调查人员根据被调查者的可能认识和认识态度,就某一问题列出若干答案,设计态度测量表,再根据被调查者的选择来制订其认识或认识程度。汽车市场调查中的测量,测量的不是对象本身,而是它们的某种属性。如,消费者对某事物或状态的看法、偏好和意向等。测量技术是通过量表形式表现的,通常分为直接测量表和间接测量表。

由调查者设计或选择要询问的问题或问句,并直接询问被调查者,被调查者选择表现态度的答案而获取态度资料的测量方法就是直接量表测量;不直接涉及被访问者的态度,而是通过一系列的陈述句综合体现被访问者的态度,这种量表为间接量表,间接量表在态度测试中常用。

1. 几种常用的直接测量表

1) 平衡与非平衡量表

如果有利态度的答案数目与不利态度答案数目相等,该态度量表就是一个平衡量表;反之,有利态度与不利态度答案数目不相等就是非平衡表。

如:对您购买的汽车外观的满意程度,设计成平衡量表则为:

| 非常满意 | 很满意 | 满意 | 无所谓 | 不满意 | 很不满意 | 非常不满意 |

如果设计成非平衡量表,有利态度非平衡量表表示为:

| 非常满意 | 很满意 | 满意 | 无所谓 | 不满意 |

不有利态度非平衡量表示为:

| 满意 | 无所谓 | 不满意 | 很不满意 | 非常不满意 |

采用平衡量表,回答的答案有均匀分布的可能性,而非平衡量表,一般是有利态度答案较多,就有可能使调查结果倾向于有利方向;不利态度多,可能是调查结果倾向于不利方向,从而出现偏差。因此非平衡量表只有在必要情况下才使用。

2) 顺位量表

顺位量表指调查人员向被调查者列出若干不同项目,被调查者根据对这些项目的偏好程度,将给出各个项目按要求的标准排列顺序的一种量表。在调查消费者的品牌偏好时可采用这一方法。

如,请您按喜爱的程度对下列品牌的车依次打分,最不喜爱的为 1 分,最喜爱的为 6 分。

□ 奥迪 A8L　　　　□ 奔驰 S500L　　　　□ 辉腾 W12

□ 宝马 750Li　　　　□ 捷豹 XJ5　　　　□ 雷克萨斯 460L

3) 强迫性与非强迫性量表

强迫性量表是指调研人员对某一问题列出若干答案,无论被调查者选择哪一答案,都迫使他们明确表示自己的看法。如,MINI Cabrio 与其他品牌微型车相比较,你认为:

　　　　　　　　□ 较其他好　　　□ 差不多　　　□ 较其他差

或者设计成:　　□ 较其他好　　　□ 差不多　　　□ 较其他差　　　□ 说不好

前者设计要求被访问者必须选择将 MINI Cabrio 与其他品牌比较,为强迫性量表;后者增加了"说不好"的答案,可以不进行比较,变成了非强迫量表。

4) 语意差别量表

语义差异量表是美国心理学家奥斯古德在进行社会调查分析时采用的方法。对于汽车市场消费者态度测量是常用的方法。

语意差别量表是对于测量问题同时列出若干子量表,每一子量表的两端是极端反义词,在两个反义词之间划分出三个以上态度级别,记录态度或意见,然后将答案汇总,以判断被调查者的态度或意见。子量表中的形容词要求具有明显的语意差异,由淡到浓、由弱到强排列。量表的态度级别可以使用中性态度,也可不设计中性态度。

该量表以分数进行统计,设计时可以采用 1、2、3… 顺序分数,也可以采用 -3、-2、-1、0、1、2… 的正负计分。量表既注重总和得分,也注重单项得分,单项得分统计对于两个或两个以上调查对象的比较很重要。

在市场调查中,语义差异量表已被广泛地用于比较品牌、产品和公司形象,广告和推销战略的发展及新产品开发的研究。

如,对于您购车的 4S 店提供的服务,您的看法是:

	-3	-2	-1	0	1	2	3	
不可靠的	□	□	□	□	□	□	□	可靠的
不用心的	□	□	□	□	□	□	□	用心的
冰冷的	□	□	□	□	□	□	□	热情的
落后的	□	□	□	□	□	□	□	现代的

语意差别量表的优点:可以清楚、有效地描绘形象;可以同时测量几个对象的形象;可以将整个形象轮廓进行比较。

案例 2-5

某汽车公司想了解潜在购买者对该公司甲品牌与其他两个竞争品牌,乙品牌和丙品牌的态度,采用语义差异量表进行调查,调查结果统计见量表。图1量表中是对甲乙丙三个品牌每项态度的累计平均得分,从表中可以看出消费者对三个品牌的认识程度,同时,也能清楚地看出,三个品牌在潜在消费者心目中的差别。计算得分是还可以用累计分值对比。

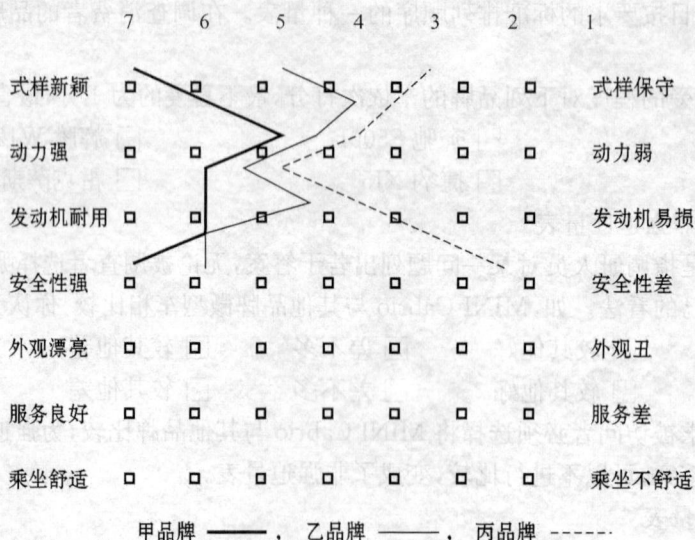

甲品牌 ——— , 乙品牌 ——— , 丙品牌 ------

图1　甲乙丙汽车品牌语义差异平均分统计量表

5) 定格评分量表

主要用于测量人们对某一项目重要性的评述。与语意差别量表的区别是只用单极词。每格的分值从1分、2分依次升高。如,用定格评分量表了解汽车销售服务情况。

表 2-6　定格评分量表

	不重要	有些重要	相当重要	非常重要
服务周到				
店址便利				
介绍清楚				
环境良好				
接待热情				
提车速度快				

除了以上直接量表外,还有其他多种形式的量表,如,固定总分量表、比较量表、排序量表、图示法等,设计时可以灵活运用。

案例 2-6

多种量表形式

1. 固定总分量表

您购买车的用途所占比重分别为多少?(总合为100%)

A. 载货(　　)%　　　　　B. 营运载人(　　)%　　　　C. 公司业务(　　)%

D. 上下班代步(　　)%　　E. 旅游(　　)%　　　　　　F. 其他(　　)%

2. 比较量表

每一组有两个汽车品牌,假使你必须在两个之中做选择,你比较喜欢哪一个?

①福克斯　　　　　②朗动　高尔夫　　　③朗动　凯越　　　④朗动　卡罗拉

⑤福克斯　高尔夫　⑥福克斯　凯越　　　⑦福克斯　卡罗拉　⑧高尔夫　凯越

⑨高尔夫　卡罗拉　⑩凯越　卡罗拉

3. 排序量表

按你喜欢的程度给下列品牌排序。

A. 福克斯____　　　　　B. 凯越____　　　　　　C. 卡罗拉____

D. 高尔夫____　　　　　E. 朗动____

4. 图示量表

对为您服务的销售环境进行评价。

资料 2-2

中国质量协会发布了 2013 年中国汽车行业用户满意度(CACSI)测评结果

调查车型范围

本调查调查主要以轿车为主,同时包括了城市多功能运动车(SUV)、商务旅行车(MPV)、微型车等其他乘用车类别,测评对象为 2013 年销量较大的 138 个品牌车型,涉及全国 42 个汽车生产企业、51 个主流汽车品牌。

调查区域范围

调查范围为华北、东北、华东、华中、华南、西南、西北等七大市场区域的 48 个主要城市。调查由卓越用户满意度测评中心组织实施。调查时间为 2013 年 4 月 8 日至 8 月 20 日,调查方式为面访调查,被访者为使用汽车 2 至 6 个月、12 至 24 个月和 2~4 个月的汽车用户,分别探测汽车用户对产品质量、售后服务和销售服务的满意度。

评测标准

测评指标体系按五个维度构建,包括总体满意度,设计、性能评价,质量可靠性评价,售后服务评价和销售服务评价。

调查结果

自 2002 年实施测评以来中国汽车满意度水平首次出现同比下降。2013 年我国汽车行业用户满意度指数(CACSI)为 79 分(满分 100 分)同比下降 1 分。在 138 个测评的车型中,满意度指数同比下降的车型有 79 个。同时,自主品牌满意度指数 75 分,同比下降 2.6%;合资品牌 80 分,同比下降 2.4%。各品牌售后服务满意度评测结果如下:

2013 年中国各品牌售后服务满意度排行榜

分类	汽车品牌	售后服务满意度	分类	汽车品牌	售后服务满意度
豪华品牌	雷克萨斯	85	合资品牌	长安铃木	75
	奔驰	84		上海通用五菱宝骏	79
	宝马	84		上汽荣威	78
	奥迪	83		吉利全球鹰	78
合资品牌	广汽丰田	79	自主品牌	江淮	77
	上海大众	79		力帆	77
	长安福特	79		比亚迪	76
	东风标致	79		东风风行	76
	一汽丰田	78		长城汽车	76
	北京现代	78		奇瑞	76
	东风悦达起亚	78		海马	76
	一汽大众	78		长安乘用车	75
	东风日产	78		华晨中华	75
	东风本田	77		吉利帝豪	75
	上海通用雪佛兰	77		吉利英伦	75
	东风雪铁龙	77		长安微客	74
	上海通用别克	77		上汽通用五菱	74
	广汽本田	76		天津一汽	74
	上海大众斯柯达	76		东风小康	73

资料来源：http://www.caq.org.cn/html/cse_news/2013-9/27/174215.shtml

2. 间接量表

间接量表与直接量表相比设计难度大，获取的信息量多。间接量表可以设计成为独立问卷使用，也可以设计成问卷的一部分。

这里重点介绍李克特量表。李克特是美国社会心理学家，态度测量时将属于同一概念的项目以陈述句形式列出，测量每位受访者对它们的态度反应（同意程度），用加总方式计分。李克特量表属于评分加总式量表最常用的一种，单独或个别项目无意义。

1）李克特量表的设计过程

（1）选有利和不利态度的陈述语句，数目不一定相同，每语句态度强度可分成 5 类（3、7、9 等），如十分同意、同意、不能确定、不同意、十分不同意，被访问者若赞成问题的说法则选同意，不赞同选不同意，也可以中立态度。每个态度对应有分值，如有利态度语句为 5～1，不利态度为 1～5。

（2）同一语句可以设置有利和不利两种态度以减少误差。如：①加入 WTO 后中国汽车企业在世界范围内会更有竞争力。可以再设置一条②加入 WTO 后中国汽车企业在世界范围内会更缺乏竞争力。

（3）语句数目约 50～100 条。

（4）进行试用调查，统计每个题的分辨力，去掉分辨力低的态度语句。

（5）确定最终组成量表的题目。

分辨力的计算：

分辨力低的语句难以分辨出被访问者的态度，因此，对试用调查情况进行统计分析，主要是检验问题设计的情况，判断分辨力数值，删除分辨力不高的问题，保留分辨力程度较高的问题。可以反复修改再试调查，直到完成正式量表。每个问题的分辨力计算过程如下：

① 计算该题总得分最高的 25% 的被测者在该题得分的平均值。

② 计算该题总得分最低的 25% 的被测者在该题得分的平均值。

③ 分辨力＝①－②。

④ 分辨力值小于 1 的说明题目辨别态度不明显，不可用。

李克特量表可大致上区分个体之间态度高低，比同样长度的量表具有更高的信度。缺点是无法进一步描述个体之间的态度结构差异。

2）瑟斯顿量表

1929 年由 L. L. 瑟斯顿及其同事 E. J. 蔡夫于提出的。具体操作如下：

（1）需要搜集一系列有关所研究态度的陈述 100 条以上。

（2）邀请 20 人以上的评判者，将这些态度陈述按最不赞同→最赞同方向分为若干类，如 9 类。

（3）参加态度测量的人在这些陈述中标注他所同意的陈述，即是他在这一问题上的态度分数。

（4）计算出每条语句被归在这 9 类中次数分布，保留次数分布多的语句。

（5）计算各保留语句的中位数，按中位数归类，如中位数是 8，则该态度语句归到第 8 类。

（6）经筛选、淘汰，形成一套约 20 条意义明确的陈述，将这些语句混合排列，即得到所谓的瑟斯顿量表。

该量表能有效区分被访者的态度差异，但由于瑟斯顿量表设计时费时和不方便，方法比较复杂，目前使用不多。

案例 2-7

SSI 和 CSI

J. D. Power 在美国最初因为其在汽车行业的业务而广为人知，亚洲太平洋公司在东京，2005 年 1 月在中国上海开设了办事处。

J. D. Power 在中国调研用户对汽车服务质量的满意度，主要从两大方面进行调查，包括：销售满意度（SSI）和售后满意度（CSI），图 1 和图 2 是 J. D. Power 在调

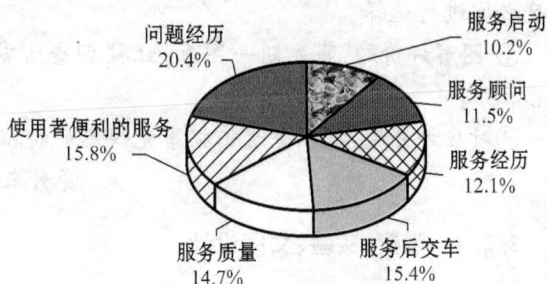

图 1　CSI 评价七大环节图

查中售满意度(SSI)和售后满意度(CSI)包含的具体项目。

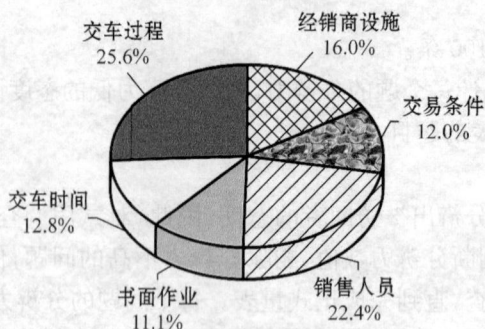

图2　SSI评价六大因子图

案例 2-8

设计问卷调查

设计问卷题型的方法

问卷的题型是从内容的角度设计的,设置问卷题型的方法则是从手法的角度设计的。以下可供参考:

(1)利用次序的前后来决定回答者对于问题的偏好程度。

(2)利用不同的等级来划分一个人对于事情所抱的态度。例如:使用1~5种程度或者可能性或者频率等等来评价产品、品牌等。

(3)问卷题目可以设计多种类型。

① 回想:测验品牌名称、公司名称以及有关广告对被调查者的印象程度时,可以让被调查者根据记忆进行回答。

② 再确认题:事先提示某种线索,如图画、照片、文字、名称等,请被调查者回忆确认。

③ 配合题:给出两类提示物,请被调查者找出提示物之间的对应关系。

④ 比较题:让被调查者对几种产品的品牌、商标、广告等,根据喜欢程度的不同进行比较选择。

⑤ 倾向程度题:在调查态度、意见时经常使用,对于某产品连续进行询问,以了解被调查者从消费一种品牌的商品转变为消费另一种品牌商品的态度差别。

⑥ 数值尺度题:对调查对象的某种属性进行顺序分类,被调查者可以在满意和不满意的量度之间进行选择。

⑦ 图解评价题:事先划一图表,让被调查者就其主观感觉在上面划符号,表明其评价的内容。

⑧对应评分题:被调查者依据事先规定的特征,在评分表上表明自己的看法。

资料来源:51调查网.http://www.51diaocha.com

2.2.4　观察、实验、文案设计

调查中常常多种调查方法并用,因此,调查的设计除了进行样本量设计和问卷设计之外,还涉及到文案、观察、实验、定题访问等,这些也需要在调查实施之前进行设计,以便更有效地完成调查任务。设计依据调查目的、调查方案中调查内容,考虑调查的资金、时间、人员情况及

调查条件等。观察、实验调查设计要有时间、地点、内容、使用工具、调查对象、调查条件等,要能够指导调查实施。该部分具体内容请参考任务三至任务五。

任务回顾

1. 调查设计是汽车市场调查实施前的一个重要环节,从抽样设计、问卷设计、观察设计、实验设计到文案设计。

2. 态度测量是问卷设计中常用的技术,特别是在进行消费者态度、行为调查时广泛运用。

3. 文案调查也是消费者常用的调查方法。

4. 观察、访问、实验包括抽样、问卷按设计实施调查,做到有计划、有监督,更好地完成调查项目。

任务实施步骤

(一) 任务要求

完成汽车消费市场调查的设计,以书面形式提交调查问卷,文案、观察等设计。

(二) 调查设计的基本步骤

(1) 在调查方案的基础上,明确调查目的、调查内容。

(2) 样本量按要求确定。问卷按照问卷设计程序设计。设计时考虑调查项目的不同,合理应用问卷设计及态度测量技术。

(3) 观察、实验调查设计要有时间、地点、内容、使用工具、调查对象、调查条件等,要能够指导调查实施。

思考与训练

1. 抽样调查的一般程序是什么?

2. 抽样技术都有哪些? 抽样过程怎样?

3. 简述分层随机抽样和分群随机抽样的区别?

4. 什么是抽样误差? 如何控制?

5. 必要样本数目的影响因素有哪些?

6. 请针对某品牌汽车售后满意度设计不少于 7 种类型的态度问句。

7. 模拟实践训练:以本校为调查抽样框,调查家用轿车的售后满意度,按调查总体的 20% 抽样,分别采用简单随机、分层随机、分群随机、系统抽样进行样本抽取,请分别设计抽样过程及样本量。

8. 收集一些有关汽车消费者满意度方面的问卷问题,将这些问题汇总,看看都有哪些类型的态度问句? 参考收集的问句类型你还能设计出哪些类型的态度测量问句?

9. 从全班同学中抽取 15 名担当大众的"神秘顾客",试着用 Excel 进行简单随机和系统抽样,要求学号和姓名对应。

？ 拓展提高

案例1

满意度调查的问卷设计

下图是新华信进行的汽车消费者满意度研究体系,请利用这个体系,针对北京地区的汽车消费者进行满意度调查的问卷设计,要求问卷问题形式尽可能多样,保证被调查者问卷的答题时间不超过30分钟。

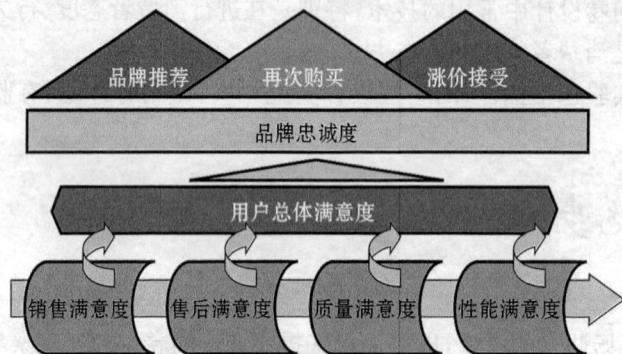

图　新华信进行的汽车消费者满意度研究体系

案例2

J. D. Power 中国售后服务满意度调查解析

J. D. Power 发布2013年中国售后服务满意度。研究结果:奥迪和东风标致分别名列豪华车品牌和主流车品牌售后服务满意度第一。豪华车品牌中,宝马以及凯迪拉克分别以873分以及872分,屈居第二位、第三位。主流车品牌中,位列第2～5位的分别为:广汽本田、东风雪铁龙、北京现代、东风悦达起亚。

值得关注的是,由于客户对服务体验的期望值不断上升,中国授权经销商售后服务的总体客户满意度在2013年下降了17分。

中国售后服务满意度研究(CSI)已经进入第13个年头。自2006年售后服务满意度逐年显著上升,今年的得分是2012年首次下降之后的第二次下降。J. D. Power 亚太公司分析,2013年行业整体的下滑,包括中国自主品牌、日系品牌和欧系品牌的客户满意度均有下降。在所有品牌原产地分类当中,只有韩系品牌在2013年客户满意度方面取得进步,上升了13分。

对于如何提升消费者满意度,梅博士认为,主要分为内功和服务两项指标,内功主要是指维修技能,这也是企业自足之本;服务指标,包括服务质量和服务态度等的提高。

而对于10月份即将实施的汽车三包,梅松林博士表示:"中国将在10月份正式推行汽车三包政策,支持消费者的修理、更换和退货权利。经销商直接面向客户,处于确保积极的客户体验的第一线。新政策对客户忠诚度以及品牌和经销商盈利能力都带来压力。为尽量消除潜在的不利影响,满足或超越客户需求将变得至关重要。"

资料来源:盖世汽车资讯　http://auto. gasgoo. com/News/2013/08/290427192719863. shtml 修改

问题：(1) 案例中东风标致为主流车品牌售后服务满意度第一,查找资料说明售后服务满
意度都包括哪些内容?

(2) 假设调查你学院汽车消费者的售后满意度,你会设计哪些方面的内容? 请设计
一份调查问卷。

(3) 可以试着设计李克特量表对汽车销售满意度调查。

任务三　调查实施(1)——询问调查

知识目标

- 理解汽车市场调查询问含义和分类。
- 熟悉询问调查的特点和适用条件。

能力目标

- 能实施询问调查。
- 能通过询问调查有效收集所需信息。

技能点

- 询问调查。

知识点

- 问卷调查(电话、留置、邮寄、面访)、访谈调查。

情境描述

汽车市场调查预测一种很常用的方法就是询问法,询问又包括访谈和访问,访问主要是根
据发放问卷的方式不同,又有面访、电话、留置、邮寄调查,选择不同的方式方法,对获取资料的
难易程度、获取资料的多少、资料的质量都有很大影响。

任务剖析

汽车市场调查实施是收集资料的过程。也是为市场调查预测寻找和确定"原材料"。好的
"原材料",加上信息分析,才是生产出高质量产品的保障。调查实施是各种调查方法的具体
实践。

任务载体

市场调查常常选择询问调查,询问调查又有访问和访谈两种方法。问,包含有问有答,事
先要设计好调查表,按调查表收集信息,就有面访、电话、邮寄、留置方式;谈,是交谈。选择不
同的访问方式,对调查表(调查问卷)的设计要求不完全一样,但基本原理和方法相同。

询问是实地调查的方法之一,根据调查设计对访问和抽样的要求,怎样更好地完成调查?
能否在有限的人力、物力、财力,有限的时间中收集调查要求足够的资料?

中国质量协会进行的 2013 年中国汽车行业用户满意度测评,调查时间为 2013 年 4 月 8

日至 8 月 20 日,调查方式为面访调查,被访者为使用汽车 2 至 6 个月、12 至 24 个月和 2~4 个月的汽车用户,探测汽车用户对产品质量、售后服务和销售服务的满意度。请试着采用询问法调查某区域汽车销售满意度。

相关知识

2.3　询问调查法

询问调查法是实地调查中收集第一手资料最常用、最基本的方法。询问调查法是指调查人员将所要调查的事项,以当面、电话或者书面等不同的形式,采用访谈询问或访问的形式向被调查者了解情况,获取所需要的资料的调查方式,也统称为访问调查法。实际应用中,按传递询问内容的方式以及调查者与被调查者接触的方式不同,访问分为面谈调查、电话调查、邮寄调查、留置问卷调查。面谈就是访谈,是根据调查目的或事先设计的谈话提纲,面对面地询问交谈。在汽车市场调查预测实践中,被调查者可能是汽车消费者,也可能是潜在汽车消费者。询问法既可在备有正式问卷的情况下进行,也可在没有问卷的情况下进行。

2.3.1　面谈调查

面谈调查是指调查人员通过与被调查者直接面谈询问有关问题的方法。根据交谈方式不同,可以分为个人访问和集体座谈,面谈可以是一次性,也可是多次。

个人访问是调查者面对面地询问和观察某个被调查者收集信息的方法。集体座谈,也称小组访问,是邀请一定量(一般为 8~10 人)被调查者,由调查者主持提出各种问题,小组围绕调查目标展开讨论,组织者收集信息的方法。适用于无问卷的访问,座谈时间在 1.5~2 小时。集体座谈能在较短的访问时间内收集到许多意见,有利于被调查者相互影响,激发出新的想法和建议。也会出现个别人意见影响小组讨论的现象,导致调查结果出现偏差,主持人的主观影响,影响调查结果精度。此外,收集的信息一般是杂乱无章的,给整理增加工作量。

面谈调查具有直接性、灵活性的特点。面对面交谈可以使调查人员对被调查者进行直接观察,有助于判断被调查者回答问题的实事求是的程度,及可靠程度的判断。调查了解问题的回收率高,可以提高调查结果的可信水平。但面谈调查的费用高,样本量较大时,所用调查时间也较长。调查结果易受调查人员的态度、技术熟练程度等因素的影响,同时也不利于对调查人员的工作进行监督。

2.3.2　电话调查

电话调查是指调查人员借助电话工具向被调查者询问,调查员用一份问卷和一张答案纸、在访问过程中随时记录,了解意见和看法的一种方法。电话调查的优点是费用较低,可以获得高质量的访问样本。

电话调查是目前我国采用的最普遍的调查方法之一,又分为"传统的电话调查"和"计算机辅助电话调查"。

1. 传统的电话调查

传统的电话调查就是事先设计好电话调查的问卷,调查员通过打电话询问的形式获取信息。调查过程中用笔随时记录答案。

2. 计算机辅助电话调查(CATI)

在发达国家,特别是在美国,由于互联网和电话的普及,集中在某一中心地点进行的计算机辅助电话调查比传统的电话调查更普遍。目前在国内调查公司采用计算机辅助电话调查也逐渐增多。

计算机辅助电话调查(Computer-Assisted Telephone Interviewing)简称 CATI。它由计算机、电话和访问员三种资源组成,是使用一份按计算机设计方法设计的问卷,用电话向被调查者进行调查。早在 1970 年美国就出现 CATI 系统进行市场研究和民意调查。1975 年,加州大学将 CATI 应用于教学研究。至今有些发达国家 CATI 访问量已经高达 95%。

在 CATI 中,访问员集中在专门的电话调查房间,在固定的时间内坐在计算机屏幕前,头戴耳麦,读出屏幕上的问卷,利用键盘和鼠标将被访者的回答录入计算机,问卷可以利用大型机、微型机或个人用计算机来设计生成,现场有督导人员进行管理。汽车市场调查的顾客满意度调查、品牌研究、广告效果调查、汽车消费行为调查等都可以应用 CATI 系统实现。

操作流程如图 2-1 所示,主要包括 CATI 准备、调查、监测三个部分,CATI 准备是在确定项目的基础上进行调查设计,即问卷设计并建立数据库和统计系统;CATI 调查时按要求实施电话访问,监测是对调查过程的监督核查,与调查同时进行。

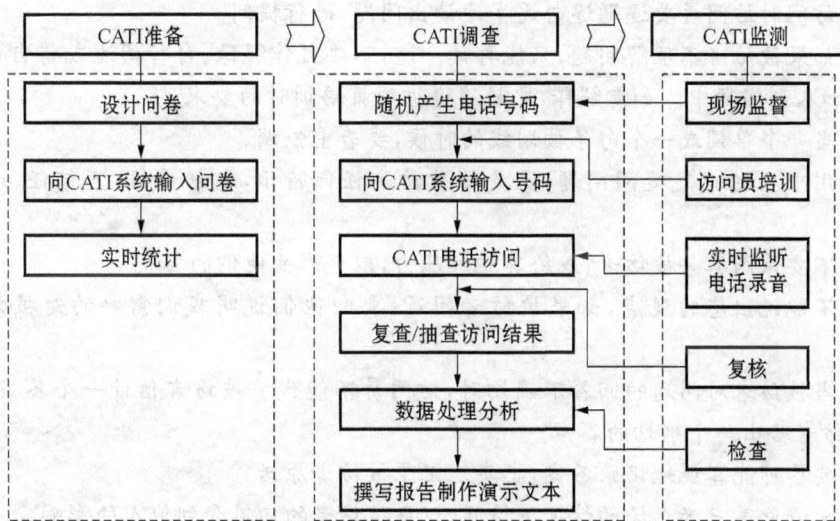

图 2-9　CATI 调查过程示意图

CATI 问卷设计可采用单项选择、多项选择、过滤性问题、半开放性问题等多种形式。调查样本的选择可以采用简单随机抽样、分层随机抽样、配额抽样,按号段、按区域等选择取样本。对于汽车消费者调查,可以利用 4S 店现有客户数据库,抽样调查,也可以采用电话黄页抽样。问卷的编码、数据的录入等过程由计算机统一自动实现。数据收集和结果的阶段性的和最新的报告几乎可以立刻就得到。同时 CATI 的监控高效、全面、透明,无论是话务监控、通话录音,还是监听、监看都在一个独立的计算机上执行,访问过程受到的干扰小。

CATI 调查的优点:

(1) 节省调查时间,提高访谈效率。从抽样、问题选取、形成调查数据库,到数据的统计分析、形成报告以及调查的监控等一系列的过程,是通过访问员操作计算机实现的,大大提高了工作效率。

（2）访问过程简单容易控制。

（3）有效降低调查访问的成本。工作难度降低，访问员培训时间短，易操作，计算机完成度高，无需打印纸面问卷，节省了成本。

（4）访谈结果的整理分析便捷。电脑根据问卷逻辑、已回答问题的答案等自动控制提问，调查数据自动保存、校验、编码，数据分析、统计能够同步进行。

总之，与传统访问相比，CATI速度快、效率高、费用少、更科学、更易于管理、质量更有保障，调查不受地理等因素的限制。

CATI系统也有缺点，主要是获得的信息量相对较少，原因是访问时间较短、问卷内容简单造成；对于比较抽象的测试难以进行，如无法出示图片，复杂的概念难以说明；要求访问员具有较高的沟通技巧，被访者中途拒访后不易完成访问。

CATI调查在汽车及相关市场主要可以应用于顾客满意度、服务质量跟踪、媒体覆盖率和接触率、广告效果、消费习惯和态度研究、产品品牌知名度、市场渗透率等方面的调查。

资料 2-3

CATI访问基本要求

· 访问时访问员要逐题逐句逐字地读出问题，进行提问。

· 如果被访者不理解问题，只能再读一遍，不要自作解释、自行阐述或将自己理解的意思加入到问题中。如需解释，要始终遵循项目培训时的要求。

· 当一个单词或一个句子被划线的时候，要着重强调。

· 用中立的口气提问问题，不要给被访者任何暗示，包括惊讶、不信任、过分同情等。

· 不要试图引导被访者，或给其施加压力，以免影响他们的答案。

· 不能说出您的观点，如果被访者问及，要向他们说明我们需要的是被访者的观点。

· 当被访者对问题的回答不确切时，访问员不能代替被访者估计一个答案，一定要让被访者给出一个确切的答案。

· 要尽可能客观地记录答案，忠实地记录被访者原话。

· 应避免第三者在场的情况下访问，以免被访者的回答受到他人的影响。

· 当得知被访者正在开车时，应立即停止访问并预约下次访问时间。

资料 2-4

CATI访问的应用：

· 顾客满意度调查。

· 服务质量跟踪调查。

· 媒体覆盖率、接触率。

- 居民消费观念和生活形式。
- 广告到达率,广告效果调查。
- 购买与使用习惯。消费习惯、态度研究。
- 产品品牌知名度、市场渗透率和市场占有率。
- 主要委托对象是工商企业、媒体单位和研究机构。

资料来源:盖洛特公司 CATI 中心

2.3.3 邮寄调查

邮寄调查是指指将事先设计好的调查问卷邮寄给调查对象,要求填写后寄回的一种调查方法。采用此调查法的问卷必须简洁,问题明了。

邮寄调查的优点:调查不受调查所在地区的限制,只要通邮的地方,都可选为调查样本,因此调查的空间范围大;按随机原则选定的调查样本,样本的数目可以达到一定数量,发放和回收问卷同时进行,调查时间短,费用支出较少;问卷篇幅可以较长,便于被调查者深入思考或从他人那里寻求帮助,也有充裕的时间来考虑、回答问卷问题;可以避免被调查者可能受到调查人员的倾向性意见的影响;邮寄调查对于一些人们不愿公开讨论而市场决策有很需要的敏感性问题,匿名性较好,便于得到较为真实可靠情况。邮寄调查适用于从那些难以面对面访问的人远离获得信息,包括由于阻碍无法进行面对面访问的人和封闭式社区的居民。邮寄调查的缺点是回收率低、回收时间较迟缓,对被调查者要求较高。

邮寄调查可以通过书籍、与汽车相关的报刊杂志,出版单位比较普遍地采用征订单邮寄的方法了解市场信息、推销商品,汽车企业也开始通过向用户、消费者邮寄调查问卷、订单等方式了解人们对汽车及其相关产品的需求特点。

调查实践中,为提高问卷回收率,请受尊重的权威机构主办,或采用随问卷附上回邮寄信封和邮票的方法,还可以附加些物质奖励,比如给予一定的中奖机会、赠送一些购物优惠券、享受会员待遇等。此外,问卷发出后,发跟踪信、寄明信片、打跟踪电话等也是缩短回收时间,提高回收率的较为有效的方法。

2.3.4 留置调查

留置调查是由调查人员将调查问卷当面交给被调查者,留下问卷并说明填写要求,让被调查者自行填写,再由调查人员定期收回。该方法是一种由被访问者自填问卷式调查方法,介于面谈调查法与邮寄调查法之间的一种调查方法,与面谈调查相比,面谈调查中,调查人员主要是向被调查者询问市场调查内容,留置调查当面交谈可以简单介绍调查的目的要求,并回答涉及调查问卷的一些疑问;与邮寄调查相比,在调查问卷设计方面两者相似,但是留置调查提问方式更为灵活和具体,被调查者有疑问可以直接向调查人员询问。

留置调查可以分为问卷留置调查和产品留置调查。其中产品留置调查是先将测试产品及问卷留置给受访者,由受访者试用产品后填写问卷,访问员在一段时期后取回填好的问卷。在汽车的试乘试驾中或一些服务项目中可采用该方法。

留置调查的优点是调查问卷回收率高,产生的误差小;被访问者填写问卷的时间较充

笔记

裕,便于回忆思考,不受调查人员意见的影响。主要缺点是调查有可能受家人朋友之意见的影响,调查区域的范围有限,由于需要两次往返,调查费用较高,不利于调查人员对活动有效地监督。

资料 2-5

留置访问的注意事项

• 克服时间和信任障碍。与入户访问类似,在留置访问中,访问员也应克服时间障碍和信任障碍,即选择调查对象的空闲时间,注意自身的着装和言行举止,增强调查对象对访问员的心理信任度,保证留置访问的成功率。

• 加大访问前甄别的力度。由于留置访问采取自填问卷的形式,访问员无法对访问过程进行有效控制,因此加大访问前甄别的力度是非常必要的。在甄别的同时,还应安排复核的跟进。另外,为保证回访成功率,可根据实际情况适当加大甄别样本量。

• 对访问员进行培训。为避免因受访者误解题目或不正当操作测试产品而导致测试结果失真的情况出现,应重点对访问员进行有针对性的培训,提高其沟通、交际能力,其中包括问卷题目和产品操作方法的解释能力以及深度沟通能力,以减少由此导致的非抽样误差。

• 对置留过程的控制。在产品或问卷留置过程中,访问员要主动给受访者打电话,询问产品使用情况或问卷填写情况,解答受访者在填写问卷或使用产品过程中的一些疑问,保证访问顺利进行。

• 遵守保密原则。收回的问卷和剩余产品一定要在遵守保密原则的基础上进行处理,这一点连同回收问卷的方法要事先向调查对象交代清楚。一般在发放问卷时要给受访者一个空白信封,让受访者亲自将填写完毕的问卷装进空白信封。或者给受访者一个贴好邮票的回邮信封,要求受访者将填写好的问卷直接寄出。

资料来源:袁岳.零点调查[M].福州:福建人民出版社,2005.

🔍 任务回顾

1. 询问调查是在调查设计的基础上,获取一手资料的方法之一。
2. 按事先设计的调查表收集信息,根据发放方式不同就有面谈、电话、邮寄、留置方式。
3. 汽车销售满意度调查,选择汽车消费者,采用访问和访谈两种方法。问卷调查可以通过邮寄、留置和电话访问,电话调查是调查实践中常用的方法。

⬇ 任务实施步骤

(一) 任务要求

完成某区域汽车销售满意度调查,提交询问调查的过程说明和调查的资料。

（二）调查设计的基本步骤

（1）在访问设计和抽样设计的基础上，明确调查范围和调查对象。

（2）进行面谈、电话调查，记录调查过程和调查结果。

（3）整理调查的成果并提交。

思考与训练

1. 什么是询问调查？包括哪些方法？

2. CATI 的含义是什么？

3. 比较几种询问调查的优缺点。

4. 调查 10 个不同年龄段、不同性别的陌生人，问他们如下 4 个问题，并做记录：

（1）您听到"市场营销"一词，觉得是正面的、负面的还是中性的？

（2）您认为汽车销售都销售什么？

（3）您认为汽车的销售者面对消费者时仅仅是为了更快地卖出汽车吗？是或者不是。

（4）您认为汽车能够传播汽车文化吗？能或者不能？

5. 收集消费者对汽车消费满意度的资料，找出存在的问题，然后试着设计一些汽车消费者关心的问题，与某 4S 店的销售人员面谈，记录面谈结果。

拓展提高

案例

SY 城服务质量调查

买东西总要货比三家，买车亦是如此。除了价格，什么是你最关注的？什么因素会影响你购车的决策？是什么力量推动你去选择钟爱的品牌？

华商晨报在 SY 城市的神秘访客活动从 2012 年开始至今已进行了 7 次，神秘访客暗访调查活动受到了 SY 市多家 4S 店的肯定以及众多消费者的认可，调查内容从经销商服务质量、汽车品牌美誉度、汽车保值率、用车成本四个方面。本次，增加了汽车三包实施情况的调查，让更多的 SY 市消费者和车主了解三包服务，进而提升 SY 城车市的服务质量。

本次调查活动，由华商晨报和 SY 市某调查公司合作，50 余名读者加入神秘访客阵营，利用国庆 7 天长假，对 SY 市 30 家 4S 店进行了秘密调查，力求为消费者呈现客观、真实、详细的调查结果，反映出大家最关注的信息，为购车、用车提供强有力的帮助。

进口品牌服务质量"翻身"，自主品牌仍需努力。

服务质量调查结果显示，在排名前 10 的品牌里，其中 6 家进口品牌、3 家合资品牌，仅有一家自主品牌，在第三季度的抽验中，所有店面的平均分为 72 分。其中进口品牌是唯一一个超过平均分数线的品牌。

在试乘试驾调查中，试乘试驾依然是众品牌的软肋。试驾车少、路况不佳、试驾人员配备少是影响试乘试驾的主要因素。除了以上因素，调查又有新的问题出现，就是售前跟进环节，售前跟进环节主要是在顾客离店 3 天内进行电话回访跟踪，邀请客户预约试驾。可能是受试乘试驾环节的影响售前跟进的问题更加突出，多位神秘访客表示，在进店留了电话以后 3 天内没接到任何电话回访。

调查显示,自主品牌与其他两品牌的主要差距就在于顾客接待,在本报调查的多家自主品牌4S店中,进店顾客接待环节表现不佳,很多神秘访客由于在进店后没人接待而影响了购车心情。

20万元的车年贬值3万左右。

品牌知名度是美誉度的基础,而品牌美誉度是真正反映品牌在消费者心中的价值水准,而这一价值水准也与汽车的保值率息息相关。

对于一款车的好坏只有开过的人才最有发言权,口碑影响其他购车消费者的购买行为,没有良好的美誉度,会直接影响到品牌的销量。因此,多数车企会努力地为自己的品牌宣传,树立良好的品牌形象。

除了神秘访客观察外,还通过网络平台、街坊、电话访问形式共收集有效问卷1 078份。在购车环节消费者主要根据环保、操控方便性、乘坐舒适性、油耗、安全性这几个方面来看某一品牌,如果其中有一至两项不满意的话会直接影响到消费者的购车心情。

在售后方面消费者主要关心售后服务态度和专业度,这也表明出目前消费者在购车用车时的理性需求。综合调查结果来看,德系车依然是最受追捧的品牌。

总体来看,首年品牌保值率在81%~86%附近,2年保值率在74%~79%左右,3年品牌保值率在68%~69%区间以内,4年保值率在60%~64%,5年品牌保值率在54%~60%区间以内。第一年前10名分别是捷达、朗逸、速腾、高尔夫、科鲁兹、RAV4、骐达、威驰、凯美瑞、雅阁。

第二年日系品牌进入前10增多,奔腾B70是进入前10的唯一自主品牌。到了第三年奔驰E级和风行菱智进入前10。过了四五年,德、日、韩系车重新占领前10位置。

燃油费、维修保养费、保险费为用车成本前三甲。

选车时,价格是关键,但随着消费者用车的逐渐理性化,用车成本自然就被推到了风口浪尖。

购车时便宜的价格是决定消费者是否消费的根本,但其他的费用也会随之而来,车辆的油耗、维修、保险等都成了消费者在购车时必问的几个关键点。

尤其是一些车型的维修保养费用很高,给一些车主日后的用车添了不少烦恼,许多消费者表示,4S店缺乏固定模式的收费标准和维修保养模式,使得车辆的维修保养费用不透明,消费者常常在维修保养中感觉缺乏满意。

从综合数据来看,除了豪华轿车油费占的比重较小外,其他车型的燃油费用都在40%~50%左右。而维修保养的费用各类车系几乎差不多,都在5%~10%左右。但在保险的费用方面,豪华品牌车型保险费用占到车价总数的40%左右,其他车型则在10%~20%上下浮动。由此可见燃油费、维修保养费、保险费已经成为了现在汽车后市场消费的三甲。

汽车三包开始"火热"。

历经12年的利益博弈,中国《家用汽车产品修理、更换、退货责任规定》(即"汽车三包政策")终于在2013年10月1日落地,用千呼万唤形容"汽车三包"政策的出台实不为过。

为了更好地争夺市场份额,早在9月初SY城就有多家4S店提前实施汽车三包政策。9月2日,上海通用汽车宣布,自9月1日起购买其旗下别克、雪佛兰和凯迪拉克三大品牌车型的消费者,可提前享受汽车"三包"政策。同日,东风标致官方宣布,自9月1日起实行汽车"三包"政策,该政策适用于该品牌全系车。另外,当日大众(中国)也携手上海大众、一汽大众和大众(中国)销售公司联合宣布,自2013年9月2日起,大众汽车旗下在华乘用车品牌将针对新车用户开始实施"三包"。

汽车三包的出台是为消费者带来实在的保障。

比如家用汽车产品自销售者开具购车发票之日起60日内或者行驶里程3000公里之内(以先到者为准),家用汽车产品出现转向系统失效、制动系统失效、车身开裂或燃油泄漏,消费者选择更换家用汽车产品或退货的,销售者应当负责免费更换或退货。诸如此类的惠及汽车消费者的规定,在维修、更换和退车上还有很多。汽车"三包"政策的实施,需要根据实际应用过程的情况,进行不断地改善与细化。

资料来源:http://www.caq.org.cn/html/news_zlpp/2013-10/10/094459_2.shtml

问题:(1) 案例中都用了哪些调查方法?各有什么特点?

(2) 以"消费者如何看待汽车'三包'"为题进行一手资料收集,并作总结。

任务四 调查实施(2)——文案调查

知识目标

- 掌握文案调查方法的概念及二手资料的收集。

能力目标

- 能有效地收集调查资料。

情境描述

汽车市场供求趋势分析、市场占有率和覆盖率分析、市场现象之间的相关关系分析和对总体参数的估算等,往往收集已有资料,通过分析得出部分结论,文案调查与实地调查相互补充。

任务剖析

文案调查具有方便、省时、费用低、资料多等特征,许多调查项目选择用文案和网络调查,然后根据资料情况结合调查目的再选择用实地调查。文案调查也能为实地调查提供背景资料,能提供关于企业目标市场总体的、一般性的资料。

任务载体

有消息称,通用正在开发结合了自动调整车速和保持车道的半自动驾驶技术"Super Cruise"。国家质检总局网站2013年10月发布消息,美国通用汽车(GM)电气控制和主动安全技术总监约翰·凯普表示:通用"预计在高速公路等汽车专用道路上的半自动驾驶技术可以在2010年代投放市场"。"在汽车专用道路上行驶时,不握方向盘也可以"。凯普表示半自动驾驶技术可以在6年之内实现。

对于自动驾驶技术方面的调查可以采用文案调查法,也可采用网络调查,怎样完成该调查？为消费者提供可以借鉴的知识？

相关知识

2.4　文案调研与网络调查

2.4.1　文案调研

2.4.1.1　文案调研的含义

文案调研法又叫文献调研法、桌面调查法、间接调查法等，是指在充分了解市场调查的目的后，通过搜集各种有关的历史和现实的动态统计资料，摘取现成的数据加以整理、衔接、调整及融合，进行分析、研究获得调研成果的一种调研方法。已经存在并已为某种目的而收集起来的信息是第二手资料，文案调研就是一种获取二手资料的调查分析方法。

文案调研能为实地调查提供背景资料，是实地调查的基础和前道工序，同时也能提供关于企业目标市场的总体的、一般性的资料，当所需的某一个市场的资料有限，现有的可靠文字资料缺少时，文案调研往往是比较有效的调查方法。当需要更深入地了解某一个市场情况时，实地调查仍是必不可少的。

在汽车市场调查预测中，文案调研适用于汽车市场供求趋势分析、市场占有率和覆盖率分析、市场现象之间的相关关系分析和对总体参数的估算，也是为企业内部改革提供依据的方法之一。

2.4.1.2　二手资料来源

文案调研的具有间接性、历史性、继承性，充分利用第二手资料，节省调查费用。二手资料来源如图 2-10，可查阅各种图书、期刊、报告、资料等获得。采集的方法很多，如，直接从汽车相关的文献资料中查询筛选；报刊剪辑、从专业调研机构购买、信息交换、专家咨询、情报联络网等。进行文案调研时，应考虑资料的相关性、时效性、系统性和经济性原则。

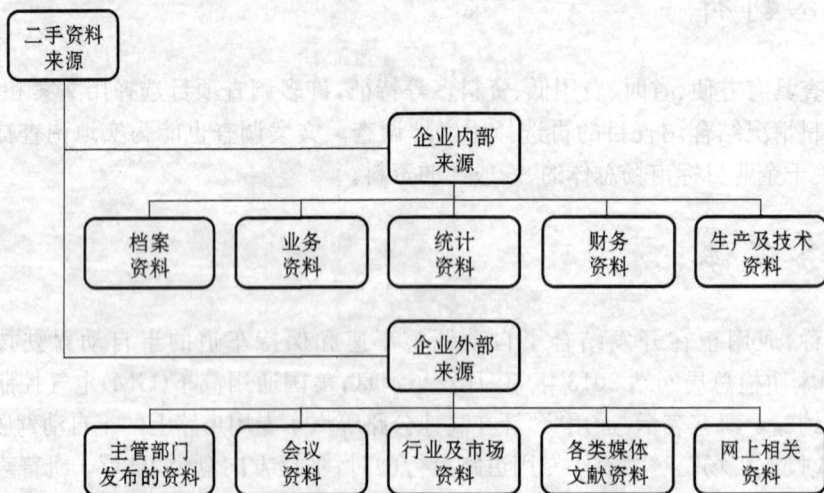

图 2-10　二手资料来源

文案资料来源有企业内部来源和外部来源。

笔记

资料 2-6

下面的情形,是不可用的文案资料

• 调查人员利用网络收集某大型铲车资料,调查时发现该主题的二手数据包含在一个大的类别中,该类别包括所有的工业卡车、拖拉机等,且列出的数据是 4 年前的。

• 调查汽车消费情况时,调查人员采用文案和网络,收集统计某城市年收入超过 12 万的人,但是调查发现,在能够收集的二手数据的分类中,只有有关年收入为 10 万以上的报告资料。

• 某汽车企业想和主要的竞争者比较每辆车平均分摊的广告费用,通过二手资料查询,找到了一部分数据,但对比发现,本企业和竞争对手企业对广告费用的测量标准不同,包含的内容也不一样,如,本企业的广告费用指单纯的广告支出,竞争者的广告费还包括销售现场的宣传促销。

资料 2-7　企业内部资料——顾客资料卡

				日期	
	姓名			日期	
个人信息	公司地址			电话	
	私人地址			电话	
	职业				
	最佳联系时间				
	影响购买的因素				
	特殊兴趣				

购买需求	车型		特殊选装要求	
	信息来源	交易类型	资金来源	竞争对手

当前车辆	品牌	型号		生产年份
		车辆状态	里程	注册日期	牌照号码

补充信息:

交易失败的原因:

汽车销售员:

日期		联系报告	下次联系

资料来源:刘同福.汽车销售精英 3 层境界.北京:机械工业出版社.2009

汽车相关资料渠道来源：

（1）国家统计部门定期发布的统计公报、各类统计年鉴等；

（2）汽车行业协会、营销协会等提供的定期或不定期的信息公报；

（3）国内外有关报刊、杂志、电视及其他大众传播媒介提供的各种形式的直接或者间接的汽车市场信息资料；

（4）各种汽车组织、网站等提供的定期或不定期的统计公告或交流信息；

（5）汽车及相关企业内部的财务资料、业务资料、统计资料、经验总结等档案资料；

（6）国内外与汽车有关的博览会、交易会、展销定货会发放的文件资料，以及各种专业性、学术性会议上发放的文件资料；

（7）与汽车产业有关的政策法规，执法部门的有关经济案例等；

（8）与汽车相关的数据库和电子出版物、国际互联网等；

（9）出版的与汽车相关的书籍、文献、图书馆保存的大量商情资料；

（10）银行的经济调查、专业组织和研究机构的调查报告等等；

（11）互联网资料。互联网上的原始电子信息比其他任何形式存在的信息都更多，这些电子信息里，有很多内容是调查所需要的资料。

在众多的二手资料中，是否都能有效地被利用在调查项目中？可以借助以下6个问题对收集的文案资料进行有效性评估：①原收集信息者是谁？了解资料的专业程度和水平。②当初是出于什么调查目的？了解现有的资料是否全面、精确地满足调研课题的要求。③信息收集的时间？以便考察信息的时效性。④信息收集的方法？获取资料的成本和迅速程度。⑤信息与其他调查结果是否一致？⑥原来关于调查精度的说明怎样？资料的精确性和可信度。明确这些问题后，再针对性地利用。

2.4.1.3　文案调研的步骤和特点

文案调研包括六个步骤：明确调查目的及要求→拟定调查计划→收集二手资料→资料筛选评估→资料整理分析→制作文案调研报告。

文案调研的优点：

（1）信息资料多，不受时空限制。

（2）信息获取较方便、容易，节省时间。

（3）调查的费用低。

（4）内容比较客观，适宜纵向比较。

文案调研的缺点：

（1）局限性。无法收集市场的新情况、新问题。

（2）不可预见性。收集的资料无法直接应用。

（3）间接性。收集的均为前人整理的资料缺乏直观感。

（4）对调查者能力要求较高。

2.4.1.4　文案调研的作用

从文案调研的省时、省力、经济，在汽车市场调查中应用比较广泛。在汽车市场调查预测中，文案调查的作用：

（1）适应汽车市场的多种调查预测；

（2）受控因素较少，节省费用及时间；

（3）在实地调查之前进行；

（4）可协助鉴定实地调查资料的准确性。

2.4.1.5　文案调研报告撰写

汽车市场调研中，如在实地调查之前进行文案调研，则需要写出分析研究报告，如果文案调研不能完成调查预测任务，必须进行实地调查，文案调研作为实地调研的补充或检验，文案调研提供研究结果，报告可以在全部调查的最后阶段统一撰写。文案调研报告要求内容力求简明且与目的高度有关；报告的分析要有理有据、数据确凿、图表精确；保证全部统计信息资料的准确；客观、准确地提出调查结论和对未来事态发展的估计和建议；按照重要程度排列调查结论。调研报告的形式同样有文字和口头报告两种。口头报告应注意内容简明扼要，运用生动的动态资料和浅显的语言来传递信息；适当鼓励质疑并耐心讲解，使调查结果能充分表现；调查结论清晰明了的理解。

2.4.2　网络调查

所谓网络调查是指利用 Internet 技术进行调查的一种方法。网络调查通过互联网及其调查系统把传统的调查分析方法在线化、智能化。网络市场调查最为流行的美国，欧美等国际互联网发达国家，网上市场调查和民意调查已经相当广泛。在我国随着网络市场调查的深度和广度的不断提高，也逐渐成了市场调查的中不可忽视的新兴力量，并有取代传统的入户调查和街头随机访问等的趋势。汽车相关市场网络调查应用在企业内部管理、商品行销、广告和业务推广等商业活动中。

网络调查获取信息的渠道通常有搜索引擎网站、互联网目录服务类网站、集成搜索工具类网站、其他软件工具。搜索引擎是目前使用比较普遍的工具；使用互联网目录服务类网站搜索，有两种方式，一种是先将各种网站按类别进行分组，然后逐步缩小范围，直至找到需要查找的网页，另一种是在主页的搜索栏中直接键入搜索关键词查找；使用集成搜索工具和软件搜索工具则可以直接提交关键词给相应的搜索引擎，多个搜索引擎同时搜索，搜索效率高，找到资料的几率大，节省时间。

2.4.2.1　网络调查的方式

网络调查有两种方式，一是利用互联网直接进行问卷调查等方式收集一手资料，另一种是利用互联网的媒体功能，用互联网收集二手资料。

网络直接调查有以下分类方式：

（1）依据获取资料的直接性，网络调查的有网上直接市场调查、网上间接市场调查。直接调查主要是网上问卷调查和访谈调查；网上间接调查常借助于搜索引擎，以获取二手资料为主。

（2）根据采用调查方法不同，网络直接调查可以分为网上问卷调查、网上实验和网上观察法，常用的是网上问卷调查法；

（3）按照调查者组织调查样本的行为，可以分为主动调查和被动调查。调查者主动组织调查样本，完成统计调查的方法是主动调查。调查者被动地等待调查样本造访，完成统计调查的方是被动调查。

（4）按网上调查采用的技术，网络直接调查可以分为站点法、视讯会议法、电子邮件法和随机 IP 等。站点法是将调查问卷设计成网页形式，附加到一个或几个网站的 web 页上，由测览站点的用户在线回答调查问题。站点法是目前网上调查的基本和主要的方法,属于被动调查。电子邮件法是将问卷以电子邮件的形式发给一些特定的网上用户,由用户填写后以电子邮件的形式再反馈给调查者的调查方法。视讯会议法这是将分散在不同地域的被调查者通过互联网视讯会议功能虚拟地组织起来,在主持人的引导下讨论调查问题的调查方法,是基于web 的计算机辅助访问(Computer Assisted Web Interviewing,CAWI),属于主动调查。该方法适合于对关键问题的调查研究。

网络调查与实地调查一样,也涉及到抽样,抽样通常将完整的 E-mail 地址清单、IP 地址列表作为样本框,以随机的方式选取样本,属于主动调查。利用 E-mail 地址和 IP 地址随机抽样调查,可以简单随机抽样,也可以依据一定的标志分层抽样和分段抽样。若样本框代表性强,调查结果可以用来推论研究总体,网络抽样调查具有邮件传送时效性高的优点。适用于汽车消费行为模式、消费规模、网络广告效果、网上消费者消费心理特征的研究。

此外还有焦点团体座谈法、Internet phone 法、OICQ 网络寻呼机法或在聊天室或其他交流平台选择网民进行调查,在 BBS 电子公告牌上发布调查信息,或采取 IRC 网络实时交谈等方式。

2.4.2.2　网络调查的特点

网络调查充分利用 Internet 作为信息沟通渠道,既可以使用传统的调查手段和方法,又有独特的优势和传统调查不具备的特点。

1. 突破时空限制

这是网络调查所独有的优势,不受区域制约和时间制约。只要有网络,调查可以 24 小时全天候进行,同时,无论国内还是国外调查都可以在同一时间实现。

2. 及时、共享

传统的市场调查周期一般都较长,网络利用覆盖全球的 Internet 的优势进行调查,与传统的调查相比,大大缩短了调查的时间,利用网络的开放性,任何网民都可以进行投票和查看结果,有的甚至可以马上查看到阶段性的调查结果,增强了网民的参与感,提高调查的满意度,实现了信息的全面共享,也提高了网络调查的时效性。

3. 可靠、客观性

通过 web 或电子邮件方式进行调查,调查结果均由感兴趣的参与者自己填写,是在完全独立思考的环境下接受调查,不会受到其他外在因素的误导和干预,所以既能保持其真实性,又能提高调查结果的客观性。但网络调查的问卷的收回率,取决于被调查者对调查项目的兴趣。汽车市场的网络调查,参与者大多符合完全自愿原则,调查的针对性更强,因此问卷填写信息可靠、调查结论客观。

4. 交互性和充分性

实施网络调查时,被调查者可以及时就问卷相关问题提出自己更多看法和建议,体现了网络的交互性和充分性,有助于减少因问卷设计不合理而导致调查结论出现偏差。

5. 便捷、低费用

网络调查的信息采集过程和数据录入节约了问卷印刷、数据采集和录入、信息检验和信息处理等繁重、关键过程,调查是分布于众多网上用户在终端上完成的,信息收集录入等工作也是由计算机自动完成,既不需要调查人员,又无需人员值守,减少大量的人工成本。其他方面的成本,也是在调查的初期,要组织核对 E-mail 地址、创建调查网页与数据库等方面的费用,而调查实施期间,应有的附加成本、接触成本以及数据分析处理方面的费用大大降低,节省了传统调查中耗费的大量人力和物力。

6. 统计准确、可控制

网络调查中被调查者直接通过 Internet 将信息以给定的电子格式输人数据库,省去了额外的编码数据录入环节,减少了数据录入过程中的遗漏或偏误,在统计软件的配合下,短时间内自动完成标准化的统计分析工作,计算机的软硬件配合使用,可以有效地对采集信息的质量实施系统的检验和控制。

7. 调查对象受限

网络调查的参与者首先是网络用户,网络使用群体收入、学历相对高,且以城镇为主,难以真正代表汽车消费者。调查结果大多反映网民中对特定问题有兴趣的"舆论积极分子"的意见。

网络调查在弥补传统实地调查不足的基础上,也有其新的不足之处:

(1) 网络的安全性问题。

(2) 企业和消费者对网络调研缺乏认识和了解。消费者作为重要的调研对象,他们对市场调研和网络技术的不理解、不信任将直接影响网络调研的实际运用效果。

(3) 网络调查的技术有待完善。网络调查软件发展还有待于完善,能熟练地运用网络技术、调查实践经验强的专业网络人员缺乏,给网络调查的运用带来很大难度。

(4) 网络普及大多存在于经济较发达区域,网络使用者具有局限性,拒访现象的大量存在等原因,使得网络调查的适用范围,调研结果的科学性和客观性受到影响。

(5) 参与网络调查者缺少压力和责任,容易导致回答问题上的随意性,出现回答不完整、重复回答、也可能出现故弄虚假的现象,这些在数据处理中很难剔除。

因此,有效的、可靠的网络直接调查还需要进一步从技术上、方法上和控制上完善。

2.4.2.3　网上直接调查时应注意的问题

(1) 注意监控信息采集的质量。

(2) 区分调查对象的角色。网络调查对象可能是汽车及相关产品直接的购买者、提议者、使用者,对他们进行具体的角色分析。

(3) 尽可能答谢被调查者。

(4) 网上直接调查的局限性。

案例 2-9

捷达电动自行车市场的调查

捷达公司原来是一家自行车生产厂家,近年来开始转向电动自行车的生产,并具备一定的研发能力和生产能力,为了降低经营风险,提高竞争力,在进入某地区市场前,捷达公司在对消费者和经销商调查前,首先通过二手资料调查法摸清了该地区电动自行车的市场规模、市场容量、市场增长潜力、竞争对手情况等信息。

项目分析:二手资料调查是重要的信息来源,为某些营销决策的制订奠定基础,常被作为市场调查的首选方式,几乎所有的市场调查工作都开始于二手资料的收集。

本案中与调查主题相关可以通过二手资料调查收集的内容有:

(1) 该地区经济发展趋势和基本情况,居民可支配收入情况;

(2) 该地区社会发展趋势:年龄结构、婚姻状况、职业分布、城市发展和市中心向外迁徙等方面呈现的趋势；

（3）该地区有关机动车和非机动车行业发展政策、对电动自行车安全性方面的规定、电动自行车的经营惯例；

（4）电动自行车的主要技术指标、生产要求、能够满足消费者需求的主要方式；

（5）该地区市政道路基本情况；城市公共交通状况；

（6）该地区市场的总体规模、市场潜量和市场增长率；

（7）该地区人口分布基本情况和市内几个区的人口分布情况；

（8）该地区市场摩托车、燃油助力车、自行车、汽车的保有量情况；

（9）该地区市场电动自行车生产企业和主要产品情况。

根据二手资料调查程序，本案调查程序为：

① 分析调查背景和目的。

② 列出调查项目。

③ 列出调查内容。

④ 选择二手资料调查数据来源渠道。

⑤ 评估和筛选二手资料。

⑥ 撰写二手资料调查报告。

按照二手资料的数据来源于企业内部资料和企业外部。本案例中捷达公司调查人员首先在企业的各个业务部门（销售部门、市场部、财务部、仓库、代理商等处）查找捷达公司内部资料：

（1）捷达公司的业务资料：客户订货单、进货单、合同文本、发票、销售记录、应收应付款、产品利润结构和地区利润结构等。

（2）捷达公司的统计资料：公司的各种统计报表、生产、销售、库存等各种数据资料、统计分析资料。

（3）捷达公司的财务资料：财务部门提供的各种财务、会计核算和分析资料，包括成本、价格、经营利润等。

（4）捷达公司积累的其他资料：公司的各种调查报告、总结、顾客意见与建议、简报、录像等。

调查人员查找的外部资料主要是：

（1）查找该地区统计局、财政局、市计经委、工商局、税务局、各大银行公布的信息资料，并登陆相关网站，获取最新数据。

（2）在该地区各大媒体上（报刊、杂志、电台、广播、网络）关注电动自行车市场信息栏目和商业评论栏目。

（3）该地区及周边市场的各种市场调查机构提供的市场信息。

（4）该地区图书馆、档案存档的各种电动自行车的商情资料、技术发展资料、研究机构的各种调查报告、论文集等。

（5）该地区企业名录查找电动自行车生产和零部件供应商企业。

（6）通过"该地区电动自行车协会"了解近几年自行车行业的发展状况，行业的行规、惯例等。尽可能查询更多的信息资料，如年销售量等。

（7）通过近几年的《该地区市政府工作报告》及《该地区统计公报》了解该地区近几年的经

济发展状况,特别是与自行车生产相关的制造业数据。在《统计年鉴》中查询该地区"电动自行车"年产量、产值等。

（8）在互联网上查找电动自行车企业,了解各企业生产规模、技术力量、产品类型等。

（9）通过"中国质量技术监督局"网站了解"电动自行车"质量技术标准。重点了解电动自行车的车速、发动机、车架组合的抗振动强度、制动距离标准部分。

捷达公司通过二手资料调查获取了大量信息,有宏观信息,也有微观信息,既经济,又节省了时间、人力,按调查要求,再补充一部分实地调查调查资料,以完善该调查项目。

资料来源:郑聪玲.市场研究与分析[M].杭州:浙江大学出版社.2011.

任务回顾

1. 文案调查是一种比较方便的调查方法,获取的是二手资料。
2. 文案调查适合宏观环境分析,历史和现实的动态统计分析。
3. 随着互联网的普及,网络调查成为了继电话调查之后,又一使用较为广泛的调查方法。
4. 网络调查有取代传统的入户调查和街头随机访问等的趋势。

任务实施步骤

（一）任务要求
完成"汽车自动驾驶技术的调查"文案和网络调查,写出调查总结报告。

（二）任务实施的步骤
（1）明确调查目的,在调查设计的基础上确定收集资料的内容。
（2）选择收集资料的方法。
（3）资料收集。
（4）整理资料并分析。
（5）写出文案报告。

思考与训练

1. 文案调查的概念及特点。
2. 网络调查获取信息的渠道有哪些?
3. 网络调查的优缺点有哪些?
4. 二手资料与询问调查获取的资料有什么不同?
5. 假设你在汽车代理公司进行竞争对手信息收集工作,你认为需要获得的信息有哪些?这些信息的来源怎样? 可采用哪些方法获取这些信息?
6. 某汽车企业想通过文案调查,了解竞争对手家用轿车的市场行情,有哪些渠道可以收集这方面的信息?
7. 请选择一个自有汽车品牌,通过文案调研,为其生存出谋划策。
8. 文案调查训练项目:

笔记

2010年宝马将"驾驶愉悦"提升至"BMW之悦",目的是为让消费者在驾驶中充分体验宝马的品牌魅力。2013年,宝马将启动"政务品牌汽车的上市计划",开发和拓宽在中国区的市场,在项目正式启动之前,必须进行详细地调查和分析。

以小组为单位,利用网络搜索资料,对汽车的宏观环境调查分析,主要调查分析宝马、通用、大众、奔驰、奥迪五大品牌的企业内部环境、外部环境、竞争对手、营销渠道、客户群的划分、产品定位,形成文案调查报告。

❓ 拓展提高

案例1

日本某公司的文案调研

日本某公司进入美国市场前,通过查阅美国有关法律和规定得知,美国为了保护本国工业,规定美国政府收到外国公司商品报价单,一律无条件提高价格50%。而美国法律中规定,本国商品的定义是"一件商品,美国制造的零件所含价值必须达到这件商品价值50%以上"。这家公司根据这些条款,思谋出一条对策:进入美国公司的产品共有20种零件,在日本生产19种零件,从美国进口1种零件,这1种零件价值最高,其价值超过50%以上,在日本组装后再送到美国销售,就成了美国商品,就可直接与美国厂商竞争。

案例来源:http://wenku.baidu.com/view/4ef82b49561252d380eb6e30.html

问题:(1) 根据案例中的叙述写出日本公司收集的二手资料都有哪些方面。

(2) 如果你来收集这些资料,可能到哪里查找?列出查找清单。

案例2

利用网络、图书馆等资源,从国家统计局、国家机械工业局、中国汽车协会等机构所公布的2009年汽车行业信息中搜集有用的信息,并对该信息进行整理、分析,写成一篇"中国汽车行业2013年竞争状况调查"的报告。

任务五　调查实施(3)——观察和实验调查

知识目标

- 理解观察调查、实验调查的概念。
- 掌握观察调查的方法和特点。
- 了解实验调查方法。

能力目标

- 较灵活地运用各种调查方法。

知识点

- 观察调查和实验调查。

能力点

- 各种调查方法的灵活运用。

情境描述

观察调查和实验调查是汽车市场调查预测中获取第一手资料的方法,同样是在调查设计的基础上实施的。观察必须是能观察到并能够从观察的行为中推断出来的信息;观察的行为必须是频繁的、重复的或者可预测的;被调查的是可获得结果的、短期的行为。实验调查主要是对影响市场的因素有目的、有意识地改变或控制,获得这些因素影响下市场现象的变动情况,通过分析认识市场现象的变化规律和本质。

任务剖析

通过观察调查和实验调查可以对汽车市场影响因素深入分析。市场调查实践中常常由"神秘顾客"进行汽车销售服务调查。

任务载体

某汽车品牌对汽车销售环节服务情况调查,聘请神秘顾客参与调查,其中神秘顾客身份背景设计①个人购车,主要在商务场合使用,如,接送客户等;②为公司购车,主要在商务场合使用,如,接送客户等。要求神秘顾客访问前需要了解符合神秘顾客身份背景的一些车型资料,以备访问过程中销售人员询问时回答,此外访问前还需要准备身份证、驾驶证、录音笔、拍照设备、问卷等资料,有些问卷需要访问前熟记。

神秘顾客如何获取汽车销售中的服务情况资料? 哪些方面可以观察和体验? 观察法除了适用于销售服务,还可以应用于哪方面的调查?

相关知识

2.5 汽车市场的观察与实验调研

2.5.1 观察调研

2.5.1.1 观察调查的理解

观察调查法是调查者身临现场,通过耳闻目睹或借助工具,对调查对象进行有针对性的直接观察和记录,取得生动感性第一手资料的调查方法。观察调查凭借着调查人员的直观感觉或利用照相机、摄像机、录音机等器材,观察和记录调查对象的活动或现场事实,被观察者的活动在自然的活动状态下,不受外在因素的影响,被调查者的行为表现出他们的情感或实际感觉,因此取得的资料会更加反映实际。但现场观察记录的往往只限于事物的表面、被观察者的行为,难以了解被调查者内在的动机、态度等思想行为。

观察调查的条件:首先必须是能观察到并能够从观察的行为中推断出来的信息;其次,所观察的行为必须是频繁的、重复的或者可预测的;第三,被调查的是可获得结果的、短期的行为。

2.5.1.2　观察调查的分类

观察法有多种分类形式：

(1) 依对观察对象控制性强弱或观察提纲的详细程度,分为结构观察和无结构观察。

结构观察按照事先制订好的计划进行观察。观察过程标准化,取得的资料比较系统。无结构观察又称为随机观察,通常事先只规定调查的目的和任务,对观察范围和程序不作严格规定,按现场的实际情况和调查目的的要求随机决定观察的内容的观察方法。结构观察事先已经列出观察的内容,调查人员有时会不知不觉地参与意见,很可能对调查结果产生影响。在对调查对象缺乏足够了解是大多采用无结构观察,实施观察时较为灵活,可作为进行更深一步调查的基础。

如果是对调查对象有较多了解,调查对象比较稳定的,适合采用结构式观察;如果对调查对象了解不多,一般采用比较灵活的非结构式观察。

(2) 依观察者是否参与被观察对象的活动,可分为参与观察与非参与观察。

参与观察是指调查者亲身与调查对象在一起,伪装自己原有身份,充当被调查者直接参与活动,参与中要保持着客观态度进行观察,以获得的详实、全面的调查资料的一种方法。非参与观察是调查人员以局外人的身份对调查对象进行观察的方法。

参与观察便于了解现状全貌及产生的原因,调查者受约束多,但由于参与活动,了解资料细致。非参与观察观察者受约束少,了解的表面层次多,无法掌握复杂事物的真实原因或根本原因。

(3) 依调查人员对观察是否控制,观察调查可分为实验观察和非实验观察。

实验观察是调查机构事先人为设计的接近自然的环境中,观察被调查者的行为和举止,也称作设计观察。例如,4S店中挑剔的"神秘顾客",对店内的服务、环境等的观察,或者观察在4S店购车的消费者和销售顾问的行为。非实验观察也称为自然观察,是所有参与的人和物都在自然状况下,无干扰、无控制地进行观察。

(4) 依观察过程中调查人员是否公开身份,可分为公开观察和非公开观察。

被调查者知道调查人员身份的观察为公开观察。公开观察可以有针对性地为调查人员提供所需要的资料,但是,有可能在被观察者表现得不自然,或有意识地改变自己的常态和做法,而影响观察结果。调查人员在观察过程中不暴露自己的身份,不干扰被观察者的状态下观察为非公开观察。神秘顾客就是非公开观察。被调查者能真实地表现自己,观察的结果会更加真实可靠。

神秘顾客是汽车消费者满意度调查的重要方法之一。是由对汽车行业有较深了解的调查者,以普通顾客的身份亲历汽车服务及产品,在真实的消费环境中以专业的视角感知企业与顾客接触的时刻,并将消费经历、感受、评价等,反馈给调查者。由于是以真实顾客的身份去亲历服务,以自身的个性需求、兴趣偏好、主观感受、经历等在真实的服务场景中与服务的提供者产生双向互动,使得调查者体验到的服务更接近于真实的质量水平。一般"神秘顾客"是由经严格培训的访问员和直接在市场招募准顾客再加以培训组成。

资料 2-8

神秘顾客调查技巧

"神秘顾客"要具有良好的心态和心理素质,始终坚持公平、公正、中立的工作态度,始终保持一种普通顾客的心态。由于服务质量是由有形的实物质量、服务设施、服务设备、服务环境和无形的服务劳动构成的,每一部分都是服务质量不可分的。因此"神秘顾客"调查时要遵循"眼看、耳听、用心感受"八字方针,综合考察有形服务和无形服务。

"眼看"就是根据要求的检验指标指标,细心观察销售服务人员服务形象、服务设施等内容;

"耳听"就是倾听销售服务人员在服务过程中的用语、介绍等;

"用心感受":以消费者的角度,感受营业环境和设施,感受销售服务人员的服务意识、态度等。

资料来源:艾力森

资料 2-9

4S 店神秘顾客

4S 店神秘顾客就是假装普通顾客,根据品牌事先提出的要求,去 4S 店暗访,对其店的销售、环境以及专业技术等服务能力作出评测,以达到对 4S 店服务质量的一个真实的检测目的。

4S 店神秘顾客具备的能力:必须具备灵活机敏的反应能力,做到不怯场,对汽车有些许了解,拥有驾驶执照(一年以上);性格开朗大方,对 4S 店服务流程熟悉者最好。

4S 店神秘顾客调查的目的:①汽车厂家为防止下属的各经销商之间进行恶性的价格竞争,而进行的价格调查;②监督检查各个经销商店面的环境及服务情况;③了解竞争对手车型的各种营销状况。

4S 店神秘顾客素质标准:①年龄性别要求;②驾驶技能要求;③汽车知识要求;④工作态度要求;⑤综合素质要求;⑥项目经验要求;⑦经济基础要求;⑧保密要求等。

资料来源:中国神秘顾客网

(5) 依调查人员对所调查情景的介入程度,可分为直接观察和间接观察。

直接观察是调查人员直接加入到所调查的情景之中进行观察。调查人员根据调查目的的需要,对调查的现象直接观察为直接观察,直接观察结果准确性较高。而调查人员不直接介入调查的情景,通过观察与调查对象直接关联的事物来推断调查对象的情况是间接观察。

(6) 依是否使用仪器,可分为人工观察和仪器观察。

人工观察是完全由人员根据调查需要进行观察。机器观察是在一些特定的环境中,借助于机器进行现场观察记录,如,摄像机(头)、录音笔等,在有些情况下可能比人工观察更精确、更容易完成工作。

(7) 按照所取得的资料时间特征,可分为纵向观察和横向观察。

纵向观察又称时间序列观察,就是在对某一事项不同时期进行的连续观察,对一连串观察记录整理分析,便于了解调查对象发展变化的过程和规律。横向观察是在某一特定时间内,对与某事项有关的若干调查对象同时进行观察并记录,以便了解调查对象之间的差异和区别。

2.5.1.3　观察调查的要求和特点

观察调查的要求包括环境要求和人员的要求。

观察环境要求:首先是在观察调查前,需要划定一定的观察范围,也就是观察的内容和空间。其次是在观察中,让消费者在自然的环境中,尽量不使被调查者查觉,以避免调查对象因发觉调查行动而改变原有的行为、状态,影响真实结果。观察调查人员的要求:首先,记录要客观、及时、无遗漏,尽量保持观察的原貌。其次,观察调查者要有敏锐的观察力、准确的判断力、良好的记忆力和周密的思维能力。再次,观察者要把握观察调查的要领,积累经验。

利用观察进行汽车市场调查,是调查人员亲临汽车消费者活动现场,通过体验、观察,收集资料,该调查在汽车消费市场调查中具有许多优点:

(1) 观察能直接获得资料,不需其他中间环节,观的资料比较真实。

(2) 在自然状态下的观察,能获得生动的、比较详细、可靠的资料。

(3) 由于是在调查对象不知情的状态下进行,取得的资料不会受观察对象能力的限制,不依赖观察对象的合作态度。

(4) 观察能捕捉到正在发生的现象,具有及时性的优点。

(5) 观察能搜集到一些无法言表的材料。

观察调查也有其不足:

(1) 观察的结果主要用来说明一些现象和事实,而难以发现其内在的原因和动机。

(2) 观察者的存在有时也可能会影响观察对象的行为,从而影响研究效果。

(3) 受观察者条件、能力的制约,往往会凭借主观的经验和臆测,记录的数据精确度无法检验。

(4) 受时间的限制,某些事件的发生是有一定时间限制的,过了这段时间就不会再发生。

(5) 观察法不适宜于大面积调查。

资料 2-10

福特汽车公司开办一个汽车调查诊所,对公司设计的新车型进行检验。通常采用在预定的路线上试乘试驾方式检验调查。客户在对新汽车原型试驾过程中,派一位经过训练的调查人员坐在驾驶员旁边,记录驾驶人员对汽车的全部反应。驾驶结束后,再给每位参与者一份长达 6 页的调查问卷,主要询问参与者对汽车每一部分优缺点进行评价。收集资料后进行改进。对 1966Probe 的尾灯改进以增强安全性的方案就是在市场调查诊所获得的。

资料改自:郁广健.市场调查与预测 110 方法和实例

2.5.1.4　观察调查的应用

观察调查法适用于表现行为的观察、实际行动和迹象的观察、文字记录的观察、时间的观察等。因此,观察调查也是在汽车市场调查预测中常用的方法,比如,神秘顾客对 4S 店服务的调查、试乘试驾体验观察等。

案例 2-10

丰田公司的美国家庭调研

一个美国家庭住进了一位"落难"的日本客人。奇怪的是,这位"不幸"的客人每天都在记录着什么,原来,他的记录本上详细记录的是这位美国人家生活的各个细节,如,吃什么食物、什么时间看什么电视节目、喝的饮料,甚至饮料的包装等等。一个月后,日本客人走了。不久,丰田汽车推出了针对美国家庭设计的物美价廉的旅行车,如,车内设计了能冷藏并能够安全放置玻璃瓶的柜子,这是因为观察调查到美国的年轻人喜欢喝玻璃瓶而不是纸盒的饮料。由此旅行车大受美国家庭的欢迎。直到此时,丰田公司才在报纸上刊登了公司对美国家庭的研究报告,同时向接纳"不幸"的日本客人的美国家庭道歉,并表示感谢。

案例中应用了简便的观察调查,针对性地真实记录了美国家庭的生活习惯和不同年龄人的特点,为家庭旅行车的设计生产提供了可靠的第一手资料,使得丰田汽车顺利地进入美国市场。

资料 2-11

汽车 4S 店客户服务提升方法

第一种,热线回访(包含短信沟通联系)。4S 店应当以顾客为导向,为顾客提供一条畅通无阻的投诉和反馈渠道,如一汽大众、上海通用、广州本田等,都开设了免费的顾客热线,还增加了网站和电子信箱等渠道,方便与顾客的双向沟通。销售顾问或售后对顾客定期发送慰问短信,也显得很有必要。

第二种,神秘顾客检测(暗访)。聘请第三方神秘顾客检测公司,装扮成顾客,体验他们在本公司或在竞争者公司购车服务过程中发现的优缺点。神秘顾客可以故意提问以试探公司服务人员能否妥当处理,服务是否合格,服务环境是否规范,也可以打电话给公司服务人员,看员工如何处理和接待咨询电话的。

第三种,流失顾客调查分析。对于那些已经停止消费或转向另一个经销商的顾客,通过接触和访问,倾听他们的声音,了解发生这种情况的原因。4S 店不仅要和那些流失的顾客对话,而且必须监控顾客流失率。

第四种,顾客满意度调研。大多数不满意的顾客会转向其他经销商,敏感的 4S 店经销商会用过定期调查,直接测定顾客满意度状况。在收集顾客满意度信息时,询问顾客的消费意愿,衡量顾客是否愿意向其他人推荐本公司及其品牌,即顾客的满意度、忠诚度等。

资料来源:中国神秘顾客网

2.5.2 实验调查

2.5.2.1 实验调查的概念

汽车市场的实验调查是指调查者有目的、有意识地改变或控制一个或几个市场影响因素,记录在这些因素影响下市场现象的变动情况,能够比较清楚地了解事物发展的因果关系,认识市场现象变化的规律和本质。由于市场上的实验对象要受到多种不可控因素的影响,实验结果不可能像自然科学中的试验一样准确,但是,在相似环境下,实验结果可以推断事物的发展变化。例如在实验调查期间,社会再生产过程中生产、分配、交换、消费等任何因素的变化都会不同程度地反映到市场上来,从而影响实验效果。实验调查获取的结果往往是访问调查和观察调查不易做到的。

实验调查可以有控制地分析、观察某些市场现象间的因果关系及其相互影响程度,取得的数据比较客观,具有一定的可信度。在汽车市场调查中,改变汽车外观、调整商品价格、变动广告形式内容、推出新产品、汽车及其相关产品的陈列等,都可以采用实验调查。

汽车市场实验调查的要素组成包括:实验者,即实验活动的主体;实验对象,即实验调查所要了解的对象;实验环境,即要营造出实验对象所处的市场环境;实验活动,即要有所改变市场环境的实践活动;实验检测,就是要在实验过程中对实验对象进行检验和测定,包括实验因素未改变之前对有关对象的事前观察;实验因素发生改变后对有关对象及其变化的事后观察。因此,实验调查适合于因果关系调查。

实验调查的步骤:

(1) 根据汽车市场调查的课题提出研究假设;

(2) 进行实验设计,确定实验方法;

实验设计是调查者进行实验活动、控制实验环境和实验对象的规划方案。

(3) 选择实验对象;

(4) 进行实验;

(5) 分析整理实验资料并做实验检测;

(6) 得出实验调查结论。

资料 2-12

有无 ABS 刹车系统之间差异实验

ABS 最初的研发是应用到飞机与火车上的,1954 年福特汽车公司在林肯车上装用法国航空公司的 ABS 装置,由于当时半导体技术不成熟,ABS 装置几乎都是采用纯机械部件来完成的,不仅工作效率低,而且小问题也多。在 70 年代后期电子产业开始迅猛发展,ABS 系统才得以继续发展。

ABS 系统在车辆上应用始于 20 世纪 50 年代,今天,ABS 几乎已经成为民用汽车的标准配置。ABS"防抱死系统"能够在汽车刹车时保证轮胎的附着力,让驾驶员在刹车的同时也能够正常控制车辆方向,但是有无 ABS 情况下刹车距离的差异呢? 抱着这个疑问,有人专门做了测试。

分别以 60km/h 和 80km/h 速度行驶制动。60km/h 行驶,有 ABS 情况下紧急制动,车辆能够保持在平均 -1g 的刹车减速度,虽然过程多少有波动,但整体 g 值还是比较大的,最终在 15.25m 时完全停止。关闭 ABS 之后紧急制动,车辆马上就进入了车轮抱死状态,车轮完全处于滑移摩擦,汽车平均刹车减速度为 -0.75g,需要 19.56m 才能刹停车辆,最可怕的是还会出现一定程度的偏移。对比 60km/h 车速有 ABS 制动比无 ABS 制动缩了 4.33m,整整少了一个车位。反复实验,以 80km/h 进行全力制动,有 ABS 情况下 26.02m 即可完全静止,且没有轮胎印与偏移现象。无 ABS 的情况虽然在刹车开始出现了 -1.1g 的减速度,但瞬间因为轮胎抱死滑移摩擦下降至平均 -0.75g

的水平,之后完全静止需要 34.86m。对比 80km/h 全力制动,有 ABS 比无 ABS 缩短了 8.84m,有整整两个车位的距离。

经过测试,ABS 系统不仅在刹车时提供轮胎操控能力那么简单,在刹车距离控制方面也有着巨大的作用,比无 ABS 系统平均节省了 30% 的刹车距离,如果是负载的情况下这个差距将会更大。

资料来源:http://www.qc188.com/pcsj/201202/18989.html

2.5.2.2　实验调查的方法

1. 实验调查的方法

根据实验前后市场因素的改变和对实验对象的控制情况,常见的实验调查方法有以下几种:

1) 单一实验组实验前后对比实验

指进行试验之前对正常市场情况进行测量记录,然后改变市场参数再测量记录实验后的情况,对实验前后进行对比得出结论。例如,汽车销售企业已经推出新的车型,想调查该新车型的宣传广告对该型号汽车销售量的影响,假定各地消费者对广告的接受方式和能力相近,选择北京某汽车市场作为实验对象,测定新车型投放广告前在该汽车市场的销售量为 X_1,投放广告之后一段时间内该新车型的销售量为 X_2。

表 2-7　单一实验组前后对比实验模型

	实验组	控制组
事前测量	X_1	无
改变参数	有	无
事后测量	X_2	无

实验效果用 E 表示,则实验效果 E 可表达为:

$$E = X_2 - X_1$$

在调查实践中,为了能更客观的量度实验效果,还可以用相对指标来反映实验效果,相对实验效果用 RE 表示,则投放广告后销售量比原来增加的百分比为:

$$RE = \frac{(X_2 - X_1)}{X_1} \times 100\%$$

通过上述计算,对比销售环境改变前后情况,得出环境改变对销售的影响结论。

该方法简单易行,特别适用于汽车企业改变某些措施是否有利于扩大销售增加利润的实验。

2) 实验组与对照组对比实验

选择同一时间周期,随机抽取两组条件相同或相似的单位作为调查对象,其中一组作实验组,一组作对照组。对照组为非实验组,不参与改变条件,只与实验组作对照比较。实验组进行实验活动,在实验前后分别对两组进行对比得出实验结论。

这种实验方法的变数多,有利于消除实验期间外来因素的影响,可大大提高实验变数的准确性。

表 2-8　实验组与对照组对比实验模型

	实验组	控制组
事前测量	无	无
改变参数	有	无
事后测量	X_2	Y_2

实验效果用 E 表示，则实验效果 E 可表达为：

$$E = X_2 - Y_2$$

在调查实践中，还可以用相对指标来反映实验效果，相对实验效果用 RE 表示，则表示为：

$$RE = \frac{(X_2 - Y_2)}{Y_2} \times 100\%$$

3）有对照组的实验前后对比实验

同一时间内将对照组与实验组进行对比的一种实验调查法。也就是在同一实验期内，实验组按一定实验条件进行试验，对照组按一般情况组织经济活动，对实验组和对照组都进行实验前后对比，再将实验组与对照组进行对比以测定实验的结果，该方法是一种双重对比的实验法。

如，要测定某一种款车内饰改变后的销售情况，可以选择四个区域，A、B 两个区域为实验区域组，C、D 两个区域为对照区域组，首先，在没有改变内饰时测定四个区域的销售量，实验区域组总销售量为 X_1，对照区域组总销售量为 Y_1；改变车的内饰，实验区域组销售改变产品，对照区域组销售原产品。一段时间之后，假设实验区域组总的的销量为 X_2，对照区域组总的销量为了 Y_2。

表 2-9　实验组与对照组前后对比实验模型

	实验组	控制组
事前测量	X_1	Y_1
改变参数	有	无
事后测量	X_2	Y_2

实验效果用 E 表示，则：

$$E = (X_2 - X_1) - (Y_2 - Y_1)$$

对比结果若为正值，则说明内饰改变销售量有增加，若为负值，则内饰改变对销售无效果。同前两种方法一样，也可以用相对实验效果表示。

2. 实验组与对照组的建立

实验组与对照组的建立通常有随机分配法和匹配法。随机分配法是通过随机的方法把一组实验对象分成实验组与对照组，是较为简单有效的一种方法。该方法需要较少的人员预备，具有简便易行的优点；但实验对象数目较少时，难以确保实验组和对照组的情况相同或相近。

匹配法是根据汽车市场研究的目的，使各个有相同特征的实验对象匹配成对，主要是在那些与因变量有关的因素上进行匹配，再分别分配哪些进入实验组与对照组。该方法因两组间有比较相同的特征，对照比较有把握；但需要有许多预备对象以供挑选，未被配对的对象不能参与实验。

2.5.2.3　实验调查的优缺点

实验调查能在汽车市场的现象变化中,直接获取第一手资料,实验活动中能引发某市场现象的发展变化,是其他调查方法不能做到的,有着其他实地调查不具备的优点。第一,汽车市场实验调查最突出的优点是能够积极改变条件揭示甚至确立事物或现象之间的相关关系。实验调查不仅能够说明市场是什么样,还能够说明是什么样的原因。第二,汽车市场实验调查是探索解决汽车的生产和营销中问题的具体途径和方法。第三,市场实验调查具有可重复性,使得实验调查的结论具有较强的说服力和较高的准确性。

实验调查也有其不足,主要表现在:其一,实验对象和实验环境的选择,难以具有充分的代表性,因此,调查的结论总带有一定的特殊性,应用范围很有限。其二,实验效果中往往混杂着非实验因素的影响结果,准确区分和检测实验效果与非实验效果很困难。其三,市场实验调查花费时间比较长、费用较高,对调查者的要求比较高。其四,实验过程不容易控制、实验情况不易保密。其五,竞争对手可能出手破坏实验结果等。

资料 2-13

源自丰田 iQ 的阿斯顿马丁 Cygnet 市场售价 3 万英镑,动力和车身结构与 iQ 毫无区别,外观是阿斯顿马丁的缩小版。有消息称,阿斯顿马丁推出 Cygnet,主要是考虑环保,拉低总体车型二氧化碳排放量。但消费者购买时考虑的可不仅仅是外表。调查发现,已经投放市场的,仅有阿斯顿马丁外观的 Cygnet 并没有被消费者认可,无奈之举,阿斯顿马丁 Cygnet 的经销商推出促销策略:买阿斯顿马丁跑车送 Cygnet 小车。最后,"小小阿斯顿马丁"Cygnet 官方正式宣告停产,这款小车失败了。

🔍 任务回顾

1. 观察调查是获取汽车销售服务资料的有效方法。

2. 对于汽车销售服务调查可以观察展厅环境和陈列、销售人员的接待礼仪、试乘试驾过程、销售人员对产品的介绍、销售人员的销售技巧等。

3. 实验调查需要改变市场环境,需要的时间长,适用部分有针对性的调查。

⬇ 任务实施步骤

(一) 任务要求

试着进行某汽车品牌销售服务的观察调查,并整理观察调查结果。

(二) 任务实施的步骤

(1) 在调查设计的基础上,做好观察调查(实验调查)的各项准备;

(2) 观察调查(实验调查)实施;

(3) 观察调查(实验调查)资料的记录和整理。

思考与训练

1. 简述观察调查和实验调查的优缺点。
2. 简述观察调查的分类。
3. 课下时间选择一家汽车销售场所,观察销售顾问的服务,做详细记录,分析其服务情况。
4. 找至少10个车主作为调查对象,要求收集这10个车主各自车辆的耗油情况,详细记录并分析。
5. 选你熟悉的人,观察其驾车行为并记录分析。

拓展提高

案例

试 乘 试 驾

某4S店,在销售中邀请客户试乘试驾,按规定的路线完成试驾活动后,销售顾问做了如下记录:

客户试乘试驾记录表

客户姓名:	人数:	备注:
试驾开始时间:	结束时间:	销售顾问:
环节流程	关注要点	细节感受
1. 客户对车辆的第一印象	①座位 ②转向盘 ③档位离合 ④转向灯 ⑤后视镜 ⑥门	
2. 客户的感受	①空调温度 ②刮水器 ③喇叭声音 ④收音机、音响效果	
3. 客户对汽车性能的感受	①转向 ②速度 ③档位 ④动力 ⑤减速	
4. 客户的认知感受	①对比车型的比较 ②对操控的评价 ③对乘坐舒适度的评价 ④对动力性能的评价	

问题：(1) 案例中的调查属于哪种调查方法？该调查方法有哪些特点？

(2) 以调查员的身份，试着对上述项目作记录，根据细节感受进行客户对车的满意情况分析。

任务六　汽车市场资料的整理分析

知识目标

• 熟悉资料审计和整理的概念和意义。

• 掌握资料整理的基本方法。

能力目标

• 能按要求审核调查资料。

• 能进行初步的资料分类整理。

• 能对数据资料作出图、表陈示。

技能点

• 资料审核和整理。

知识点

• 调查资料的审核、调查资料的整理分析。

情境描述

对于一个调查项目来说，调查是获取资料，即产品的"原材料"，资料整理和分析是将原材料转化成"产品"必要的程序。按调查方案设计要求完成的二手资料收集和实地调查资料收集，有大量的数据资料，也有非数据资料，面对这些资料，哪些能用？怎样利用这些资料？如何整理和分析这些资料才能为调查预测提供可靠的依据？是关系调查预测质量的重要环节。

任务剖析

汽车市场调查资料的整理和分析，需要把利用各种调查手段收集的资料汇总、审核、整理、分析，也是完成市场调查的关键步骤。就像烹饪，将已有的食材做出色香味俱全的饭菜，就看厨师的厨艺了。

任务载体

杜邦公司创办于 1802 年，是世界上著名的大企业之一。经过近 200 年的发展，杜邦公司今天所经营的产品包括：化纤、医药、石油、汽车制造、煤矿开采、工业化学制品、油漆、炸药、印刷设备，近年来又涉足电子行业，其销售产品达 1800 种之多，多年的研究开发经费达 10 亿美元以上，研究出 1000 种以上的新奇化合物——等于每天有 2 件至 3 件新产品问世，而且每一个月至少从新开发的众多产品中选出一种产品使之商业化。

杜邦公司兴盛 200 年的一个重要原因，就是围绕市场开发产品，并且在世界上最早设立了市场环境"嘹望哨"——经济研究室。1935 年成立的杜邦公司经济研究室,由受过专门培训的经济学家组成,重点研究全国性和世界性的经济发展现状、结构特点及发展趋势,注重调查、分析、预测与本公司产品有关的经济、政治科技、文化等市场动向。

经济研究室除了向总公司领导及有关业务部门做专题报告及口头报告外,还需要解答问题,每月经济研究室都会整理出版两份刊物。一份发给公司的主要供应厂家和客户,报道有关信息和资料;另一份是内部发行,根据内部经营全貌分析存在的问题,提出解决措施,研究短期和长期的战略规划、市场需求量,以及同竞争对手之间的比较性资料。另外每季度还会整理出版一期《经济展望》供总公司领导机构和各部门经理在进行经营决策时参考。

资料来源:http://www.esune.com.cn/yixianguandian/451.html

根据以上材料,分析杜邦公司经济研究室可能应用的是哪些方面资料? 如果你拿到这些资料怎样利用? 什么原因使得杜邦公司经久不衰?

📖 相关知识

2.6　汽车市场资料的整理与分析

2.6.1　汽车市场调查资料的整理

汽车市场调查资料整理是根据市场分析研究的需要,对市场调查获得的大量原始资料进行审核、分组、汇总、列表等,或对二手资料进行再加工以获取汽车市场调查初级产品的工作过程。

资料整理的任务就是使调查获取的汽车市场资料系列化、层次化、综合化,为进一步的分析研究准备数据。

调查资料整理是汽车市场调查中十分必要的环节,利用各种途径收集到的各类信息,特别是第一手资料,大都处于无序状态,难以直接运用,资料的加工整理是必要也是必须的。市场调查资料经过整理,有利于提高信息资料的价值,加上调研人员的智力和创造性思维,使已有的信息交合,进而会产生新的信息,有助于推测和估计市场的未来状态。资料处理还有利于发现工作中的不足。市场调查预测实际上就是按需求生产产品,数据获取是原材料;资料整理是生产的初级产品;分析研究是市场调查预测的最终产品。

资料整理主要包括数据确认、数据处理、数据陈示三方面内容。数据确认是指为确保数据质量,对原始数据或二手资料进行审核,查找问题、采取补救措施。数据处理是对调查资料进行再分类和调整,为资料分析做准备。包括问卷或调查表提供的原始数据,还有二手资料,进行分类和汇总。数据陈示是对加工整理后的数据用统计表、统计图、数据库、数据报告等形式表现出来。

2.6.1.1　资料整理的内容和程序

汽车市场调查资料在资料整理之前也需要编制一个简单方案,以保证资料的整理工作有目的、有计划、有组织地进行。

1. 资料整理的程序

(1) 对原始资料进行审核。审核是保证质量资料真实性、完整性和准确性的第一步。

（2）分组、汇总、综合各个调查项目，是资料整理的关键。

（3）对整理好的资料进行再审核，编制汇总统计表，最好能表示出所调查的经济现象之间的联系。

（4）数据的陈示，可以用表和图的陈示方式。

2. 资料审核的内容

资料审核重点是审核资料的真实性、准确性、完整性。通过审核有助于提高调查工作效率，有利于信息的一致性、客观性、有效性，能有效提高信息质量。

资料的真实性主要审核调查资料的来源是否客观，调查资料本身的真实性，将资料中不实际的、相互矛盾的资料舍去。

资料的准确性主要审核调查资料是否与调查目的相一致，特别是对那些笼统的、含糊不清的、相互矛盾的资料进行重点审核。

资料的完整性主要审核调查资料总体的完整性和各项资料的完整性。

审核中发现问题可以分情况予以处理，发现在调查中出现的问题，并经过认真核实后确认的错误，由调查者更正；若是调查资料有错误或可疑之处，可采取补充调查核查错误或可疑资料；出现错误又无法补充调查的，要剔除，保证资料的真实准确。

3. 资料审核的方法

资料审核的方法主要有利用逻辑和经验判断的逻辑审核，对数据进行计算性的计算性审核，采用一定方式抽样检查的抽样审核。

4. 分组

调查资料的分组就是按一定的标志，将所汽车市场或市场现象区分为不同的类型或组的整理资料的方法。分组可以找出总体内部各个部分之间的差异，深入了解汽车市场的结构、市场现象之间的依存关系。

分组标志的选择可以依据调查研究的目的、研究任务、按反映现象的本质特征、结合现象所处的历史条件和经济状况等选择分组标志。分组标志的选择并不唯一，可以从多角度选择。

资料分组的方法有品质标志分组、数量标志分组。反映被研究市场现象的属性或特性的就是品质标志；反映研究的市场现象的数量特征的就是数量标志。也有按地区标志进行分组的，地区标志是选择事情发生地区差别的标志分组。

如，按汽车企业进行产品宣传的媒体标志分组，分为电视、互联网、报纸杂志、广播等；文化程度标志将汽车消费者分为，大学及大学以上、高中、初中、小学、其他等为品质标志。将汽车消费者按年龄分组，分为 18～28 岁、28～38 岁、38～48 岁、48～58 岁、58 岁以上；按照居民家庭的恩格尔系数标志，恩格尔系数＞60％的为贫困家庭、50％～60％的为温饱家庭、40％～50％的为小康家庭、＜40％的为富裕家庭等为数量标志。

5. 汇总

汇总方法可以是手工汇总，也可以是计算机汇总，目前，大多应用计算机汇总。计算机汇总前对数据进行编码、录入、逻辑检查、汇总计算。有些调查机构采用本公司制作的软件，大多数公司采用成型的统计软件，如 SPSS、SAS、Excel 等。

6. 列表

列表有单因素的简单表和多因素的交叉表。表 2-10 为简单列表，表 2-11 为多因素的交叉表。

表 2-10　消费者购车地选择情况统计表

记录数	被调查者		答案	
	人数/人	频数/%	数量/个	频次/%
A 市 4S 店	265	88.3	265	32.4
A 市综合汽车市场	240	80	240	29.3
B 市 4S 店	112	37.3	112	13.7
B 市综合汽车市场	92	30.7	92	11.2
C 市 4S 店	63	21.0	63	7.7
D 市 4S 店	46	15.3	46	5.6
合计	300	100	818	100

表 2-11　消费者购车地选择交叉分析表

	调查总数		年龄					
			18~35 岁		35~55 岁		>55 岁	
	人数	频数/%	人数	频数/%	人数	频数/%	人数	频数/%
A 市 4S 店	144	48.0	21	32.3	40	48.2	57	37.7
B 市综合汽车市场	146	48.7	43	66.3	40	48.2	40	26.5
不知道/未回答	10	3.3	1	1.5	3	3	3	2.0
总数	300	100%	65	100%	83	100%	151	100%

2.6.1.2　原始资料的整理

这里的原始资料是指调查获取的第一手资料,经由各种调查方法得到的第一手资料杂乱无章,难以准确说明调查问题,原始资料的整理是调查产品形成过程的关键环节。

原始资料整理过程是:对问卷或其他方式获取的第一手资料审核—分组处理—统计汇总—数据陈示(见图 2-11)。

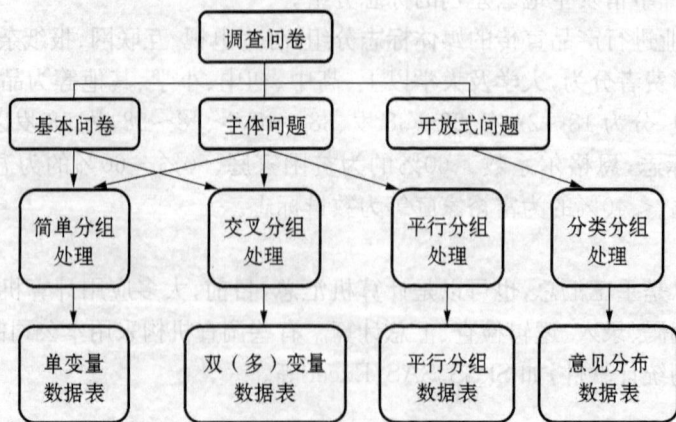

图 2-11　问卷的整理过程

以问卷为例,说明原始资料的整理。审核问卷份数是否达到样本量要求;审核问卷填答的项目是否完整;检查问卷中的项目是否真实、填答是否错误;检查调查访问时间和数据的时效性。

对于没有达到要求的问卷视不同情形作出处理。如,问卷中大量问项无回答的,问卷作废。个别问题大量无回答,可能是问题设计的原因,删除该项提问。个别问题个别无回答,归入"暂未决定"或"其他答案"中。对于回收的问卷中,出现逻辑性错误答案、答非所问的答案,用电话核实或按"不详值"对待;如果检查发现访问员伪造问卷则该问卷作废,并重新派访问员重访。

对于开放式问卷在资料审核之后还需要对问题答案进行编码,以便于下一步的分组和分析。

一般来说,问卷可以分为调查的基本问题、主体问题、开放式问题三个部分,这三个部分整理过程中即可以独立,又可以交叉,整理的目的是使资料有序化、清晰化,把个体特征总和为反应总体规律的总体特征,更好地说明调查目的。

需要注意的是资料分组以品质属性、数量属性、时间属性、空间属性四类。分组时注意分组标志要能反映事物的本质特征。

用下面的例子说明资料的分组和列表:

某市组织了一次样本量为2 000户的居民家庭轿车满意度和购买行为的市场调查,设计的问项是40个,其中基本项目9项、主体项目30项(以下数据为了说明问题,均为虚拟数据),还有一项为开放性问题。问卷项目分布如表2-12所示。

表 2-12　家庭轿车满意度和购买行为的市场调查问卷项目

(一)基本项目	(二)轿车拥有状况	(三)质量与性能满意度项目	(四)售后和需求项目
1. 性别	10. 拥有量	19. 整车造型	31. 销售人员提供的服务
2. 年龄	11. 品牌	20. 车内舒适性	32. 提车环节的服务
3. 文化程度	12. 用途	21. 发动机工作噪声	33. 售后服务人员对用户的关注度
4. 职业	13. 排量	22. 转向操控性能	
5. 所属行业	14. 购买时间	23. 百公里油耗	34. 售后服务人员的态度
6. 家庭人口	15. 购买地点	24. 加速性能	35. 服务投诉处理
7. 就业人口	16. 购买因素	25. 安全装置	36. 对车的再需求
8. 年人均收入	17. 信息渠道	26. 空调工作情况	37. 车型选择
9. 居住城区	18. 价格	27. 手刹制动表现	38. 价位选择
		28. 行李箱的空间	39. 品牌选择
		29. 汽车防盗装置	
		30. 轮胎性能	

1. 属性分组处理

1) 品质属性

品质属性分布可以列出数据表,该表是以被调查者的性别、文化程度、职业、所属行业、拥有品牌等品质属性作为分组标志而形成的简单的列表。如表2-13所示。

表 2-13　某市居民家用轿车拥有品牌分布

品牌	A	B	C	D	E	F	G	合计
拥有量/辆	369	665	775	444	406	261	230	3 150
比重/%	11.7	21.1	24.6	14.1	12.9	8.3	7.3	100.0

2）数量属性

数量属性分布是以被调查者的年龄、收入、消费支出、家庭人口、就业人口等作为分组标志的数据表。有如下两种形式：

（1）单项式变量列表。适应于离散型变量（如家庭人口、就业人口、耐用品拥有量、需求量等数量属性）的分组处理，即直接以变量的不同取值作组别而编制的数量表。如表 2-14 所示。

表 2-14　某市居民家用轿车拥有辆数分布

拥有量/辆	0	1	2	3 辆以上	合计
家庭数/户	300	760	666	274	2 000
比重/%	15.0	38.0	33.3	13.7	100.0

（2）组距式变量列表。适应于连续变量（如年龄、收入、消费支出等）的分组处理，即以变量的不同取值区间作为分组的组别而编制的的数量表，如表 2-15 所示。

表 2-15　某市居民家庭人均年收入分布

组　别	样本户数/户	比重/%
0.5 万以下	180	9.0
0.5~1	220	11.0
1~2	320	16.0
2~3	500	25.0
3~4	360	18.0
4~5	260	13.0
5 万元以上	160	8.0
合　计	2 000	100.0

3）时间属性

时间属性分布是以调查问卷中的一些时间属性的调查项目（如购买时间、需求时间）作为分组标志，对被调查者的时间选项进行分组而形成的时间数据列表。如表 2-16 所示。

表 2-16　某市居民家庭现有轿车购买时间分布

购买年数	1 年	2 年	3 年	4 年	5 年	6 年	6 年以上	合计
轿车数/辆	652	592	551	513	479	310	53	3 150
比重/%	20.7	18.1	17.5	16.3	15.2	9.8	1.7	100.0

4）空间属性

空间属性分布是以调查问卷中的某些具有空间属性的调查项目（如被调查者的居住区域、购买产品的场所等）作为分组标志而形成的空间数据列表。如表 2-17 所示。

表 2-17 某市居民家庭现有轿车购买场所分布

购买场所	汽车综合市场	4S 店	其他途径	二手车市场	合计
家庭/户	547	1 088	17	48	1 700
比重/%	32.2	64.0	1.0	2.8	100.0

2. 平行分组处理

平行分组处理是对总体各单位或样本各单位同时采用两个或两个以上的标志或标准进行平行排列的分组。平行分组也有双变量和多变量的分组。

（1）双变量平行分组是将两个有联系的调查项目按相同选项分组的结果并列在一起而编制的分组列表。如表 2-18 所示。

表 2-18 某市居民家用轿车品牌分布

品牌	A	B	C	D	E	F	G	合计
拥有量/辆	369	665	775	444	406	261	230	3 150
比重/%	11.7	21.1	24.6	14.1	12.9	8.3	7.3	100.0
需求量/辆	103	192	183	140	110	68	52	848
比重/%	12.1	22.6	21.6	16.5	13.0	8.0	6.2	100.0

（2）多变量平行分组是将两个以上有联系的调查项目按相同选项分组的结果并列在一起而编制的平行分组数据列表。常用于产品或服务满意度测评、被调查者态度测量等原始资料的加工开发。如表 2-19 所示。

表 2-19 某市居民家庭轿车满意度测评汇总表

测评项目	很满意	满意	较满意	不满意	很不满意	次数合计
1. 整车造型	261	328	686	340	85	1 700
2. 车内舒适性	272	330	514	386	198	1 700
3. 发动机工作噪音	272	330	514	386	198	1 700
4. 转向操控性能	115	230	680	365	310	1 700
5. 百公里油耗	202	324	860	230	84	1 700
6. 加速性能	212	396	726	285	81	1 700
7. 安全装置	98	283	606	390	323	1 700
8. 空调工作情况	120	286	698	324	272	1 700
9. 手刹制动表现	120	286	695	326	273	1 700
10. 行李箱的空间	388	508	603	131	70	1 700
11. 汽车防盗装置	345	485	560	200	110	1 700
12. 轮胎性能	310	600	402	210	178	1 700

3. 交叉分组处理

交叉分组处理是对总体各单位或样本各单位采用两个或两个以上的标志或调查项目进行

交叉分组。

（1）基本项目之间的交叉分组处理。它是利用反映被调查者基本情况的基本调查项目之间的关联性进行交叉分组处理。如表 2-20 所示。

表 2-20　被调查者性别与文化程度分布

性别 文化程度	男/人	女/人	合计/人
小学以下	6	4	10
初中	210	176	386
高中高职	297	321	618
专科	248	265	513
大学本科	226	177	403
硕士博士	48	22	70
合 计	1 035	965	2 000

（2）基本项目与主体项目之间的交叉分组处理。它是利用问卷中的基本项目与主体项目之间的关联性进行交叉分组处理，用以揭示不同性别、不同年龄、不同行业、不同职业、不同文化程度、不同居住区域、不同家庭人口的被调查者对所要研究的主体项目选项回答的差异性、相关性等深层次的问题。如表 2-21 所示为两变量交叉列表。

表 2-21　某市居民人均年收入与品牌需求交叉分组列表

品牌需求 人均年收入	A	B	C	D	E	F	G	合计
0.5 万以下	—	10	15	8	10	24	18	85
0.5～1 万	4	32	28	18	14	20	16	132
1～2 万	6	60	56	28	18	16	8	192
2～3 万	14	48	43	30	26	4	5	170
3～4 万	26	36	30	25	16	2	3	138
4～5 万	28	4	6	16	14	1	2	71
5 万元以上	25	2	5	15	12	1	—	60
合 计	103	192	183	140	110	68	52	848

（3）三变量交叉列表。如表 2-22 所示。

表 2-22　被调查者对家用轿车服务满意度测评汇总表

态度测评选项	男			女			合计
	大学以下	大学以上	小计	大学以下	大学以上	小计	
很满意	135	116	251	124	40	164	415
较满意	126	48	174	141	95	236	410

（续表）

态度测评选项	男			女			合计
	大学以下	大学以上	小计	大学以下	大学以上	小计	
一般	124	52	176	136	46	182	358
不满意	196	46	242	170	13	183	425
很不满意	180	12	192	195	5	200	392
合计	761	274	1 035	766	199	965	2 000

4. 开放式问题的分类归纳

开放式问题采用"意见分类归纳法"，意见分类归纳法的基本思路和程序如下：

（1）集中所有同一个开放式问题的全部文字性答案，通过阅读、思考和分析，把握被调查者的思想认识。

（2）将被调查者的全部文字性答案，按照其思想认识不同归纳为若干类型，并计算各种类型出现的频数，制成全部答案分布表。

（3）对全部答案分布表中的答案进行挑选归并，确定可以接受的分组数。一般来说，应在符合调查项目的前提下，保留频数多的答案，然后把频数很少的答案尽可能归并到含义相近的组，应考虑调查的目的和答案类型的多少而确定，一般来说应控制在 10 组之内。

（4）为确定的分组，选择正式的描述词汇或短语。不同组别的描述词汇或短语应体现质的差别，力求中肯、精炼、概括。

（5）根据分类归纳的结果，制成正式的答案分布表。

比如，问卷设计中设计的开放性问题，其中一个问题是"你对'新能源车'这个产品概念有何看法？"，被调查者的回答是多种多样的，通过对得到的答案分类归纳，得到的答案分布情况如表 2-23 所示。

表 2-23 被调查者对"新能源车"的看法分布

看法分类	答案人数/人	比重/%
符合环保需求	287	14.35
符合发展趋势	285	14.25
符合消费需求	290	14.50
希望尽快推出	198	9.90
设施不配套	308	15.40
速度达不到要求	210	10.50
电池技术不达标	216	10.8
难以普及	117	5.85
难以评价	89	4.45
合 计	2 000	100.00

2.6.1.3 二手资料的整理

二手资料包括有关汽车行业的法律法规，网络已有的现成资料、有关汽车行业的市场资料、企业内部资料以及竞争对手公布的资料等等。二手资料获取渠道比较多，信息量大、信息涉及面广、比较陈杂,对于二手资料收集后同样需要验收和处理。

1. 二手资料审核

网络作为一个自由度极高的媒体,人们在网上发布自己的言论受到限制很小。因此,来自网上的信息质量良莠不一,有价值和无价值的信息混杂在一起,如果不加严格分析评估和审查就直接引用,有可能给企业带来不可挽回的损失。对所收集到的资料审查和评估可以从以下两个方面进行:

一方面是资料的可靠性与公正性。一般来说,政府网站、国际组织、行业协会及知名企业的网站或一些著名站点所提供的资料比较可靠和公正,但有些网站出于各自的目的,所发布的信息可能会有一些失真,大多数来自网站上的信息要进行严格地审查。可以利用网站域名、背景材料、网站性质、或向网站管理者发 E-mail 进行核实。另一方面是资料的有效性,主要从发布的时间来判断。

对于文献的引用,尽可能引用客观性较强的、距离调查项目时间近的文献。弄清楚引用文献的作者身份和背景,有针对性地引用。如果引用的是现成的统计资料,则要注意引用资料的指标口径和分组与调查项目的关系性。

2. 调查资料整理陈示

有些不能直接应用的资料,先将信息录入到计算机的存储设备上去,然后像整理原始资料一样:分类—分组处理—统计汇总—数据陈示。具体见 2.5.2.3 节。

2.6.2　汽车市场资料的分析

汽车市场调查资料的分析是根据调查目的,运用多种方法对市场调查获取的第一手资料、二手资料进行对比研究,得出调查结论的过程。

汽车市场调查资料的分析包括定性分析和定量分析。定性分析是对不能量化的现象进行系统化理性认识的分析,分析时以调查资料为基础,从调查资料的全部(而不是简单地从个别)事实出发,经过逻辑判断及推理、用科学的方法,其结论是对事物的本质、趋势及规律的性质方面的认识。常用的定性分析方法主要有归纳分析法、演绎分析法、比较分析法、结构分析法等。

归纳分析法是应用最广泛的一种方法,分为完全归纳法和简单枚举法和科学归纳法。

演绎分析法是分类、再综合研究。要求分类研究的标准要科学、多角度、多层次,对分类研究后的资料还要运用多种逻辑方法揭示其本质,综合是在分类研究的基础上,从内在的相互关系中把握其本质和整体特征。

比较分析法是把两个或两类事物的调查资料相对比,从而确定它们之间相同点和不同点的逻辑方法。多层次比较分析,在同类对象间进行,也可以在异类对象间进行。

结构分析法是通过调查资料,分析某现象的结构及其各组成部分的功能,进而认识这一现象本质的方法。

定量分析是指从事物的数量特征方面入手,运用一定的数据处理技术进行数量分析,从而挖掘出数量中所包含的事物本身的特性及规律性,从而挖掘出数量中所包含的事物本身的特性的分析方法,又分为静态分析和动态分析。本部分主要介绍定量分析。

2.6.2.1　数据的静态分析

分析市场现象的当前情况或者本次调查的情况。静态分析的主要方法有数据的统计描述法、均值比较法、关系分析法三类。

1. 数据的统计描述法

数据统计描述可以是数据相对程度分析,也可以是数据的集中趋势和离散程度分析,此外还有数据总体分布的形态、统计图表分析。

(1) 数据相对程度分析是通过对比的方法反映现象之间的联系程度,又称为结构相对指标,是总体各组部分与总体数值对比求得的比重或比率,用来表明总体内部的构成情况。表明同类现象在不同空间的数量对比关系,可以说明同类现象在不同地区、单位之间发展的差异程度,通常用倍数或百分数表示。

(2) 数据的集中趋势所反映的是一组资料中各种数据所具有的共同趋势,即资料的各种数据所集聚的位置,代表着现象的一般水平,能说明这些现象的发展趋势和规律。对调查数据数量规律性中集中特征进行分析,是对被调查总体的特征进行准确描述的重要前提。数据集中趋势分析的对象,包括数据的均值(各类平均数)、中位数和众数。均值、众数和中位数都是反映总体一般水平的平均指标,彼此之间存在着一定的关系,使其各自的涵义不同的调查数据类型,采用不同的指标分析,以期能把被调查总体数据的集中趋势最准确地描述出来。众数、中位数不受到资料中少数极端值大小的影响。

如果各个数据之间的差异程度较小,用平均值就有较好的代表性;而如果数据之间的差异程度较大,特别是有个别的极端值的情况,用中位数或众数有较好的代表性。

(3) 数据的离散程度反应的是分布的差异程度,即数量规律。反映数据差异程度的数值,如极差、平均差、方差(Variance)和标准差(Standard Deviation)、离散系数等。一般来说,标志值的变动度越大,各标志值与其算数平均数的离差总和就越大,即样本值偏离样本均值的可能性就越大。平均数的代表性、均衡性越低,级差越大稳定性就越低;反之,则均衡性越高、代表性越差。对离散量数的度量,可通过几个离散程度的代表值来进行。

表 2-24　数据的统计描述

数据统计描述项目	方法	概　念	公式表示	解　释
相对程度分析	频率(数)	一个变量个数在各个变量总值中占的百分比	$频率=\dfrac{变两个数}{各变量总数}\times100\%$	发现变量分布规律。频数越大表明该组标志值对于总体水平所起的作用也越大,反之,对于总体水平所起作用小
	倍数	/	/	比较数据的大小
集中趋势分析	平均值	算术平均:用于反映一组同质观测值的平均水平	$x=\sum x_i/n$	处在不同地区、不同单位的某现象进行空间对比分析,以反映一般水平的变化趋势或规律;可以分析现象间的依存关系等,从而拓宽分析的范围
		加权平均:含有不同频数数据的平均数。它是把原始数据按照合理的频数来计算	$\bar{x}=\dfrac{x_1f_1+x_2f_2+\cdots+x_zf_z}{n}$	
		几何平均	$\bar{x}=\sqrt[n]{x_1x_2\cdots x_n}$	
	中位数	将一组数据按大小顺序排列起来,处于中间位置的那个数	$\dfrac{(n-1)}{2}$	对于两极分化严重的数据,反映现象的一般水平比算术平均数更具有代表性

（续表）

数据统计描述项目	方法	概念	公式表示	解释
集中趋势分析	众数	指一组数据中出现次数最多的那个数据,一组数据可以有多个众数,也可以没有众数	/	数据中最大多数的数据,若是双众数,调查总体不具同质性,资料可能来源于两个不同的总体
离散程度分析	级差	数据中两个极端值,也称全距。极差越大,平均值的代表性越小。所以,极差可以一般性地检验平均值的代表性大小	$Max(x_i) - Min(x_i)$	级差大,说明平均值代表性差,反之,代表性好
	平均差	是总体各单位标志值与其算术平均数离差绝对值的算术平均数	$MD = \dfrac{\sum |X - \overline{X}|}{n}$	平均差越大,则表示标志变动度越大,反之则表示标志变动度越小
离散程度分析	方差	所有变量值与平均数偏差平方的平均值,它表示了一组数据分布的离散程度的平均值	$\sigma^2 = \dfrac{\sum (X_i - \overline{X})^2}{n}$	方差与标准差越大,表示变量之间的差异越大,距离平均数这个"中心"的离散趋势越大
	标准差	又叫做均方差,是指资料中各个数值与算术平均数相减之差的平方和算术平均数的平方根	$\sigma = \sqrt{\dfrac{\sum (X_i - \overline{X})^2}{n}}$	其数值的大小与平均数代表性的大小呈反方向变化
	标准差系数	又叫离散系数,是一组数据标准差与均值相比较而得的相对值。两组数据间进行比较而设计的	$CV = \dfrac{\sigma}{\overline{X}} \times 100\%$	反映不同水平总体的标志变动度

（4）数据的分布:数据总体分布的形态。根据概率统计特征,变量的频数或频率呈中间最多,两端逐渐对称地减少,表现为钟形的一种概率分布为正态分布。

主要由偏度和峰度两个指标来反映。偏度,用来描述数据分布形态对称性程度。偏度需要与数据的正态分布相比较,偏度为 0 表示其数据分布形态与正态分布的偏斜程度相同;偏度大于 0 表示其数据分布形态与正态分布相比为右偏或称为正偏,也就是数据右端有较多的极端值,有一条长尾巴拖在右边;偏度小于 0 表示其数据分布形态与正态分布相比为左偏或称为负偏,就是数据左端有较多的极端值,即有一条长尾拖在左边。偏度的绝对值数值越大表示其分布形态的偏斜程度越大。

峰度,用来分布形态陡缓程度。峰度为 0 表示该总体数据分布与正态分布的陡缓程度相同;峰度大于 0,表示该总体数据分布与正态分布相比较为陡峭,顶峰呈现尖峰;峰度小于 0,表示该总体数据分布与正态分布相比较为平坦,顶峰为平顶。峰度的绝对值数值越大,则数据分布形态的陡缓程度与正态分布的差异程度越大。

（5）绘制统计图:用图形的形式来表达数据,比用文字表达更清晰、更简明。可以通过 Excel 很容易地绘制各个变量的统计图形,包括条形图、饼图和折线图等。具体参考 2.5.2.3 节。

资料 2-14

Excel 中的数据统计用函数(以原始数据为 A1~A40 为例)

参数	Excel 函数	表示方式	参数	Excel 函数	表示方式
众数	MODE	=MODE(A1:A40)	全距		=MAX(A1:A40)−MIN(A1:A40)
中位数	MEDIAN	=MEDIAN(A1:A40)	标准差	STDEV	=STDEV(A1:A40)
算数平均数	AVERAGE	=AVERAGE(A1:A40)	标准差系数		=STDEV(A1:A40)/AVERAGE(A1:A40)
几何平均数	GEOMEAN	=GEOMEAN(A1:A40)	峰度系数	KURT	=KURT(A1:A40)
加权平均数		=SUMPRODUCT(Ai:Aj,Bi:Bj)/SUM(Bi:Bj)	偏度系数	SKEW	=SKEW(A1:A40)

资料 2-14 中列出的参数还可以利用统计描述的办法获得数据。

如果使用描述统计菜单项,则选择"数据分析→描述统计→确定→填入输入区域、分组方式、输出选项→确定→结果"。假设原始数据列在 A1~A40,描述统计输入如下:

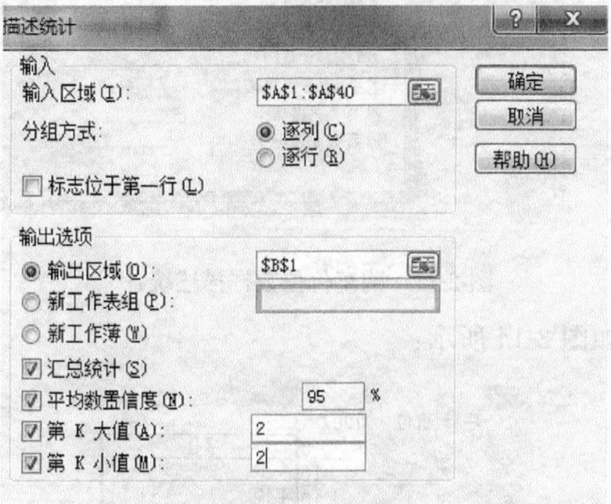

图 2-12 描述统计

按图 2-12 所示得到的结果:平均是指样本均值;标准误差指样本平均数的标准差;中值即中位数;模式指的是众数;标准偏差指样本标准差,自由度为 $n-1$;峰值即峰度系数;偏斜度即偏度系数;区域是指极差或全距;最大值;最小值;最大(2)是第二个最大值;最小(2)是指第二个最小值。

如,对下面的数据进行描述统计:

以下是调查的 2 000 人中,为了说明描述统计方法的使用,选择了购车的价位数据表的片段,一共 20 个数据。

笔记

表 2-25 购车的价位数据表片段

编号	价格/万	编号	价格/万	编号	价格/万	编号	价格/万
1	5 以下	6	10～15	11	10～15	16	20～25
2	5～10	7	15～20	12	10～15	17	10～15
3	5～10	8	5 以下	13	15～20	18	25～30
4	10～15	9	15～20	14	5～10	19	10～15
5	5～10	10	10～15	15	10～15	20	5～10

(1) 将数据输入 Excel 表格,然后按“数据菜单→数据分析→描述统计→确定,确定输入区域→分组方式→确定输出区域→勾选汇总统计选项→确定”。如图 2-13 所示。

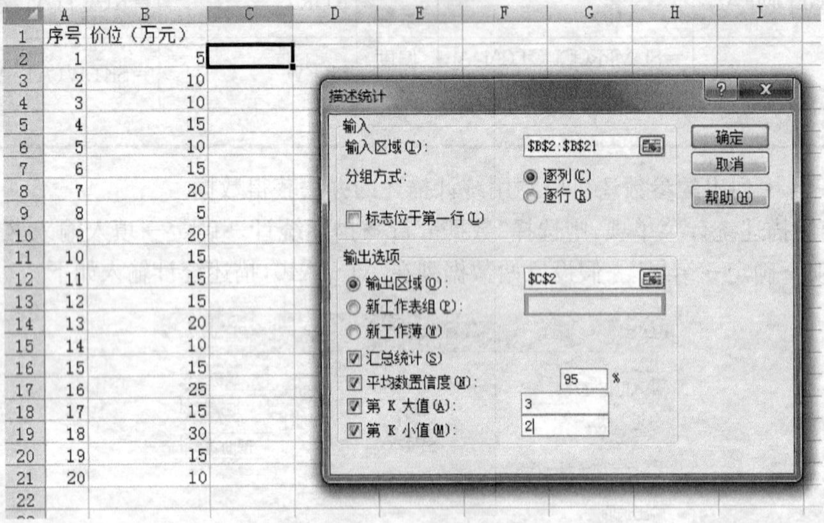

图 2-13 购车价位数据描述统计

(2) 统计描述结果如图 2-14 所示:

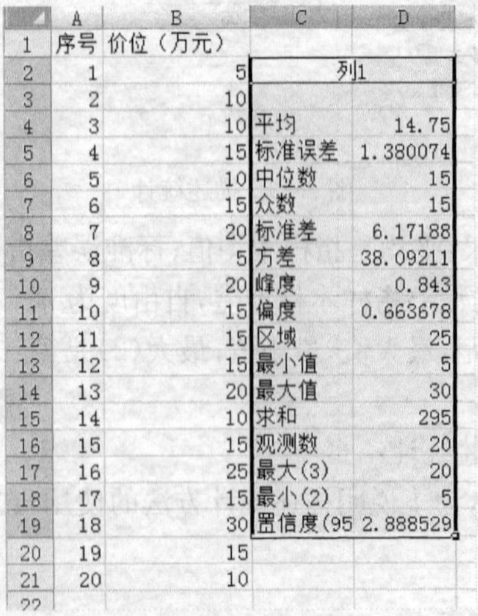

	A	B	C	D
1	序号	价位（万元）		
2	1	5	列1	
3	2	10		
4	3	10	平均	14.75
5	4	15	标准误差	1.380074
6	5	10	中位数	15
7	6	15	众数	15
8	7	20	标准差	6.17188
9	8	5	方差	38.09211
10	9	20	峰度	0.843
11	10	15	偏度	0.663678
12	11	15	区域	25
13	12	15	最小值	5
14	13	20	最大值	30
15	14	10	求和	295
16	15	15	观测数	20
17	16	25	最大(3)	20
18	17	15	最小(2)	5
19	18	30	置信度(95	2.888529
20	19	15		
21	20	10		

图 2-14 统计描述结果

从统计描述结果看,平均值为 14.75,级差为 25,标准差为 6.1718,说明变量之间(消费者购买车的价位)的差异相对较大,偏度为 0.6637＞0,为正偏度,高于平均值得数较多;峰度为 0.843＞0,说明消费者购车价位,分布在 14.75 万元左右的居多……

(3) 假设以序号作为权数,计算该序列的加权平均数。在上述 Excel 表中任选一空格处,输入"＝SUMPRODUCT(A2:A21,B2:B21)/SUM(B2:B21)",敲回车键,得出该序列的加权平均数为 11.58 万元。

案例 2-11

判断同档次车的油耗

比如是甲、乙、丙三个品牌的同档次车,官方标出的综合工况,平均工况油耗均为百公里 7.4L。8 位消费者分别对三个品牌的车在基本相同的路段,分别给出了油耗,结果如下,并计算了平均值:

表 1　甲、乙、丙三个品牌的同档次车油耗数据(L/百公里)

消费者	1	2	3	4	5	6	7	8	平均值
甲品牌	9.5	8.8	1.0	8.1	7.4	8.3	6.9	9.2	7.4
乙品牌	1	9.3	8.6	7.3	7.5	7.9	8.8	9.4	7.5
丙品牌	8.2	7.4	8.4	7.4	8.1	1	7.4	9.8	7.21

从表中的数据可以看出,甲品牌平均工况平均油耗为 7.4L/百公里,乙品牌的中位数为 7.4L/百公里,平均值为 7.5L/百公里,丙品牌的众数为 7.4L/百公里,平均值为 7.21L/百公里。因此在调查实践中,同样的数字可以有不一样的计算方式,得出的结论也就有所不同了。

2. 均值比较法

比较不同样本之间平均值是否存在显著性差异。在实际应用中常常用 SPSS 或 SAS 软件协助实现。

3. 关系分析法

对两个变量的关系分析,可以用单因素方差分析、简单相关系数、卡方分析、一元线性回归分析等方法等;多个变量间的关系分析,可以用因子分析、聚类分析、多元线性回归、判别分析等方法。

2.6.2.2　数据的动态分析

动态,是指现象在时间上的发展变化。动态分析是对一个动态数列的分析。动态数列是将反映某现象的同一指标,在不同时间上的指标数值,按时间先后顺序编排形成的数列。动态数列的作用,一是可以描述被研究现象的发展过程和结果;二是可以用来分析被研究现象的发展速度、趋势,探索其发展变化的规律性;三是通过对数列有关数据的分析、计算,可以做出趋势预测;四是动态数据可以用来横向对比,关联分析。

具体方法和内容见项目三——汽车市场预测。

2.6.2.3　市场调查资料的陈示

市场调查及预测资料的陈示方式主要有两类,一类是表列,以表格形式列表陈示;另一类是图示,以图的形式描述分析结果。

1. 表列

表列一般有单向表列和交叉表列之分,仅有一个变量和不同数值的出现次数的,称为单向表列;同时有两个或多个变量的不同数值联合出现的表列是交叉表列。列表陈示在 2.5.2.2 节的交叉数据处理中已有叙述,这里不再赘述。

表由标题、横标目、纵标目、数字组成。制作数据分析表遵循科学、实用、简练、美观原则。同时要注意标题简单明了;需说明的文字写入表注;标题注在表格的上方。

如:下面是 2013 年国内汽车市场 8 月份乘用车销售和生产情况表,以轿车为例,从乘用车销售环节看,2013 年 8 月份轿车销售比 2012 年同期增长 7.4%,环比也呈一定增长,说明市场表现好于上月。从表 2-26 和表 2-27 看,自主品牌表现依旧低迷,市场占有率环比和同比持续下降。

其中同比是指与历史同时期比较得出的情况。同比=(本统计周期数据/历史同时期数据)×100%。常用的是增长率,即和去年同期相比较的增长率。

同比增长率=(本统计周期数据-历史同期数据)/历史同期数剧×100%

环比是与上一统计段比较得出的情况。环比=(本统计周期数据/上统计周期数据)×100%。同样也常常使用增长率的概念,环比增长率反映本期比上期增长了多少。

环比增长率=(本统计周期数据-上统计周期数据)/上统计周期数据×100%

表 2-26　2013 年 8 月乘用车销量整体状况

8 月乘用车销量情况表(单位:辆)					8 月乘用车产量情况表(单位:辆)				
	8 月销量	7 月销量	环比	同比	同期销量		8 月产量	7 月产量	环比	同比	同期产量
轿车	882 488	806 343	9.4%	7.4%	6 322 365	轿车	939 973	876 718	7.2%	7.3%	6 924 320
MPV	105 898	72 763	45.5%	40.5%	567 391	MPV	99 045	77 583	27.7%	21.8%	587 328
SUV	222 777	224 776	-0.9%	44.5%	1 145 564	SUV	248 912	241 112	3.2%	44.4%	1 284 168
狭义乘用车合计	1 211 163	1 103 882	9.7%	15.2%	8 035 320	狭义乘用车合计	1 287 930	1 195 413	7.7%	14.0%	8 795 816
微客	103 903	86 772	19.7%	-4.9%	1 171 814	微客	100 325	100 806	-0.5%	3.3%	1 151 816
广义乘用车合计	1 315 066	1 190 654	10.4%	13.3%	9 207 134	广义乘用车合计	1 388 255	1 296 219	7.1	13.2%	9 947 632

数据来源:乘联会、搜狐汽车研究室

表 2-27　2013 年 8 月份国内汽车市场销售的前 20

序号	品牌	2013-8	2013-7	2013 年	2012 年	序号	品牌	2013-8	2013-7	2013 年	2012 年
1	大众	207 572	194 241	1 596 528	2 050 193	11	奥迪	39 415	34 352	270 634	323 508
2	五菱	97 766	85 920	771 724	1 212 277	12	比亚迪	35 340	28 083	324 407	456 056
3	现代	82 055	73 009	669 856	843 488	13	长安商用	33 214	7 858	281 945	175 657
4	别克	67 715	66 126	533 111	697 441	14	奇瑞	30 639	24 954	264 358	495 330
5	丰田	63 243	71 838	518 849	745 546	15	长城	25 886	25 848	217 235	266 822
6	日产	58 775	65 162	486 239	751 509	16	哈弗	25 800	23 692	172 568	220 620

（续表）

序号	品牌	2013-8	2013-7	2013 年	2012 年	序号	品牌	2013-8	2013-7	2013 年	2012 年
7	本田	53 629	49 361	414 621	588 900	17	长安	23 730	22 051	231 484	412 342
8	福特	53 390	53 947	394 017	418 501	18	雪铁龙	20 337	17 845	175 360	223 801
9	雪佛兰	51 753	44 560	459 945	659 070	19	标致	19 106	19 125	177 949	216 227
10	起亚	40 298	38 508	355 272	480 443	20	中华	17 206	17 553	109 903	142 270

数据来源：乘联会，搜狐汽车研究室

2. 图形描述

图形描述分析是以调查资料为依据，借助于几何线、形、事物的形象和地图等图形来陈示调研数据。图形的制作通常有手工制作和计算机制作。目前，大多采用计算机制作。所用软件有最常用的 Excel，还有专门的统计软件，如 SPSS、SAS 等。本文介绍 Excel 作图方法。

一般调查资料统计图的种类有线图、条形图、直方图、圆面图、饼图、环行图、动态曲线图、散点图、雷达图等。

利用统计图，可以清楚地表明事物总体结构、显示现象之间的相互依存关系；表明调查指标不同条件下的对比关系、总体单位按某一标志的分布情况；反映事物规模、水平、发展变化的过程和趋势。优点是：简明具体、形象生动、通俗易懂，易给人以明确而深刻的印象。

资料 2-15

制图技巧

以研究内容为中心设计；使用简单的颜色；减少数字标注；用符号代替部分文字；尽量减少小数位数。

1）折线图

折线图是用直线段将各数据点连接起来而组成的图形，以折线方式显示数据的变化趋势。如，可以显示调查指标随时间而变化的连续数据。可以是一条直线，显示趋势，也可以是多条直线对比分析。

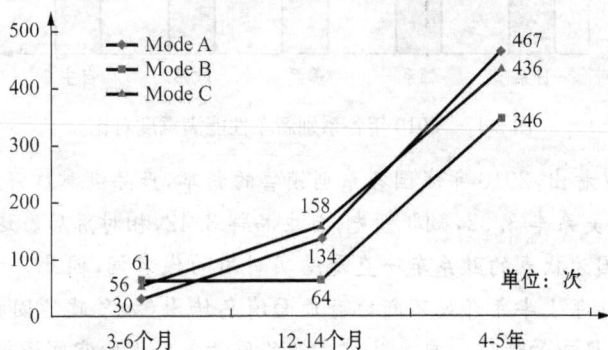

图 2-15　某品牌各车型百车故障率情况

2）面积图

面积图用于描述几种状态之间的对比。

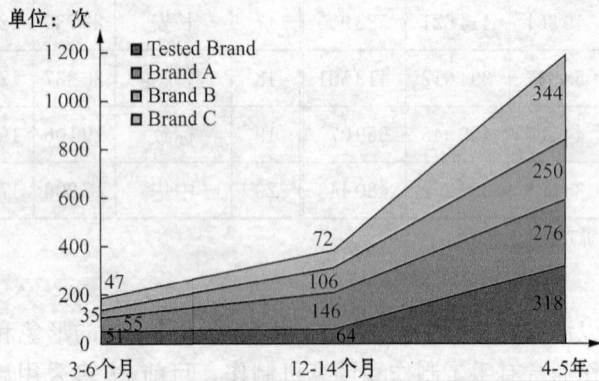

图 2-16　某品牌与竞争车型百车故障率情况

资料来源：新华信网站

3）直方图

直方图（Histogram）又称柱状图、质量分布图。是由一系列高度不等的纵向矩形表示数据分布的情况。一般用横轴表示数据类型，纵轴表示分布情况。直方图可以将杂乱无章的数据资料进行整理，找出其分布规律，以便对总体特征进行分析，见表 2-17 和 2-18。

案例 2-12

2010 年腾讯网进行的汽车满意度调查中，对各车系新车性能满意度对比、油耗对比使用了不同的柱状图。

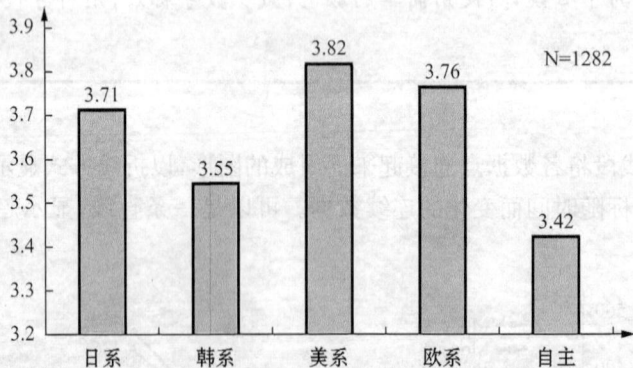

图 2-17　2010 年各系别新车性能满意度对比

从图 2-17 中可以看出，2010 年我国各系别销售的新车，产品满意度评分均在 3.4～4.0 之间，差距不大。其中，美系车 3.82，微弱领先，自主品牌 3.42，相对落后。这也看出我国消费者的心态，美系和以德国为代表的欧系车一直是结实耐用的代名词，因此，产品性能满意度不会低。日系车由于 2009 年上半年开始不断地有负面消息传出，加之政治因素影响，一定程度上影响了其在消费者心目中的地位。自主品牌在产品质量上努力的空间还很大。

图中显示，消费者对油耗满意的占绝大多数，1.6～2L 的 79.9％，1～1.6L 为 77.5％，1L 以下车型满意的为 69.6％；非常不满意的 1L 及以下区间有接近 12％，与 3L 以上排量的相

笔记

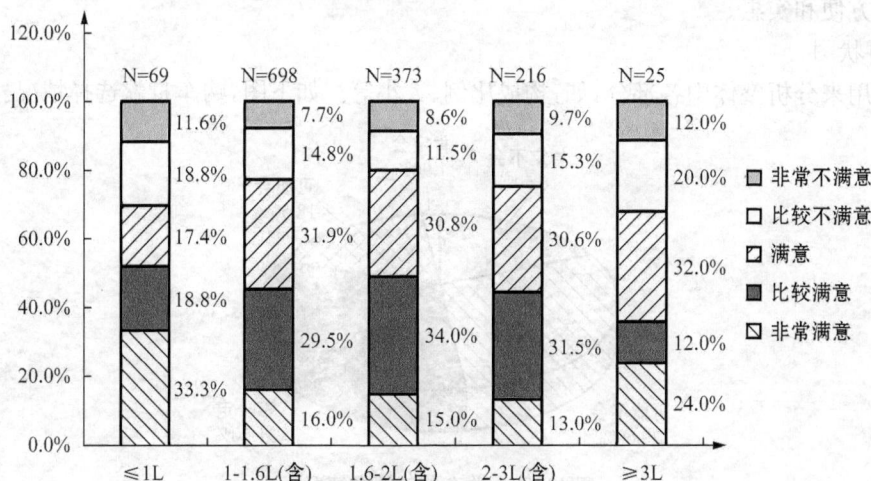

图 2-18　2010 年新车分排量油耗满意度对比

当,最主要原因,或许是消费者过高的心理预期,当心理预期和现实发生矛盾时,不满自然产生。

4) 条形图

图 2-19　为条形图。

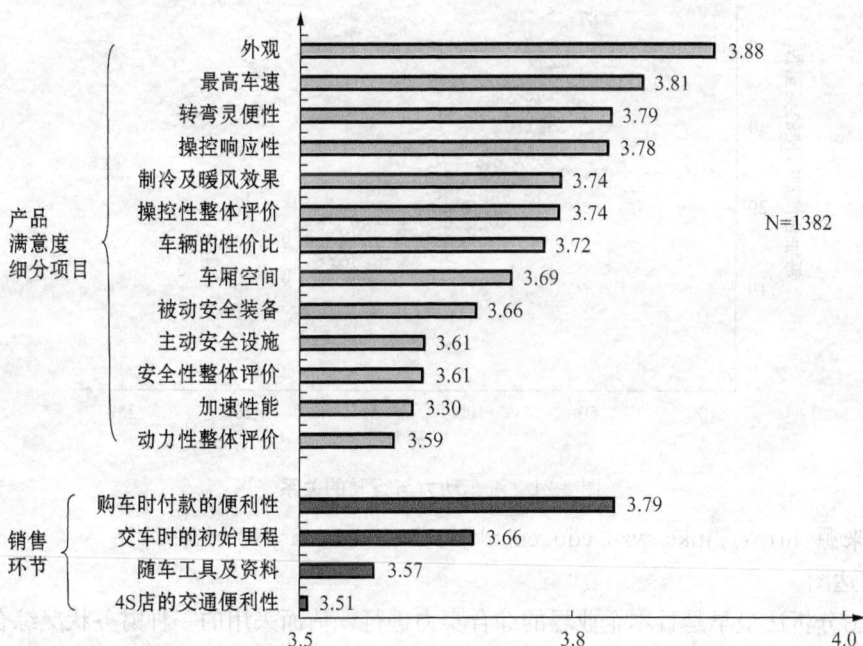

图 2-19　2010 年消费者满意高于 3.5 分的项目

由图可以看出,满意度打分超过 3.5 分的有 18 个项目,其中 14 个属于产品满意度。"外观"平均满意度达到 3.88,是消费者最为满意的项目。在车速、操控性、车厢空间、主被动安全设置等方面,消费者满意度也较高。但在销售和售后环节,仅有付款便利、随车资料等小细节的得分超过了 3.5 分。汽车企业若真正想提高消费者的销售和售后满意度,还要给消费者带来切实的方便和实惠。

5）饼状图

可以用来分析整体中各部分，如，构成比例、大小等。如下图，购车贷款选择情况。

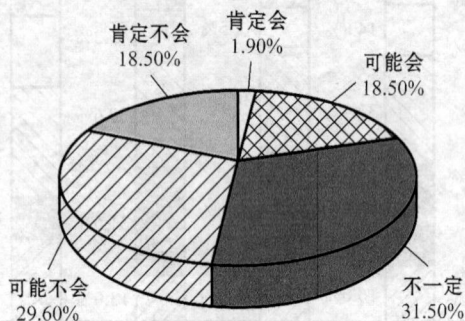

图 2-20　购车贷款选择情况

6）散点图

散点图可以用来确认两个因素之间的关系，或两个认识比较模糊的因素之间的关系。如，汽车动力与行驶的关系，图 2-21。

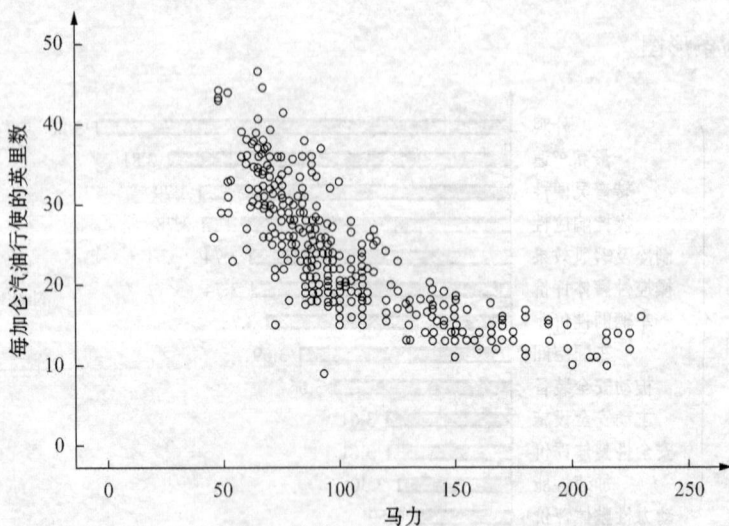

图 2-21　汽车动力与行驶的关系

本图来源：http://jpkc. wzu. edu. cn/xltjx/shownews. aspx? zid＝1118

7）雷达图

雷达图分析法最早是日本企业界的综合实力进行评估而采用的一种财务状况综合评价方法。是用来比较每个数据相对于中心点的数值变化，将多个数据的特点以蜘蛛网形式呈现出来的图表，因其形状似雷达，故得此名。也称为蜘蛛图。

雷达图适用于综合分析和评价；寻找优势劣势；管理水平分析等等。如，案例 2-13 中的图是整体中的各个项目的表现，案例 2-14 中的图 2 和图 3 为竞争比较，可以寻找优势劣势。

笔记

案例 2-13

整体中各个项目的表现

4S 店销售满意度调查:J. D. Power 亚太公司中国汽车销售满意度研究,从 2009 年就开始此项研究,主要通过 5 个因子(按照权重顺序依次为):"交车过程""开始购车经历""交易过程""经销商设施"和"销售人员"来衡量消费者对于新车购买体验的满意度。以下是 2009 年汽车市场的部分数据,数据是上述 5 个因子中的某些部分项目,其雷达图如下:

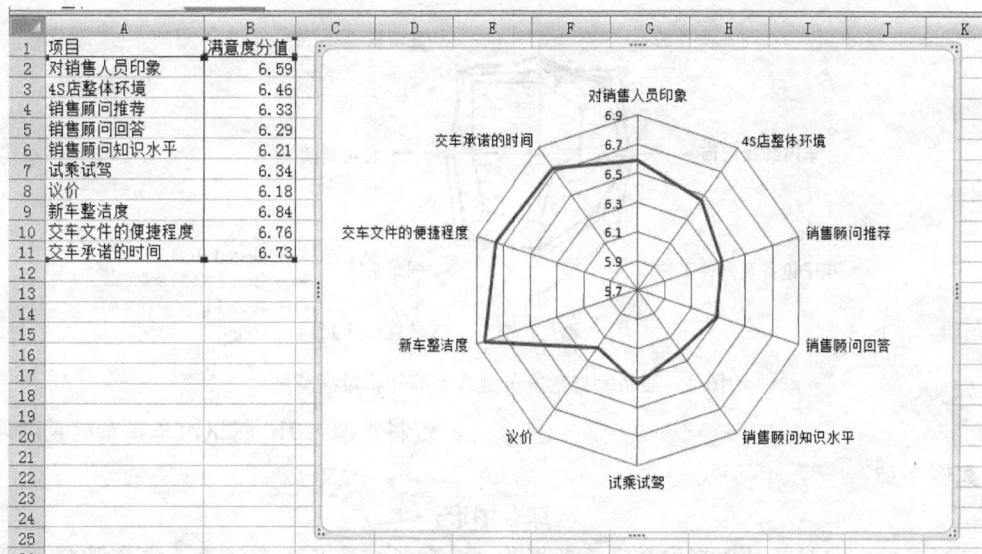

	A	B
1	项目	满意度分值
2	对销售人员印象	6.59
3	4S店整体环境	6.46
4	销售顾问推荐	6.33
5	销售顾问回答	6.29
6	销售顾问知识水平	6.21
7	试乘试驾	6.34
8	议价	6.18
9	新车整洁度	6.84
10	交车文件的便捷程度	6.76
11	交车承诺的时间	6.73

图　汽车新车销售满意度

数据来源:http://auto.ifeng.com/news/domesticindustry/20090316/12585.shtml

案例 2-14

不同性别消费者的满意度

如图 1 中所示,说明女性在购车、用车时,心理期望相对较低,尤其是对于车辆性能、动力性等硬性指标要求不高,希望自己的汽车能有较高的性价比。新车交付环节的满意度评价女性消费者明显低于男性,其他项目大多是男性为相对较低的满意度评价,原因是女性消费者在购车时对于细节内容较为关注。男性消费者对新车的体验较为关注。

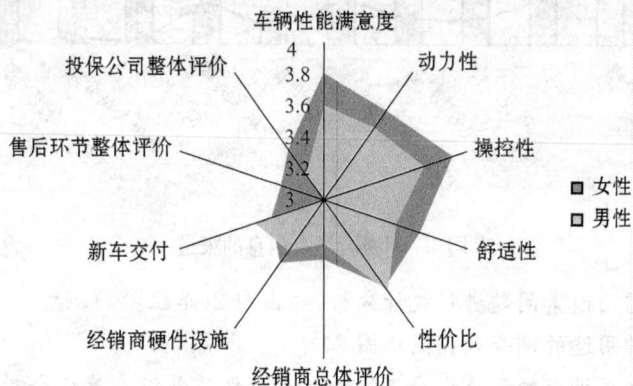

图 1　2010 年不同性别消费者各主要项目满意度

笔记

图 2 中显示,品牌 A 各项评价均低,品牌 B 除了车身外部、刹车系统略低于这两项表现最好的测试品牌外,其他各项评价均为最高值。四个竞争车型相比,测试品牌具有好的刹车系统、传动系统和外观,发动机、内饰、转向机操控也有较好的满意度,只是在电子设备和温控系统两方面与这两方面满意度最高的 B 品牌有一定的差距,这也是测试车型最需要改进的地方。

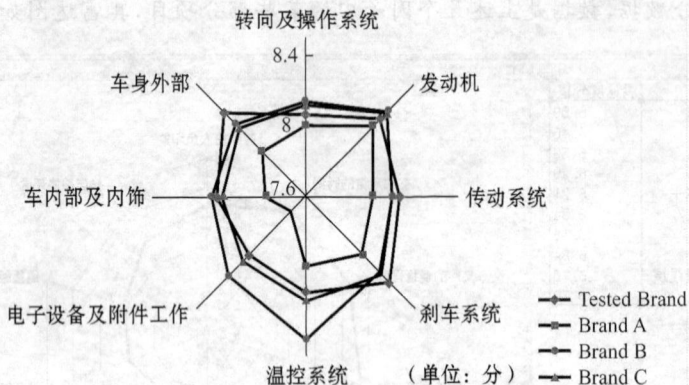

图 2   某品牌与竞争车型八大部件质量满意度

资料来源:2010 腾讯汽车新车满意度调查

案例 2-15

综合图形

下列图示可以用几种图形综合显示数据关系。新华信进行汽车消费满意度调查,采用了如下几种综合图(图 1、图 2、图 3、图 4)来分析调查数据。

(1)收集消费者了解车辆信息渠道方面的资料,分析显示如图 1 所示。

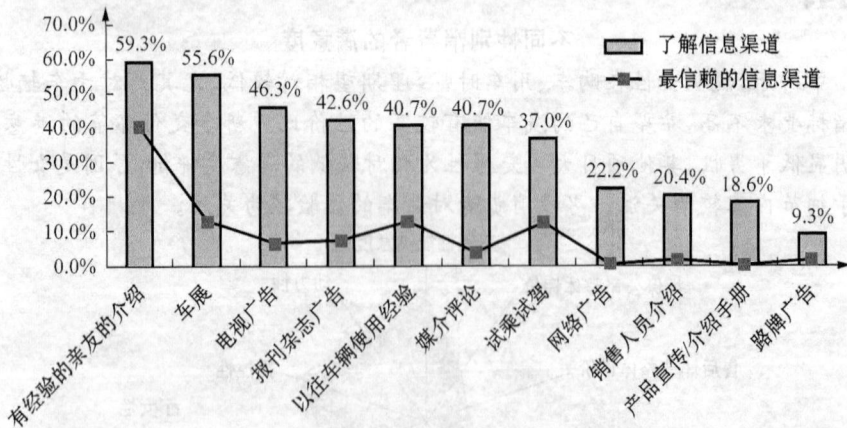

图 1   消费者了解信息的渠道

(2)对购车考虑的因素问题进行统计分析,作出图 2(单位:%)。

(3)对于购车的用途的调查数据做出图 3。

(4)通过量表形式调查的几个竞争车型的八大部件质量满意度评分对比用雷达图如图 4 所示(单位:分数)。

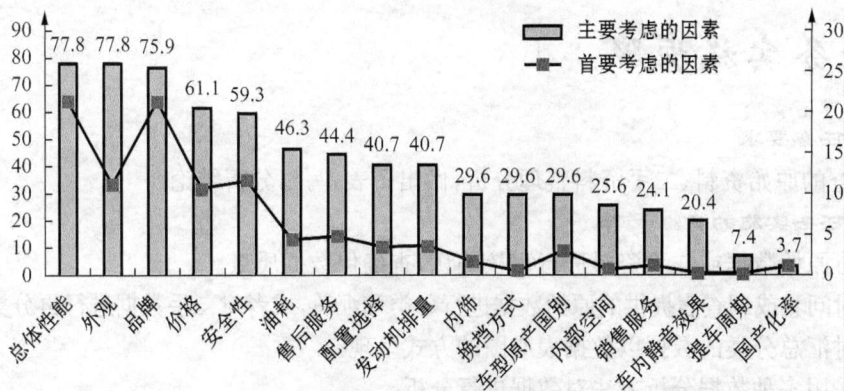

图 2　影响消费者购车的因素

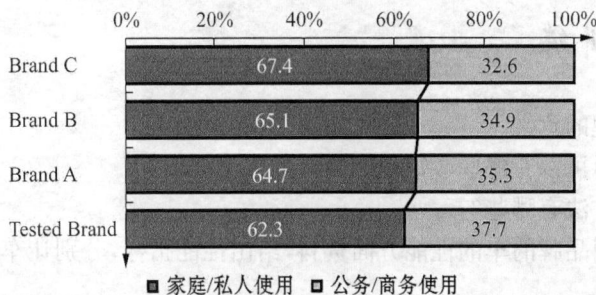

图 3　购车用途

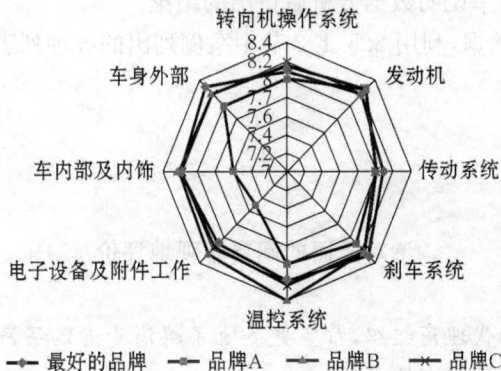

图 4　雷达图比较竞争车型八大部件质量满意度

任务回顾

1. 一手资料、二手资料都需要审核整理,确认其合理性、准确性。
2. 审核后的资料经过分类、汇总便于分析使用。
3. 汇总数据以图表形式陈示。

笔记

任务实施步骤

（一）任务要求

对调查的原始资料、二手资料整理分析，做出图表，写出分析结论。

（二）任务实施的步骤

（1）对原始数据或二手资料进行审核确认，查确保数据质量。

（2）对问卷或调查表提供的原始数据进行分类和汇总，或者对二手数据进行再分类和调整。

（3）对汇总分类的数据以数据表或图的方式呈现。

（4）采用多种数据分析方法对数据进行分析。

（5）得出分析结论。

思考与训练

1. 简述资料整理的意义。

2. 对于分组资料可以有哪些参数说明数据的集中程度？

3. 数据陈示的方法有哪些？

4. 收集四款不同品牌的车的性能方面资料，给出性能指标，分别让车主打出分数，作出雷达图进行比较并说明。

5. 结合身边的实际，收集你认为有意义的一系列数据，将这些数据分组整理，列出数据表，作出相应的图件，并简单说明数据分析后得出的结论。

6. 试着收集一系列数据，利用 2.5.1.2 节中案例列出的各种列表方式，列出数据表。

拓展提高

案例 1

请对下面的问卷客观地评价

汽油的销售

本次调查由国家汽油代理商组织，希望更多地了解消费者购买汽油时的期望。所有信息都会被保密。表格填好后请返回给我们。

（1）姓名和地址

（2）年龄和性别

（3）婚姻状况

（4）年龄状况：

21 岁以下　　　　　　　21～40 岁　　　　　　40～60 岁　　　　　　60 岁以上

（5）大多数汽油是由您还是您的妻子购买的？

（6）去年您购买了多少汽油？

5 000 升以上　　　　5 000～10 000 升　　　10 000～20 000 升　　　20 000 升以上

（7）您的汽油油箱容积多大？

（8）在您选购汽油时，价格的重要程度如何？

（9）请您尽可能充分地陈述某是什么原因使得您购买这一种品牌的汽油而不买另外一种？

（10）您喜欢那些免费提供礼物的加油站，是不是？

（11）当您用车执行公务时，您将获赠的礼物或赠券留给自己，还是上交给您的雇主？

（12）您每年行驶的里程是多少？

谢谢您的合作。

问题：（1）请客观的评价问卷设计有哪些不合理之处？如何修改？

（2）根据你对上述问题的意见，重新设计一份调查问卷。

案例2

资料整理，作图并分析。

资料整理的方法：

1. 按性别分组

将我系同学按照性别分组，看男性和女性各有多少？比重分别是多少？如表1所示：

表1　按性别分组

性别	人数/人	比重/%
男	280	32.6
女	580	67.4
合计	860	100.0

注意：频数（次数）分布：是将总体中的所有单位按某个标志分组后，所形成的总体单位数在组之间的分布。分布在各的总体单位数叫频数。各组次数与总次数之比叫做比重，也叫做频率、比率。频数分布实质是反映统计总体中所有单位在各组的分布状态和分布特征的数列。

统计的结果见表2。

表2　统计结果表

性别	人数/人	比重/%
男		
女		
合计		

表中的数据说明什么问题？

2. 变量数列的种类及计算

（1）某汽车生产企业，生产某零配件，生产量和工人数统计见表3，分组依据是日产量，列出单项变量数列。

表3　按生产量和工人数统计分组

按日产量分组/件	工人人数/人	比重/%
25	10	6
26	20	10

（续表）

按日产量分组/件	工人人数/人	比重/%
27	30	17
28	50	28
29	40	22
30	30	17
合计	180	100

（2）按计划完成程度分组，列出组距变量数列。

表4　按计划完成程度分组

按计划完成程度分组/%	企业数	比重/%
100以下	6	21.3
100~110	16	57.4
110以上	6	21.4
合计	28	100.0

　　模仿表3和表4，从班级个人及小组完成学习任务出发，分别按人数统计和计划的完成程度分组，也列出类似的表格（填入表5、表6），并回答下列问题。

表5　单项变量表

		比重/%
合计		100.0

表6　组距变量表

		比重/%
合计		100.0

　　问题：（1）比较表2和表5的不同。
　　（2）说明这两个表格分析的问题是什么？
　　（3）对表2和表5的比重绘制直方图，并对直方图进行分析，写出分析结果。

案例3

2011汽车消费者满意度网上调查

问卷一共是20个封闭性问题,整理并分析下列问卷调查结果,写出调查分析情况。

2011汽车消费者满意度网上调查

题目	选项	比例
1. 请问您已经购车的时间?		
	A. 1年内	44.10%
	B. 3年内	27.50%
	C. 5年内	16.50%
	D. 10年内	11.90%
2. 请问目前您个人(家庭)月收入大概是多少?		
	C. 5 001～10 000	32.70%
	B. 3 000～5 000	27.00%
	D. 10 001～15 000	13.00%
	A. 3 000元及以下	12.70%
	F. 20 000元以上	8.80%
	E. 15 001～20 000	5.90%
3. 请问您现有的车辆是下列哪种类型的汽车?		
	A. 普通三厢轿车	61.70%
	C. 普通二厢轿车	16.80%
	F. SUV	6.80%
	G. 小型客车,面包车	5.60%
	B. 运动型轿车,跑车	3.40%
	H. 微型客车	2.60%
	E. MPV	1.90%
	D. 旅游轿车	0.60%
	I. 皮卡	0.50%
4. 请问您现有车辆发动机的排量是多少?		
	B. 1 001～1 600CC	50.20%
	C. 1 601～2 000CC	29.10%
	A. 1 000CC及以下	9.60%
	D. 2 001～2 500CC	7.90%
	E. 2 501CC及以上	3.20%
5. 您购车看重以下哪些点?		
	B. 性价比高	17.40%
	H. 安全性高	16.80%
	A. 品牌形象好,值得信赖	15.10%

笔记

K. 油耗少,使用成本低	14.20%
J. 维修/保养费用低(如税费、配件、维修费等)	6.60%
F. 操控性能	6.50%
C. 外观漂亮	5.60%
E. 动力性能	5.40%
G. 车辆乘坐舒适安静	4.40%
D. 做工精细(内饰、工艺水平等)	4.10%
L. 维修网点多,售后服务好	3.10%
I. 装备齐全	0.60%
M. 其他	0.30%

6～20题是对满意度的评价人数

题目	A 不满意	B 一般	C 满意
6. 销售顾问对汽车专业知识的掌握	3 332	12 563	1 105
7. 经销商按照承诺准时交车服务	3 621	9 554	3 825
8. 汽车产品合格证给到您的手里的及时性	1 683	8 058	7 259
9. 交车时经销商详细告诉您售后维修保养服务方面的信息	3 468	10 200	3 332
10. 经销商对产品说明书中的重点介绍的清晰性	5 474	10 098	1 428
11. 您最终成交的价格同您预期的价格比较	4 828	9 027	3 145
12. 交车后,销售人员与您主动联系,并提醒您按时进行维修保养	4 267	7 497	5 236
13. 您购车后就新车使用问题与经销商电话咨询时,您对经销商接电话时的回复内容是否感到满意	4 454	9 027	3 502
14. 您对该经销商在售后跟踪方面的总体满意度	4 981	9 231	2 788
15. 您的车在路上发生故障,经销商安排救援车辆和人员服务的满意度	5 304	9 639	2 750
16. 对售后接待顾问对车辆问题的咨询、建议的满意度	4 284	10 506	2 210
17. 您对经销商的维修返修问题的满意度(同一个问题维修次数)	6 137	9 214	1 469
18. 当您取车时,维修接待人员向您解释实际维修保养项目和费用情况	5 389	9 333	2 278
19. 您对维修的总体价格的满意程度	8 075	7 616	1 309
20. 维修后车辆的内饰与外观清洁度的满意程度	3 553	10 370	3 036

资料来源:http://auto.sina.com.cn/news/2011-02-21/1802720746.shtml

任务七　汽车市场调查的完成

知识目标
- 清楚调查报告的评估和汇报。

能力目标
- 能较好地完成调查报告的撰写和汇报。

技能点
- 撰写市场调查报告和口头汇报。

知识点
- 优秀报告具备的条件。

情境描述

汽车市场调查的产品是以报告的形式呈现的,好的"产品"形式,是必须和必要的。

任务剖析

完成前期的调查、分析和预测,最终还需要提供调查报告。调查报告要具备可靠、合理和有效性,同时也须符合报告的基本形式。

任务载体

随着我国经济的快速发展,汽车已经不只是身份、地位的象征,汽车走进了千家万户,成为许多消费者选择的代步工具,中国已经跨入汽车时代。随着需求的不断扩大,汽车市场存在着许多问题,特别是在产品品质和服务质量上与汽车工业发达的国家相比,还有很大的提升空间。从 2007 年开始,J. D. Power & Associates 就对中国汽车市场进行满意度调查,2011 年的"3·15"之前,中国消费者报、新浪汽车、中国消费网联合组织了"中国汽车消费市场 3·15 年度调查",在网上发布了问卷,回收有效问卷 17 000 份(南阳汽车网数据),问卷调查的结果如任务五中拓展提高的案例 3。此调查以维护消费者权益、引导消费者合理消费为宗旨,客观、公正地开展中国汽车消费市场满意度调查,为消费者的选车购车和用车提供较权威的指导,同时,也促进企业提升产品品质和服务质量,也为政府相关部门制定有关政策提供信息支持。为了更好地呈现调查成果,让消费者方便、直观、全面地了解调查情况,就需要撰写调查报告。什么样的调查报告适合消费者阅读,优秀报告有哪些条件? 这就涉及到调查报告的评价问题。

相关知识

2.7　汽车市场调查报告的评价

2.7.1　汽车市场调查成果的提交

汽车市场调查研究成果主要是提交市场调查报告及其附件。有些时候,还需要进行专门的口头汇报。目前,提交的市场调查研究报告包括电子版报告和书面形式的报告。附件是根据调查报告的内容需要附加的,支持、证明调查报告观点内容的所有有价值和有说服力的旁证材料。比如,报告当中的附图、附表,调查问卷及其他调查设计材料,调查证明材料等,附加的内容、数量的多少根据报告需要确定。

市场调查研究报告是在对调查资料进行整理、筛选加工和分析的基础上,针对性的记述和反映市场调查成果,提出调查分析者的看法、意见和建议的文字报告。汽车市场调查研究报告是市场调查预测过程中最重要的一环,也是调查工作的最终成果,是管理者决策的依据。

2.7.2　汽车市场调查报告的评价

2.7.2.1　汽车市场调查报告具备的要素

一般来说,市场调查报告至少需要具备基本情况、分析与结论、措施与建议三个要素。一份好的汽车市场调查研究报告,不仅能对汽车企业的市场策划活动提供有效的导向作用,而且对于汽车及其相关市场的管理者了解市场状况、分析汽车市场的问题、制定市场竞争战略、进行生产和营销决策、进行有效管理等各方面都能起到积极的作用。同时,对消费者的购买活动也起着指导和推动作用。

基本情况。对调查结果进行描述、解释说明,说明可以采用文字、图表、数字多种形式。基本情况介绍要客观、准确、详尽又要清晰,列出的表格要准确、合理,图件美观,为下一步做分析、下结论提供依据。

分析与结论。对调查的数据进行整理和科学的分析,按研究的问题,找出影响研究问题的各方面因素及其联系,用客观的、发展的、联系的观点看问题,透过现象看本质,得出针对调查目的、明确的调查结论。

措施与建议。通过对调查资料的分析研究,对汽车及相关市场情况有了明晰的认识。对市场调查发现的问题、市场现存的问题,提出观点和建议,为决策提供依据。

2.7.2.2　汽车市场调查报告的评估

对于汽车市场调查报告的评估和其他市场调查报告一样,除了必须具有调查报告基本形式和特点,重点还要对研究报告的可靠性、合理性和有效性进行系统分析与评价。

市场调查报告的基本要求起码要语言简洁、结构严谨、态度客观、内容全面、资料翔实、结论明确。

可靠性主要体现在调查报告中的事件、数字等是否客观、真实、完整;合理性体现在调查报告是否符合逻辑性,研究过程、研究方法是否科学、严谨,得出的结论是否与市场现象相一致,要言之有物、持之有理,不语无根之言,避免文字的直接堆砌;有效性主要是调查分析是否达到调查目的要求,调查的数据和采用的分析方法是否有效,调查报告能否为决策者提供可靠的决策依据。

资料 2-16

调查报告写作要求

1. 写作格式

(1) 标题:一般采取公文式标题,即《关于……的调查报告》;也可以用双标题,正题为新闻式标题,副题为公文式标题。

(2) 前言:主要包括调查现状及发展、报告的可靠依据、现有资料情况、调查目标、调查要求及对有关方面的致谢等。

(3) 正文:可以包括研究目的、调查对象及其选择、调查实施、资料分析方法、调查分析结果、局限性、结论和建议等。

(4) 参考文献:参考文献一律按照学术论文参考文献的格式写。

除此之外,完整的调查报告还要有报告封面、摘要、目录、图表目录。

2. 版式要求

注意调查报告的版式要求,一般没有严格的要求,但也需要针对调查报告的阅读对象和客户要求进行设定。如:

(1) 文件格式、纸张型号、打印要求。

(2) 目录标题形式。

(3) 字号和装帧要求。

(4) 参考文献标注格式。

(5) 图、表的格式要求……

案例 2-16

2006 北京地区汽车行业用户满意度调查报告

1. 汽车行业用户满意度评价体系

随着我国汽车市场竞争的日益激烈,汽车消费市场的逐步成熟,越来越多的汽车厂商认识到,顾客满意度是影响企业经营绩效的重要因素之一。因此,让顾客满意已经成为现代企业经营的基本准则,甚至是企业行为的最高目标。

满意度评价指标主要集中在"产品"、"服务(售前、售中、售后)"、"公司形象"、"期望差距"这五个一级评价指标,考虑到目前汽车仍属于高消费市场,因此,在指标体系中加入了价格因素,见图1。

2. 北京地区汽车市场现状及特点

作为发展现代制造业龙头的北京汽车生产基地已成为北京市重点建设的四大产业基地之一。尤其是北京与现代、奔驰公司的合作已成为北京发展制造业的标志。

1) 北京私人轿车购买情况

从调研的结果看,2005 年与 2004 年相比,购买轿车的比例达到了 27.7%,2005 年车价走低带动了北京地区汽车销量的攀升。

截至 2005 年年底,北京市私人汽车保有量达到 154 万辆,按照 2005 年末 1538 万的常

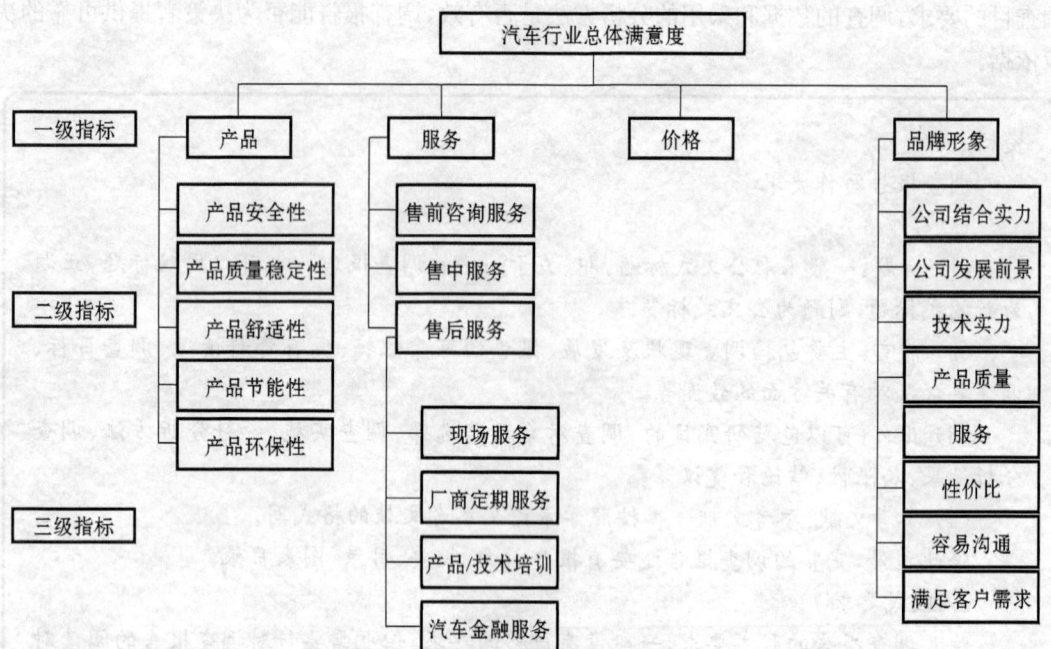

图1 汽车行业用户满意度体系

住人口计算,10个北京人就拥有一辆私家车。见图2。

虽然2006年一季度北京市轿车产量达到了3.9万辆,仅1月份北京市就创下6万辆汽车的历史销售单月最高水平。但是由于用车成本持续上涨,油料价格的上扬,进入5月份以来,北京汽车市场转入淡季,无论是大排量豪华车,还是小排量车都受到不同程度的冲击。尤其是小排量车型的目标客户是那些经济实力有限的买主,他们对用车成本的关注度明显高于前者。

受到客观环境的影响,目前市场购买力会出现短暂的降温,应对这种局面的市场措施会相应出台,预计下半年购买力会反弹。调查数据还表明,在一年之内有购买汽车计划的用户占到了61%。见图3。

图2 用户购买汽车时间

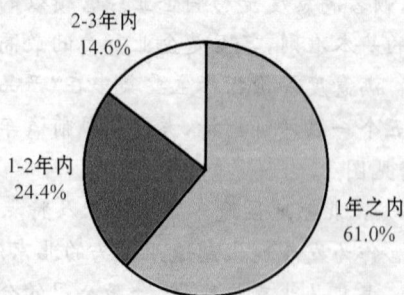

图3 计划购买汽车用户比例

2)购买价格

虽然汽车价格战一波接一波连绵不绝,但是目前在中国汽车市场上,影响轿车进入普通百姓家庭的关键因素仍是价格。从此次调查来看,用户购买的轿车,10万元以下的购买力占到

51.6%,10~15万元的轿车比例为29.2%。见图4。

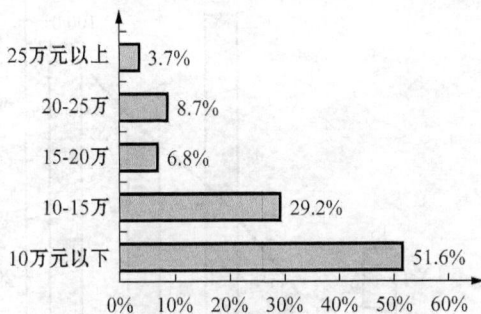

图4 用户购买汽车价格情况

3. 北京地区用户满意度分析

1) 产品满意度分析

用户在购买产品之前,对产品的预期和感受到的产品质量是影响用户满意度的两个决定性因素,没有过硬的产品质量就谈不上用户满意。

调查产品满意度的内容涵盖了影响汽车满意度的各项因素,满意度基于对具体指标的调查得出。

调查结果显示,用户对产品安全性满意指数最高,达到8.58分,只有13.7%的用户对产品安全性评价在7分以下。见图5、图6。

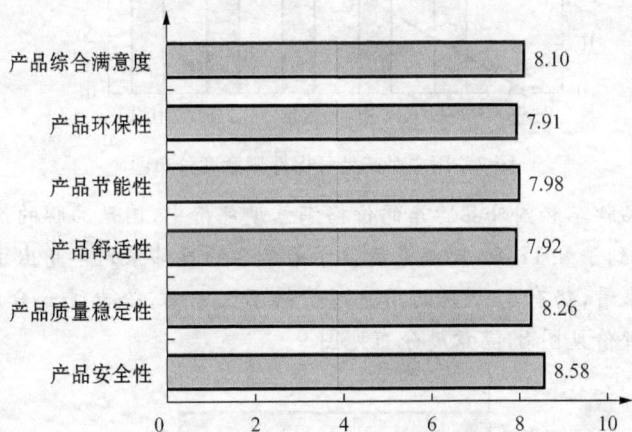

图5 用户对产品满意度评价

在产品环保、节能方面,有32.3%的用户给出了7分以下的评价,用户满意指数最低,由此可见,随着用户在对产品质量基本因素满意的提升,越来越多的用户对产品功能和设计提出了更高要求。见图7。

2) 汽车价格满意度分析

产品满意度中另一个指标是价格因素。由于汽车属于大宗耐用消费品,具有一次消费花费资金大、使用周期长、需定期保养维护和检测、频繁易更换损件等特点。因此,本次调查将价格作为一个重要因素进行专项分析。研究的主要目的是,了解用户心理接受价格程度,为企业产品定价提供市场信息。

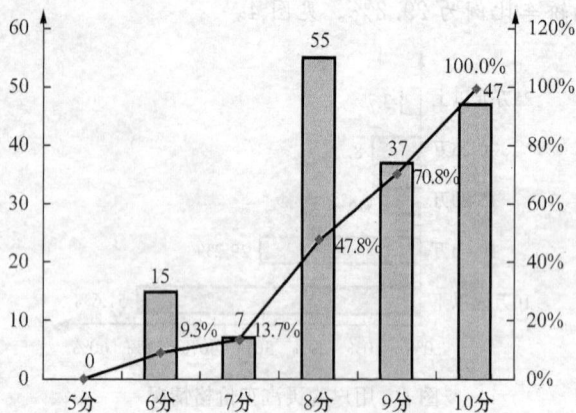

图6　用户对产品安全性满意度分布图

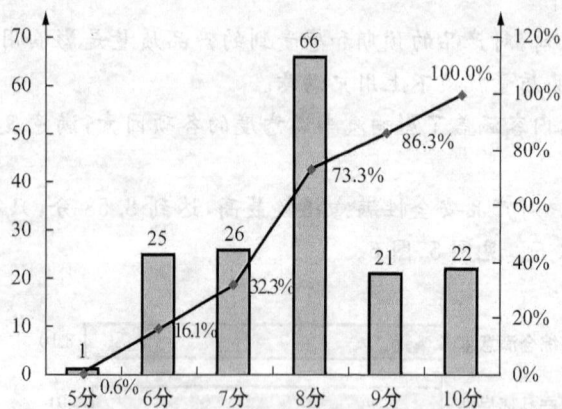

图7　用户对产品环保性满意度分布图

　　在对国产自主品牌车和国外品牌车的价格满意度评价中,国产品牌的价格优势明显,用户满意度指数最高,达到了8.17分,比满意度位于第二名的日韩系列车高出了0.33分。但是从用户给出的评分段来看,仍有12.4%的用户对价格不太满意,给出了6分以下的评价。对不同系列汽车满意度评价见图8,满意度分布见图9。

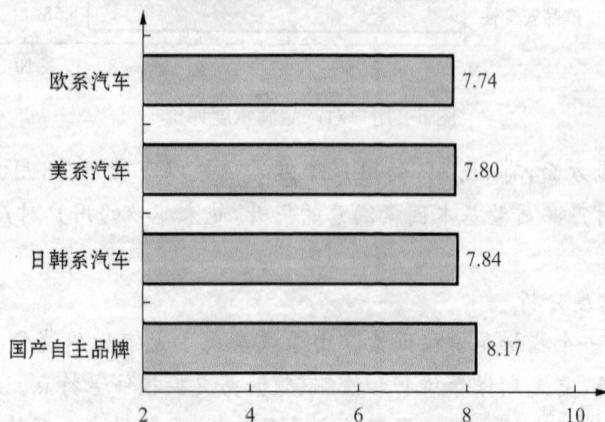

图8　用户对产品价格满意度评价

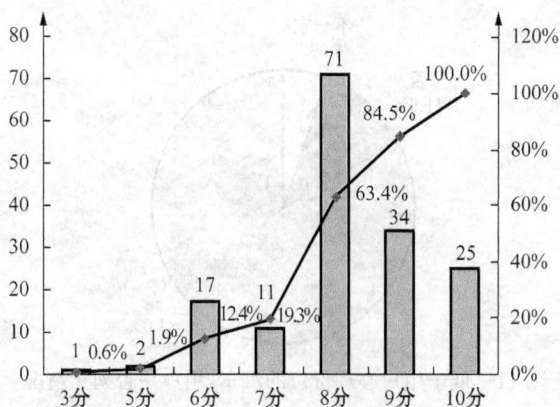

图9 用户对产品价格满意度分布图

目前我国汽车市场仍处于一个成长期阶段,该阶段的用户在选择产品时对价格关注程度远远高于其他因素。

调查结果显示(见图10),有87%的用户认为,决定汽车价格的最关键因素应该是汽车配置的性能;79.5%的用户认为,技术含量的高低也是决定汽车价格的重要因素之一。由此可见,性能、技术决定价格是用户最为认同的指标。相对来说,用户认为个性化需求和品牌价值对价格的定位影响并不大。

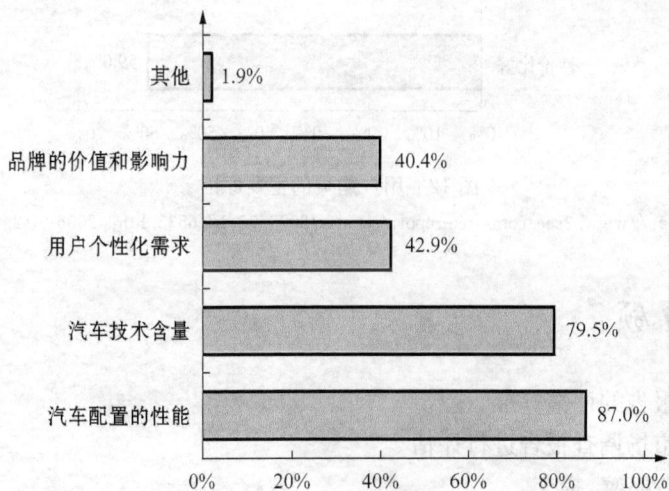

图10 用户认为影响汽车价格的主要因素

汽车市场价格变幻莫测,厂商不惜打出"价格战"的策略来抢占市场,而用户心理价格低线的接受程度到底如何?心理定价策略是否能为厂商带来良好的销售业绩?调查结果显示,如果厂商推出了低于用户心理承受的价格,83%的用户会决定购买该厂商的产品,购买的主要原因是:59%的用户认为性价比好;30.1%的用户认为价格便宜。这种心理反映出对于成长型用户,价格直接影响了用户的购买决定。但是在11.9%不购买的用户中,有60%的用户由于担心产品质量、性能和安全性而不会因为价格降低就会购买。见图11、图12。

报告的其余部分省略,主要内容是:第四章北京地区汽车售后服务满意度分析,第五章结论与观点,还有一部分图表。

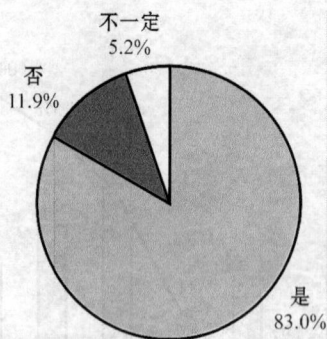

图 11　低于用户心理价位的汽车,用户是否购买情况

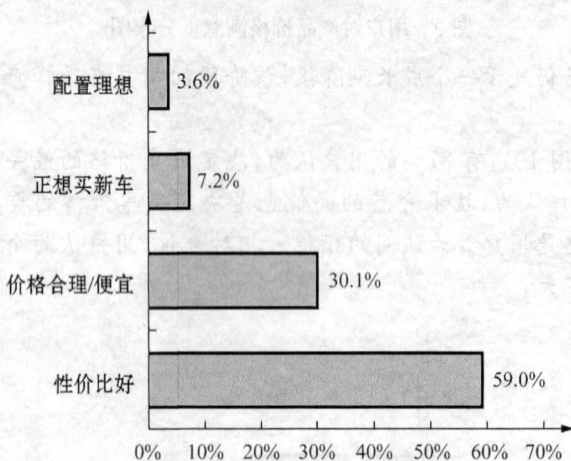

图 12　用户购买的主要原因

资料来源:盛大天行. http://www. 3see. com/free-report/reports/2006/06/12/6533. html,2006-6-12

🔍 任务回顾

1. 确定调查报告的评估标准。
2. 对完成的市场调查报告进行评估
3. 评估后修改完善,提交。

⬇ 任务实施步骤

(一) 任务要求
对已经完成的调查报告初稿进行评估,写出评估过程和内容。

(二) 任务实施的步骤
调查报告评估的基本步骤:
(1) 确定评估标准,做评估准备。
(2) 根据评估标准评估调查报告,重点是可靠性、合理性和有效性的评估。

（3）提出修改意见。

（4）报告撰写者根据修改意见补充修改调查报告。

（5）提交调查报告。

思考与训练

1. 市场调查报告评估的重点是什么?

2. 汽车市场调查报告主要包括哪些部分内容?

3. 如果要求进行口头汇报,都需要做哪些准备?

4. 模拟实践训练:试着设计一份有关大学生未来购车意向的问卷,调查学院或班内的同学,对调查的资料进行分析,并写出调查报告的详细提纲。

拓展提高

1. 根据任务五中拓展提高的案例 3 的数据,以及数据整理分析的结果,写出不少于 1 500 字的调查分析报告。报告以正式的电子版形式提交,需要有必要的图表。

2. 查找网络资料,将某品牌轿车与竞争车型的用户满意度进行对比,找出该品牌轿车与竞争车型相比较的优劣势,写出调查分析报告。

▶ 项目三

汽车消费市场预测

任务一　汽车市场的定性预测
任务二　汽车市场的时间序列预测
任务三　因果分析
任务四　其他预测方法
任务五　预测报告撰写

❓ 学习目标

在汽车市场调查的基础上,通过本项目的学习,你将学会利用定性和定量的预测方法对汽车消费市场进行预测。在掌握定性预测方法的基础上,重点并熟练掌握定量预测中的时间序列和一元线性回归预测方法。

☆ 期待效果

通过汽车市场预测方法的学习,能运用定性预测和定量预测方法,尤其是时间序列和一元线性回归法对市场进行预测,并能对汽车调查实践中有关市场趋势进行定性和定量预测。

📖 项目理解

任务一:许多情况下,单一的调查不能达到客户要求或市场调查的要求,还需要根据过去和目前的资料,对未来状况进行预测。对于汽车市场预测也必须依据资料情况,确定预测方法,再按程序进行预测。

任务二:收集的目标数据,许多是随时间而变化的。对于预测目标随时间变化的预测,根据数据特征,可以选择不同的预测方法。

现实的预测中,汽车及相关市场的预测方法有多种,但选择哪一种或哪几种预测方法对时间序列进行预测,是本任务中应该学习的重点内容。

任务三:汽车市场的影响因素有很多,既包括宏观因素,如政治、经济、技术、社会等,也包括微观因素,如销售市场中的消费者和产品、价格、渠道、促销 4P 等因素。在这些影响的因素中,有些因素比较稳定,有些因素变动较强。但市场变动很少受单一因素的影响,各因素之间有相关关系。找出各影响因素之间的相关关系,利用这一相关关系来预测某一因素的变动,是如何影响其他因素的变动是本任务学习的主要内容。

任务四:多元回归预测法是汽车市场预测中常被采用的方法,特别适合于那些由多种因素影响的汽车市场变量。尽管这种方法比较繁琐,但利用统计软件可以方便地实现这一预测。

任务五:预测只是一个步骤,预测的结果要以报告的形式提交,如"中国汽车发展预测"、"中国民用汽车发展预测分析"等。通过该任务的学习掌握预测报告的写作方法和预测报告的写作内容。了解阅读对象的阅读特点,学会用合适的报告形式让阅读者能清楚预测结果。

任务一　汽车市场的定性预测

知识目标

- 清楚汽车市场预测的概念和基本原理。
- 熟悉汽车市场预测的类型。
- 了解汽车市场预测的程序。

能力目标

- 能有效收集预测所需资料。
- 能初步判断预测类型。
- 能根据现有数据运用定性预测方法对发展变化趋势作出预测。

技能点

- 定性预测方法的应用。

知识点

- 几种常用的定性预测方法。

情境描述

许多情况下,除了对调查获取的现有资料进行分析之外,还需要结合以往的资料,预测未来的情况。汽车市场中常用的预测方法是定性和定量预测方法。

任务剖析

汽车市场预测是利用过去和现在的资料,对未来一定时期内的汽车市场进行判断。这种判断可以是对汽车消费需求的判断,也可以是对供给的判断。正确的判断可以为汽车消费者、市场营销决策、汽车企业的生产等提供科学依据。

任务载体

汽车品牌服务创新的挑战

2010年的3·15,汽车服务成为消费投诉的热点。央视3·15晚会给予了重点的关注与报道,说明现在的汽车的服务水平离消费的要求与期望还存在较大的差距,更不要提汽车服务的消费者满意和品牌服务了。这对汽车企业的品牌服务提出了更高的要求和更大的挑战。

消费者对汽车服务的不满,主要表现在对4S店售后服务的收费和价格上。随着家庭轿车的普及,普通消费者对服务价格也更为敏感,说明目前的4S店高成本、高收费的销售服务模式难以为继,而且到了不创新、不改革难以生存发展的地步。

在汽车普及时代,汽车服务要求低成本、多元化。我国消费者目前的汽车消费,相当一部分是在经济能力相对有限的背景之下,为获得个人体面和感觉,而进行积极消费。可以说是一种超前消费,甚至在某种程度上讲,是一种越位消费,因此对于服务的要求,消费者是看不到、感觉不到的,所以汽车企业能够把价格做到更低的状态。

汽车企业的短期扩军战略,没有考虑到汽车服务业的生存与创新问题,尽管这些问题已经成为未来三到五年决定 4S 店能否生存和发展的关键。汽车行业面对着一个巨大的挑战,就是怎样才能完成把服务从单一赚钱的模式与自己的品牌价值特征、长期的顾客关系、持久稳定的销售体系模式等紧密联系的演变。这个演变困扰着中国的企业,无论如何,从现在的状态来看,中国的汽车服务到今天为止,还没有走出一条依靠服务本身来创造品牌的发展道路。这些问题表明了在汽车产业发展中,我们的企业存在严重不足,但同时这也是产业发展的重大机会。

针对服务创新和价格预测,在广泛收集资料的基础上,再结合预测者情况,可以采用意见综合法、汽车产品生命周期法、市场景气预测法、因素分析法和 SWOT 法等多种定性预测方法对汽车市场进行预测。

资料来源:搜狐汽车 2010 全球汽车产业白皮书

相关知识

3.1　汽车市场的定性预测

3.1.1　汽车市场预测

汽车消费是人们通过汽车及相关商品满足自身欲望的一种经济行为。包括汽车消费者消费需求产生的原因、汽车消费者满足消费需求的方式、影响汽车消费者选择的有关因素等。

汽车消费市场预测就是在汽车市场调研的基础上,利用科学的方法和手段,对未来一定时期内汽车消费市场需求、供给趋势及汽车市场营销影响因素的变化作出判断,为汽车及相关市场营销决策、个人消费等提供科学依据的过程。

3.1.1.1　市场预测原理和影响因素

1. 市场预测原理

预测本身要借助数学、统计学等方法,同时也要借助于先进的手段。预测时可依据以下原理:

1) 相关原理

任何事物都不是孤立存在的,都是与周围的各种事物相互制约、相互促进而存在。一个事物的发展变化,必然影响到其他有关事物的发展变化,常存在一因多果或一果多因的现象,有其因就必有其果,事物(类别)之间具有关联性,这是客观规律。因此,人们可以从已知的某个事物发生变化,推知另一个事物的变化趋势,这是可能的、也是合理的。比如,居民平均收入的增加,与家庭轿车拥有量的增加存在正相关。新能源政策的出台,会给汽车企业带来新的机遇。

2）惯性原理

任何事物的发展在一定时间、一定条件下会保持原来的趋势和状态,表现为特有的过去、现在和未来这样一个连续过程。即事物发展变化与其过去的行为或大或小的有联系,过去的行为影响现在,也影响未来。汽车市场的发展也同样有一个过程,在时间上也表现为一定的连续性,这种发展变化在长期的过程中也存在一些可以被人们认识的规律性,这是"线性回归"、"趋势外推"等传统预测方法的理论基础,是时间序列分析法的主要依据。

3）类推原理

许多事物之间在结构、模式、性质、发展趋势等方面存在着相似之处,根据这种相似性,人们可以在已知某一事物的发展变化情况的基础上,通过类推的方法推演出相似事物未来可能的发展趋势。类推可以是以小推大、由表及里、由此及彼、由远及近、从全局到细分、由过去和现在预测未来。运用这一原则要防止以点代面、以偏概全。例如,10年前,每人都拥有一部手机是梦想,而今天,手机已经成为人们生活中不可或缺的用品;随着经济的发展和科技水平的提高,每个家庭拥有私家车也逐渐成为现实;年轻人都学习驾照,可以类推出私家车的发展趋势;北京的二手车市场由于政策的原因从而使其受到影响,但二手车却在周边市场打开了销路。

4）概率推断原理

任何事物的发展都有一个被认识的过程。人们在充分认识事物之前,都会存在不确定因素,即偶然性因素。市场的发展过程也是这样,就是说在汽车市场发展中也必然存在着偶然性,而且在偶然性中隐藏着必然性。通过概率论和数理统计方法,求出随机事件出现各种状态的概率,从而对汽车市场发展偶然性进行分析,揭示其内部隐藏着的必然性,推测汽车市场发展的未来状态。汽车及相关企业根据此必然性,来确定大致应该采取的应对措施。

2. 汽车消费市场的影响因素

影响汽车销售消费的因素主要有:

1）国家宏观经济、宏观政策的影响

宏观经济是指国民经济的总体活动,包括国民经济总体及其经济活动和运行状态。与汽车产业有关的宏观经济主要指物价总水平、国民经济总值及其增长速度、货币发行的总规模与其增长速度、总供给与总需求、进出口贸易的总规模及其变动等。宏观经济的主要目标是高水平和快速增长的产出率、低失业率和稳定的价格水平。

从宏观经济层面看,"十二五"期间,中央政府会加大发展战略性产业支持力度。我国GDP增幅加大,各地方政府也纷纷确立新的经济增长点,制定区域经济发展战略和规划,汽车业成为地方重点发展的支柱产业。比如,2011年的物价上涨速度加快、通胀压力增大,汽车消费的各项费用也都在增加,使得消费者对汽车市场产生观望态度。

宏观政策是政府调节市场的主要手段,是保持经济总量基本平衡、促进经济结构的优化、引导国民经济持续、迅速、健康发展以及推动社会全面进步的经济措施。宏观政策对当前国民经济支柱产业的汽车产业具有重要影响。比如,将要完善的消费税制度、征收城市拥堵费、机动车排污费、开征环境税等都涉及到汽车销售消费问题,是明显的调控政策。

汽车产业的发展速度,取决于宏观经济和宏观政策的调整变化,特别是汽车相关政策变动、调整、动态调整等。鼓励汽车消费,还是调控汽车消费取决于政府政策。如,2008—2010年国家相继出台了汽车相关刺激性政策,迅速推动了汽车产业的发展,汽车保有量增长幅度迅速也加大。

2）市场动态

市场动态中,银行动态即银行对车贷利率的变化是影响汽车消费的重要因素之一。汽车信贷消费可拉动汽车销售和消费,反之,车贷利率提高又会成为汽车消费的限制性因素。此外,社会舆论、政府部门出台的相关汽车购买使用的限制、同行竞争者的竞争也影响着汽车消费市场。

除此之外,人们收入的提高、工业化和城市化进程的推进,使得汽车价格会更趋于合理,性能也更适合消费者需求,因此消费者汽车购买欲望有增加趋势;相反,燃油费用等其他成本因素的上升会影响消费者选择。

资料 3-1

20 世纪 70 年代前,美国汽车制造以通用、福特、克莱斯勒为代表的汽车公司,一度在世界上占霸主地位,20 世纪 50 年代,日本汽车工业开始向美国学习,30 年后,日本汽车制造业突飞猛进,充斥欧美市场及世界各地,并对美国的汽车工业造成威胁,为此美国与日本之间出现了汽车磨擦。

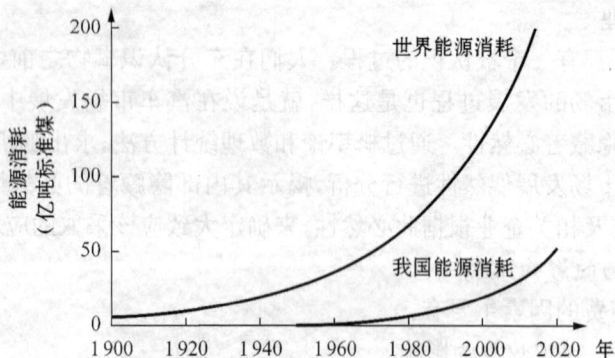

图　我国和世界能源消耗及预测

数据来源:http://oil.in-en.com/统计

我国和世界能源消耗及预测见上图。

20 世纪 60 年代,一方面第三世界的石油生产受工业发达的国家控制,致使石油价格低廉;另一方面,工业国轿车制造业发展很快,豪华车、大型车盛行。日本汽车制造商通过市场调查和预测,从表面的经济繁荣,看到了产油国与跨国公司之间暗中酝酿的斗争。根据大量调查数据预测,随着发达国家工业的迅速发展,能量消耗增大,石油价格很快会上涨。从使用条件上,随汽车数量的快速增加,路上车流量增多,停车场地拥挤,费用也会提高。同时,日本汽车制造商分析了发达国家家庭成员的用车情况,主妇上超级市场、主人上班、孩子上学,家庭对车的需求量增加。在此基础上,日本汽车制造商作出正确的决策,设计生产耗油小的轿车来适应能源短缺的环境和发达国家家庭的需求。

20 世纪 70 年代,第一次世界能源危机,日本物美价廉的小型节油轿车横扫欧美市场,市场占有率不断提高,欧美各国的传统豪华车因耗油大、成本高,销路大大受到影响。

到 1977 年日本出口汽车达到 447 万辆,日本汽车出口超过了其产量的一半。1980 年,日本汽车产量超过美国,夺取了汽车王国的桂冠。80 年代,日本汽车的年出口保持在 600 万辆左右,主要输往欧美。甚至严重影响到了美国的汽车工业和就业。为了拯救汽车工业,美国政府做了大量协调工作,并对美国汽车业由于进口急剧增加带来的损害予以救济,并使得日本同意在美国投资设厂,包括整车和零部件,扩大美国的就业率。

3.1.1.2　汽车市场预测的类型

汽车市场预测方法同其他市场预测一样,根据不同标准有不同的分类。

1. 按预测期的长短分类

按预测期的长短可分为短期预测、中期预测和长期预测。

短期预测主要是指一年内对汽车及相关市场发展变化的预测,是汽车及相关企业物流、人员调度、库存等经营管理的依据;中期预测是指 1～3 年对汽车及其相关市场的预算安排等方面的预测,是企业发展中制定中期规划的依据;长期预测是针对 3 年以上汽车市场前景的预测,是企业制定汽车及相关市场发展规划和中长期计划的依据,也是汽车企业制定战略的依据。汽车市场的预测多以短期预测为主,其次为中期预测。

2. 按汽车市场预测的范围分类

按汽车市场预测的范围不同,预测可分为宏观市场预测和微观市场预测。

汽车宏观市场预测是指对整个汽车市场的预测,主要预测汽车市场的供求关系的变化和汽车总体市场的运行态势。如汽车行业发展及汽车市场未来走势预测。汽车微观市场预测是指汽车企业对其生产、经营的产品和服务市场的发展趋势做出的估计和判断,为生产经营提供决策依据。如汽车销售预测。

3. 按预测的性质分类

按预测的性质不同,汽车市场预测可分为定性预测和定量预测。

定性预测主要是针对汽车市场,预测人员利用自己的知识和经验,对预测对象未来状况做出判断。定性预测适合于缺乏数据或有少量直观材料的情况下采用,由于是主观性预测,所以精度较差,并且很难标准化。如汽车技术发展预测、汽车产品和服务的潜在需求预测、新能源汽车产业预测等。

定性预测方法较多,包括专家意见法(顾客、销售、主管意见法,会议综合法,德尔菲法)、产品生命周期法、市场景气预测法、因素分析法、SWOT 分析法等。

定量预测是指根据历史和现实的汽车市场数据或因素变量,运用统计方法对数据进行科学的加工和整理,揭示有关变量之间的规律性联系,建立数学模型,用于预测和推测汽车及相关市场未来发展变化的预测方法。由于远期预测误差过大,因此,定量预测法大多数用在近期预测上。

4. 按预测的内容分类

按预测的内容分为汽车及相关产品需求预测、供给预测、消费者购买行为预测、营销组合预测。

需求预测主要是预测汽车及相关产品在未来一段时间里的需求期望水平,为企业制定生产、营销计划和控制决策提供依据。对汽车及相关产品或服务的实际需求是市场上众多因素

笔记

作用的结果。众多因素中,有汽车企业可以影响或决定的因素,但是有些因素则是企业无法控制的。汽车产品或服务的需求取决于该产品或服务的市场容量以及该企业所拥有的市场份额。

供给预测是指在一定的时期内和一定条件下,在一定的市场范围内可提供给消费者的汽车产品的供应量、供应水平、供应结构、供应变动因素或服务的预测。供给预测包括实际供给量和潜在供给量的预测。

汽车消费行为预测主要是预测汽车消费者购买什么品牌的车、购买的时间、购买地点、购买者如何购买等行为及其变化,为汽车市场潜力的测定、目标市场选择、新产品的研发、汽车销售企业制定营销策略提供依据。

营销组合预测包括对汽车及相关产品、价格、销售渠道和促销方式等营销因素进行的预测。

汽车产品预测是对汽车企业的生产能力、生产成本、技术趋势、产品组合、市场占有率、市场覆盖率、竞争格局、品牌价值等预测,为企业确定市场前景和制定营销策略提供依据。

价格预测是指对汽车产品价格是否具有竞争优势、如何制定策略、同行业竞争产品的成本和价格等的预测。

销售渠道预测是指对汽车企业为制订合理的分销路线、选择与配置中间商、更有效安排运输与储存、适时地向用户提供适用商品的预测。

促销方式预测是指汽车生产和销售企业通过一定的方法或手段向消费者传递产品信息、提高消费者对产品或企业的认知度、影响消费者的购买行为的预测。

市场行情预测主要是指汽车销售企业针对汽车市场的生命周期和宏观环境的分析、判别汽车市场的景气状态和走势、分析价格水平的变动趋向的预测,从而为汽车及相关企业的经营决策提供依据。

汽车市场竞争格局预测主要是通过对汽车产量、质量、成本、价格、销售量的分布、品牌知名度和满意度、新产品及新市场状况等要素构成进行分析,预测竞争格局及变化态势,从而为来企业战略制定提供依据。

汽车销售企业经营状况预测主要是对汽车销售企业的资产、负债、权益、收入、成本、利润、经营效率、偿债能力、盈利能力的变化趋势等方面进行预测,为汽车及相关产品的销售企业的经营管理提供依据。

3.1.1.3　预测程序

1. 汽车市场预测程序

汽车市场预测大致有 6 个步骤(见图 3-1)。

确定预测目标 → 收集整理资料 → 选择预测方法 → 分析预测 → 预测结果评价 → 预测报告提交

图 3-1　汽车市场预测的步骤

1) 确定预测目标

预测目标的确定是整个预测工作中首要的一步,也是整个预测工作的基础,明确预测的具体目标,是为了抓住重点,避免盲目性,提高预测工作的效率。汽车及相关市场预测的目标指通过预测要了解什么问题,解决什么问题,达到什么目的。反映的是较长时期内市场发展变化应达到的水平和程度。

2）收集整理预测资料

经济活动多样，经济现象涉及的范围广泛，市场因素千变万化，为达到预测目标，首先要明确预测的具体对象。其次是预测资料的整理。因为资料是预测的依据，有了充分的资料，才能为市场预测提供可靠的数据。有针对性地收集影响预测对象的一切资料，对资料的真实性和可靠性进行筛选，剔除偶然性因素造成的不正常情况，因此，对预测资料整理，是汽车市场预测的基本条件。

3）预测方法的选择

市场预测方法很多，但并不是每个预测方法都适合所有被预测的问题。预测方法选用是否得当，将直接影响预测的精确性和可靠性。市场预测方法的选择主要考虑的4个因素：

（1）根据预测目标来选择；

（2）根据预测范围来选择；

（3）根据预测资料状况来选择；

（4）根据预测期限和费用来选择；

除此之外还要考虑连贯性、可比性、相关性。

4）分析预测和预测结果评价

按照确定的预测方法，对收集的预测资料分析，找出预测信息的规律性，确定预测模型，得出预测结果。预测是估计和推测，很难与实际情况百分之百吻合。预测模型又是简化了的数学模型，不可能包罗影响预测对象的所有因素，出现误差是不可避免的。产生误差的原因，一种可能是收集的资料有遗漏和篡改或预测方法有缺陷；另一种可能是工作中的处理方法失当，工作人员的偏好影响等等。因此，每次预测实施后，通过预测结果和实际结果对比，计算出预测误差，估计其可信度，通过分析误差的大小，评价预测效果，以便对各种预测模型作出改进或取舍。

5）预测报告的提交

汽车市场预测报告的内容，除了应列出预测结果外，一般还应包括资料的搜集与处理过程、选用的预测模型及对预测模型的检验、对预测结果的评价（包括修正预测结果的理由和修正的方法），以及其他需要说明的问题等。预测报告的表述，应尽可能利用统计图表及数据，做到形象直观、准确可靠。

2. 汽车市场预测的误差

任何预测都会有误差存在，汽车市场预测也不例外。产生预测误差的原因主要有预测资料的限制、影响汽车市场因素的复杂性、预测方法不合适等。预测只能近似地反映未来，不可能做到百分之百的精确。但是预测误差过大，就会直接影响到预测的精确度，失去预测的意义，所以要分析预测的误差。预测误差是客观存在的，是指预测值与实际值之间的差距。预测误差是衡量预测精度的指标，预测误差的大小与预测的准确程度成反比。也就是，预测误差越小，预测的精度越高；反之，预测精度越低。

衡量预测误差通常可以采用平均误差、平均绝对误差（MAE）、均方误差（MSE）、均方误差方根（RMSE）等方法。采用Excel预测，系统默认的误差大多是均方误差方根，又称为标准误差。

如果预测的误差偏大，超越标准误差界限，预测人员就应该分析产生的原因，重新预测，使误差控制在界限之内,以提高预测的精确度。

$$平均误差 = \sum (X_i - \hat{y})/n$$

平均误差的误差值有正有负,在代数求和时,有时会相互抵消,也有时无法精确的显示误差。这样引出了平均绝对误差。

$$平均绝对误差 = \sum |X_i - \hat{y}|/n$$

平均绝对误差能比较准确的反映预测误差的大小,在一定程度上能克服平均误差的缺陷。

均方误差方根(标准误差)是对一组测量数据可靠性的估计,与标准偏差有区别。标准误差小,预测的可靠性大一些,反之,预测就不大可靠。

$$均方误差 = \frac{\sum (x_i - \hat{y})^2}{n}$$

$$均方误差方根 = \sqrt{\frac{\sum (x_i - \hat{y})^2}{n}}$$

式中: X_i 为实际的观察值; $\hat{y}$ 为预测值; n 为收集的数据个数。

3.1.2 汽车市场定性预测方法

定性预测在历史数据稀少的新市场或新产品预测中使用较多。定性预测方法较多,在汽车市场预测中,常常采用意见综合法、产品生命周期法、市场景气预测法、因素分析法、SWOT分析法等。

3.1.2.1 意见综合预测法

意见综合法又称集合判断预测法,是指针对需要预测的有关汽车市场的预测问题,先由汽车专业人员和行家分别作出预测,再采用平均法综合这些专业人员和行家的预测信息,最后作出预测结论的方法。可以针对汽车用户意见、汽车销售顾问意见、销售主管意见进行综合;也可以采用专家会议综合和进行德尔菲法预测,该方法能集思广益,克服个人预测的局限性,有利于预测质量的提高。

1. 意见综合法预测步骤

意见综合法预测主要有以下几个步骤:确定预测目标→选择预测专家→提供信息→预测实施→综合意见→得出结论

1) 确定目标

确定目标是指明确预测目标和预测内容,同时,预测组织者根据预测目标,收集与汽车市场预测的目标有关的宏观市场资料,作为资料的补充提供给预测者。

2) 选择预测专家

预测专家的选择是预测的保障。汽车市场预测专家包括汽车客户、销售顾问、销售助理SA、销售经理、业务主管等。

3) 提供信息

预测组织者为汽车市场预测的专家提供预测目标、预测内容、预测资料等。

4) 预测实施

预测实施是指专家根据预测组织者提供的资料和目标要求,结合自己掌握的信息,将预测结果提供给组织者。

笔记

5) 综合意见,得出结论

综合意见是预测组织者将专家预测结果采用一定的方法综合,然后得出预测结论的过程。常用的综合方法有三点估计法、重要程度法、主观概率法。

(1) 三点估计法。三点估计法是预测者分别预测出最乐观、最保守和最可能完成任务三种情况,再对三种情况平均的预测方法。计算公式如下:

$$E = (a + 4b + c)/6$$

式中:E 为三点估计值;a 为最低估计值;b 为最可能估计值;c 为最高估计值。

(2) 相对重要度法。相对重要度是对不同重要度的预测人员及其不同的预测值进行综合分析的预测方法。计算公式如下:

$$E = (\sum W_i X_i)/\sum W_i$$

式中:E 为重要程度预测值;W_i 为第 i 位预测人员的重要度;X_i 为第 i 位预测人员的预测值。

(3) 主观概率法。主观概率法是人们根据自己的经验和知识对某一事件可能发生程度的一个主观估计数。算数平均的主观概率法计算公式如下:

$$P = (\Sigma p_i)/n$$

式中:P 为预测事件发生的概率;P_i 为第 i 位预测者的主观概率;n 为参加预测的人数。

也可以根据参与预测人员的重要程度用加权平均综合出预测结果。

2. 意见综合预测方法及应用

1) 顾客、销售、主管意见综合法

(1) 含义。顾客意见法是一种在汽车市场研究中较常用的市场需求预测方法。企业针对直接使用本企业产品的顾客采用问卷形式征询潜在购买者的购买意向、购买意见的调查,从而预测顾客的需求变化趋势。

销售顾问意见综合法是指企业直接将经验丰富的汽车销售顾问组织起来,先由预测组织者介绍该预测项目的目标、内容和当前的宏观市场状况等,再由销售顾问结合工作中掌握的信息,对预测期的汽车及相关产品的销售前景提出自己的预测结果和意见,预测组织者再将提交来的结果和意见进行综合分析,从而得出最终的预测结论。该方法的适用范围主要是:汽车市场需求动向、市场景气状况、汽车销售前景、汽车品牌、车型、质量和数量等方面问题的短期预测。对销售顾问的估测结果可采用算术平均或加权平均法计算。

业务主管人员意见综合法是指预测组织者首先邀请本企业内部的经理人员和财务、采购、销售、仓储、市场研究等部门的负责人直接参与,然后再将与预测项目有关的市场环境、企业经营状况、预测内容及其他相关资料提供给预测者,由预测者结合工作中掌握的市场情况提出预测意见和结果,也可以进行讨论,最后收集意见后进行综合,从而得出预测结论的预测方法。该方法适用于汽车目标市场选择、经营策略调整、汽车市场需求、销售规模等问题的预测。

(2) 方法应用。以业务主管意见综合法为例说明三点估计法、重要程度法的应用。表 3-1 是 2011 年 11 月由搜狐汽车网统计的自主品牌比亚迪的销售量数据,比亚迪排在第 11 位。表 3-2 是业务主管预测的 11 月份的比亚迪销售数据综合表,平均销量是算术平均,三点估计销量是按三点估计公式计算的销量。

表 3-1　品牌销量数据　　　　　　　　　　　　　　　　　　单位:辆

销量排序	品牌	2011 年 5~10 月数据						年度总销量		
		10	9	8	7	6	5	2011 年	2010 年	2009 年
11	比亚迪	32 175	38 015	28 449	27 496	32 515	41 051	358 554	519 763	445 097

数据来源:搜狐汽车网

表 3-2　销售主管对比亚迪 11 月份销售量预测综合表　　　　单位:辆

预测者	最低销售量	最可能销售量	最高销售量	平均销售量	三点估计销量
业务主管甲	33 000	37 000	42 500	37 500	37 250
业务主管乙	34 000	38 000	43 600	38 533	38 267
业务主管丙	33 000	35 500	39 000	35 833	35 667
业务主管丁	32 800	36 000	38 000	35 600	35 800
综合预测值	33 200	36 625	40 775	36 870	36 746

还可以根据重要程度综合预测结果,如甲乙丙丁四位业务主管的重要程度分别是 5、4、3、2,则代入相对重要度公式计算:

$$E = (\sum W_i X_i) / \sum W_i$$
$$= (5 \times 37\,500 + 4 \times 38\,533 + 3 \times 35\,833 + 2 \times 35\,800) / (5 + 4 + 3 + 2)$$
$$= 36\,994(辆)$$

36 994 辆即为相对重要度法预测的结果。

主管概率法以销售顾问意见综合为例。表 3-3 是某地区 4S 店销售顾问对本地区第四季度轿车销售量的估计。

表 3-3　销售顾问估计销售量

销售顾问	估计销售量/辆		主观概率
销售顾问甲	最高	1 000	0.15
	最可能	700	0.70
	最低	600	0.15
销售顾问乙	最高	1 200	0.15
	最可能	1 000	0.70
	最低	800	0.15
销售顾问丙	最高	900	0.15
	最可能	700	0.70
	最低	500	0.15

首先,以主观概率为权数,计算每人的最高销售、最低销售和最可能销售的加权平均数,作为个人的平均估计值。

甲的估计销售量为:$1\,000 \times 0.15 + 700 \times 0.70 + 600 \times 0.15 = 730(辆)$。

乙的估计销售量为:$1\,200 \times 0.15 + 1\,000 \times 0.70 + 800 \times 0.15 = 1\,000(辆)$。

丙的估计销售量为:$900 \times 0.15 + 700 \times 0.70 + 500 \times 0.15 = 700(辆)$。

然后应用主观概率公式求出三个销售顾问预测的本地区第四季度轿车的销售量为:

$$P = (\Sigma P_i)/n$$
$$= (730 + 1\,000 + 700)/3 = 810(辆)$$

2）会议综合法

对于新产品开发、技术改造和投资可行性研究等方面的预测，多采用会议综合法。会议综合预测法是由预测组织者召开具有实践经验的汽车销售人员、财务人员、设计维修工程师等各方面专家组成的专家会议，广泛听取专家意见，再对专家们的预测意见进行综合，从而得出最终预测结论。会议人数可根据实际的需要与可能而确定，既要有精通技术的人员，又要有实际经验的人员，如销售人员。一般以 10 人左右为宜。

召开会议前，预测组织者先将与预测问题有关的资料及需要讨论研究的具体题目和要求提供给专家。会议召开时，组织者在没有倾向性意见的基础上，广泛听取专家意见，再综合预测。

通常专家会议有如下三种方式：

（1）交锋式会议法。指参加会议的专家通过各抒己见，互相争论预测问题，达到比较一致意见的预测方法。该方法可能会受"权威者"或"口才"好者的意见左右，有时难以完全反映与会者的全部正确预测意见。

（2）非交锋式会议法。也称"头脑风暴法"，是指参会者在不对别人的意见提出怀疑和批评的基础上，充分发表自己的预测意见，也可以对原来提出的预测意见提出修改或补充的预测方法。该方法因延迟评判，可互相启发、开拓思路，但对最后的意见综合比较难。

（3）混合式会议法。又称"质疑头脑风暴法"，是交锋式与非交锋式会议法的结合。一般分两个阶段进行。第一阶段采用头脑风暴法提出预测意见；第二阶段实行质疑头脑风暴法，对前一阶段提出的预测意见进行质疑，质疑中再提出新设想和预测意见，最终取得比较一致的预测意见。

3）德尔菲法

德尔菲法是 20 世纪 40 年代末期由美国兰德公司（Rand Corporation）首创。德尔菲是古希腊传说中的阿波罗神殿所在之城，可以预测未来，因而借用其名。德尔菲法应用十分广泛，是定性预测方法中重要而又有效的方法之一，可用于汽车商品供求、汽车及相关产品的价格、汽车销售、不同品牌汽车市场的占有率、产品生命周期等方面的预测。也适用于短期、中期和长期的汽车行业预测、宏观市场预测。尤其是当预测中缺少必要历史数据，应用其他方法有困难时，采用德尔菲法预测往往能得到较好效果。

德尔菲法的预测步骤（见图 3-2）：

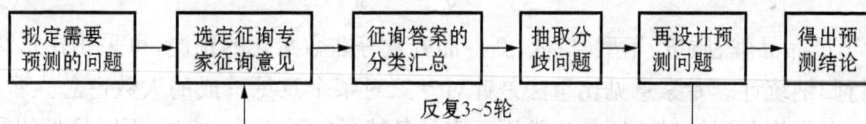

图 3-2 德尔菲法的预测步骤

（1）拟定需要预测的问题。德尔菲法拟订预测问题应遵循的原则是：问题要集中，要有针对性；避免诱导现象，将调查者意见强加于调查的意见中。

（2）选定征询专家征询意见。这是德尔菲法预测成败的重要因素。选择的专家应来源广泛，且自愿参加，并且知识渊博，经验丰富，思路开阔，对预测主题比较深入的研究，富于创造性和判断力。专家的人数以 10～50 人为宜。

专家确定后,由预测组织者将需要预测的问题设计成调查表,分别寄发给各个专家,请他们对预测问题填写自己的预测看法;再以匿名方式将答案反馈给预测组织者。第一轮设计的调查表不带任何额外条件,只提出应预测的事项和基本要求。

(3) 征询答案的分类汇总。预测组织者接到各专家的结果之后,进行分类汇总,并进行离散度分析,再将各种不同意见进行比较。离散度是各专家预测变量值间的差异程度,也就是数据偏离平均值的程度。最常用的离散度测定方法主要有极差、平均差和标准差等。

(4) 抽取分歧问题,对分歧问题再设计。预测组织者将专家们意见相差较大的问题抽取出来,并附上几种典型的专家意见,请他们重新考虑后再次提出意见进行第二轮预测。如此反复,经过 3~5 轮的反复预测,专家的意见便趋于一致或者更为集中。

(5) 得出预测结论。预测组织者将收集到的、趋于一致的专家意见加以统计、归纳处理后,得出代表专家意见的预测值和离散程度。然后预测的组织者对专家意见做出分析评价,确定预测结论,作为预测结果。

对预测结果进行统计处理时,处理方法按预测事件不同可选择不同的方法,主要有:

① 对于某事件实现时间的预测,采用中位数分析预测意见的集中度,用上、下四分位数之差表示预测意见的离散度。

中位数是指将数据按大小顺序排列起来,居于数列中间位置的那个数据。中位数代表全体数据的一般水平。

上四分位数即将全部数据从小到大排列,排在上 1/4 位置上的数(按照百分比,也就是 75% 位置上的数),上四分位数也叫第三四分位数;下四分位数是排列在下 1/4 位置上的数(按照百分比,也就是 25% 位置上的数),下四分位数也叫第一四分位数;上下四分位数的差值也称为四分位数间距。该方法也是国际上对企业利润水平进行分析、评估的一种通用方法。

② 对于汽车产品在未来时期的需求量、销售量或生产量的预测,采用算术平均法或主观概率法统计归纳,平均预测值反映专家预测结果的集中度;标准差和标准差系数反映专家意见的离散度。

标准差(Standard Deviation),也称均方差,是各数据偏离平均数的距离的平均数,是方差的算术平方根,能反映一个数据集的离散程度。平均数相同,标准差未必相同。

$$标准差 = \sqrt{\sum (x_i - \bar{x})^2 / n}$$

$$标准差系数 = \sqrt{\frac{\sum (x_i - \bar{x})^2}{n}} \bigg/ \bar{x}$$

③ 对于产品品牌、质量、车型、特征、新产品开发等非数量化的预测,可采用比重法或采用评分法进行归纳统计。专家意见比重法是针对专家对某个意见赞成的人数占总人数的比率,以比例最高者作为预测结果。评分法常用于产品各特征的重要性比较或不同品牌的同类产品的质量评比等,如采用 9 分制,最重要为 9 分,最不重要为 1 分。如,对不同品牌的汽车的车型满意度给予评分。

德尔菲法的优点是:预测专家背靠背地充分发表自己的看法,不受权威人士态度的影响,具有匿名性、反馈性、对专家意见和预测结果的统计性,做到了集思广益。可保证预测的民主性和科学性。其缺点是凭专家们主观判断,缺乏客观标准,预测需要的时间较长。因此,这种方法一般多用于缺乏历史资料和数据的长期预测。

案例 3-1

德尔菲法预测某品牌车的 2011 年 11 月销售量

1. 准备相关资料

在专家作出预测前,预测组织者将相关背景资料书面发给专家参考。相关资料包括历史销售数据、公司相关政策、政府相关政策、产品的特点、价格等。

表 1　历史销售数据

年份	月份	销售量/万辆	年份	月份	销售量/万辆
2009	1	3.5	2010	1	6.3
	2	3.2		2	3.7
	3	4.1		3	6.2
	4	5.0		4	5.7
	5	5.0		5	5.6
	6	4.7		6	5.4
	7	4.4		7	4.8
	8	5.0		8	6.0
	9	6.1		9	7.3
	10	4.8		10	5.9
	11	5.6		11	6.8
	12	5.4		12	6.5

2. 选择专家团队,制作调查咨询表

从相关领域选择 8 名专家,组成专家小组。制作调查咨询表,下发给各位专家,由专家背对背填写调查表。第一轮征询结果如表 2 所示:

表 2　第一轮征询结果

专家编号	1	2	3	4	5	6	7	8
最低销量	6.5	7.2	6.9	5.9	7.4	7.7	7.0	7.5
最可能销量	7.0	7.6	7.5	6.5	7.8	8.2	7.3	7.9
最高销量	7.8	8.2	7.9	7.4	8.2	8.5	7.7	8.1

3. 将第一轮的专家意见汇总

下发给专家进行第二轮征求专家意见,专家预测结果如表 3 所示:

表 3　第二轮征求意见

专家编号	1	2	3	4	5	6	7	8
最低销量	6.7	7.3	7.1	6.6	6.9	7.3	7.3	6.9
最可能销量	7.2	7.6	7.5	6.8	7.4	7.9	7.8	7.3
最高销量	7.7	8.2	8.1	7.3	7.9	8.2	8.3	7.6

4. 将第二轮的专家意见汇总

下发给专家进行第三轮征求专家意见,专家预测结果如下表 4 所示:

表 4　第三轮征求意见

专家编号	1	2	3	4	5	6	7	8
最低销量	7.0	7.2	7.3	6.8	6.9	7.3	7.2	7.2
最可能销量	7.3	7.5	7.5	7.0	7.3	7.6	7.4	7.3
最高销量	7.7	7.7	7.8	7.5	7.5	7.8	7.9	7.8

经过三轮的意见征求,专家意见不再变更。

5. 对征询的专家三轮意见汇总

进行数据处理,见表 5。

表 5　专家三轮意见汇总　　　　　　　　　　单位:万辆

	专家编号	1	2	3	4	5	6	7	8	平均值
第一轮	最低销量	6.5	7.2	6.9	5.9	7.4	7.7	7.0	7.5	7.012 5
	最可能销量	7.0	7.6	7.5	6.5	7.8	8.2	7.3	7.9	7.475
	最高销量	7.8	8.2	7.9	7.4	8.2	8.5	7.7	8.1	7.975
第二轮	最低销量	6.7	7.3	7.1	6.6	6.9	7.3	7.3	6.9	7.012 5
	最可能销量	7.2	7.6	7.5	6.8	7.4	7.9	7.8	7.3	7.437 5
	最高销量	7.7	8.2	8.1	7.3	7.9	8.2	8.3	7.6	7.912 5
第三轮	最低销量	7.0	7.2	7.3	6.8	6.9	7.3	7.2	7.2	7.112 5
	最可能销量	7.3	7.5	7.5	7.0	7.3	7.6	7.4	7.3	7.362 5
	最高销量	7.7	7.7	7.8	7.5	7.5	7.8	7.9	7.8	7.712 5

6. 预测结论

采用多种方法计算的出 2011 年 11 月份该品牌汽车的预测销售量。

1) 采用简单平均法

将 8 位专家的第三次预测值的简单平均值作为预测结果,预测销售量为:

2011 年 11 月份销售量 = (7.112 5 + 7.362 5 + 7.712 5)/3 = 7.395 8(万辆)

2) 采用加权平均法

假设将第三次专家预测的最低、最可能、最高销售分别赋予 0.2、0.5、0.3 的权重,按各自的权数进行加权平均,预测销售量为:

2011 年 11 月份销售量 = (7.112 5 × 0.2 + 7.362 5 × 0.5 + 7.712 5 × 0.3)/(0.2 + 0.5 + 0.3) = 7.417 5(万辆)

3) 采用中位数法

对 8 位专家的第三次预测分别判断最低销量、最可能销量、最高销量的中位数,在将中位数赋予不同的权重,进行加权平均预测销售量。

8 位专家第三次预测最低销售的中位数为 7.2,最可能销量的中位数为 7.35,最高销售的中位数为 7.75。将最低、最可能、最高销售分别赋予 0.2、0.5、0.3 的权重,按各自的权数进行加权平均,预测销售量为:

2011 年 11 月份销售量=(7.2×0.2+7.35×0.5+7.75×0.3)/(0.2+0.5+0.3)=7.44(万辆)

4) 采用三点估计法

三点估计法的计算公式为:

$$E = \frac{X_{max} + 4\overline{X} + X_{min}}{6}$$

将相应数值代入,预测销售量为:

2011 年 11 月份销售量=(7.1125+4×7.3625+7.7125)/6=7.3792(万辆)

综合上述四种方法,得出该品牌汽车 2011 年 11 月份的销售量约为 7.3~7.5 万辆。

3.1.2.2　产品生命周期法

1. 产品生命周期的含义

产品生命周期理论是美国哈佛大学教授雷蒙德·弗农(Raymond Vernon)1966 年在《产品周期中的国际投资与国际贸易》一文中首次提出的。产品生命周期(Product Life Cycle,简称 PLC),是指产品经过研制、开发、试销进入市场后,它的生命周期才开始,产品退出市场标志着产品生命周期的结束。产品的经济生命与产品的更新换代联系,分为导入期、成长期、成熟期、衰退期四个阶段。产品生命周期的四个阶段见图 3-3,各阶段特征见表 3-4。投入期是产品投入市场试销的开拓时期;成长期是产品经过试销期后,销售量迅速增长的时期;成熟期是产品经过成长期后,开始进入销售增长逐渐减慢和销售平稳时期;衰退期是产品的销售量迅速降低,直到退出市场为止。

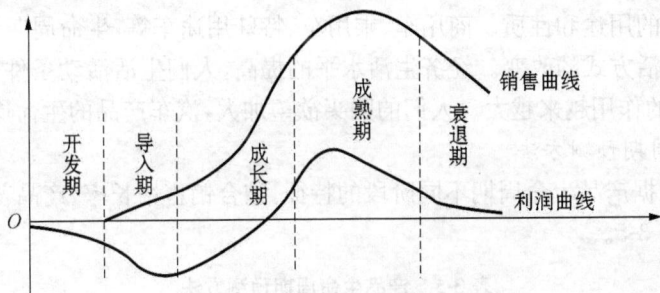

图 3-3　产品生命周期示意图

汽车产品生命周期,是指汽车产品从投放市场到被淘汰出市场的全过程,是指汽车产品在市场上的存在时间,其长短受消费者需求、汽车产品更新换代的速度等多种因素的影响。汽车产品的导入期一般只有少数公司,甚至是独家公司,产品成本高,售价也高。企业为尽量缩短导入期的时间,就要把销售力量直接投向最有可能的购买者。

汽车产品的成长期销售增长迅速,早期使用者对产品的喜欢,促使其他消费者开始追随使用。此外,大规模生产能够提高利润和吸引力,会出现大量新竞争者加入。

汽车产品成熟期竞争激烈,市场占有率和增长速度增加缓慢,甚至降低,汽车及相关企业常采取一定策略,使成熟期延长,或使产品生命周期再循环。

面对汽车产品进入衰退期,企业需要进行认真的研究分析,决定退出市场的时间和策略。

笔记

通常可采用的策略主要是维持、集中、收缩和放弃等。

表 3-4　产品生命周期不同阶段特征

	导入期	成长期	成熟期		衰退期
			前期	后期	
销售量	低	快速增长	继续增长	有降低趋势	下降
利润	微小或负	大	高	逐渐下降	低或负
现金流量	负数	适度	高	下降	低
顾客	爱好新奇者	较多	大众	大众	落后者
竞争	少	渐多	增加	甚多	减少

资料来源:http://wiki. mbalib. com/wiki/%E4%BA%A7%E5%93%81%E7%94%9F%E5%91%BD%E5%91%A8%E6%9C%9F

2. 影响产品生命周期的因素

影响汽车产品生命周期的因素主要有:

(1)国家政策制约。国家鼓励汽车生产和消费则产品生命周期长;宏观政策限制汽车生产和消费则产品生命周期短;国家对汽车标准的要求也制约汽车生产和消费。比如排放标准、节能标准等。

(2)科技进步的程度。科技水平提高快则新的汽车产品上市快。汽车本身质量提高,又能够增加使用年限。

(3)市场竞争状况。市场竞争激烈,汽车产品生命周期缩短;另一方面,竞争激烈,高质量、高满意度的产品生命周期相对长。

(4)汽车本身的用途和性质。商用车、乘用车、特殊用途车等,生命周期各不相同。

(5)消费者生活方式的改变。经济生活水平的提高,人们生活活动条件、活动形式都发生了重大变化,汽车的作用越来越大。人们的购买欲望加大,汽车产品的生命周期缩短。

3. 产品生命周期预测方法

该方法可以根据产品生命周期不同阶段的特征,结合销售增长率、产品普及率等因素对市场进行预测。见表 3-5。

表 3-5　产品生命周期预测方法

	投入期	成长期	成熟期	衰退期
销售增长率	销售量小 增长缓慢	销售量迅速扩大 增长幅度大	前期销量增长减慢,后期销售趋于稳定或徘徊不前	销量逐年下降
产品普及率	<5%	前期 5%~50% 后期 50%~80%	80%~90% >90%时市场需求基本满足	递减

注:产品社会普及率=(样本户拥有量/样本总户数)×100%

3.1.2.3　市场景气预测法

景气是对经济发展状况的一种综合性描述,用以说明经济的活跃程度。市场景气是市场繁荣和疲软的状态。市场总是按照"扩张—紧缩—扩张"的规律作周期性的运动,周期性波动会重复再现。

市场景气预测法是指对汽车市场或汽车相关产品市场的市场形势和运行状态进行评价和

预警,揭示汽车市场变动规律,为汽车及相关企业经营决策和宏观经济调控提供依据的方法。

景气的状态是通过一系列的经济指标描述的,通常景气指标有领先指标(也称先行指标)、同步指标(也称一致指标)、滞后指标(也称迟行指标)。领先指标是根据与经济发展有关指标的变化同市场变化之间在时间上的先后顺序来判断、预测市场发展前景的方法。同步指标是指市场变化与总体经济一致的指标。滞后指标是指其变化落后于总体指标。

与汽车消费有关的领先指标主要包括个人收入、个人消费支出、耐用品订单、零售指数、消费者信贷、生产价格指数等;同步指标主要有国内生产总值、工业总产值、社会消费品零售总额、社会商品销售额、个人收入等;滞后指标主要有全民固定资产投资、商业贷款、财政收支、零售物价总指数、消费品价格指数、集市贸易价格指数等。

市场景气预测常采用扩散指数、压力指数分析预测。

1. 景气扩散指数法

景气扩散指数,简称 DI,是指一定时期内,领先指标中持平的和上升的指标数目占全部指标数目的百分数。根据扩散指数判断市场未来的景气情况。其计算公式为:

$$扩散指数(DI) = \frac{上升的指标数目 + 持平的指标数目}{全部指标数目} \times 100\%$$

注意:计算扩散指数要根据目的和预测时限来选用月、季或年作为时期期限。

扩散指数与经济波动周期有密切关系,见图 3-4 所示。当 $DI > 50\%$,表明上升指数多于下降指数,经济总体增长,其中 DI 由 50% 且向 100% 上升时,经济增长加速,市场处在景气期即扩张期;由 100% 向 50% 下降,经济增长放慢,市场处在景气后期即收缩期。当 $DI < 50\%$,经济运行发生重大转折,上升指标数小于下降指标数,经济总体下降,其中 DI 由 50% 且向 0% 下降时,经济增长下降,市场处在不景气前期即萧条期;由 0% 向 50% 上升,经济增长回升,市场处在不景气空间的后期即复苏期。

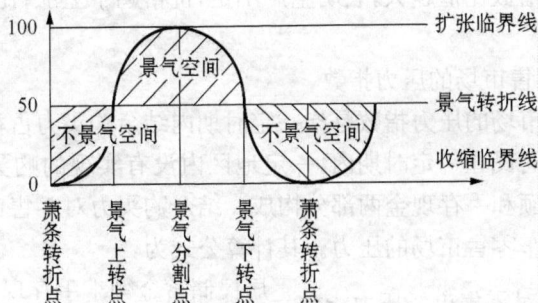

图 3-4　扩散指数与市场景气关系

资料来源:http://wiki.mbalib.com/wiki/%E6%89%A9%E6%95%A3%E6%8C%87%E6%95%B0

例如,表 3-6 中列出了 2000 年 6 月和 7 月的 5 项指标的观测值,已知经济刚刚到达顶峰,计算 2 个月的扩散指数并进行分析。

表 3-6　2000 年 6—7 月经济指标观测值

时间	指标 1	指标 2	指标 3	指标 4	指标 5
2000 年 6 月	141.55	305.2	150 729	54.9	44 749
2000 年 7 月	141.49	337.2	151 764	54.8	44 873

从表中看出，5 项指标中指标 2、3、5 扩张，指标 1、4 收缩，没有持平指标。则扩散指数 DI 为：

$$DI = \frac{\text{上升的指标数目} + \text{持平的指标数目}}{\text{全部指标数目}} \times 100\%$$

$$= \frac{3}{5} \times 100\%$$

$$= 60\%$$

根据计算结果，$DI = 60\% > 50\%$，又经济刚刚到达顶峰，即 100% 向 50% 下降，说明经济增长放慢，市场处在景气后期即收缩期。

2. 压力指数预测法

压力指数预测法是根据两个有联系的指标间比值的大小反映市场变动的预测方法。针对汽车及相关市场，主要有以下几种指数：

1）需求对供给的压力指数

需求对供给的压力指数是指一定时期内汽车及产品需求与汽车产品供给之比，反映汽车需求对汽车供给的压力。其计算公式为：

需求对供给的压力指数 =（汽车产品需求量/汽车产品供给量）× 100%

比值越大，则供不应求，价格趋于上涨；比值越小，则供大于求，价格趋于下跌；如果两者的比率为 100% 时，则供求平衡，价格趋于均衡。

2）需求对生产的压力指数

需求对生产的压力指数是指一定时期内汽车产品需求与供给生产量之比，反映需求对生产的压力。其计算公式为：

需求对生产的压力指数 =（汽车产品需求量/汽车产品生产量）× 100%

需求对生产的压力指数比值越大，表明生产不足，价格趋于上涨；比值越小，则表明生产过剩，价格趋于下跌。

3）结余购买力对零售市场的压力指数

结余购买力对零售市场的压力指数是指一定时期内结余购买力占社会消费品零售额的比率。结余购买力是城乡居民在一定时期内、一定地区内没有实现的购买力。主要由居民以现金形式存入银行的储蓄额和手存现金两部分构成。结余购买力对零售市场的压力指数可以用来评价结余购买力对汽车零售市场的压力。其计算公式为：

$$\text{结余购买力对零售市场压力指数} = \frac{\text{居民储蓄金额} + \text{手存现金}}{\text{社会消费品零售额}} \times 100\%$$

结余购买力对零售市场压力值大，汽车市场压力越大；该压力指数值越小，汽车市场压力越小。如果每百元零售额分摊的结余购买力过大，则有较多货币停留在流通中，物价总体水平趋于上涨，通货膨胀较严重。

4）结余购买力对商品存货压力

结余购买力对商品存货压力是指在一定时期末的结余购买力与社会商品存货的比率，该比率反映商品存货对结余购买力的保证程度。

$$\text{结余购买力对商品存货压力指数} = \frac{\text{居民储蓄金额} + \text{手存现金}}{\text{社会消费品存货额}} \times 100\%$$

结余购买力对商品存货压力值越大，结余购买力对商品存货的压力越大；该压力值越小，结余购买力对商品存货压力越小。

3.1.2.4　因素分析法

因素分析预测法是凭借经济理论与实践经验,通过对预测目标的各种影响因素作用的大小与方向分析,对预测目标未来的发展变化作出推断的一种预测方法。因素分析预测法能综合各种影响因素,具有较为可靠的预测结论,该方法能在经济现象的相互联系中作出有效判断。并能采用一定的标准和方法,将多个影响因素合并为综合指标,评价和预测市场需求。常用的因素分析预测法有因素列举归纳法、相关因素推断法、因素分解推断法、购买力区域指数法等。

资料 3-2

我国银行个人消费信贷在 20 世纪 90 年代开展以来,由于种种原因发展缓慢,但随着经济的发展和借鉴国外的经验,在北京、上海、深圳等大城市得到了发展。在运行过程中,银行发现在三个领域内最易推广,即住房、汽车、教育。这个结论和国外个人消费信贷发展过程相似,从而也指导了在我国其他城市推出个人消费信贷的重点。但值得引起注意的是,使用外国成熟的市场预测方法在进行市场预测时,一定要注意我国的国情。

资料来源:中华统计学习网

---

1. 因素列举归纳法

因素列举归纳法是指将影响汽车市场变动的经济因素和非经济因素、可控因素和非可控因素、内部因素和外部因素、有利因素和不利因素逐一列举,区分其性质、作用大小和方向,再综合、归纳,推断预测目标的未来变化趋向。

因素列举归纳法基本程序是:①搜集有关资料,列举能观察到的影响汽车市场变化的各种主要因素。如,国家对汽车产业的政策和投资、居民可支配收入、汽车的价格水平等。②区分各种因素的性质、作用大小、方向和程度。③推断预测目标未来变化的趋向。当有利因素居主导地位时,则未来前景看好;若不利因素居主导地位时,则未来前景暗淡,或市场疲软。

2. 相关因素推断法

相关因素推断法是根据经济现象之间的相互联系和相互制约关系,由相关因素的变动方向来判断汽车市场的变动趋向的预测方法。如,汽车拥有量和汽车需求之间,具有相关关系,由汽车拥有量可以推断出汽车的需求。通常,相关因素推断法又有顺相关系推断法和逆相关系推断法。

顺相关系是指两个现象间的变动方向为相同方向,也就是同增同减关系。可以由相关现象的增减,推断预测目标相应的增减。

逆相关系是指两个现象间的变动方向为相反方向,即此消彼长关系。可由相关现象的增或减,推断预测目标向相反的方向变动。

3. 因素分解推断法

因素分解推断法是指将汽车市场预测目标按照一定的联系形式分解为若干因素指标,研究这些因素指标未来变动的方向、程度和结果,再综合各种因素变动,求出预测目标的总变动趋向和结果的预测方法。

例如,某品牌轿车 2010 年销售 949.43 万辆,其中城市市场销售了 41%,乡村市场销售了 59%,据预测明年城市销售将增长 10.8%,乡村销售将增长 15.6%,则明年该品牌车的销售量为:

$$2011 年销售量 = 949.43 \times (1 + (10.8\% \times 41\% + 15.6\% \times 59\%) \times 100\%)$$
$$= 1\,078.78(辆)$$

4. 购买力区域指数法

购买力区域指数法,又称市场潜在需求指数法,是将若干相互联系又相互独立的决定市场需求潜力大小的因素指标,采用一定的标准和核算方法合并为一个综合性的指标,来衡量不同地区需求程度的预测方法。按照因素指标合并的标准和方法不同,购买力区域指数又分比重购买力区域指数和比较法购买力区域指数两种两种方法。

1) 比重购买力区域指数法

比重购买力区域指数是以各地区的总户数、居民收入或国内生产总值、商品零售额的比重等指标为基础,采用加权平均法合并为一个综合性的指数来作为购买力区域指数。一般经验权数总户数为 2,收入性指标为 5,商品零售额为 3。见表 3-7 数据,此表是用比重法计算购买力区域指数。如果整个区域需求汽车的数量为 500 辆,计算的需求总量与各城市的购买力区域指数之积为各城市的潜在需求量。

表 3-7　区域购买力指数表

地区	总户数比重/%	国内生产总值比重/%	商品零售额比重/%	购买力区域指数/%	汽车潜在需求量/辆
A 市	12.18	43.44	33.99	34.35	17 177
B 市	15.81	8.25	11.65	10.78	5 391
C 市	8.65	6.93	10.36	8.30	4 152
D 市	14.95	12.17	11.22	12.44	6 221
E 市	15.06	11.15	12.27	12.30	6 134
F 市	14.40	10.97	10.26	11.43	5 722
G 市	18.95	7.10	10.15	10.39	5 193
合计	100.00	100.00	100.00	100.00	49 988

A 市购买力指数和汽车潜在需求量计算如下,其他城市的购买力指数计算方法相同,数值见上表。

A 市的购买力指数 $=(12.18 \times 2 + 43.44 \times 5 + 33.99 \times 3)/10 = 34.35\%$

A 市的汽车潜在需求量 $= 500 \times 34.35\% = 17\,177(辆)$

2) 比较法购买力区域指数

比较法购买力区域指数是选择若干相互联系又相互独立的能决定市场需求潜力大小的因素指标,将其区分为质的因素和量的因素两大类,再以典型地区的水平为基准,计算比较相对数来构造综合性的购买力指数地方法。通常质的因素主要是人均国内生产总值、职工年均工资、农民年均收人、人均储蓄余额、人均商品零售额等平均指标。量的因素主要是反映消费规模的因素指标,如总人口或家庭总户数。

　　例如,甲市作为典型地区的对比基准,即购买力指数为100%,其他地区的购买力指数的计算采用下式:

$$某地的购买力指数=质的因素的平均值×占甲市人口百分率$$

　　如果预测某一商品在各地的市场需求潜量,就以各地的购买力指数分别乘以商品在甲地的估计需求量。即:

$$某地市场需求潜量=甲地的估计需求量×某地购买力指数$$

案例 3-2

四个城市影响汽车市场需求的因素指标

　　下表列出了甲乙丙丁四个城市影响汽车市场需求潜力大小的因素指标。其中,甲市为对比基准,乙、丙、丁市的购买力指数根据上面的公式计算结果如下表中所列。若甲市汽车估计需求量为85万辆,则乙市的潜在需求量为:

$$乙市汽车的潜在需求量=85×94.9\%$$
$$=80.67(万辆)$$

　　同理,丙、丁市的潜在需求量计算结果分别为 57.44 万辆、88.57 万辆。

表　甲乙丙丁四个城市影响汽车市场需求潜力大小的因素指标

因素编号	影响因素	甲市	乙市	丙市	丁市
1	人均国内生产总值/元	4 470	8 319	5 271	4 659
	占甲市/%	100	186.11	117.92	104.23
2	职工年均工资/元	11 396	12 756	10 804	12 448
	占甲市/%	100	111.93	94.81	109.23
3	农民年均收入/元	3 021	4 194	3 252	3 042
	占甲市/%	100	137.34	107.65	100.7
4	人均储蓄额/元	3 612	3 822	2 316	1 866
	占甲市/%	100	211.63	128.24	103.32
5	人均商品零售额/元	1 434	2 070	1 992	1 542
	占甲市/%	100	144.35	138.91	107.53
质因素相对平均数		100	158.27	117.51	105.00
量因素	总人口/万人	131.78	79.02	75.79	130.78
	占甲市	100	59.96	57.51	99.24
购买力指数/%		100	94.90	67.58	104.20

3.1.2.5　SWOT 分析法

　　SWOT 分析法,是一种综合考虑企业内部条件和外部环境的各种因素,进行系统评价,从而选择最佳经营战略的方法。这里 S(Strengths)是指企业内部的优势,W(Weaknesses)是指企业内部的劣势,O(Opportunity)是指企业外部环境的机会,T(Threats)是指企业外部环境的威胁。

笔记

S (STRENGTHS) 优势	W (WEAKNESSES) 劣势
O (OPPORTUNITIES) 机会	T (THREATS) 威胁

图 3-5　SWOT 分析法示意图

建立 SWOT 矩阵时的考虑因素如表 3-8 所示。

表 3-8　SWOT 因素

S	W
1. 企业的特色是什么？ 2. 和别人有什么不同？ 3. 能做什么别人做不到的？ 4. 顾客为什么忠诚？ 5. 组织有什么新经验和新的技术？ 6. 在成功方面成功的原因是什么？ ……	1. 哪些事情无法做到？ 2. 别人哪些地方比我们好？ 3. 不能够满足何种顾客？ 4. 缺乏的技术是什么？ 5. 最近因何失败？ ……
O	T
1. 市场中有什么适合的机会？ 2. 哪些经验和新技术能为企业服务？ 3. 企业能为消费者提供的新技术/服务？ 4. 宏观环境为企业创造了哪些机会？ 5. 组织在 5～10 年内的发展？ ……	1. 市场最近有什么改变？ 2. 竞争者最近在做什么？ 3. 是否赶不上顾客需求的改变？ 4. 政治环境的改变对组织的不利影响？ 5. 哪些因素可能会威胁到组织的生存？ ……

企业进行 SWOT 分析的步骤如图 3-6 所示。

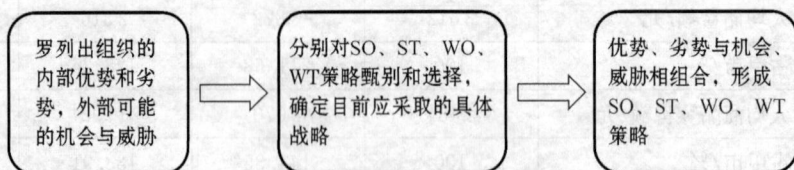

| 罗列出组织的内部优势和劣势，外部可能的机会与威胁 | ⇒ | 分别对SO、ST、WO、WT策略甄别和选择，确定目前应采取的具体战略 | ⇒ | 优势、劣势与机会、威胁相组合，形成SO、ST、WO、WT策略 |

图 3-6　SWOT 分析的步骤

企业内部的优势和劣势是相对于竞争对手而言的，企业外部的机会是指环境中对企业有利的因素，企业外部的威胁是指环境中对企业的不利因素。以某炼油厂为例进行 SWOT 分析。

资料 3-3　优势劣势评价项目

　　表 1 是针对企业内部环境评审的详细项目，进行 SWTO 分析时，可以对照表中的项目分析企业的优势、劣势，结合机会、威胁分析，帮助制定企业战略和营销策略。（见评审表）

	企业内部环境(优势、劣势)评审表		
	检核问题	是	否
	1. 营销与销售		
计划	公司是否有市场营销计划		
	市场营销计划中是否有预算		
	公司的经营是否抓住市场机遇		
市场研究	公司是否界定清楚目标市场		
	是否对目标市场做进一步细分		
	公司是否了解客户的愿望和需求		
	公司是否清楚市场对其车辆或服务的反应		
	公司是否已充分发掘了市场潜力		
	公司是否一直在做竞争分析		
定价	价格与目前行业的实际水平是否一致		
	定价策略是否根据公司的成本结构制定的		
	是否在进行价格灵敏度研究		
广告和公共关系	公司是否按可衡量的结果选择媒介		
	公司所做的广告是否前后一致		
	按公司的经营水平及期望增长计划,广告预算是否合理		
客户服务	客户服务是否优先		
	公司是否恳求得到客户的反馈		
	在服务与客户需求和理想的经营策略之间是否达到了合理的平衡		
销售管理	对汽车销售人员和区域代表是否按他们的职责给予了适当的指导		
	公司是否确认了个人的销售目标		
	公司是否提供适当的销售支持		
	汽车销售人员是否经过系统的培训		
个人销售情况	汽车销售人员是否知道销售策略是什么		
	个人风格是否影响销售策略		
	2. 公司动作		
公司选址	公司的位置是否合适		
公司成长	业务成长是否至少高于市场的自然增长率		
	是否已经达到公司的销售和利润目标		
采购	是否选用了信誉好且具有竞争力的供应商		
	是否有采购计划		

笔记

库存控制	公司的库存周转情况是否加以控制		
	对于周转慢的车辆是否加以控制		
	是否制定了合理的再订货策略		
时间管理	是否建立了基于时间管理的快速反应机制		
服务质量管理	是否有一个有效、适当的控制保证系统		
	是否制定了服务质量政策		
	对于可能影响服务质量的关键因素是否进行量化控制		
	对于从事服务的人员是否进行培训和上岗资格认定		
	是否定期对服务系统进行审核		

3. 财务

账目	所记录的资料是否容易使用		
	需要资料时是否能立即获得所需信息		
	是否有每月盈亏核算		
	是否有年度财务报告		
预算	公司使用现金是否有预算		
	是否运用月度偏差分析		
成本控制	公司对各项成本是否都有管理控制		
	对于高成本项目是否做了特别处理		
	是否以预算作为初步成本控制的工具		
筹款	必要时公司是否总能成功地筹到资金		
信用和融资	是否运用信用有效地增加收入		
	是否清楚了解信用和融资成本		
	是否对信用和速效策略做定期评审		
	公司当前的财务策略是否成功		
	是否有一个对应收账款的财务政策		
银行交往	同主要业务银行的关系是否融洽、友好		
	是否同几家银行交往		
资金成本	公司对资金成本和利润率是否做过比较		
	利息率和借款条件是否适当		

笔记

运用财务分析工具	是否了解并运用下列财务分析工具		
	收支平衡分析		
	现金流量推算分析		
	月度盈亏分析（收入报表）		
	平衡表		
	比例分析		
	行业运用比列		
	税务计划		

4. 人事

招聘	是否按照最有效的资源搭配进行招聘		
	是否从合格的申请人中选聘人才		
	是否保留合格申请人的档案		
培训	汽车销售员是否有按工作要求进行过系统培训		
	是否保留培训记录		
激励	是否建立对员工的激励制度		
	是否有自己的企业文化和共享价值观		
	员工对自己的工作是否表现出兴趣		
	员工是否全力以赴投入工作		
政策执行情况	公司的各项政策是否有效执行		
	是否达到预期的结果		
	是否按期进行管理评审		
沟通	员工是否了解和参与决策		
	员工是否清楚自己的目标		
	公司是否为员工创造提升和发展的机会		

5. 行政管理

记录资料的保管	如有需要，是否很容易找到过去的记录或资料		
	记录资料是否至少保留到规定的期限		
	是否建立了人事档案制度		

问题的解决	是否有未解决的问题		
决策	管理层是否行事果断		
	公司是否有决策程序		
领导	公司是否有足够合格的企业管理人员		
培养接班人	是否有职务代理人制度		
政府法规	公司对可能影响业务的当地或国家法规是否清楚并制定了相应的政策		
同专业人员合作	公司是否聘用了会计师、律师或专业顾问		

注:如果回答"否",则说明在对应方面企业存在问题,需要改进。

资料来源:张揩桄,段钟礼.汽车营销师(三级).北京:中国劳动社会保障出版社. 2008,11.

资料3-4 哈默的成功

1931 年,罗斯福提出解决美国经济危机的"新政"获得了一些人的赞同,但仍有一些人对"新政"持怀疑态变。从苏联回来的哈默潜心研究了当时美国国内的政治形势和经济状况,认为"新政"定会成功。

从这点出发,哈默预见一旦新政得势,1920 年公布的禁酒令就会废除。那时市场将需要空前数量的酒桶,而当时市场上却没有酒桶。哈默在前苏联住了多年,知道前苏联有制造酒桶的桶板可供出口,于是,他向苏联订购了几船桶板,并在纽约码头附近设立了一个临时桶板加工厂。当酒桶从哈默的造桶厂鱼贯而出时,正好赶上"新政"废除禁酒令。于是,哈默的酒桶被酒厂抢购一空,获得了空前的成功。

哈默的成功说明市场预测关注宏观环境非常重要。

资料来源:科技世界网.阿曼德·哈默 石油大王商业天才. http://www.twwtn.com/Star/114_106791.html,212-05-31

案例3-3

某炼油厂 SWOT 分析

某炼油厂是我国最大的炼油厂之一,至今已有 50 多年的历史。目前已成为具有 730 万吨/年原油加工能力,能生产 120 多种石油化工产品的燃料-润滑油-化工原料等产品的综合性炼油厂。该厂有 6 种产品获国家金质奖,6 种产品获国家银质将,48 种产品获 114 项优质产品证书,1989 年获国家质量管理奖,1995 年 8 月通过国际 GB/T19002-ISO9002 质量体系认证,成为我国炼油行业首家获此殊荣的企业。

该厂研究开发能力比较强,能以自己的基础油研制生产各种类型的润滑油。当年德国大众的桑塔纳落户上海,它的发动机油需要用昂贵的外汇进口。1985 年厂属研究所接到任务

笔记

后,立即进行调研,建立实验室。在短短的一年时间内,成功地研究出符合德国大众的公司标准的油品,拿到了桑塔纳配套用油的认可证,1988年开始投放市场。以后,随着大众公司产品标准的提高,该厂研究所又及时研制出符合标准的新产品,满足了桑塔纳、奥迪的生产和全国特约维修点及市场的用油。

但是,该炼油厂作为一个生产型的国有老厂,在传统体制下,产品的生产、销售都由国家统一配置,负责销售的人员只不过是作些记账、统账之类的工作,没有真正做到面向市场。在向市场经济转轨的过程中,作为支柱型产业的大中型企业,主要产品在一定程度上仍受到国家的宏观调控,在产品营销方面难以适应竞争激烈的市场。该厂负责市场销售工作的只有30多人,专门负责润滑油销售的就更少了。

上海市的小包装润滑油市场每年约2.5万吨,其中进口油占65%以上,国产油处于劣势。之所以造成这种局面,原因是多方面的。一方面在产品宣传上,进口油全方位大规模的广告攻势可谓是细致入微。到处可见有关进口油的灯箱、广告牌、出租车后窗玻璃、代销点柜台和加油站墙壁上的宣传招贴画,还有电台、电视台和报纸广告和新闻发布会、有奖促销、赠送等各种形式。而国产油在这方面的表现则是苍白无力,难以应对。另外,该厂油品过去大都是大桶散装,大批量从厂里直接销售给大企业、大机构,而很少以小包装上市,加上销售点又少,一般用户难以买到经济实惠的国产油,而只好使用昂贵的进口油。

根据该炼油厂的上述情况,我们可以利用SWOT方法进行分析。根据分析结果,为了扭转该炼油厂在市场营销方面的被动局面,应该考虑采取如下措施:制订营销战略;增加营销人员和销售点;增加产品小包装;实施品牌战略;开展送货上门和售后服务;开发研制新产品;继续提高产品质量和降低产品成本;发挥产品质量和价格优势;宣传ISO9002认证效果;通过研究开发提高竞争能力。

案例来源:中国价值百科

http://www.chinavalue.net/Wiki/ShowContent.aspx?TitleID=401361

🔍 任务回顾

1. 定性预测是汽车市场预测常用的方法之一,特别是在市场资料少、或难以收集的情况下使用较广泛。

2. 定性预测的具体方法有许多种,有些方法需要简单的计算,有些方法直接运用经验即可、而有的方法需要演绎推理等。

3. 采用哪一种定性方法预测,需要根据获取的资料情况、预测目的等进行选择。

⬇ 任务实施步骤

（一）任务要求

明确调查目标,收集预测所需资料,确定预测方法,进行预测。注意,需要预测专家的,专家的选择和确定要符合预测调查要求。

（二）任务实施的步骤

定性预测任务实施的基本步骤:

笔记

（1）准备相关资料。包括与预测目标有关的历史资料和现状资料。

（2）设计有关征询表格和问题。为了预测的有效性，在预测实施之前需要针对预测目标进行意见征询表或征询问题的设计。

（3）预测实施。依据预测目标和现有资料选择适合的方法预测。

（4）预测意见整理。整理预测意见，分类、总结、推算整个市场未来发展趋势。

思考与训练

1. 预测的一般程序是什么？
2. 汽车市场预测是如何分类的？
3. 简述德尔菲法的预测程序？
4. 汽车消费市场的影响因素有哪些？
5. 分别举例说明意见综合法、产品生命周期法、市场景气预测法。
6. 收集一件定性预测的实例，谈谈利用的是什么预测方法？
7. 模拟实践训练：将本班同学分成 10 个小组，每组代表 1 位专家，由教师组织，运用德尔菲法对 2012 年某品牌轿车销售量和消费者可接受的价格进行预测。
8. 2009 年某国产车企业基本型乘用车（即轿车）销量是 747.32 万辆，其中城市市场销售了 43%，乡村市场销售了 57%，据预测 2010 年城市销售将增长 12.6%，乡村销售将增长 16.6%，试用因素分解推断法预测 2010 年该品牌车的销售量。

❓ 拓展提高

案例 1

捷达颠覆产品生命周期

2010 年车市依旧是各种降价促销的博弈，然而消费者似乎并不买账，持币观望情绪蔓延，汽车产销仍出现一定幅度的下滑。但已有近 20 年发展历史、中国最早的合资品牌之一——捷达，仍保持一贯的稳健作风，八月销量再次突破 2 万辆，至今累计销量 197 万辆，距具有历史意义的 200 万辆仅一步之遥。

作为中国汽车领域率先达到价值特征品牌水平的汽车品牌，捷达的问世开创了中国家庭轿车的崭新时代，到目前捷达已实现了 190 多万人的汽车梦。在销量上，捷达牢牢占据着 A 级车排行榜前"三甲"的地位；在口碑上，"车坛常青树"的美誉让捷达家喻户晓，有口皆碑；捷达近 20 年的持续畅销创造了奇迹，可以说，捷达彻底颠覆了产品生命周期。

汽车产品生命周期，是指汽车产品从投放市场到被淘汰出市场的全过程，是指汽车产品在市场上的存在时间，其长短受消费者需求、汽车产品更新换代的速度等多种因素的影响。

有关专业人士分析道："捷达是延长产品生命周期非常成功的案例。捷达的成功在于既能够结合中国汽车市场变化，又能迎合中国消费者的实际需求。同时不断适应市场变化进行产品改进、技术提升，这就使其市场认可度越来越高，自然延长了产品的生命周期。"

的确，捷达基于其产品力形成了"口碑效应"，几乎每一位捷达用户或准备购买捷达的车主都会提到"值得信赖、不断创新、皮实耐用、服务方便"等词汇，他们的共同感受是购买捷达不需理由,选择捷达最看重的是它的性能和口碑,觉得它是最省心的车型。

与此同时,捷达也经受住了市场的长期考验,并创下汽车产业里的多项第一:第一个在普及型轿车上装备 ABS;第一个装备安全气囊;第一个装备 20 汽阀发动机;第一个装备自动变速箱;第一个装备柴油发动机;第一个实现产品全系列的电喷化;第一个创下 60 万公里无大修记录;第一个杀进国内国际汽车大赛并屡屡夺冠等。

很多人把捷达形容为"城市牛仔裤",往哪儿"坐"都行,也就是说,捷达耐用,不会出毛病。

捷达的突破给我们带来了启示:任何品牌最终都需要通过市场来辨证其生命力。没有不好的产品,只有不适应市场的定位,捷达的"皮实耐用"等特性符合了广大消费者的市场需。在成长中的市场上不断改进产品,是延长产品生命周期的最有效途径。而这些,捷达都做到了。

一汽大众销售公司执行副总经理 Kevin rose 近日表示:"我们通过第三方调查公司调查过一汽大众的品牌形象,包括每个产品、每个车型在市场当中的表现。其中捷达在自己所处的细分市场当中,它的表现、形象得分都是很高的。"

并非个例,大众墨西哥工厂生产的甲壳虫已有 87 年的历史,至今依旧畅销,这说明所谓的产品生命周期也只是量化指标,惟有消费者认可的好车方能长盛不衰。

资料来源:新易在线

http://auto.guser.cn/system/2010/09/001001002_89765.shtml

问题:(1)案例中捷达长盛不衰的原因是什么?

(2)捷达是如何改变产品生命周期的?你觉得有哪些可以借鉴的地方?

案例 2

小天鹅洗衣机厂的预测

小天鹅洗衣机厂采用专家小组法,对某地区 1999 年下半年到 2000 年洗衣机的需求情况进行了预测。具体步骤如下:

(1)确定征询对象:预测小组选了 17 位在家电行业工作、熟悉各类洗衣机销售、并有预测性和分析能力的销售人员和统计人员。该地区各市的征询对象有家电协会的行业负责人、有洗衣机厂的营销经理、各市的销售主管、有影响力的代理商及销售额较高的大商场人员,比例为:行业协会人员、厂销售人员、销售商各三分之一。

(2)给专家发送意见征询函,函中要求专家了解征询目的和要求,即在 10 天之内对本地区 1999 年下半年和 2000 年本厂洗衣机的销售量进行预测,并要有较详细的依据、意见和建议,并附有为专家提供参考的资料。包括本厂洗衣机在该地区前 5 年的销售量、该地区各种品牌洗衣机的销售总量,1999 年上半年的销售量、不同家庭对不同类型洗衣机选择的情况分析等等。

(3)汇总征询意见。回收第一轮征询函后,进行汇总,预测 1999 年下半年该地区,该厂品牌洗衣机销售量最低 2 万台,最高 3 万台,平均数为 2.5 万台,2000 年销售量最低 3.7 万台,最高 5.4 万台,平均数为 4.5 万台,同时专家们提出了许多对洗衣机市场的分析及如何促进洗衣机销售的意见等等。

(4)反馈汇总意见,将征询意见汇总整理归纳后,得出以下的四条意见:①20 世纪 80 年代末至 90 年代初的老洗衣机都将被淘汰,新一轮的洗衣机更新换代将在 1999 年下半年开始,到 2000 年下半年完成。②人们对洗衣机的要求趋向于功能新颖、节水型。③不同家庭对洗衣机容量的大小有不同要求,不同季节也有不同的要求。④由于目前各家庭收入预期有所降低,估

笔记

计到 2000 年下半年,销售量将受到影响,需加大促销力度,将这些看法分别寄给专家们进行第二轮征询。为了使专家们了解本厂今年在洗衣机类型上的创新情况和经营决策部门对销售部门实行新的激励机制,他们又补送了两份资料。第一份是本厂今年推出的吸收国家最新技术的节能节水型洗衣机的产品类型介绍,第二份是本厂为激励销售部门人员的积极性,对销售有功人员可以奖励十万元以上的奖励措施,请专家们再次进行预测。函件收回后进行汇总,预计 1999 年下半年可达 3.5 万台,2000 年可达 6.8 万台,均高于第一次平均预测水平。同时,对厂里采取的积极进取的措施表示赞同,并就改革营销体制,完善激励机制等方面又提出了一些意见。

按照专家们的预测 1999 年下半年,某厂在该地区的洗衣机销售量达 3.8 万台,误差为 8.5%;2000 年为 7 万台,误差为 3.2%。

资料来源:无锡小天鹅股份公司 1997 年市场调查报告

问题:(1) 案例中小天鹅洗衣机厂采用的是哪种预测方法?

(2) 这种预测方法有何特点?

任务二　汽车市场的时间序列预测法

知识目标

- 掌握有关定量预测的种类及其概念。
- 掌握时间序列常用预测方法的含义和特征。

能力目标

- 能根据现有数据运用定性定量预测方法对发展变化趋势作出预测。
- 能针对时间序列进行预测。

技能点

- 常用时间序列预测法的应用。

知识点

- 时间序列常用预测法。

情境描述

许多市场现象与时间有紧密关系,对于与时间有关的市场因素的预测,在资料比较充足的情况下,找出因素随时间变化的规律,进行汽车市场预测。

任务剖析

实际观察数据相对较多时,通过数据分析,能够找出数据间的规律,用建立的数学模型预测。时间序列预测法需要收集预测目标的历史数据,将其按时间排列成时间序列,再对预测目标数据分析,找出目标数据随时间变化的趋势,利用趋势来预测未来目标值,是汽车市场预测最常采用的方法。

任务载体

对我国未来汽车发展做预测分析,数据以国家统计局网站公布的汽车产量数据为依据。汽车产量是汽车及相关产业发展分析的重要指标之一,我国加入世界贸易组织(WTO)已有10年,取得了令人瞩目的进步和发展。入世前的2000年,我国汽车生产仅仅200多万辆,2010年产销突破1800万辆,成为世界汽车生产大国和汽车销售大国。2006—2010年,汽车保有量年均增950多万辆,汽车批量进入寻常百姓家,含轿车在内的私人小客车增量占到汽车总增量的80%,我国已经进入汽车时代。近年来,我国制定并实施了《应对气候变化国家方案》,汽车业的节能减排工作力度变大,

国际金融危机的严重蔓延,我国强有力的汽车内需刺激政策的实施、大型采购团赴欧美发达国家购买汽车以及跨国公司在我国的市场不断扩大等这些宏观环境的变化、"汽车社会与产业未来"对我国汽车业特别是汽车产销量都会有重大影响。科学的预测汽车产销量,为汽车市场决策提供依据。

表3-9列出了1980年至2011年我国汽车产量的数据。对于时间序列数据,怎样找出数据随时间变化的趋势,数据的变化规律和预测目标的未来取值怎样? 关键是预测方法的合理选择,采用何种时间序列分析预测法,预测会有不同的结果。

表3-9　1980年—2011年我国汽车产量数据

年份	汽车合计产量/万辆	年份	汽车合计产量/万辆	年份	汽车合计产量/万辆
1980	22.2288	1991	70.882	2002	347.7162
1981	17.5645	1992	106.1721	2003	449.6431
1982	19.6304	1993	129.6778	2004	519.623
1983	23.9886	1994	135.3368	2005	615.3335
1984	31.6367	1995	145.2697	2006	738.5117
1985	44.3377	1996	147.4905	2007	904.3244
1986	37.2753	1997	158.2628	2008	961.5501
1987	47.2538	1998	162.9026	2009	1382.668
1988	64.6951	1999	183.1596	2010	1865.138
1989	58.6936	2000	206.9	2011	1917
1990	50.9242	2001	246.7365	2012	?

数据来源:综合国家统计局数据、全景网数据、智研咨询数据

相关知识

3.2　时间序列预测法

定量预测方法有两个明显的特点:一是依靠实际观察数据,重视数据的作用;二是通过数

笔记　据分析,找出规律,把建立数学模型作为预测的工具。时间序列预测法是汽车市场预测最常采用的方法。

时间序列是指把历史统计资料按时间顺序排列起来得到的一组数据序列。时间序列预测法是将预测目标的历史数据按时间排列成时间序列,通过分析预测目标数据随时间变化的趋势来预测未来目标值。时间单位可以是周、月、季度或年等。例如,按月份排列的汽车的销售量;汽车产业产值按年度顺序排列起来的数据序列等,都是时间序列。表 3-10 为 2011 年轿车销售数据。

表 3-10　2011 年轿车销售数据

月份	销售量/万辆
1	107.04
2	63.36
3	91.59
4	79.14
5	74.69
6	79.97
7	72.38
8	77.84
9	93.02
10	85.83
11	92.77

数据来源:中汽协.搜狐汽车研究室

时间序列预测法主要用于分析影响事物的主要因素比较困难或相关变量资料难以得到的情况,预测时要先对时间序列进行模式分析。时间序列的模式从数据的形态上主要有水平型、趋势型、周期变动型和随机型四种类型。

编制时间序列是为保证数据的可比性,应注意时间序列各数据之间的时间间隔应保持一致。

时间序列预测法通常又分为移动平均法、指数平滑法、趋势外推法、季节分析法等多种方法。不同的时间序列预测方法适用于一定的时间序列模式。

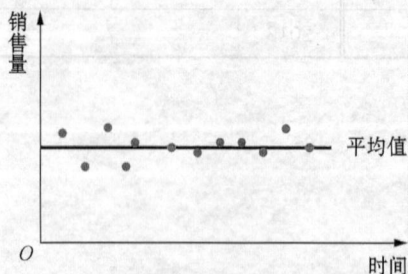

图 3-7　水平型时间序列模式

3.2.1　时间序列模式

根据时间序列数据分布特征,时间序列模式主要有水平型、趋势型、周期型和随机型变动模式。模式不同,选择的预测方法不同,同一种模式也可以选择多种方法预测。

水平型时间序列模式是指时间序列各个观察值呈现出围绕着某个定值上下波动的变动形态,如图 3-7

所示为水平型时间序列模式。

趋势型时间序列模式是指时间序列总体上呈现出持续上升或下降趋势的变动形态,变动幅度不太大。有线性变动和非线性趋势变动模式。图 3-8 是线性变动模式。

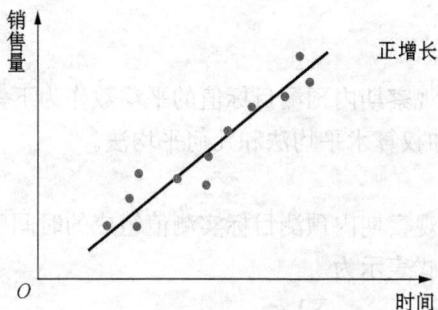

图 3-8 线性趋势型时间序列模式

周期变动型时间序列模式是指时间序列随着时间的推移呈现出有规则的上升与下降循环变动的形态,常见季节变动型模式。图 3-9 是季节变动模式,图中的 T 是一个季节周期。

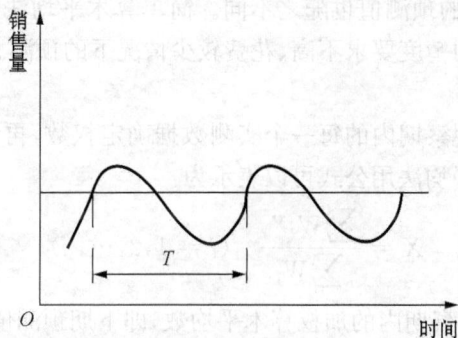

图 3-9 季节型时间序列模式

如果时间序列所呈现的变化趋势走向升降不定、没有一定的规律可循的变动势态,这种时间序列模式是随机模式。随机模式主要是由政治变动以及自然气候突变、经济现象的不规则变动等偶然因素引起的变动。对这类时间序列模式,需要先消除不规则因素影响,再找出固有规律,进行分析预测。本教材内容不涉及该种模式的预测。

需要说明的是:市场供求的形态不同,选用的预测方法不同。

(1)稳定形态,多采用平均数法、类推法等。需求处于稳定形态的比如日用品。

(2)趋势形态,可采用移动平均数、指数平滑法、回归分析法进行预测。

(3)季节性形态,可采用季节指数分析、季节平均系数分析、移动平均数季节指数法进行分析。像汽车市场的金九银十现象就具有季节性形态。

3.2.2 时间序列的预测方法

根据时间序列所反映的经济现象的发展过程、方向和趋势,将时间序列外推或延伸,来预测经济现象未来可能达到的水平。时间序列是将某个经济变量的观测值,按时间先后顺序排列所形成的数列。时间单位可以是周、月、季度或年等。

编制时间序列应注意以下问题:

（1）时间序列各数据之间的时间间隔应保持一致，否则就失去了可比性。

（2）时间序列预测法应用范围很广泛。

时间序列预测法的具体形式较多，常用的有平均法、指数平滑法、趋势外推法、季节指数法。

3.2.2.1　简单平均法

简单平均法就是将一定观察期内预测目标值的平均数作为下一期预测值的预测方法。具体又分为简单算术平均法、加权算术平均法和几何平均法。

1. 简单算术平均法

简单算术平均法就是将观察期内预测目标实测值组成的时间序列值求和，取其平均值，并将其作为下期预测值。用公式表示为

$$X = \frac{\sum X_i}{n} \quad (i = 1, 2, \cdots, n)$$

式中：X 表示观察期内预测目标的算术平均值，即下期的预测值；X_i 表示预测目标在观察期内的实际值；n 表示数据个数。

观察期长短不同，得到的预测值也随之不同。简单算术平均法适用于数据的变化倾向较小、观察期短、对预测结果的精度要求不高、花费较少情况下的预测。

2. 加权算术平均法

加权算术平均法是对观察期内的每一个实测数据确定权数，再计算其加权平均值作为下一期的预测值。加权算术平均法用公式可以表示为：

$$X = \frac{\sum W_i X_i}{\sum W_i} \quad (i = 1, 2, \cdots, n)$$

式中：X 表示预测目标在观察期内的加权算术平均数，即下期预测值；X_i 表示在观察期内的各个实测数据；W_i 表示与 X_i 相对应的权数。

加权算术平均法预测的关键是确定权数。一般以预测值为基准，近期的数据对预测值影响越大，应确定较大的权数，远期的数据应确定较小的权数。

3. 几何平均法

几何平均法主要是针对一定时期内预测目标时间序列的发展速度或逐期增长率，以此为依据进行预测。用公式表示为：

$$G = \sqrt[n]{X_1 \cdot X_2 \cdot X_3 \cdots X_n}$$

式中：G 表示几何平均数，即，预测值；X_i 表示观察期内的逐期增长率；n 表示数据的个数。

3.2.2.2　移动平均法

移动平均法是将观察期内的实际数据由远及近按一定跨期进行平均，逐个求出其平均值，并将预测期最近的那一个平均数作为预测值。随着观察期的"逐期推移"，观察期内的数据每向前移动一期，就去掉最前面一期数据，而新增原来观察期之后的数据，保证跨越期不变。根据平均方法不同，移动平均分为简单移动平均和加权移动平均两种；根据移动次数不同分为一次移动平均法和二次移动平均法。

移动平均预测的准确的程度，取决于移动平均的跨越期（n）。跨越期越短，越有利于反映数据的波动情况，预测越敏感，但反映长期趋势效果较差；跨越期越长，对避免偶然因素的影响

有利,灵敏度低。

1. 一次移动平均法

一次移动平均分为简单移动平均和加权移动平均两种方法。简单移动平均法是指跨越期内的各数据平均,采用简单算术平均法,并将其作为下一期预测值。

移动算术平均数的基本公式表示为:

$$M_t = \frac{X_{t-1} + X_{t-2} + \cdots X_{t-n}}{n}$$

式中: M_t 为第 $t-1$ 期到第 $t-n$ 期的平均数; $X_{t-1}, X_{t-2}, \cdots, X_{t-n}$ 为第 $t-1$ 期到 $t-n$ 期的实际值; n 为期数; X_{t+1} 期的预测值 $= M(t)$ 。

案例 3-4

利用 Excel 进行预测

以某地汽油 2009 年消耗量为例,利用 Excel 进行预测。

表 1　某地汽油 2009 年消耗量统计表　　　　　　　　　　　　单位:万升

月份	1	2	3	4	5	6	7	8	9	10	11	12
汽油销售量	120	132	142	138	146	152	146	155	143	156	148	150

根据表中数据的规律,可以采用一次移动平均法预测,设跨越期 $n=3$。

利用 Excel 实现该计算的步骤如下:

1) 加载数据分析库

首先,在 Excel 菜单中选择:工具→加载宏→数据分析。

2) 移动平均预测

在 Excel 菜单中,选择工具→数据分析→移动平均→确定。

原始数据和数据分析工具如图 1 所示。

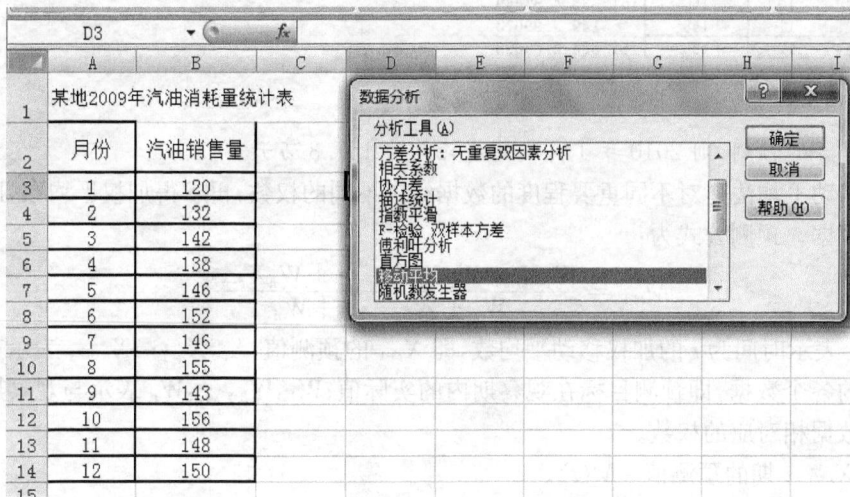

图 1　移动平均预测方法

因为假设的跨越期 $n=3$,在间隔选项中输入数字 3(跨越期是几,这里就输入数字几),给定输出区域,本例输出区域为 \$C\$3,图表和标准误差根据需要选择,选项如图 2 所示。

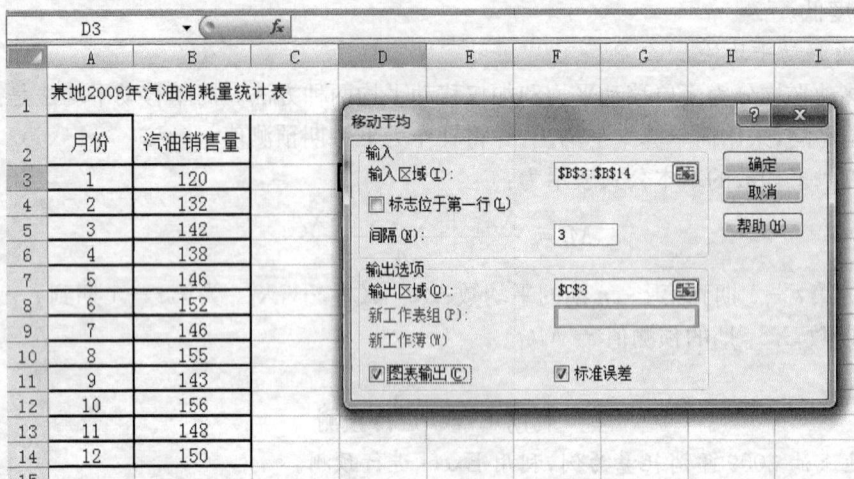

图2　移动平均数据选择

单击确定后，出现移动平均的结果如图3所示。

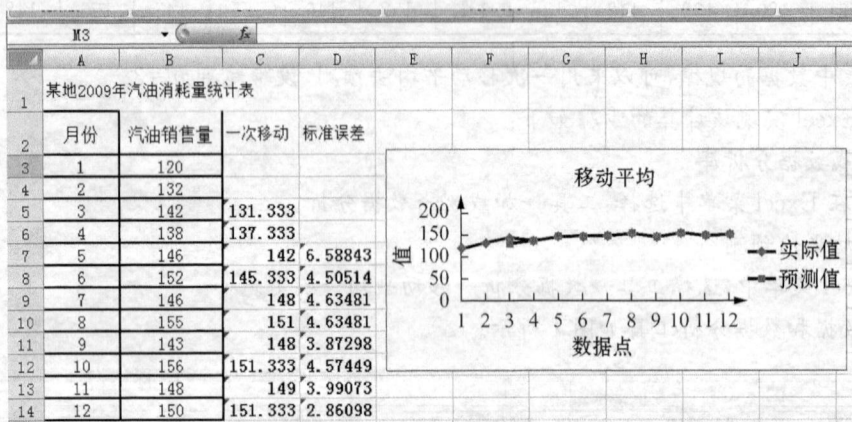

图3　移动平均结果

根据图3的预测，则2010年1月汽油消耗量为151.3万升。

加权移动平均法是对不同重要程度的数据给以不同的权数，再求得加权平均数，以此来预测下一期数据。预测公式为：

$$M_{t+1} = \frac{W_1 X_t + W_2 X_{t-1} + \cdots + W_n X_{t-n+1}}{W_1 + W_2 + \cdots + W_n}$$

式中：M_{t+1} 表示时间为 t 的加权移动平均数，即 X_{t+1} 的预测值；$X_t, X_{t-1} \cdots X_{t-n+1}$ 表示观察期内时间序列的各个数据，即预测目标在观察期内的实际值；$W_1, W_2, \cdots, W_n$ 表示与观察期内时间序列各个数据相对应的权数。

同样 X_{t+1}　期的预测值＝M(t)。

2. 二次移动平均

二次移动平均是在一次移动平均的基础上进行的。以最近实际值的一次移动平均值为起点，以二次移动平均值估计趋势变化的斜率，建立预测线性模型，进而预测。该方法适用于时间序列具有线性增长或减少的变动趋势。

二次移动平均公式：

$$M_t^{(2)} = \frac{M_{t-1}^{(1)} + M_{t-2}^{(1)} + \cdots M_{t-n+1}^{(1)}}{n}$$

二次移动平均的线性模型公式：

$$X_{t+T} = a_t + b_t \times T$$

式中：T 是从 t 点起向未来要预测的期数；直线的截距 a_t 和斜率 b_t 的计算分别为：

$$a_t = 2 \times M_t^{(1)} - M_t^{(2)}$$

$$b_t = \frac{2}{n-1} \times (M_t^{(1)} - M_t^{(2)})$$

案例 3-5

大众汽车的预测

大众某品牌汽车从上市至 2011 年 10 月的销售数据如表 1 所示，采用二次移动平均预测 2011 年 11 月、2011 年 12 月份的销售量。

表 1 大众某品牌汽车销售量

年	月	销售量/万辆	年	月	销售量/万辆
2008 年	8	0.006 2	2010 年	4	1.33
	9	0.09		5	1.55
	10	0.36		6	1.62
	11	0.62		7	1.44
	12	0.47		8	1.76
2009 年	1	0.58		9	1.69
	2	0.69		10	1.68
	3	0.9		11	1.79
	4	0.99		12	1.21
	5	1.12	2011 年	1	2.39
	6	1.2		2	1.44
	7	0.97		3	1.81
	8	1.33		4	1.07
	9	1.29		5	1.08
	10	1.29		6	1.61
	11	1.32		7	1.72
	12	0.74		8	1.87
2010 年	1	1.77		9	2.02
	2	0.45		10	1.77
	3	0.97		11	

预测仍然应用 Excel 的数据分析工具进行。根据数据规律和预测要求,用一次移动平均难以完成预测,因此采用二次移动平均法预测。预测的步骤和一次移动平均相同,但与一次移动平均不同的是,在移动平均后,需要建立预测模型,$X_{t+T}=a_t+b_t\times T$,据此预测模型进行预测,当然,这要考虑预测的误差。需要注意的是,一次移动平均和二次移动平均选取的跨越期应一致。这里取跨越期 $n=3$。

首先,在原始数据的基础上,进行一次移动平均,如图1所示,间隔选项中输入数字3,给定输出区域 \$D\$3,图表和标准误差可以不选,选项如图1。

	A	B	C	D
1	大众某品牌汽车销售量			
2	年	月	销售量(万辆)	
3	2008年	8	0.0062	
4		9	0.09	
5		10	0.36	
6		11	0.62	
7		12	0.47	
8	2009年	1	0.58	
9		2	0.69	
10		3	0.9	
11		4	0.99	
12		5	1.12	
13		6	1.2	
14		7	0.97	
15		8	1.33	
16		9	1.29	
17		10	1.29	
18		11	1.32	
19		12	0.74	
20	2010年	1	1.77	
21		2	0.45	
22		3	0.97	
23		4	1.33	
24		5	1.55	
25		6	1.62	
26		7	1.44	
27		8	1.76	
28		9	1.69	
29		10	1.68	
30		11	1.79	
31		12	1.21	
32	2011年	1	2.39	
33		2	1.44	
34		3	1.81	
35		4	1.07	
36		5	1.08	
37		6	1.61	
38		7	1.72	
39		8	1.87	
40		9	2.02	
41		10	1.11	
42		11		

移动平均对话框:
输入
输入区域(I): \$C\$3:\$C\$41
□ 标志位于第一行(L)
间隔(N): 3
输出选项
输出区域(O): \$D\$3
新工作表组(P):
新工作薄(W):
☑ 图表输出(C)　　□ 标准误差
确定　取消　帮助(H)

图1　一次移动平均

单击确定后,出现一次移动平均的结果,将一次移动平均值作为原始数据,再进行移动平均,输出区域为 \$E\$5,勾选图表输出、标准误差,结果如图2所示。

将移动平均值代入下式中,求出直线的截距 a_t 和斜率 b_t:

$$a_t=2\times M_t^{(1)}-M_t^{(2)}=2\times 1.89-1.83\approx 1.94$$

$$b_t=\frac{2}{n-1}\times M_t^{(1)}-M_t^{(2)}=\frac{2}{3-1}\times(1.89-1.83)\approx 0.06$$

2011年11月的销售量预测,$T=1$,代入二次移动平均的线性模型公式:

$$X_{t+T}=a_t+b_t\times T=1.94+0.06\times 1\approx 2(万辆)$$

按此线性模式可以预测2011年12月销售量,此时 $T=2$

$$X_{t+T}=a_t+b_t\times T=1.94+0.06\times 2\approx 2.06(万辆)$$

3. 误差的计算和跨越期的选择

选择不同的跨越期,预测误差不同。合适的跨越期可以减少预测误差,一般用绝对误差检验。绝对误差是指市场预测时,预测值偏离实际值的大小。平均绝对误差(MAD)是绝对误差的平均值。计算公式为:

年	月	销售量（万辆）	一次平均	二次平均	标准误差
2008年	8	0.0062	#N/A		
	9	0.09	#N/A		
	10	0.36	0.152067	#N/A	#N/A
	11	0.62	0.356667	#N/A	#N/A
	12	0.47	0.483333	0.330689	#N/A
2009年	1	0.58	0.556667	0.465556	#N/A
	2	0.69	0.58	0.54	0.105201
	3	0.9	0.723333	0.62	0.082823
	4	0.99	0.86	0.721111	0.10258
	5	1.12	1.003333	0.862222	0.128945
	6	1.2	1.103333	0.988889	0.132035
	7	0.97	1.096667	1.067778	0.106214
	8	1.33	1.166667	1.122222	0.072818
	9	1.29	1.196667	1.153333	0.039529
	10	1.29	1.303333	1.222222	0.058969
	11	1.32	1.3	1.266667	0.056474
	12	0.74	1.116667	1.24	0.087371
2010年	1	1.77	1.276667	1.231111	0.07831
	2	0.45	0.986667	1.126667	0.110885
	3	0.97	1.063333	1.108889	0.088977
	4	1.33	0.916667	0.988889	0.094677
	5	1.55	1.283333	1.087778	0.123198
	6	1.62	1.5	1.233333	0.195422
	7	1.44	1.536667	1.44	0.198912
	8	1.76	1.606667	1.547778	0.167256
	9	1.69	1.63	1.591111	0.069101
	10	1.68	1.71	1.648889	0.053897
	11	1.79	1.72	1.686667	0.046036
	12	1.21	1.56	1.663333	0.071934
2011年	1	2.39	1.796667	1.692222	0.086982
	2	1.44	1.68	1.678889	0.084829
	3	1.81	1.88	1.785556	0.081301
	4	1.07	1.44	1.666667	0.141773
	5	1.08	1.32	1.546667	0.192938
	6	1.61	1.253333	1.337778	0.191387
	7	1.72	1.47	1.347778	0.156468
	8	1.87	1.733333	1.485556	0.166796
	9	2.02	1.87	1.691111	0.190029
	10	1.77	1.886667	1.83	0.179449
	11				

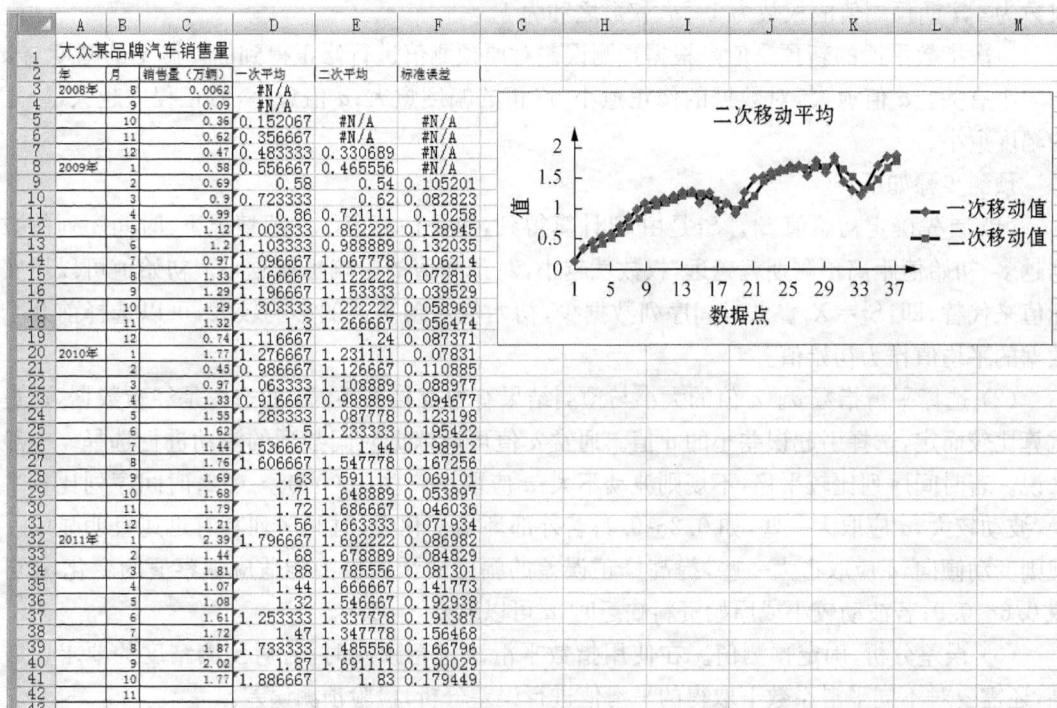

图 2　二次移动平均

$$MAD = \frac{\sum |x_i - \hat{x}_i|}{n}$$

式中：MAD 为平均绝对误差；x_i 为时间序列各个实测值；$\hat{x}_i$ 为各个预测值；n 为数据个数。

也可以采用标准误差（σ）来判断预测误差。计算公式为：

$$\sigma = \sqrt{\frac{1}{n}\sum(x_i - \bar{x})^2}$$

式中：σ 为标准误差；$\bar{x}$ 为实测值的平均数；其他符号同上。

跨越期的选择主要根据误差的多少确定，即尽量选择误差小的。跨越期越短，预测越敏感，利于反映数据的波动情况，但反映长期趋势效果较差；跨越期越长，灵敏度低，但利于避免偶然因素对预测结果的影响。

3.2.2.3　指数平滑法

指数平滑法是美国人 R. G. Brown 所创，是对不规则的时间序列数据加以平滑，获得其变化规律和趋势，是从加权平均法发展而来的，也是一种特殊的加权平均。根据平滑次数的不同，主要有一次指数平滑、二次指数平滑。

1.　一次指数平滑

一次指数平滑法用公式表示为：

$$S_{t+1}^1 = aX_t + (1-a)S_t^1$$

式中：S_{t+1}^1 为 $t+1$ 期预测目标时间序列的预测值；X_t 为 t 期预测目标的实际值；S_t^1 为 t 期预测目标的预测值，也即 t 期的平滑值；a 为平滑系数。（$0 \leqslant a \leqslant 1$）

从公式中可以看出，$t+1$ 期的预测值是 t 期实际值和预测值的加权平均数，t 期实际值的

权数为 a，t 期预测值的权数为 $1-a$，权数之和为 1。

一次指数平滑的新预测值是根据预测误差对原预测值进行修正得到的。修正的幅度与 a 的大小有关。a 值愈大，对数据的修正愈小，修正的幅度愈大；a 值愈小，修正程度越大，修正的幅度愈小。

预测步骤如下：

（1）首先确定初始值 S_1^1。S_1^1 是由 S_0^1 计算得到，S_0^1 是估算值。一般情况下，时间序列的数据越多，初始值距离预测期就越远，权数就越小，对预测值的影响也就越小。初始值可以用实际值来代替，即：$S_1^1 = X_1$。若时间序列数据少，初始值对预测值的影响较大，可以选择前几个数据的平均值作为初始值。

（2）选择平滑指数 a。a 值的大小与预测结果有着直接关系。a 的选取是经验数据，通过试算比较而定，选择引起误差小的 a 值。通常 a 值可以依据时间数列的波动进行选择。一般来说，若时间序列比较平稳，不规则波动不大，a 应取小一些，如 0.05~0.2；时间序列比较平稳，波动较大，a 应取大一些，如 0.2~0.4；若外部环境变化大，时间序列具有迅速且明显的不规则变动倾向，a 应取再大一些，提高修正误差的幅度使预测模型能适应观察值的变化，a 可取 0.6~0.9；若波动较小或原始资料缺乏时，a 可以取 0.8~1.0。

（3）误差分析，确定预测值。在使用指数平滑法进行预测时，若对预测精度的要求比较高，还需要对不同平滑系数下取得的平滑值进行误差分析，检验预测误差。

以上过程可以通过 Excel 实现，具体过程如下：

（1）加载数据分析库

选择工具→加载宏→数据分析。

（2）指数平滑预测

操作过程与移动平均相同。

选择工具→数据分析→指数平滑→阻尼系数（$1-\alpha$）和输出区域及误差→确定。

一次指数平滑法只适用于时间序列有一定波动但没有明显的长期递增或递减的短期预测，如果进行汽车市场的中期预测，则会产生较大的预测误差，主要出现显著的时间滞后现象。为弥补这一缺陷，可采用二次指数平滑法。

2. 二次指数平滑及其模型

一次指数平滑法只适用于水平型时间序列模式的预测，不适用于呈线性上升或下降明显趋势的历史数据的预测。因为，对于明显趋势型的历史数据，即使 a 取值很大，仍会产生较大的系统误差。对于此类数据变动趋势的预测，可以用二次指数平滑法进行预测。二次指数平滑必须与一次指数平滑法配合，不能单独进行预测，必须建立预测的数学模型确定预测值。

二次指数平滑是以相同的平滑系数，对一次指数平滑数列再进行一次指数平滑。再根据预测模型进行预测。预测步骤同一次指数平滑。令初始值 $S_1^2 = X_1$，预测公式为：

$$S_{t+1}^2 = aX_t + (1-a)S_t^2$$

预测的模型公式：

$$y_{t+T} = a_t + b_t \cdot T$$

式中：T 为从 t 时点起向未来预测的时点数。

$$a_t = S_t^1 + (S_t^1 - S_t^2) = 2S_t^1 - S_t^2$$

$$b_t = \frac{\alpha}{1-\alpha}(S_t^1 - S_t^2)$$

对预测结果进行预测误差的检验。

同样,预测可以通过 Excel 实现。预测步骤如下:

打开 Excel,选择工具→数据分析→指数平滑→确定

二次指数平滑与一次指数平滑相同,但选择的数据是将一次指数平滑值作为实际值进行平滑预测。再依据线性方程进行预测。

例如,表 3-11 是某汽车 4S 店 2010 年各月实际销售额,根据实际销售额趋势上升明显,取 $a=0.6$,分别采用一次指数平滑和二次指数平滑预测如表,最后要进行误差计算,检验 a 值的适应情况。

表 3-11　一次、二次指数平滑预测值　　　　　　　　　　　　　　　　单位:万元

月份	时期 t	实际销售额	一次指数平滑法	二次指数平滑法
1	1	1 024	—	—
2	2	1 040	1 024	—
3	3	1 052	1 032	1 024
4	4	1 056	1 042	1 028
5	5	1 060	1 049	1 035
6	6	1 044	1 055	1 042
7	7	1 064	1 049	1 049
8	8	1 072	1 057	1 049
9	9	1 080	1 065	1 053
10	10	1 088	1 073	1 059
11	11	1 096	1 081	1 066
12	12	1 092	1 089	1 074
2011 年 1 月	13	—	1 091	1 082
2011 年 2 月	14			

案例 3-6

指数平滑法预测

对案例 3-5 中的案例数据,利用指数平滑预测,平滑系数取 $a=0.8$。

预测步骤:打开 Excel,输入原始数据,选择工具→数据分析→指数平滑→确定,将一次指数平滑数作为原始数据,再进行指数平滑。需要注意的是,参数选项中的阻尼系数为 $(1-a)$,预测结果如图所示:

一次指数平滑预测的 2011 年 11 月销售量约为 1.98 万辆。二次指数平滑预测仍然先求出直线的截距 a_t 和斜率 b_t

$$a_t = 2S_t^1 - S_t^2 \approx 2 \times 1.98 - 1.79 = 2.17$$

$$b_t = \frac{\alpha}{1-\alpha}(S_t^1 - S_t^2) \approx \frac{0.6}{1-0.6} \times (1.98 - 1.79) = 0.76$$

笔记

大众某品牌汽车销售量				
年	月	销售量（万辆）	一次指数平滑	二次指数平滑
2008年	8	0.0062	#N/A	
	9	0.09	0.0062	#N/A
	10	0.36	0.07324	0.0062
	11	0.62	0.302648	0.059832
	12	0.47	0.55653	0.254085
2009年	1	0.58	0.487306	0.496041
	2	0.69	0.561461	0.489053
	3	0.9	0.664292	0.54698
	4	0.99	0.852858	0.64083
	5	1.12	0.962572	0.810453
	6	1.2	1.088514	0.932148
	7	0.97	1.177703	1.057241
	8	1.33	1.011541	1.153611
	9	1.29	1.266308	1.039955
	10	1.29	1.285262	1.221037
	11	1.32	1.289052	1.272417
	12	0.74	1.31381	1.285725
2010年	1	1.77	0.854762	1.308193
	2	0.45	1.586952	0.945448
	3	0.97	0.67739	1.458652
	4	1.33	0.911478	0.833643
	5	1.55	1.246296	0.895911
	6	1.62	1.489259	1.176219
	7	1.44	1.593852	1.426551
	8	1.76	1.47077	1.560412
	9	1.69	1.702154	1.488699
	10	1.68	1.692431	1.659463
	11	1.79	1.682486	1.685837
	12	1.21	1.768497	1.683156
2011年	1	2.39	1.321699	1.751429
	2	1.44	2.17634	1.407645
	3	1.81	1.587268	2.022601
	4	1.07	1.765454	1.674335
	5	1.08	1.209091	1.74723
	6	1.61	1.105818	1.316719
	7	1.72	1.509164	1.147998
	8	1.87	1.677833	1.436931
	9	2.02	1.831567	1.629652
	10	1.77	1.982313	1.791184
	11			

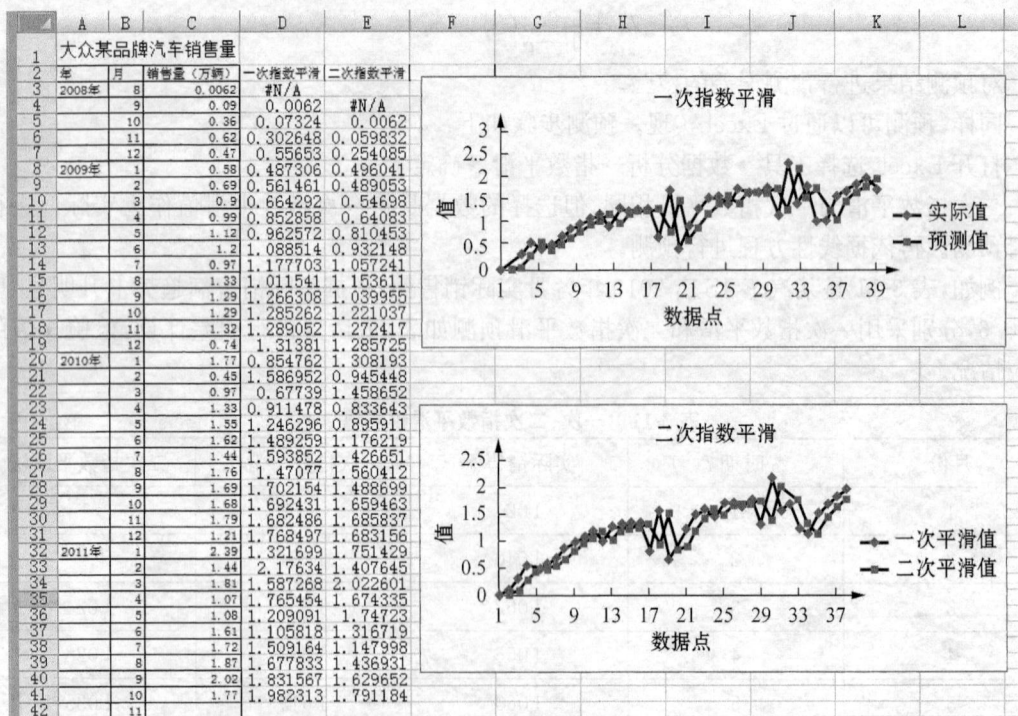

图 指数平滑预测图

代入预测的模型公式：

$$y_{t+T} = a_t + b_t \cdot T$$

则 2011 年 11 月份销售量为 2.93 万辆。如果平滑系数取 $a = 0.7$，则 $a_t = 2.21, b_t = 0.38$，预测的 2011 年 11 月销量为 2.60 万辆。a 不同的取值，误差不同，平均误差 $a = 0.7$ 时小于是 $a = 0.8$。

3.2.2.4 趋势外推分析法

趋势外推法也称趋势延伸法，又称数学模型法。它是根据历史时间序列呈现的规律性，揭示出的变动趋势，给出恰当的趋势线，将其外推或延伸，利用建立的数学模型外推到未来，确定预测值的预测方法。

趋势外推法又分为线性趋势外推法和曲线趋势外推法。线性趋势外推预测法是由于预测数据呈线性变动趋势而外推。曲线趋势外推法主要有二次及以上曲线趋势、指数趋势外推等。

3.2.2.5 直线趋势外推法

直线趋势外推法。直线趋势外推法就是预测目标历史实测数据随时间变化的规律近似为一条直线。利用直线方程描述直线趋势的上升或下降来确定预测值。设直线方程为：

$$y_t = a + b_t$$

式中：y_t 为预测值；t 为时间序列编号；a 为直线在 Y 轴上的截距；b 为直线斜率，反映年平均增长率。

1. 直线方程中 a, b 的确定

由方程：

$$\sum y_i = na + b \sum t_i$$

$$\sum t_i = a \sum t_i + b \sum t_i^2$$

$$a = \frac{1}{n}\left(\sum y_i - b \sum t_i\right)$$

$$b = \frac{n \sum t_i y_i - \left(\sum t_i\right)\cdot\left(\sum y_i\right)}{n \sum t_i^2 - \left(\sum t_i\right)^2}$$

解得:

t_i 是时间序列的编号,为了简化计算,用最小二乘法确定,当按 $\sum t_i = 0$ 的原则编号时,上述公式就简化为:

$$a = \frac{\sum y_i}{n}$$

$$b = \frac{\sum t_i y_i}{\sum t_i^2}$$

在计算时,为保证 $\sum t_i = 0$,通常对于不同的资料的时间间隔是不同的。当 n 为奇数时,确定资料的中央一期为 0,时间序列的时间间隔为 1,中间期之前设为负序号,中间期之后设为正序号,保证对称的其他各期之和也应为 0;当 n 为偶数时,中央两期之和为 0,与这两期相邻的其他各期之和也应为 0。

2. 建立直线趋势预测模型

$$y_t = a + bt$$

3. 对预测模型进行误差检验

采用样本标准误差检验观测数据可靠性的估计。标准误差越小,观测数据预测的可靠性就大一些,反之,可靠性小。

$$S = \sqrt{\frac{\sum(y_i - y_t)^2}{n-1}}$$

式中:S 为样本标准差;y_t 为时间序列预测值;y_i 为时间序列实际值。

直线趋势外推法也可以利用 Excel 来实现。操作步骤:

首先打开 Excel 表,对预测目标的时间序列做出散点图;然后选择图表→添加趋势线→选择适合数据趋势的趋势线→添加和勾选需要的选项(如显示公式、显示 R 的平方值)→确认。按统计学要求,$|R| \geqslant 0.75$ 时,公式可以用来预测值,$|R|$ 太小说明趋势线不能正确反应数据趋势特征。

案例 3-7

某省汽车进口量预测

表 1 中给出的数据是某省 2001—2009 年进口汽车的数据,试用趋势外推法预测 2010 年该省进口车量。

表 1　某省 2001—2009 年进口汽车的数据

年份	2001	2002	2003	2004	2005	2006	2007	2008	2009
汽车进口量/万辆	80	76	70	63	56	50	48	45	40

预测如下：

1. 做出数据的散点图（见图 1）

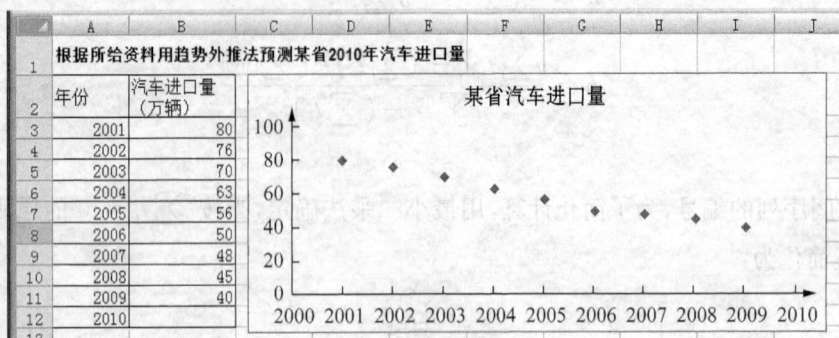

	A	B
1	根据所给资料用趋势外推法预测某省2010年汽车进口量	
2	年份	汽车进口量（万辆）
3	2001	80
4	2002	76
5	2003	70
6	2004	63
7	2005	56
8	2006	50
9	2007	48
10	2008	45
11	2009	40
12	2010	

图 1　原始数据散点图

2. 添加趋势线，选择趋势线类型（见图 2、图 3）

图 2　趋势线添加方法图

3. 按趋势方程预测（见图 4）

按拟合模型显示数据判断拟合度，本例中 $R^2 = 0.9802, R > 0.75$，趋势方程符合数据规律，可以预测。

$$Y = -5.166\,7X + 10\,418 = -5.166\,7 \times 2010 + 10\,418 = 32.9（万辆）$$

3.2.2.6　曲线趋势外推法

在市场运行中，并不是所有的市场现象都按同一趋势发展，也就是数据趋势会出现直线之外的情况，但仍然能找出其变化规律，拟合成为曲线模式进行预测的方法。曲线模型常见的有二次曲线、三次等高阶曲线、指数曲线、对数曲线等。曲线模型外推法已经成为市场预测中的一种普遍方法。

1. 二次曲线趋势外推法

该方法主要针对预测目标数据呈现二次曲线趋势，写出趋势方程，对未来时间点进行预测。

二次曲线模型为：

$$y_t = a + bx + cx^2$$

笔记

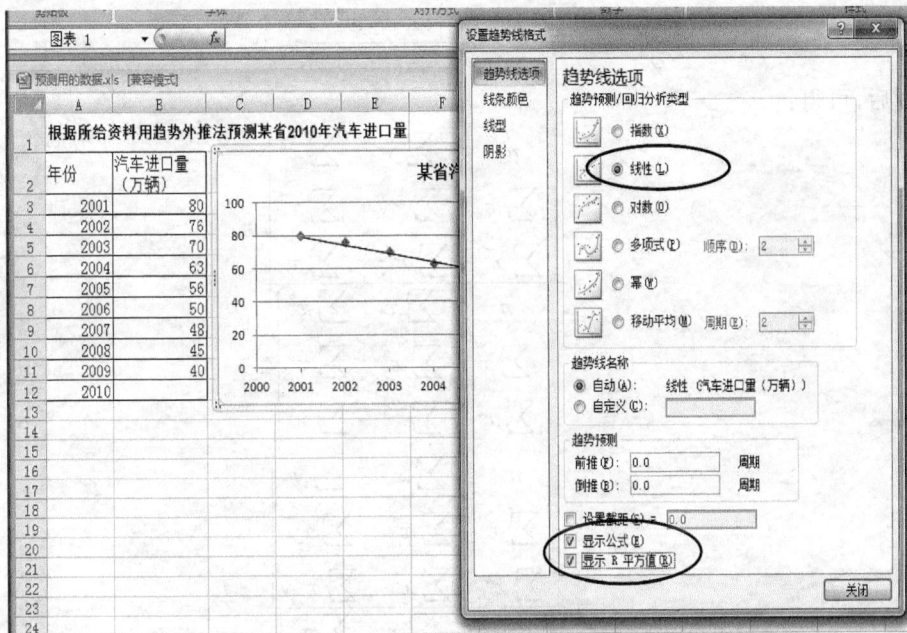

图 3　趋势线选择

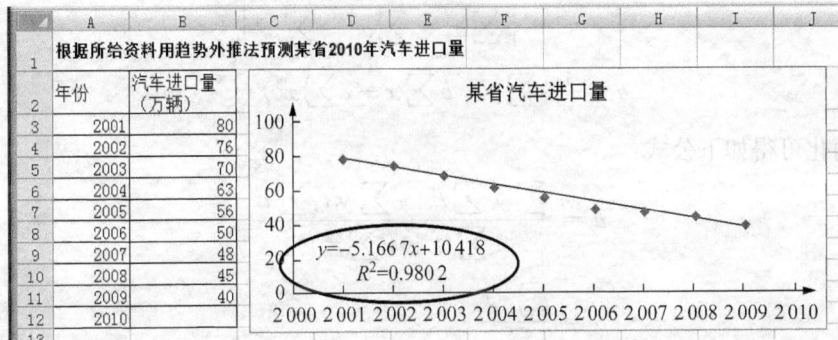

图 4　趋势线及模型

式中,x 为自变量,是时间序列中的时期数;y_t 为时期 t 的预测值;a,b,c 为三个待定常数。

从二次曲线模型可以看出,该曲线具有纵坐标的二级增长量为常数的特性。这种曲线多用于那种已表现出发展趋势,且其历史资料的二级增长量大体相等的企业产品销售状况的预测。模型中 a,b,c 三个常数值,一般利用最小二乘法来确定。

使得 $Q = \sum(y-y_t)^2 = \sum(y-a-bx-cx^2)^2$ 最小。因此,分别对 a,b,c 求偏导数,并令其等于 0,即:

$$\frac{\partial Q}{\partial a} = \frac{\partial \sum(y-a-bx-cx^2)^2}{\partial a} = 0$$

$$\frac{\partial Q}{\partial b} = \frac{\partial \sum(y-a-bx-cx^2)^2}{\partial b} = 0$$

$$\frac{\partial Q}{\partial c} = \frac{\partial \sum (y - a - bx - cx^2)^2}{\partial c} = 0$$

整理后,可得:

$$b = \frac{\begin{vmatrix} n & \sum y & \sum x^2 \\ \sum x & \sum xy & \sum x^3 \\ \sum x^2 & \sum x^2 y & \sum x^4 \end{vmatrix}}{\begin{vmatrix} n & \sum x & \sum x^2 \\ \sum x & \sum x^2 & \sum x^2 \\ \sum x^2 & \sum x^3 & \sum x^4 \end{vmatrix}}$$

$$c = \frac{\begin{vmatrix} n & \sum x & \sum y \\ \sum x & \sum x^2 & \sum xy \\ \sum x^2 & \sum x^3 & \sum x^2 y \end{vmatrix}}{\begin{vmatrix} n & \sum x & \sum x^2 \\ \sum x & \sum x^2 & \sum x^3 \\ \sum x^2 & \sum x^3 & \sum x^4 \end{vmatrix}}$$

$$a = \frac{1}{n} \left(\sum y - b \sum x - c \sum x^2 \right)$$

经过简化可得如下公式:

$$a = \frac{\sum y_i \sum t_i^4 - \sum y_i^2 t_i \sum t_i^2}{n \sum t_i^4 - \left(\sum t_i^2 \right)^2}$$

$$b = \frac{\sum y_i t_i}{\sum t_i^2}$$

$$c = \frac{\sum y_i t_i^2 - \sum y_i \sum t_i^2}{n \sum t_i^4 - \left(\sum t_i^2 \right)^2}$$

该计算比较复杂繁琐,一般可利用 Excel 实现二次曲线趋势的拟合,同样,拟合系数 $R \geqslant$ 0.75 时,方程可以作为模型预测。

案例 3-8

轮胎产量预测

下表是 2005—2009 年我国轮胎生产量。试预测 2010 年和 2011 年轮胎的产量。

表1　2005—2009 年我国轮胎产量列表

年	期数	产量/亿条
2005	1	3.44
2006	2	4.35

年	期数	产量/亿条
2007	3	5.58
2008	4	5.46
2009	5	6.55

从数据特征上看，可用来预测的方法较多，这里首先采用二次曲线趋势外推预测，预测步骤与直线趋势预测相同，添加趋势线时选择二次多项式，趋势线和模型见图1。

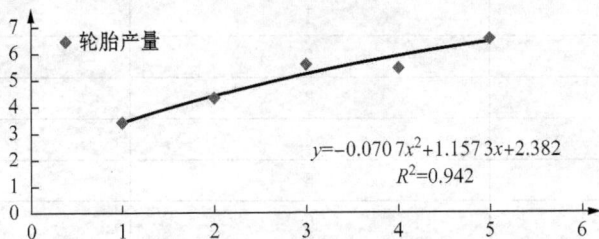

$$y=-0.070\,7x^2+1.157\,3x+2.382$$
$$R^2=0.942$$

图1 2005—2009年轮胎产量趋势

应用预测模型预测2010年（数据表中第6期）轮胎产量为：

$$Y=-0.070\,7\times 6^2+1.157\,3\times 6+2.382\approx 6.78（亿条）$$

若预测2011年的，将上式中的6换成7即可求出，期预测值约为7.02亿条。

2. 多次曲线趋势预测法

该方法主要针对预测目标数据呈现二次以上曲线趋势，拟合出趋势方程，对未来时间点进行预测。

仍以上面数据为例，预测方法同二次曲线趋势法，选择趋势线时可以选择三次或四次曲线，趋势线和模型见图2。

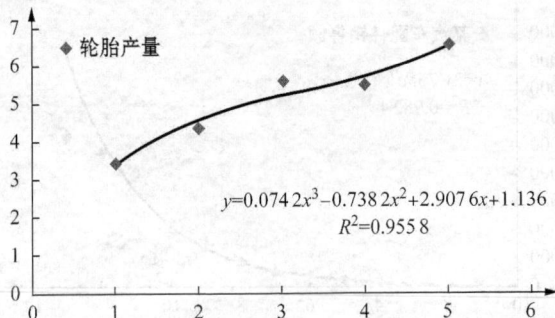

$$y=0.074\,2x^3-0.738\,2x^2+2.907\,6x+1.136$$
$$R^2=0.955\,8$$

图2 轮胎产量的三次曲线趋势

2010年轮胎产量的预测值为：

$$Y=0.074\,2\times 6^3-0.738\,2\times 6^2+2.907\,6\times 6+1.136=8.03（亿条）$$

3. 指数曲线模型预测法

在一定时期内，时间序列数据随着时间的变化按同一增长率不断增加或不断减少。该变化趋势适合拟合成指数曲线，建立模型并进行预测的一种方法。同样该预测可以通过 Excel 实现。

$$Y_t = a + bx$$

式中:x 为时间序列中的时期数,是自变量;y_t 为时期 t 的预测值;a,b 为两个待定常数。

案例 3-9

指数外推法实例

某汽车配件销售部门 1998—2010 年某产品的销售额如下表所示,共 13 期数据,试预测 2011 年该产品的销售额。

表 1　某汽车配件 1998—2010 年销售额

年份	期数	销售额/万元
1998	1	18
1999	2	72
2000	3	90
2001	4	210
2002	5	270
2003	6	390
2004	7	570
2005	8	900
2006	9	1 500
2007	10	2 310
2008	11	4 050
2009	12	5 300
2010	13	9 100

该组数据的预测仍然采用 Excel 中添加趋势线的方法。按数据趋势、趋势线选择指数,拟合系数 $R > 0.75$,进行预测。拟合曲线和预测模型见下图。

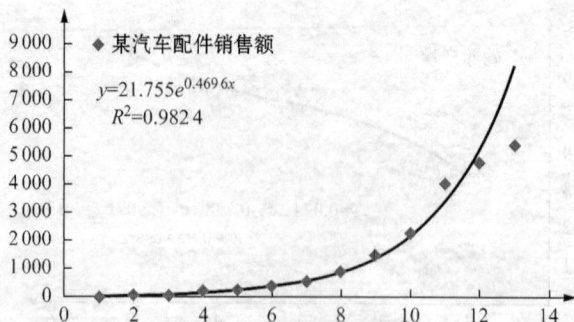

图 1　拟合曲线和预测模型

根据拟合曲线模型,2011 年为第 14 期,将 14 代入公式中,预测的销售额为 15 587.8 万元。

3.2.3　季节指数法

许多市场需求变化受季节变动的影响,呈现出规律的季节性变动,在预测时必须要考虑季节因素影响,才能较为准确的预测。

季节指数法,就是根据预测目标时间数列资料按各年月(或季)排列,以统计方法测定出反映季节变动规律的季节指数,并利用季节指数进行预测的预测方法。汽车市场调查中,受季节影响出现销售的旺季和淡季,常说的"金九银十"就是季节变动的呈现。利用季节指数法可以预测未来市场商品的供应量、需求量及价格变动趋势。

季节变动的主要特点是,每年都重复出现,各年同月(或季)具有相同的变动方向,变动幅度一般相差不大。研究市场现象的季节变动,以月(或季)为单位收集至少3年或3年以上的预测目标资料,观察季节变动的一般规律性,进行预测。

最常用、最简单的季节指数预测法是同季平均法,主要适用于受季节波动和不规则波动影响、而无明显的趋势变动规律的产品市场需求预测。收集以往各季实际数据资料后预测过程如下:

(1) 计算以往各季数据的平均值;
(2) 计算各季同期数据的平均值;
(3) 计算各季季节指数,以各季同期平均值除以总平均值;
(4) 调整各月季节指数(用 S' 表示)

$$调整后各月系数(S'_i) = \frac{理论季节指数之和}{实际季节指数之和} \times S_i$$

(5) 利用调整后的季节指数计算预测值(用 $\hat{y}$ 表示)。

$$某月预测值 \hat{y} = \frac{预测月的季节指数}{实际月的季节指数} \times 上月实际数$$

案例 3-10

季节指数实例

2008—2010年社会消费总额见表1。

表1 社会消费总额(亿元)

年＼季节	1	2	3	4
2008	25 555.2	25 487.5	26 843.0	30 602.0
2009	29 398.0	29 312.2	30 966.0	35 667.0
2010	36 374.3	36 295.0	38 360.0	43 526.0
2011	43 458.1	42 911.0	44 978.0	

预测2011年第四季度的社会消费总额。

从数据上看,符合季节指数规律,采用季节指数法消除季节影响。预测时首先求出各季平均值,然后求出季节指数。计算结果见表2:

表2 社会消费总额季节指数表

年＼季节	1	2	3	4	年平均
2008	25 555.2	25 487.5	26 843	30 602	27 121.93
2009	29 398	29 312.2	30 966	35 667	31 335.8
2010	36 374.3	36 295	38 360	43 526	38 638.83

季节\年	1	2	3	4	年平均
季平均	30 442.5	30 364.9	32 056.33	36 598.33	32 365.52
季节指数	0.940 584	0.938 187	0.990 447	1.130 782	

根据 2011 年第三季度实际数据预测第四季度值为：

第四季度总消费＝第四季度季节指数/第三季度季节指数×2011 年第三季度实际值

$$=1.130\,782 \div 0.990\,447 \times 44\,978$$

$$=51\,350.8（亿元）$$

任务回顾

1. 时间序列预测常用的有平均法（算术平均、加权平均、移动平均）、指数平滑法、趋势分析法、季节指数法等多种方法。

2. 根据时间序列数据特征选择方法。

3. 选择合理的时间序列预测法能相对准确的预测，为企业营销决策提供可靠依据。

任务实施步骤

（一）任务要求

将时间序列按适合的方法进行预测。

（二）任务实施的步骤

时间序列预测法可参考下面的步骤：

（1）时间序列数据的收集。收集与预测目标一致的随时间变化的数据。

（2）做出数据的散点图。根据散点图分析数据特征。

（3）选择适合数据特征的时间序列预测方法。

注意：首先，时间序列的前提是假定事物的发展变化在时间上具有连续性，即事物的过去会同样延续到未来，市场是渐进变化的。其次，时间序列预测突出了时间因素在预测中的作用，没有考虑外界具体因素的影响，存在预测误差，特别是遇到外界发生较大变化时，偏差较大。因此，时间序列预测适用于中短期预测。

思考与训练

1. 针对背景材料中的数据，选择适合的方法预测 2012 年的销售量。

2. 写出时间序列市场预测的概念及其步骤。

3. 收集至少 10 期某地区汽车的销售或需求数据，分析可以利用哪几种时间序列预测法预测？并利用 Excel 进行预测。

4. 时间序列模式一般有哪几种？

5. 某地区 2006—2010 年轮胎市场销售额和该地区汽车厂、拖拉机厂生产的汽车、拖拉机产品数据如下表所示。预计 2011 年汽车计划产量为 90 万辆,拖拉机计划产量为 80 万台,试利用线性趋势外推法预测该区 2011 年的轮胎的市场销售额,并写出线性模型。

表 1 某地区 2006—2010 年轮胎市场销售数据表

年份	轮胎销售额/百万元	汽车产量/万辆	拖拉机产量/万辆
2006	80	64	42
2007	86	66	44
2008	91	72	44
2009	105	78	52
2010	118	80	58

6. 某企业 2011 某品牌轿车的销售额如下表所示,试用一次移动平均法和二次移动平均法预测 2012 年 1 月份的销售额。

表 2 某企业 2011 某品牌轿车的销售数据表

月份	销售额/万	月份	销售额/万	月份	销售额/万
1	180	5	290	9	200
2	115	6	155	10	257
3	175	7	135	11	215
4	176	8	110	12	220

7. 看下图中的数据,请上网查找 2008—2011 年我国私人轿车拥有量,根据 1986—2011 年数据,用趋势外推法预测 2012 年、2013 年我国私人汽车拥有量,单位:万辆。

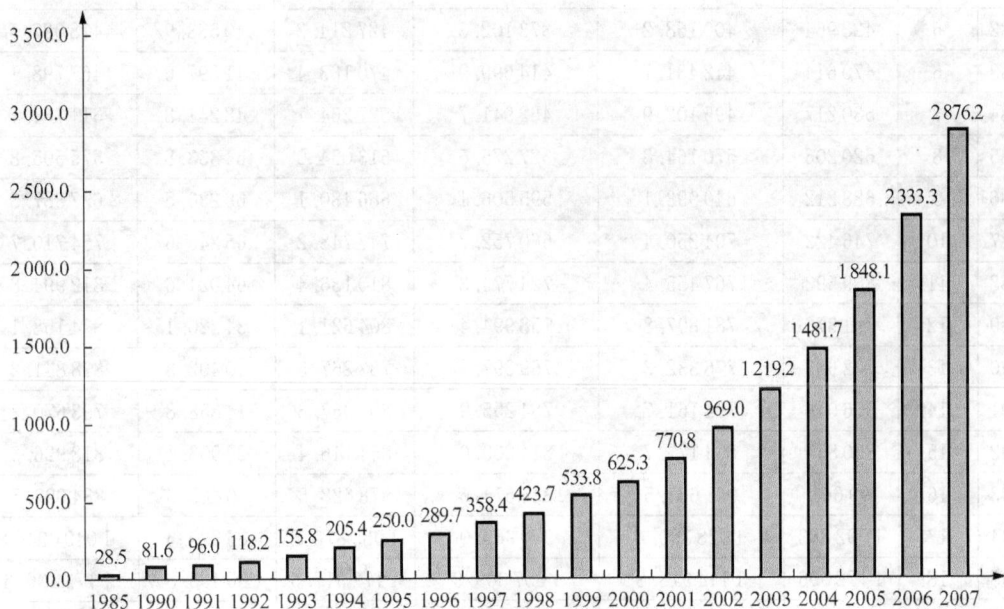

图 1 1985—2007 年我国私人汽车拥有量

数据来源:国家统计局网站

拓展提高

案例

二次指数平滑法实例分析

表1中第③栏是我国1978—2002年全社会客运量的资料，据其绘制散点图，可以看出，各年的客运量资料基本呈线性趋势，但在几个不同的时期直线有不同的斜率，因此考虑用变参数线性趋势模型进行预测。具体步骤如下：

第一步，计算一次指数平滑值。取 $\alpha=0.6$，$S_0^2=S_0^1=X_1=253\,993$，根据一次指数平滑公式 $S_{t+1}^1=aX_t+(1-a)S_t^1$ 可计算各期的一次指数平滑预测值：

1978年的：$S_1^1=0.6\times X_1+0.4\times S_0^1=0.6\times253\,993+0.4\times253\,993=253\,993$

1979年：$S_2^1=0.6\times X_2+0.4\times S_1^1=0.6\times289\,665+0.4\times253\,993=275\,396.2$

同理可得其他各年的一次指数平滑预测值，见表中第④栏。

表　我国1978—2002年全社会客运量及预测值　　　　单位：万人

年份	时间 t	全社会客运量 X_t	各期的一次指数平滑值 S_t^1	各期的二次指数平滑值 S_t^2	a_t	b_t	$y_{t+T}=a_t+b_t$
①	②	③	④	⑤	⑥	⑦	⑧
			253 993.0	253 993.0			
1978	1	253 993	253 993.0	253 993.0	253 993.0	0.0	
1979	2	289 665	275 396.2	266 834.9	283 957.5	12 841.9	253 993.0
1980	3	341 785	315 229.5	295 871.7	334 587.3	29 036.7	296 799.4
1981	4	384 763	356 949.6	332 518.4	381 380.8	36 646.8	363 624.0
1982	5	428 964	400 158.2	373 102.3	427 214.2	40 583.9	418 027.5
1983	6	470 614	442 431.7	414 699.9	470 163.4	41 597.6	467 798.1
1984	7	530 217	495 102.9	462 941.7	527 264.1	48 241.8	511 761.0
1985	8	620 206	570 164.8	527 275.5	613 054.0	64 333.8	575 505.8
1986	9	688 212	640 993.1	595 506.0	686 480.1	68 230.5	677 387.8
1987	10	746 422	704 250.4	660 752.7	747 748.2	65 246.6	754 710.7
1988	11	809 592	767 455.4	724 774.3	810 136.4	64 021.6	812 994.8
1989	12	791 376	781 807.8	758 994.4	804 621.1	34 220.1	874 158.1
1990	13	772 682	776 332.1	769 397.1	783 267.5	10 402.8	838 841.2
1991	14	806 048	794 161.7	784 255.9	804 067.6	14 858.8	793 670.2
1992	15	860 855	834 177.7	814 209.0	854 146.4	29 953.1	818 926.3
1993	16	99 663	931 651.5	884 674.5	978 628.5	70 465.5	884 099.5
1994	17	1 092 883	1 028 390.4	970 904.0	1 085 876.8	86 229.6	1 049 094.0
1995	18	1 172 596	1 114 913.8	1 057 309.9	1 172 517.6	86 405.8	1 172 106.3
1996	19	1 245 356	1 193 179.1	1 138 831.4	1 247 526.8	81 521.5	1 258 923.5
1997	20	1 326 094	1 272 928.0	1 219 289.4	1 326 566.7	80 458.0	1 329 048.3

年份	时间 t	全社会客运量 X_t	各期的一次指数平滑值 S_t^1	各期的二次指数平滑值 S_t^2	a_t	b_t	$y_{t+T}=a_t+b_t$
1998	21	1 378 717	1 336 401. 4	1 289 556. 6	1 383 246. 2	70 267. 2	1 407 024. 7
1999	22	1 394 413	1 371 208. 4	1 338 547. 7	1 403 869. 1	48 991. 1	1 453 513. 4
2000	23	1 478 573	1 435 627. 1	1 396 795. 4	1 474 458. 9	58 247. 7	1 452 860. 1
2001	24	1 534 122	1 494 724. 1	1 455 552. 6	1 533 895. 5	58 757. 2	1 532 706. 6
2002	25	1 608 150	1 562 779. 6	1 519 888. 8	1 605 670. 4	64 336. 2	1 592 652. 8
2003	26						1 670 006. 7
2004	27						1 734 342. 9

第二步,根据一次指数平滑值和公式 $S_{t+1}^2=aX_t+(1-a)S_t^2$,计算各期的二次指数平滑值,如:$S_1^2=0.6\times S_1^1+0.4\times S_0^2=0.6\times253\,993+0.4\times253\,993=253\,993$

$S_2^2=0.6\times S_2^1+0.4S_1^2=0.6\times275\,396+0.4\times253\,993=266\,834.9$

其余各期以此类推,计算结果见表中第⑤栏。

第三步,计算各期参数变量值 α、b。根据公式:

$$a_t=2S_t^1-S_t^2, \quad b_t=\frac{\alpha}{1-\alpha}(S_t^1-S_t^2)$$

计算各期的 a、b 值,如:

$$a_2=2S_2^1-S_2^1=2\,275\,396.2-266\,834=283\,957.5$$

$$b_2=\frac{\alpha}{1-\alpha}(S_2^1-S_2^2)=\frac{0.6}{0.4}\times(275\,396.2-266\,834.9)=12\,841.9$$

其他结果分别见表第⑥、第⑦栏。

第四步,根据求出的 a 和 b 值及预测模型公式分别求各期的趋势预测值,各预测值见表中最后一栏。

$$Y_{t+T}=a_t+b_t\times T$$

则 $Y_{2000年}=Y_{22+1}=a_{22}+b_{22}\times1=1\,403\,869.1+148\,991.1=1\,452\,860$

以此类推,则 2003 年预测和 2004 年预测值分别为:

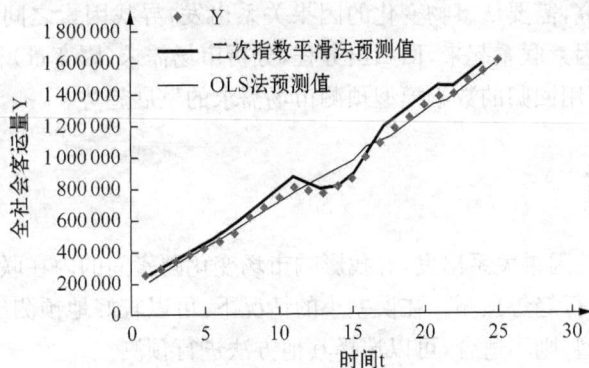

图 1　预测值与原时间序列图

$Y_{2003年} = Y_{25+1} = a_{25} + b_{25} \times 1 = 1\,605\,670.4 + 64\,336.2 = 1\,670\,006.7$

$Y_{2004年} = Y_{25+2} = a_{25} + b_{25} \times 2 = 1\,605\,670.4 + 64\,336.2 \times 2 = 1\,734\,342.9$

把各年的预测值绘成曲线与原时间序列的散点图比较（见上图），可以看出，二次指数平滑法由于考虑了时间序列在不同时期直线参数的变化，其预测值与原时间序列的拟合程度非常好。上图中也给出了用最小二乘法拟合的趋势直线，相比之下，用二次指数平滑法拟合的趋势线更好地体现了原时间序列在不同时间段的变化趋势。

案例来源：http://wiki.mbalib.com/wiki/%E4%BA%8C%E6%AC%A1%E6%8C%87%E6%95%B0%E5%B9%B3%E6%BB%91%E6%B3%95

问题：以上是利用计算得出的预测值，试用 Excel 进行二次指数平滑预测，并进行误差分析。

任务三　因果分析法

知识目标
- 了解因果分析法的概念和应用。
- 清楚一元线性回归的概念和参数意义。
- 掌握回归模型的检验。

能力目标
- 运用回归分析法进行预测。
- 能应用计算机建立一元回归模型。

技能点
- 一元回归方程的建立。

知识点
- 回归分析。

情境描述

影响市场变化的因素有许多，汽车市场也同样。影响和制约的因素影响着市场行为，对这类市场变动趋势的研究，需要从事物变化的因果关系出发，寻找因素之间的内在联系。因此，可以将有联系的市场因素联系起来，回归出方程，分析市场需求（因变量）和自变量之间相互依存关系的密切程度，利用回归的数学模型预测市场需求的发展趋势。

任务剖析

从汽车市场变化的因果关系出发，寻找影响市场变化因素间的内在联系，找出内在联系的规律性，利用其规律进行趋势预测。在误差小的情况下，可以较好地预测出中长期趋势。对于有较大误差的趋势模型，则不适合，可以选择其他方法进行预测。

任务载体

中国汽车工业发展大致可以分为奠定基础、体系完善和高速发展三个阶段。奠定基础阶段：我国汽车从1953年诞生到1978年改革开放前经历了汽车产品从无到有，为汽车工业发展奠定了基础。体系完善阶段：从1978年到20世纪末，我国的汽车从汽车产品系列、汽车生产能力到自主研发能力等多方面都有长足发展，形成了较为完整的汽车工业体系。同时，政府通过产业政策对汽车工业的宏观管理，大大促进了汽车的发展进程。高速发展阶段：进入21世纪，特别是WTO的加入，更加推进了我国汽车产业的发展，市场规模迅速扩大，从满足国内市场需求到参与国际竞争，向发达国家出口汽车，可谓汽车产业进入高速发展阶段。

纵观我国汽车消费状况，私人汽车保有量快速提升，私人购买汽车已经成为我国汽车工业的主要推动力。目前，我国平均每100人拥有2辆汽车，与发达国家平均每3人拥有1辆车相比还有很大差距，因此，我国汽车工业蕴涵着巨大的增长潜力。此外，从我国人均收入已达到1000美元来看，居民的购买力不断增强，汽车、住房以及通讯教育等成了主要消费品。我国已成为汽车大国，汽车后市场作为整车的下游产业，也将随着整车市场的发展而同步增长。因此对汽车市场的预测将是汽车业研究市场的一个重要方面。

表3-12中的数据来自《中国统计年鉴》，2010年北京的城镇居民人均可支配收入为69 483元，上海为76 801元，浙江为49 949元，预测每百户汽车拥有量，并进行模型检验及误差的计算。

表 3-12　1999—2009 年城镇居民可支配收入与每百户汽车拥有量

年份	城镇每百户汽车拥有量/辆	城镇居民人均年可支配收入/元
1999	0.34	5 854.02
2000	0.50	6 279.98
2001	0.60	6 859.58
2002	0.88	7 702.80
2003	1.36	8 472.20
2004	2.18	9 421.61
2005	3.37	10 493.03
2006	4.32	11 759.45
2007	6.06	13 785.81
2008	8.83	15 780.76
2009	10.89	17 174.65

相关知识

3.3 因果分析法

3.3.1 因果分析法概述

在实际市场问题中，很多市场行为常会受到多种因素的影响和制约。对这类市场变动趋势的研究,需要从事物变化的因果关系出发,寻找因素之间的内在联系,这就是因果关系预测法。比如,家用车要求的质量与家庭收入的关系、家用车的销售量与车的价格的关系等,都属于因果关系问题。

因果分析法就是研究变量之间这种相互关系的一种定量预测方法。因果关系预测法中最常用的方法,就是回归分析法。将有联系的市场因素联系起来,回归出方程,以一个或多个影响因素作为自变量,分析市场需求(因变量)和自变量之间相互依存关系的密切程度,利用数学模型预测市场需求的发展趋势。

因果分析的前提条件是预测变量必须由其他相关变量直接影响。假定解释变量与预测变量之间具有某种函数关系,根据历史数据可以建立回归模型,从而进行预测。如果关系选择恰当,则可以作出精确的预测,但现实预测中这种关系并不经常存在,有时因素间的关联程度比较低,很难判断因果关系是否发生作用,所以,预测难免出现误差。

回归分析预测法有多种类型。可根据自变量的个数分为一元回归预测法、二元回归预测法和多元回归预测法。在一元回归分析预测法中,自变量只有一个;二元回归预测法中,自变量有两个;而在多元回归分析预测法中,自变量有两个以上。根据自变量和因变量之间的是否存在线性关系,可分为线性回归预测和非线性回归预测。线性回归预测法中变量之间的关系表现为直线型,非线性回归预测法中变量之间的关系主要表现为曲线。这里重点介绍线性回归分析法。

回归分析预测主要分五步进行:

(1) 全面分析影响预测目标变化的因素,找出主要影响因素,确定自变量。选择相关程度较高的影响因素作为自变量。

(2) 选择合理的预测模型,确定模型参数。线性回归模型采用最小二乘法确定参数,非线性模型转化为线性回归模型,而后进行参数的估算。

(3) 进行预测模型的统计假设检验。回归预测模型并非都能直接用于预测,必须进行回归模型有效性检验,用统计推断方法对自变量与因变量之间是否有密切关系,分析自变量变化能否解释因变量变化,来判断回归模型的有效性。主要进行相关性检验和模型检验。

(4) 应用模型进行实际预测。回归模型通过统计假设检验后,就可以利用预测模型进行预测。

(5) 预测结果的可靠性检验。对回归分析预测所得到的结果,结合市场现状或与其他预测方法比较,对预测结果是否切合实际做出评价。这是一种定性检验,但确是非常重要的检验。

3.3.2 一元线性回归法

市场因素中虽然预测目标变量(称为因变量)受许多因素(称为自变量)的影响,但只有一个起重要的、关键性作用,可以利用这种关系找出因素间的联系。

对市场预测目标数据进行分析,在直角坐标系当因变量与自变量之间呈直线趋势时,且能够满足各散点到直线的纵向距离之和最小的经验公式,即 $y=a+bx$。根据自变量的变化,估计因变量变化的预测方法。$y=a+bx$ 为直线回归预测模型。

需要注意的是,这里的一元线性回归方程与函数的直线方程的区别,一元线性回归方程中的自变量 X 对应的是因变量 Y 的一个取值范围,函数的直线方程 x 和 y 是一一对应关系。

3.3.2.1 一元线性回归预测模型

建立回归预测模型即建立回归方程,是依据变量之间的相关关系,用恰当的数学表达式可以表示。根据变量间的关系分为一元线性回归、多元线性回归。线性回归方程的一般表达式为:

$$y = a + b_1 x_1 + b_2 x_2 + \cdots + b_n x_n$$

当变量间不呈线性关系时,需根据曲线的性状建立相应的非线性回归方程。

当影响市场变化的众多因素中有一个最基本并起到决定性作用的因素,且自变量与因变量的分布呈线形趋势的回归,此情况下用回归方法进行预测就是一元线形回归预测。一般情况一元线形回归方程表达式为:

$$y = a + bx$$

式中,y 为因变量,x 为自变量,a、b 为参数,b 又称回归参数,它表示当 x 每增加一个单位时,y 的平均增加数量。

回归参数 a、b 值的求取可利用最小平方法可以求出。

$$b = \frac{n \sum xy - \sum x \sum y}{n \sum x^2 - \left(\sum x \right)^2}$$

$$a = \frac{\sum y}{n} - \frac{b \sum x}{n}$$

3.3.2.2 一元线性回归模型的检验

建立回归方程的根本目的在于预测,将方程用于预测之前需要检验回归方程的拟合优度和回归参数的显著性,只有通过了有关的检验后,回归方程方可用于经济预测,常用的检验方法有相关系数检验、F 检验、t 检验和 $D\text{-}W$ 检验等。

1. 相关性检验

相关性检验就是对变量间的相关关系进行判断和分析。主要分析变量见的相关性及相关的密切程度两个方面。确定变量间有无相关关系是相关分析也是回归分析的前提;确定相关关系的密切程度是相关分析的主要目的和主要内容。

衡量相关关系的密切程度通常利用相关系数,相关系数计算公式为:

$$r = \frac{\sum (x_i - \bar{x})(y_i - \bar{y})}{\sqrt{\sum (x_i - \bar{x})^2 \sum (y_i - \bar{y})^2}}$$

整理后:

$$r = \frac{n \sum x_i y_i - \sum x_i \sum y_i}{\sqrt{n \sum x_i^2 - \left(\sum x_i \right)^2} \sqrt{n \sum y_i^2 - \left(\sum y_i \right)^2}}$$

式中:r 为相关字数,x 为自变量的值,$\bar{x}$ 为 x 的平均值,y 为因变量,$\bar{y}$ 为 y 的平均值。

相关系数 $-1 \leqslant r \leqslant 1$。当变量 x 与 y 呈线性相关时,$|r|$ 越接近 1,表明变量间的线性相关程度愈高;$|r|$ 越接近 0,表明变量间的线性相关程度愈低。当 $0 < r < 1$ 时,表明 y 与 x 正相关,当 $-1 < r < 0$ 时,表明 y 与 x 负相关。当呈现较强的非线性相关时,相关系数 $|r|$ 值或许趋近于 0,或许很大,并不确定。$|r|$ 达到怎样程度时,x、y 线性相关呢? 它们的相关程度怎样呢? 因此引进"显著性水平"α。

回归模型检验：

（1）F 检验。

$$F = \frac{(n-2)r^2}{1-r^2}$$

$$则：|r| = \frac{\sqrt{F}}{\sqrt{F+n-2}}$$

相关系数临界值是由显著性水平和自由度经查表得出的，其中显著性水平 α 在统计中常取 0.05、0.01；一般宜先查找 $\alpha = 0.01$ 时的最小值，自由度为 $n-2$（n 为数据的个数）。从 F 分布表（见附表 F 分布临界值表）中查出 $F\alpha(1, n-2)$ 的值，与计算的 F 值比较，若 $F \geqslant F\alpha(1, n-2)$，则表明在 0.01 上，两变量之间线性关系显著，检验通过，这时回归方程可以用来预测；反之，则应分析原因，重新处理。

（2）相关系数的检验也可以通过相关系数临界值表查出临界值 $r_\alpha(n-2)$。

一般来说，相关系数达到使线性相关显著的值与实验数据点的个数有关。因此，只有 $|r| \geqslant r_{min}$ 时，表明两变量之间线性关系显著，检验通过，能够采用线性回归方程来描述变量之间的关系；反之，分析原因，重新处理。r_{min} 的值可以从线性相关系数 r 的临界值表中查得。

有资料表明，$|r| < 0.3$ 为微弱相关；$0.3 < |r| < 0.5$ 为低度相关；$0.5 < |r| < 0.8$ 为显著相关；$0.8 < |r| < 1$ 为高度相关。

表 3-13 线性相关系数 r 的临界值表

$n-2$	$\alpha=5\%$	$\alpha=1\%$	$n-2$	$\alpha=5\%$	$\alpha=1\%$	$n-2$	$\alpha=5\%$	$\alpha=1\%$
1	0.997	1.000	16	0.468	0.590	35	0.325	0.418
2	0.950	0.990	17	0.456	0.575	40	0.304	0.393
3	0.878	0.959	18	0.444	0.561	45	0.288	0.372
4	0.811	0.917	19	0.433	0.549	50	0.273	0.354
5	0.754	0.874	20	0.423	0.537	60	0.250	0.325
6	0.707	0.834	21	0.413	0.526	70	0.232	0.302
7	0.666	0.798	22	0.404	0.515	80	0.217	0.283
8	0.632	0.765	23	0.396	0.505	90	0.205	0.267
9	0.602	0.735	24	0.388	0.496	100	0.195	0.254
10	0.576	0.708	25	0.381	0.487	125	0.174	0.228
11	0.553	0.684	26	0.374	0.478	150	0.159	0.208
12	0.532	0.661	27	0.367	0.470	200	0.138	0.181
13	0.514	0.641	28	0.361	0.463	300	0.113	0.148
14	0.497	0.623	29	0.355	0.456	400	0.098	0.128
15	0.482	0.606	30	0.349	0.449	1000	0.062	0.081

3.3.2.3 点预测和区间预测

点预测就是根据线性方程求出 y_t 值。

笔记

置信区间预测,就是估计一个预测值的范围——置信区间,并判断实际值在这个估计范围的可靠程度。预测值的置信区间为 $(y_t - t \cdot S_y, y_t + t \cdot S_y)$。其中当可靠程度为 68.27% 时,$t=1$;可靠程度为 95.45% 时,$t=2$;可靠程度为 99.73% 时,$t=3$;$y_t$ 为点预测值,S_y 为一元回归标准偏差,$n-2$ 为一元线性回归的自由度。

$$S_y = \sqrt{\frac{\sum (y_i - y_t)^2}{n-2}}$$

在已知直线回归方程的情况下,为了便于计算可以将上式简化,简化后为:

$$S_y = \sqrt{\frac{\sum y^2 - a\sum y - b\sum xy}{n-2}}$$

案例 3-11

一元线性回归

现有 1968—1987 年美国进口商品支出与个人可支配收入的数据(见表),以 1982 年的美元价为基准,不考虑通货膨胀的影响,分析美国进口商品支出与个人可支配收入的关系分析。

表 美国进口商品支出与个人可支配收入

年份	Y(进口商品支出)	X(个人可支配收入)
1968	135.7	1 551.3
1969	144.6	1 599.8
1970	150.9	1 668.1
1971	166.2	1 728.4
1972	190.7	1 797.4
1973	218.2	1 916.3
1974	211.8	1 896.9
1975	187.9	1 931.7
1976	229.9	2 001
1977	259.4	2 066.6
1978	274.1	2 167.4
1979	277.9	2 212.6
1980	253.6	2 214.3
1981	258.7	2 248.6
1982	249.5	2 261.5
1983	282.2	2 331.9
1984	351.1	2 469.8
1985	367.9	2 542.8
1986	412.3	2 640.9
1987	439	2 686.3

数据来源:人大经济论坛 http://bbs.pinggu.org/forum.php?mod=viewthread&tid=132920&page=1&fromuid=587834

笔记

从数据特征可以看出，美国进口商品支出与个人可支配收入呈现线性关系。该预测可以利用 Excel 来实现。预测过程：

选择工具→数据分析→回归→确定

给出 x 值和 y 值的输入区域及输出区域，勾选线性拟合图选项，见图 1。

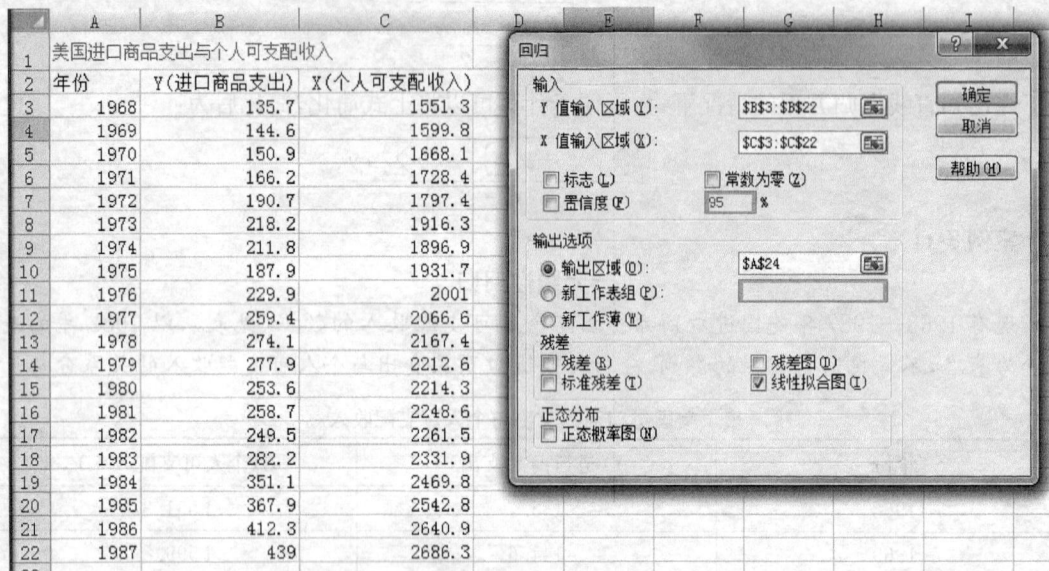

图 1　回归分析参数选择图

点击确定，出现图 2，注意红椭圆圈的数据。根据图中的数据可以写出预测模型、拟合系数、相关系数、F 检验。

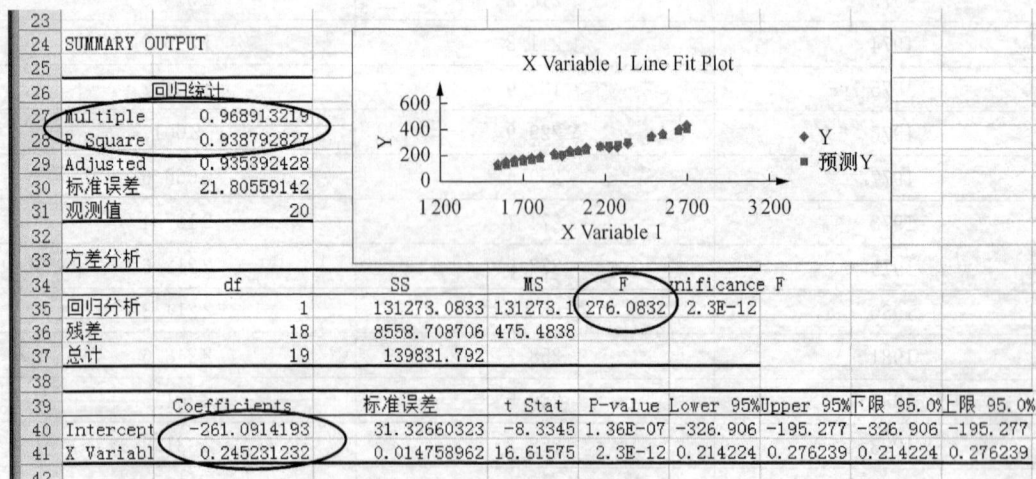

图 2　回归模型数据使用图

预测模型为 $y = -261.091 + 0.245231x$

拟合系数 $R^2 = 0.93879$

相关系数 $r = 0.9689$

F 检验可以用公式计算：

笔记

$$F = \frac{(n-2)r^2}{1-r^2} = \frac{(20-2) \times 1 - 0.93879}{1 - 0.93879} = 276.0696$$

从上面的图中也可以直接读出 F 值，$F = 276.0832$。

从 F 分布表(见附表 F 分布临界值表)中查出 $F_a(1, n-2)$ 的值为 199.5，$F > F_a$，表明 α 在 0.05 水平上，收入和进口商品支出之间线性关系显著，检验通过，回归方程可以用来预测。根据 F 检验也可以计算回归系数，计算结果为：

$$|r| = \frac{\sqrt{F}}{\sqrt{F+n-2}} = \frac{\sqrt{276.0696}}{\sqrt{276.0696 + 20 - 2}} = 0.9689$$

另外，从模型中的 a 和 b 值可以看出，当可支配收入减少时，进口商品支出减少，可支配收入降到一定程度，进口商品支出会为零。

根据模型确定 1988 年美国个人可支配收入 $x = 2800$ 美元，则 $y = 424.909$ 美元。

说明个人可支配收入每增加 1 美元，进口商品支出平均增加 0.245 美元。

🔍 任务回顾

1. 汽车市场调查预测中常常用因果分析寻找各影响因素之间的关系。

2. 一元线性回归法是常用的，也是最简单的线性模型。当影响市场变化的众多因素中有一个最基本并起到决定性作用的因素，且自变量与因变量的分布呈线形趋势的回归是一元线形回归预测。

3. 一元线性回归的模型预测是否有效，需要进行检验，检验的方法主要是相关系数检验、F 检验等。

⬇ 任务实施步骤

(一) 任务要求

对影响汽车市场变化的调查因素进行分析，找出因素之间的关系，利用 Excel 建立因果关系模型，并进行预测分析。

(二) 任务实施的步骤

因果分析预测任务实施步骤：

(1) 分析数据，确定自变量。

(2) 依据数据特征回归出预测模型，确定模型参数。

(3) 回归模型的检验。主要进行相关性检验和模型检验。

(4) 应用模型进行实际预测，并对预测结果是否切合实际做出评价。

🖊 思考与训练

1. 选择题

1) 回归方程可用于(　　　)

A. 给定因变量推算自变量　　　　　　　B. 根据自变量预测因变量

C. 推算时间序列中缺失的数据　　　　　D. 给定自变量推算因变量

E. 用于控制因变量

2) 相关关系的意义在于(　　)

A. 研究变量之间是否存在相关关系　　　B. 测定变量的密切程度

C. 表明相关的形式　　　　　　　　　　D. 配合关系方程式

E. 进行估计估算和与预测

3) 下列正确的项有(　　)

A. 具有明显因果关系的两变量不一定是相关关系

B. 只要相关系数较大,两变量就一定存在密切关系

C. 相关系数的符号可说明两变量相互关系的方向

D. 样本相关系数和总体相关系数之间存在抽样误差

E. 不具有因果关系的变量一定不存在相关关系

4) 计算估计标准误差的意义在于(　　)

A. 说明回归估计值的准确程度　　　　　B. 从另一方面说明变量的相关程度

C. 说明回归方程的代表性程度　　　　　D. 反映线形相关的方向

E. 以样本回归方程估计总体回归方程

5) 身高与体重的相关关系属于(　　)

A. 单相关　　　　B. 无相关　　　　C. 曲线相关　　　　D. 正相关

E. 负相关

6) 下列因素与回归预测误差无关的是(　　)

A. 回归的样本个数　　　　　　　　　　B. 自变量样本个数

C. 随即扰动项的方差　　　　　　　　　D. 因变量样本平均值

7) 汽车的使用年限与维修费用之间的相关系数是 0.721 3,合理范围内施肥量与粮食亩产量之间的相关系数为 0.852 1,商品价格与需求量之间的相关系数为 $-0.934\,55$ 则(　　)

A. 商品价格与需求量之间的线性相关程度最高

B. 商品价格与需求量之间的线性相关程度最低

C. 施肥量与粮食亩产量之间的线性相关程度最高

D. 汽车的使用年限与维修费用之间的线性相关程度最低

8) 回归预测的范围不能过大,是因为(　　)

A. 回归时采用资料有限性　　　　　　　B. 规律可能发生变化

C. 不好画出回归曲线　　　　　　　　　D. 可能带来很大误差

E. 计算的困难

9) 下表是进出口总额 Y 与国内生产总值 GDP 回归的 Excel 估计结果

表 1　进出口额 Y 与 GDP 回归结果

	Coefficients	标准误差	t Stat	P-value
Intercept	$-5\,112.75$	2 074.878	$-2.464\,12$	0.024 693
GDP Variable 1	0.516 208	0.033 56	15.381 78	2.08E-11

此结果说明(　　)。

A. GDP 对进出口总值的影响不显著　　　B. 进出口总值对 GDP 的影响不显著

C. GDP 对进出口总值的影响显著　　　　D. 进出口总值对 GDP 的影响显著

2. 简答题

1) 什么是相关关系? 它与函数关系有何区别和联系?

2) 一元线性回归如何进行模型检验?

3) 一元线性回归方程中参数 a 和 b 的意义是什么?

3. 计算题

1) 若汽车使用年限和维修费用有关,如下表所示,试计算相关系数,并判断其相关程度。

汽车使用年限和维修费用表

汽车使用年限/年	2	2	3	4	5	5
维修费用/千元	4.0	5.4	5.2	6.4	6.0	8.0

2) 某汽车品牌在 8 个 4S 店的销售资料如下表:

某汽车品牌在 8 个 4S 店的销售资料　　　　　　　　　　单位:万元

4S店编号	1	2	3	4	5	6	7	8
产品销售额	170	220	390	430	480	650	950	1 000
销售利润	8.1	12.5	18.0	22.0	26.5	40.0	64.0	69.0

(1) 利用 Excel 对上面数据进行回归分析,求出产品销售额与利润之间的相关系数。

(2) 确定利润额对产品销售额的直线回归方程。

(3) 确定产品销售额为 1 500 万元时利润额的估计值。

❓ 拓展提高

案例 1

国民收入与汽车消费的关系

有关专家对我国小轿车需求前景预测时,曾根据日本、印度、巴西等国的情况,当小轿车价格与人均国民收入之比到 2∶3 时,小轿车开始进入私人家庭消费;当达到 1∶4 时轿车需求进入迅速发展阶段,开始出现普及性消费,但 2000 年上海人均国民收入已达 1 万美元,私家车消费并没有出现普及性消费。从这个现象我们可以了解,定性预测方法可以帮助专家对小轿车消费有一个界定,但由于国情的不同,同样的标准在我国就具有不确定性。

资料来源:福建工程学院课件资料

问题:试收集资料预测 2012 年,你所在省份的国民收入与家庭汽车消费的关系。

案例 2

汽车制造行业大数据分析案例

福特首席大数据分析师 John Ginder 负责领导福特研究中心(Ford Research)的系统分析和环境科学团队,他认为 2006 年 Alan Mulally 就任福特 CEO 后,将福特打造成了"数据猎狗"(data hound),在数据金矿上搜寻对消费者、公众和福特公司自己有价值的信息。

危与机

"21 世纪的第一个 10 年我们经历了一个困难时期,损失了接近一半的员工,公司濒临倒闭。"Ginder 说道:"这促使福特跳出旧的思维框框,更多考虑来自我们这样的数据专业人士的解决方案。福特开始乐于接受分析解决方案、模拟技术等与传统商业直觉思维不同的业务方法,这让福特获益匪浅。"

其实 20 世纪 90 年代福特就开始福特关注分析,当时服务器和存储设备已经开始变得便宜起来,而且华尔街的很多企业已经向世人展示了高级数据建模的威力。福特内部也开始出现各种各样的分析团队,包括后来 Ginder 在福特研究中心的团队,同时在福特的市场部门和信贷部门也都出现了数据分析团队。

但当时这些数据团队还只是专注于一些非常明确和具体的任务,例如福特信贷的风险分析,或者一些与核心业务关系不是很紧密的科学研究。根据 Ginder 的回忆,当福特面临生存危机时,福特的管理层有些不知所措,他们一致认为选择"求助"福特的数据分析专家们来拯救整个企业。

新 CEO——Alan Mulally 的就职是另外一个变革动因,根据 Ginder 的回忆,Alan 每周都与向他直接汇报的管理层质询:"我们的目标完成得怎么样? 用量化数据告诉我,我们完成各种指标了吗? 没能达标的原因是什么?"Alan 的基于数据的工作方式层层传导,影响了整个福特的管理文化。

福特的大数据

由于分析基因已经深深植入福特的企业文化,大数据分析的兴起为福特带来了大量的新机遇。

"我们已经意识到,我们内部产生的大量数据,包括来自业务运营、汽车产品研究活动以及互联网上的客户数据,所有这些数据对于福特来说意味着巨大的商机,但是我们需要新的专业技术和平台来管理这些数据",Ginder 说道:"我们的研究部门正在测试 Hadoop 系统,我们试图整合手头拥有的所有数据源,只有天空才是我们的极限。目前大数据所呈现的商机都还只是冰山一角。"

福特的另外一个重要的大数据资产来自福特产品开发流程和产品本身产生的大量有用数据。

Ginder 表示:"我们的制造工厂以及汽车产品都安装了各种测量仪表,他们都是闭合的控制系统。每辆汽车中里也安装有大量传感器,但目前这些数据都还停留在汽车内部,但是我们认为采集这些数据,包括车辆运行状况和消费者操控汽车方式的数据,将这些数据分析后反馈给设计流程将非常有助于我们优化用户体验。"

除了采集结构化数据进行分析外,福特还将触角伸向了非结构化的消费者情报数据。Ginder 说道:"我们意识到分析互联网数据将有助于我们了解消费者的需求和态度,目前我们也在做社会化商情分析(sentiment analysis)。"

虽然不少财富 500 强企业也在进行类似的社会化分析,但是福特分析 Web 非结构化数据的方法与众不同,甚至能够影响到公司对汽车产品销售业绩的预测。

"我们也使用 Google Trends 来监测搜索关键词的流行度,帮助我们做出内部销售预测。"Ginder 解释道:"过去我们的报告中只有过去一周的销售数据,而现在同样的报告中增加了搜索关键词的流行度…当然,这还只是皮毛功夫,这方面我们将来肯定会进行更加深入的分析。"

大数据需要金刚钻

在 Ginder 的眼里,福特的大数据分析还只是"皮毛功夫",因为大数据分析工具目前并不成熟。虽然大数据是 2012 年最火爆的 IT 营销词汇,但是可供企业使用的成熟的大数据商业工具非常少。Ginder 的团队目前主要依赖开源工具如 Hadoop 来管理大数据集,并通过 R-Project(另外一个开源数据分析工具)来进行统计分析,此外数据挖掘和文本挖掘使用的也都是开源工具。

虽然开源大数据工具非常强大,可扩展性也很好但是它需要高水平的数据分析专家和程序员才能玩得转。此外,大数据的一个大趋势是:非技术人员也将能通过自然语言工具访问大数据集。

未来的"数据科学家"不是懂得如何书写合乎规范的 SQL 查询语句的人,而是知道如何提出正确问题的业务分析师,只有他们能够发现能够影响公司决策的"数据珠宝"。

虽然能够洞见大数据的未来,但是 Ginder 认为现实和未来还有相当的落差。"大数据的未来很美妙,不过我们现在的问题是专业人才和工具都很缺乏。虽然我们有自己的专家,利用目前的大数据工具开发一些大数据应用解决具体业务问题。但是将来我希望能把大数据分析扩展到所有数据,届时数据专家——而不是电脑专家,能充分发掘大数据的商业价值。"

在 Ginder 的眼里,福特的大数据未来还意味着数据的开放,福特将与开源社区大量分享自己的数据,造福社会。不久前福特的硅谷实验室(SVL)正式揭幕,定位是:"大数据,开源创新和用户体验。"

Ginder 对福特的大数据应用进行了展望

我们将增加车载摄像头的安装量,车载摄像头能提供高码率的数据,结合其他传感器数据实现各种应用(包括福特与微软联合开发的车载 SYNC 系统),例如,汽车中已经有了温度、气压、湿度和尾气污染物浓度传感器……想想吧,所有这些传感器数据整合到一起对人们来说意味着无限的可能,提供更精准的天气预测? 交通状况预测? 提醒哮喘病人绕开某些区域? 正确设置汽车空调循环方式?

Ginder 最后补充道:"今年我们拥有前所未有的数据,以及前所未有的处理数据的计算能力,这将产生我们无法想象的杀手应用。"

资料来源:TechTarget 中国

问题:汽车制造行业大数据分析给你带来哪些启示?

任务四　其他预测方法的应用

知识目标

- 了解多元线性回归的概念。
- 会利用 Excel 进行多元回归。
- 掌握回归模型的检验。

能力目标

- 基本能运用 Excel 建立多元回归模型。
- 能应用回归模型预测。

技能点

• 多元回归方程的建立。

知识点

• 多元回归分析。

情境描述

　　影响汽车市场变化的因素很多,并且大多数时候,多种因素会共同影响,对于这类预测,时间序列和一元线性回归都不能完成该任务。线性关系的因素,可采用多元回归法建立预测模型,检验后进行预测。

任务剖析

　　预测目标中两个或两个以上的自变量与一个因变量之间存在线性趋势,需要选择多元回归分析法,找出变量间的线性趋势,依据线性趋势进行市场预测。这种预测考虑了两个以上变量的影响,检验后能较准确的进行趋势预测。

任务载体

　　表 3-14 是中商情报网发布的北京市 2002—2010 年民用车数据。从数据中可以看出,民用汽车拥有量与 GDP、轿车产量均有关系,如采用一元线性回归预测,不能较全面地考虑其影响因素,用哪种方法更能准确地预测呢?

表 3-14　北京市 2002—2010 年民用车数据

年份	GDP/亿元	轿车产量/万辆	民用汽车拥有量/万辆
2002	3 212.71	0.73	133.9
2003	3 663.1	7.31	163.1
2004	4 283.31	18.22	187.1
2005	6 969.52	22.09	214.6
2006	8 117.78	56.4	244.1
2007	9 846.81	63.29	277.8
2008	11 115	76.6112	318.1
2009	12 153.03	127.06	368.11
2010	13 777.9	150.26	449.72

数据来源:中国数据统计.中商情报网

相关知识

3.4　其他预测方法的应用

3.4.1　多元线性回归分析法

进行市场预测时,常常遇到几个因素共同发生作用,而并非两变量之间的关系,这种情况一元回归分析法不再适用,需要选择多元回归分析法进行预测。

多元线形回归分析法是指预测目标中两个或两个以上的自变量与一个因变量之间存在线性趋势,通过回归分析,找出变量间的线性趋势的预测方法。

多元线形回归方程一般形式为:

$$y = a + b_1 x_1 + b_2 x_2 + \cdots + b_n x_n$$

式中:$x_1, x_2, x_3, \cdots, x_n$ 为影响 y 的自变量;$a, b_1, b_2, \cdots, b_n$ 为回归的系数。

存在两个自变量条件下的多元线形回归方程称为二元回归方程,即:$y = a + b_1 x_1 + b_2 x_2$,是多元线形回归方程中的特例。以二元回归为例,说明多元线形回归分析的步骤:

(1) 建立线形方程 $y = a + b_1 x_1 + b_2 x_2$,参数 a、b_1、b_2 使用最小平方法推算,得到:

$$\sum y = na + b_1 \sum x_1 + b_2 \sum x_2$$

$$\sum x_1 y = a \sum x_1 + b_1 \sum x_1^2 + b_2 \sum x_1 x_2$$

$$\sum x_2 y = a \sum x_2 + b_1 \sum x_1 x_2 + b_2 \sum x_2^2$$

将相关数据代入上述方程组,求解得到系数 a、b_1、b_2。所以,二元线形回归方程为:

$$y = a + b_1 x_1 + b_2 x_2$$

(2) 检验。与一元线性回归中回归系数 r^2 相对应,多元线性回归中有拟合系数 R 检验方程的拟合程度。拟合系数是由回归方程解释的变动(回归平方和)所占的比重,拟合系数 R 越大,方程中的数据点拟合程度越好。拟合系数的计算公式为:

$$R = \sqrt{1 - \frac{\sum (y_i - \hat{y})^2}{\sum (y_i - \bar{y})^2}}$$

$$= \sqrt{1 - \frac{\sum y_i^2 - a \sum y_i - b_1 \sum x_1 y_i - b_2 \sum x_2 y_i}{\sum y_i^2 - n \bar{y}^2}}$$

(3) 预测。先进行点预测,将 x_1、x_2 代入公式 $y = a + b_1 x_1 + b_2 x_2$ 即得到预测值 $\hat{y}$。之后再进行区间预测,计算估计标准离差 S:

$$S = \sqrt{\frac{\sum (y_i - \hat{y})^2}{n - 3}}$$

S 越小,方程的拟合度越强,一般 $\frac{S}{y} = 10\% \sim 15\%$ 模型有较好的精确度。

三个或三个以上自变量的多元线形回归及非线性回归预测,计算复杂,大都需要电子计算机处理,这里不再作介绍。

3.4.2　多元线性回归的应用

案例 3-12

应用 Excel 进行回归预测

某汽车 4S 店的数据见表 1。

表 1　某区域汽车 4S 店数据统计

4S 店	年销售额/万元 y	规模大小/m^2 x_1	年促销费用/千元/小时 x_2
1	368	172	20
2	389	164	20
3	665	281	55
4	854	355	25
5	341	129	30
6	556	220	40
7	366	113	45
8	469	350	25
9	546	315	40
10	288	151	20
11	1 067	516	55
12	758	456	30
13	1 170	584	50
14	408	550	25
15	650	405	30

1. 单击工具，选择"数据分析"

在数据分析工具的选项框中选中"回归"，确定，见图 1。

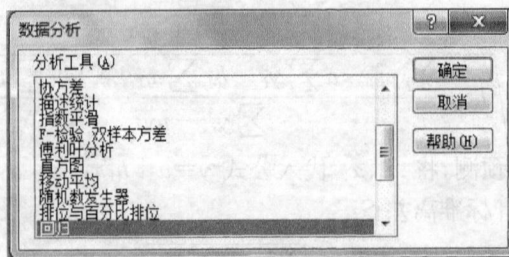

图 1　回归分析路径图

2. 输入变量值、选择输出选项及其他有关选项

需要注意的是，自变量 X 在数据表中应相邻排列，即各个自变量的单元格引用范围放在一个输入区域内，见图 2。

笔记

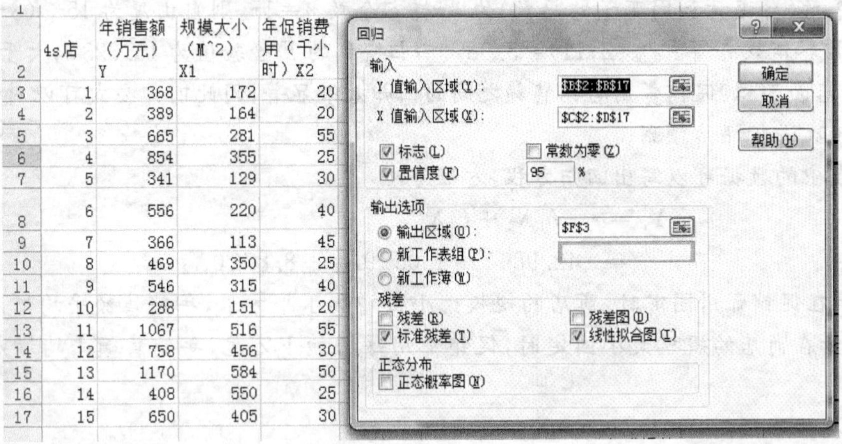

图 2　回归变量选择

在变量选择中，置信度默认状态为 95%。

3. 根据显示结果写出二元线性回归方程

结果见表 2。

表 2　回归结果使用表

回归统计	
Multiple R	0.845342
R Square	0.714602
Adjusted R Square	0.667036
标准误差	155.3596
观测值	15

方差分析

	df	SS	MS	F	gnificance F
回归分析	2	725222.8	362611.4	15.0233	0.00054
残差	12	289639.2	24136.6		
总计	14	1014862			

	Coefficien	标准误差	t Stat	P-value	Lower 95%	Upper 95%	下限 95.0%	上限 95.0%
Intercept	-42.9897	129.8529	-0.33107	0.746305	-325.915	239.9353	-325.915	239.9353
规模大小（M	1.052944	0.273768	3.846119	0.002326	0.456455	1.649434	0.456455	1.649434
年促销费用	8.876035	3.467001	2.560147	0.024995	1.322088	16.42998	1.322088	16.42998

4. 相关性检验和方程检验

从表中"回归统计"数据可以看到相关系数、判定系数、调整后的判定系数、标准误差。相关系数为 0.8453，说明 4S 店的销售额与店面大小和促销费用具有较强的正相关；判定系数是指一个变量的变化有百分之多少可以由另一个变量来解释。该表中列出的判定系数为 0.7146，即表明在年销售额的变动中有 71.46% 可由店面规模大小和促销费用的多少这两个因素的变动来解释，剩余的 28.54% 是由其他因素或随机误差影响的。

从"方差分析"数据可以看到 F 下的显著水平，通过 F 检验统计来确定偶然发生的可能性。如果 F 观测值大于 F 临界值，表明变量间存在相关性。此案例中，若显著性水平 $\alpha = 0.05$，

笔记

解释变量个数(自变量和因变量的总数)为 3,样本个数 $n=15$,则自由度为 $15-(3+1)=11$,从 F 分布临界值表查得 $F_{0.05}(2,11)=3.98$。回归得到的 F 检验值为 15.0233,大于 F 临界值 3.98,说明店面面积、促销费用与销售额之间的回归效果显著,因此回归公式可以对该区域 4S 店的销售情况进行评估预测。

根据表中的数据可以写出回归方程,方程为:

$$Y_i = a + b_1 X_1 + b_2 X_2$$
$$= -42.9897 + 1.0529 X_1 + 8.8760 X_2$$

b_1 表示在促销费用固定时,商店的规模大小每增加 1 平方米,年销售额平均增加 1.0529 万元;b_2 表示在商店的规模大小固定时,促销费用每增加 1 万元,年销售额平均增加 8.8760 万元。

5. 根据方程预测

若 2012 年某 4S 点营业面积达 1500m^2,年促销额为 60 万元/千小时,则该 4S 店 2012 年的销售额的预测值为:

$$Y = -42.9897 + 1.0529 \times 1500 + 8.8750 \times 60 = 2068.86(万元)$$

任务回顾

1. 多元回归用于多因素间关系分析。
2. 多元回归模型在预测前需要检验,检验的方法与一元线性回归检验方法相同。

任务实施步骤

(一) 任务要求

应用 Excel,完成多元回归法预测。

(二) 任务实施的步骤

多元回归任务实施步骤:

(1) 观察"北京市 2002—2010 年民用车数据"选择合适的预测方法。
(2) 在 Excel 中添加数据分析并选择数据分析中的回归。
(3) 写出回归方程,进行预测。
(4) 相关性检验和方程检验。
(5) 给定某 GDP 值,进行预测。

思考与训练

1. 收集 10 家 4S 店的价格、销售量和促销投入数据,利用 Excel 进行预测,找出价格、销售量、促销投入的关系,并预测当新车价格为 20 万元时,销售额为多少。
2. 解释上一题方程中系数的含义。
3. 什么是多元线性回归? 该方法怎样应用?

拓展提高

案例

回归分析预测法预测新田公司销售

1. 新田公司的发展现状

新田公司全称为新田摩托车制造有限公司,成立于 1992 年 3 月,当时的锡山市(那时还叫无锡县)有两个生产摩托车的乡镇企业:查桥镇的捷达摩托车厂和洛社镇的雅西摩托车厂。在 1991、1992 年这两家厂可以说是如日中天,但这两家厂又各具特点:雅西摩托车厂完全是自主生产,除发动机外其余配件都由本厂生产;捷达摩托车厂则是装配型厂,配件由其他厂家生产,本厂只是组装(后来也发展成了连发动机都生产的综合型企业)。公司老总顾建新当时还只是一家村办企业的供销员,他就瞄准了摩托车行业的发展前景,于是想方设法和捷达厂取得了联系,从 1992 年 3 月起为捷达厂生产两种型号的减振器,厂名是无锡减振器厂,由此开始了企业发展的道路。

减振器厂自成立以后,随着捷达摩托车厂摩托车年产量的不断增长而得到了迅速发展。到了 1994 年 6 月,顾建新终于有了一个极好的机会:捷达摩托车厂的销售部门和捷达摩托车的销售商产生了予盾,因此捷达摩托车的销售商答应顾建新,若顾建新也能生产出和捷达差不多质量的摩托车,则他们会在相同条件下优先销售顾建新生产的摩托车。有了这个承诺,顾建新于 1994 年 10 月就成立了新田摩托车制造有限公司,开始生产新田牌摩托车。

新田公司成立以后,在顾总和匡建中总工程师的领导下,开始了艰苦的创业过程,经过 6 年多的奋斗,薪田公司终于从一个 20 多人的小厂发展成了如今的工人总数超过 400 人,日产摩托车超过 200 辆,年利润超过 2 000 万的集团型企业,新田摩托车的配件包括发动机在内都由本企业自主生产。

新田公司如今已是一个企业集团,除公司本部(总装厂)外,还有减振器厂、发动机厂、塑件厂、车架车间、油箱车间、喷涂车间等独立部门,这些部门除满足新田公司所需配件外,还可以对外供应。1999 年底,由于摩托车市场竞争的日趋激烈,新田公司的销售模式由代理制转向了派员销售制(由公司往各城市直接派出销售人员,负责各城市的销售工作),以减少中间环节,确保公司产品在整个摩托车市场的竞争力。同时,由于销售模式的转变,也带来了生产模式的变化:以前是根据各地代理商的订货量来组织生产,现在则必需根据销售情况和对将来销售情况的预期来组织生产,这给企业的生产组织带来了极大的困难。

根据新田公司销售的历史数据及要解决的问题,新田公司自 1994 年成立以来取得了飞跃性的发展,这可以从新田公司历年的销售数据中看出来。下面所附的表就是新田公司主导产品的销售数据(参见表 1、表 2、表 3)。

从表中的数据可以看出,新田公司的生产销售形势还是比较好的,从总体上来说是处于上升趋势,但某些车型的销售也有下降趋势。同时,还有一些问题从销售数据上是看不出来的。自从公司实行派员销售制以来,由于销售的预期值估计不准,常常出现工人加班加点仍赶不上交货时间的情况和工人上了班却无事可做的情况。顾建新总经理和其他公司领导也都发现了这个问题,也找到了原因所在,但由于技术上的原因而无法解决。因此,新田公司目前急需解决的问题就是如何来进行准确可行的销售预测,以保证公司的正常运行。

表 1　新田公司主导产品的销售数据

年/季度	型号	XT150-T	XT150-H	XT125-C	XT125-W	XT125-G	XT100-W	XT100-G	XT50-K	总数
1995	一季度						245	310	110	665
	二季度						268	416	285	969
	三季度			50	820		600	568	583	2 621
	四季度			125	852		802	683	744	3 206
1996	一季度			214	905	262	929	729	1 006	4 045
	二季度			260	892	278	1 180	788	1 108	4 506
	三季度			356	924	383	1 400	845	1 302	5 210
	四季度			440	988	365	1 426	838	1 500	5 557
1997	一季度	68	450	512	1 018	462	1 682	870	1 405	6 467
	二季度	85	200	555	1 020	451	1 530	885	1 603	6 329
	三季度	133	251	638	1 057	542	1 754	904	1 550	6 829
	四季度	166	404	740	1 122	626	1 902	929	1 722	7 611
1998	一季度	223	555	808	1 158	715	1 848	938	1 786	8 031
	二季度	228	250	851	1 146	663	1 972	1 052	1 725	7 887
	三季度	277	298	936	1 228	750	1 906	1 107	1 864	8 366
	四季度	313	478	1 038	1 322	885	2 002	1 290	1 764	9 092
1999	一季度	368	650	1 107	1 272	1 123	2 006	1 306	1 702	9 534
	二季度	380	297	1 148	1 273	1 192	1 906	1 464	1 741	9 401
	三季度	419	349	1 251	1 310	1 336	1 908	1 528	1 469	9 750
	四季度	454	582	1 312	1 386	1 435	1 945	1 585	1 552	10 251
2000	一季度	510	725	1 405	1 400	1 498	1 900	1 569	1 565	10 572
	二季度	524	343	1 445	1 428	1 487	1 758	1 637	1 381	10 003
	三季度	564	426	1 518	1 431	1 514	1 688	1 630	1 308	10 079
	四季度	601	698	1 610	1 478	1 523	1 664	1 613	1 134	10 321

表 2　新田公司 2001 年前两个季度销售数据

	XT150-T	XT150-H	XT125-C	XT125-W	XT100-W	XT100-G	XT50-K	总数
第一季度	665	897	1 660	1 500	1 529	1 608	933	10 372
第二季度	668	350	1 808	1 581	1 542	1 503	1 603	9 862

表3　新田公司 XT50-M 在无锡的销售数据

	第一季度	第二季度	第三季度	第四季度
1996 年	150	170	172	180
1997 年	201	230	233	245
1998 年	258	292	284	298
1999 年	283	255	209	199
2000 年	175	160	122	90

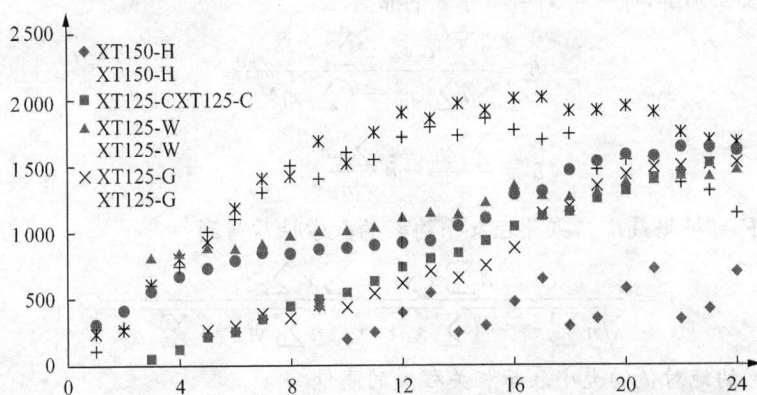

图1　销售量与时间散点图

2. 线性回归分析法的运用

线性回归预测法是指一个或一个以上自变量和应变量之间具有线性关系(一个自变量时为一元线性回归,一个以上自变量时为多元线性回归),配合线性回归模型,根据自变量的变动来预测应变量平均发展趋势的方法。

线性回归预测法在销售预测中用得比较多,根据新田公司销售数据的散点图(见图1)分析,作者发现新田公司的 XTl50～T、XTl25～C XTl25～W 三种车型的销售可以用一元线性回归预测法进行预测,由于销售数据是时间性序列,多元线性回归在此不适用。

1) 预测模型

由于新田公司销售预测中只用到一元线性回归预测法,而一元线性回归又是一种广泛应用并且比较简单的预测方法,因此,只需对一元线性回归模型作简单介绍。

设 X 为自变量,Y 为应变量,Y 与 X 之间存在某种线性关系,一元线性回归模型为:

$$y_i = a + bx_i + \varepsilon_i \quad (i = 1,2,3 \cdots n) \tag{1}$$

式中:ε_i 为随机因素影响,这里忽略,设方程为:

$$\hat{y} = a + bx_i \tag{2}$$

对此,可以通过最小二乘法来估计模型的回归系数。根据最小平方原理,必须符合以下条件:

$$\sum (y_i - \hat{y}_i) = 最小值,即 \sum (y_i - \hat{y}_i) = 0 \tag{3}$$

根据最小二乘法,记

$$Q = \sum (y_i - \hat{y}_i) = \sum (y_i - a - bx_i)^2$$

依极值原理,为使 Q 有最小值,可分别对 a、b 求偏导数,并令其等于零,即:

$$\frac{\partial Q}{\partial a} = -2\sum(y_i - a - bx_i) = 0$$

$$\frac{\partial Q}{\partial b} = -2\sum(y_i - a - bx_i)x_i = 0$$

整理得:

$$na + b\sum x_i = \sum y_i$$

$$a\sum x_i + b\sum x_i^2 = \sum x_i y_i$$

对上两式联立求解,即可得到回归系数的估计值:

$$\hat{b} = \frac{n\sum x_i y_i - \sum x_i \sum y_i}{n\sum x_i^2 - (\sum x_i)^2} \tag{4}$$

$$\hat{a} = \frac{\sum y_i}{n} - \hat{b}\frac{\sum x_i}{n} \tag{5}$$

相关系数 R 可根据最小二乘原理及平均数的数学性质得到:

$$r = \frac{n\sum x_i y_i - \sum x_i \sum y_i}{\sqrt{n\sum x_i^2 - (\sum x_i)^2} \cdot \sqrt{n\sum y_i^2 - (\sum y_i)^2}} \tag{6}$$

相关系数 r 的绝对值的大小表示相关程度的高低。

(1) 当 $r = 0$ 时,说明是零相关,所求回归系数无效。

(2) 当 $|r| = 1$ 时,说明是完全相关,自变量 X 与应变量 Y 之间的关系为函数系。

(3) 当 $0 < |r| < 1$ 时,说明是部分相关,渊值越大相关程度越高。

2) 预测计算

根据上面介绍的预测模型,下面就先计算 XT150-T 在 2001 年第一季度的预测销售量。

根据 XT150-T 的销售数据有:(X 为时间,Y 为销售量)。

$$n = 16; \sum x_i = 136; \sum y_i = 5\,313; \sum x_i y_i = 57\,438;$$

$$\sum x_i^2 = 1\,496; \sum y_i^2 = 2\,208\,979$$

根据上述公式计算得到:

$$\hat{b} = \frac{n\sum x_i y_i - \sum x_i \sum y_i}{n\sum x_i^2 - (\sum x_i)^2} = 36.11$$

$$\hat{a} = \frac{\sum y_i}{n} - \hat{b}\frac{\sum x_i}{n} = 25.13$$

$$\hat{y}_i = a + bx_i = 639 \quad (x_i = 17)$$

$$r = \frac{n\sum x_i y_i - \sum x_i \sum y_i}{\sqrt{n\sum x_i^2 - (\sum x_i)^2}\sqrt{n\sum y_i^2 - (\sum y_i)^2}} = 0.998$$

根据 r 可知相关性强。

以上是 XT150-T 的销售预测计算,同理可计算 XT125-C、XT150-W 的预测结果,这里不再给出计算过程而直接写出结果:

（1）XT125-C 的预测结果：

$\hat{b}=73.9$

$\hat{a}=-17.2$

$\hat{y}_i=1\,682$

$r=0.99$

（2）XT125-W 的预测结果：

$\hat{b}=31.9$

$\hat{a}=789$

$\hat{y}_i=1\,523$

$r=0.99$

3）预测结果分析

从上面的预测结果来看，三种车型的预测，相关系数 r 都非常接近于 1，即三种车型的销售量和时间基本上都是线性关系，相关程度非常高。根据实际调查发现，这三种车型是新田公司的形象产品，基本上没有利润，和其他品牌的同类车型相比具有较大的的竞争力，因而这三种车型的销售情况一直很好。公司为了其形象，对这三种车型采取计划供应的方式，按逐年递增的方式供应市场，以使这三种车型一直保持供不应求。

此外，预测的销售数据与实际销售量相比，三种车型有一个共同特点，那就是：第一季度的预测值一般要比实际值大，而第二季度则相反。第三、四季度的预测值则与实际值相近。原因可能是因为这三种车型价格都比较高，受年终分配影响，第一季度销量较大，随后的第二季度销量偏小。

对比 2001 年第一季度的预测值和实际值，以及上面说到的两个特点可以发现，XT150-T 的预测结果比较正常，而 XT125-C、XT125-W 的预测值却出现了反而比实际值大的反常情况。通过各期预测值和实际值比较发现，XT125-W 从 1999 年第二季度开始就出现预测值大于实际值的情况，根据摩托车市场的情况，可能是因为这种车型的销路已经出现问题，不能保持供不应求了。XT125-C 可能有同样情况，但该车型的滞销出现得稍晚。这个预测与新田公司实际销售预测非常吻合。

资料来源：钱晓星. 新田公司摩托车销售预测研究[D]. 南京理工大学，2002.

问题：将案例中的预测在 Excel 中进行，并分析预测结果。

任务五　预测报告

知识目标

- 熟悉调查预测报告的写法。
- 掌握调查预测报告的内容。
- 了解汽车市场调查报告的评估。

能力目标

- 能依据资料和资料处理结果写出调查预测报告。
- 能针对性地汇报。

技能点

• 撰写汽车市场预测报告。

知识点

• 调查预测报告。

情境描述

如果调查项目中涉及预测,则直接撰写调查预测报告。预测报告撰写同项目一、项目二中报告撰写部分要求一样,注重往期数据的收集和分析,综合当期数据,按趋势得出预测结果。

任务剖析

汽车市场预测报告是汽车市场调查报告的一种特殊形式。利用已掌握的与预测目标有关的文案资料和相关市场资料,用科学的方法预测未来市场的趋势。资料使用时注意政策和其他环境因素的变化。

任务载体

二手车交易市场发展趋势

我国的汽车市场是一个巨大的潜在市场。2000年我国汽车保有量是1300万辆,人均100人拥有1辆车,目前我国汽车保有量已是5100万辆,人均25人就拥有1辆车,与西方发达国家每人拥有1辆以上车相比较有着很大差距。但随着我国经济的发展和人们生活水平的日益提高,汽车保有量将呈现加速度发展,这为二手车交易的发展提供了潜在的发展空间。

目前,我国的汽车消费结构是:私人购车量已占到汽车销量的60%以上,国有企事业单位的用车制度也逐步走向市场化,现有车型的更新换代,使二手车有了可发展的空间。二手车满足了城乡居民多档次、多品种、低价位的需求,具有较大的选择空间,已经成为一种消费时尚。

从发达国家的统计数据看,如美国人,基本上每三年就换一辆车,形成二手车交易频繁。目前美国的二手车交易量占到交易总量的70%以上。我国旧车交易量按目前每年200万辆计算,仅占汽车销售量的30%左右,在汽车市场中所占比例很小,与发达国家旧车销售占总量70%的比例相差很大,说明二手车交易市场的潜力还没有得到充分挖掘,随着我国的二手车流通行业科学化、法制化管理体系的形成,各种政策将逐步完善,各方面的关系和流通渠道将进一步得以理顺,各种制约市场发展矛盾的陆续解决。二手车交易方式的多样化,交易规模也将日益扩大。有了巨大的"二手车"流通市场,新车市场才会巨大,汽车工业也因此大受其益。

资料来源:中国市场调查报告网

相关知识

3.5　预测报告

汽车市场预测报告是汽车市场调查报告的一种特殊形式。是依据已掌握的与预测目标有关的文案资料和相关市场资料,用科学的方法估计和预测未来市场的发展趋势,为企业改善经营管理、产销对路、提高经济效益的推断性报告。

3.5.1　预测活动注意事项

(1) 政策变量。汽车市场受国家宏观政策的变化影响明显,特别是经济政策和非经济政策。政策变量会影响汽车市场预测模型曲线的拐点与走势。

(2) 预测结果的可信度。在各种预测方法中回归模型可以提供可信度结果。

(3) 预测的方案。实际预测中为增加决策的适应性和可调整性,应尽量给出多个预测方案。

(4) 预测期限。汽车市场预测大多为中短期预测。对短期预测的精度要求应高于中长期预测。

(5) 数据处理与模型调整。通常采取对原始数据进行平滑处理的方法,减小预测模型的误差。

(6) 汽车市场预测注意预测模型、拟合度与精度等问题。

3.5.2　汽车市场预测报告的特点

汽车市场调查预测报告应具备以下三个特征:

一是预见性。预测是对未来发展趋势的预见性判断,是在深入分析汽车市场的历史和现状的基础上的合理判断,应是和未来实际情况的偏差概率最小化的预测结果。

二是科学性。汽车市场预测报告以充分搜集的各种真实可靠的数据资料为前提,以周密的调查研究为基础,运用科学的预测理论和方法,找出预测对象的客观运行规律,得出合乎实际的结论,具有科学性。

三是针对性。汽车市场预测是针对汽车市场的某一具体目标和预测对象的分析结果,具有现实意义。

3.5.3　汽车市场预测报告的基本结构

与其他市场预测报告一样,汽车市场预测报告包括标题、前言、正文、结尾四个基本部分:

1. 标题

根据预测对象、预测内容、预测范围进行概括。标题要简明、醒目。例如《××××年国内二手车市场预测报告》、《2010 年北京地区汽车市场需求预测报告》、《我国家用轿车生产与消费预测报告》、《汽车轮胎供求状况预测报告》等。

2. 前言

简要介绍预测的范围、对象、时间、地点和目的,也可以将预测方法、预测过程和预测结论

笔记

等在前言中叙述。

3. 正文

市场预测报告的正文是市场预测报告的主体部分,一般由现状、预测、建议三个部分构成。

(1) 现状:对预测对象的发展历史和现状作系统而简要的回顾和说明。从收集到的材料中选择有代表性的资料、数据来说明经济活动的历史和现状,为进行预测分析提供依据。

(2) 预测:利用资料数据进行科学的定性分析和定量分析,以找出本质的规律性的东西,判断未来的趋势,是汽车市场预测报告的重点部分。写作形式取决于表达需要,主要有条文式、直述式、块条式等。

(3) 基本结论和建议:结论要合乎逻辑,建议要切实可行。

写市场预测报告的目的是为适应经济活动未来的发展变化,提出切合实际的、有价值的、值得参考的具体建议,可能不是一种、而是几种,以为决策人下决心做出决策提供较可靠的依据。

4. 结尾

主要是呼应开头,或者归纳全文,以深化主题;或重申观点,以加深认识。

3.5.4　市场预测报告的写作要求

1. 四点要求

(1) 目标明确、主次清晰。

(2) 资料充分、论据有力。

(3) 论证合理、逻辑严密。

(4) 观点鲜明、表达准确。

2. 注意事项

要客观,客观地反映实际情况;有时效,注重预测报告的时效性;要实际,忌夸张和华丽辞藻。

🔍 任务回顾

1. 阅读任务载体的"二手车交易市场发展趋势"。
2. 收集补充资料,撰写一篇"×××地区二手车交易市场发展趋势预测"的报告。

⬇ 任务实施步骤

（一）任务要求

搜集资料,结合背景资料,撰写一篇《×××地区二手车交易市场发展趋势预测》报告。

（二）任务实施的步骤

预测报告撰写可参考下面的步骤:

(1) 收集资料(文案、相关统计资料、二手车市场现状等)。

(2) 选择预测方法(具体的定性、定量方法)。

(3) 根据预测目的列出预测报告提纲,注意四部分内容。

（4）撰写、修改、完善预测报告。

思考与训练

1. 撰写预测报告应注意哪些问题？
2. 收集某品牌或某档次（类）汽车近 12 个月的价格及需求状况等资料，针对这些资料写出该车型近期变化趋势的预测报告。
3. 汽车市场预测报告有哪些特点？

拓展提高

案例

2011 年汽车后市场发展趋势分析

2010 年已经接近尾声，2011 年的汽车后市场行业形势会如何？结合目前的业界分析及 2010 年行业数据分析看，2011 年的汽车行业将会继续增长 30%，那么按照最通常的思维，如果不出意外的话，作为汽车行业附属产业的后市场产业，也将获得整体不低于 30% 以上的增幅。

汽车后市场最早的分类是以汽车整车销售的前、后顺序进行分类的。一是汽保行业；二是汽车维修及配件行业；三是汽车精品、用品、美容、快修及改装行业；四是二手车及汽车租赁行业。中国现在的汽车后市场大体上可分为七大行业：汽保行业；汽车金融行业；汽车 IT 行业；汽车精品、用品、美容、快修及改装行业又称汽车养护行业；汽车维修及配件行业；汽车文化及汽车运动行业；二手车及汽车租赁行业。

伴随着我国汽车保有量和近几年"井喷式"的增长，2006 年的汽车用品及零部件市场也实现了持续性快速增长，规模以上的生产厂家上万家，全行业年度总产值同比增长 28%，国内汽车后市场整体增长强劲，成为全球增速最快的市场。巨大的市场商机吸引了更多的国际巨头和国内行业企业加入竞争当中。2010 年我国汽车后市场新增规模生产厂家近 3 000 多家，各类连锁店、维修店增长超过 30%，特别是一些跨国汽车巨头在国外的零部件配套商，紧随合作伙伴的脚步进入中国，纷纷选择在中国建立其亚太地区总部。一场逐鹿中国汽车服务后市场的战役已经打响。

著名营销策划人，品牌管理专家杨龙认为 2011 年中国汽车后市场发展趋势将出现：

1. 行业整合将继续，整体竞争实力差的企业将面临洗牌出局

2011 年汽车后市场发展的总趋势将是品牌数量将减少，而品牌专业化，集中化趋势明显。大量的知名品牌集中在少数企业手中，同行业发展趋势相同，行业趋向垄断和规模化。

2. 微利时代的来临

随着市场竞争的越来越激烈及营销市场的不断规范，汽车后市场行业暴力时期已经过去，随之而来的是进入了一个微利时代。过去，纯利润高达 30%～40%，甚至更多，现在的企业普遍利润也只有 15%～20%，而有些局部市场的个别产品，利润竟然只有 5%～10%。

3. 市场争夺更加激烈

市场争夺的加剧，诸侯割据，各霸一方，外资和国内企业将平分秋色。

哪里有市场，哪里就有人要去强占，因此对于每一个企业想要占据领地，必须首先打败竞争者，而各地的企业，都会首先拼命保住自己的地盘，赶走"来犯者"。因此，便形成了诸侯割据，各霸一方的局面。这期间，争夺几乎是你死我活的，因此会更加残酷、更加激烈、更加需要勇气和智慧。

4. 品牌战将代替价格战、品质战

价格战在汽车后市场营销领域一直是中低档产品销售中所乐于采用的一种手段。企业依靠自身的生产力、依靠先进的设备及管理、依靠较为顺畅的营销渠道等方法降低生产成本，为消费者提供优惠的价格。虽然依靠价格战可以有力地击败对手，给对手以致命的打击，但是，随着生产技术的提高，企业对成本意识的提高，先进设备和管理已成为行业普遍现象，价格战不再是企业的核心竞争力。相反，由于价格战降低了企业的利润空间，使产品的品质越来越不受重视、工艺越来越简陋、材料越来越差，最终使产品越来越不被消费者喜爱，从而被市场淘汰。

随着人民物质生活条件的不断改善，品牌产品比廉价产品有更广阔的市场。品牌效应使得客户愿意接受其较高的定价，有更广阔的利润空间。因此，在未来的汽车后市场营销领域，品牌战将代替价格战、品质战。

5. 品牌打造与生产经营相分离

为了更加有效地占领市场，现有的制造业及营销业将会向两极发展。一部分将成为打造品牌的专业企业，他们经营的是品牌而不再是产品本身，有的甚至没有工厂。另一部分将成为专业的生产企业，而他们又可以不必去考虑市场，不用自己去经销，完全由品牌经营商下单生产。这种品牌打造与生产经营分离，有利于集中精力和资金量进行生产及品牌打造，向专业分工的细微化方向发展，使生产向订单型发展，从而有利于实现计划生产。使营销能集中精力打造强势品牌，有可能将品牌向国外发展。

6. 将有更多的汽车后市场企业以"复制"的方式收购中小企业

品牌战成功的企业，当订单增加的时候，有时会感到生产能力不足，这些企业除了扩大生产规模之外，也会委托其他企业生产。但有时因其技术能力、设备问题等各种原因，品质经常无法保证，于是将会出现以"复制"的方式收购中小企业的做法。

所谓"复制"，就是按照自己企业的模式、风格和管理方法去要求和规范所收购的企业，以致使该企业在生产管理、品质管理方面达到自己的要求，使产品品质达到应有的水平。这种"复制"的方式收购方式能为企业节省资金，使品质和交期得以保证，远远比自身扩大生产规模进行生产效率高。

7. 政府将继续加大对汽车后市场产业的扶持

中国政府一直对活跃的汽车后市场的发展提供了强有力的支持，旺盛的汽车消费也为汽车后市场提供无限商机。到目前为止，汽车后市场已经进入了一个较高增长期。但由于比较传统的汽车消费观念，汽车后市场产业发展一直比较缓慢，后劲略显不足。为了更好的做大做强汽车产业，打造汽车后市场产业新的集群优势，政府也有意识通过政策扶持，积极引导，拉长汽车产业链，对国内各类汽车后市场展会给予补贴和优惠政策。

企业必须充分利用国家的经济刺激政策，全面开拓市场机遇，优化生产，控制成本，提高收益。目前，不断发展的经济形势，也为汽车后市场的发展注入了潜力和保障。

8. 展会营销仍是主流推广模式,网络营销和传统渠道销售模式将长期并存

展览会存在的意义是为参展商和专业观众创造一个良好的交流平台,因此,能否同时为参展商和买家提供优质服务决定了一个展览会是否会取得成功。然而长期以来,会展公司都只把服务好参展商看作头等大事,而对专业观众就不大重视。但事实上,参展商的目的就是把自己的产品拿出来给观众,并在展览会上找到合适的买家。如果专业观众因对服务不满意不来参展,就会出现整个场馆只有参展商的现象。中国会展业界要尽可能早地打破地域的限制,摈弃小企业利益观,形成大企业利益观,联合起来开拓国际市场;要积极主动地进行调研,把握消费者需要,把满足全球消费者需求作为出发点和归宿;要形成国际化的竞争观念,会展企业必须全方位提高参与国际竞争的能力;要认识到价格竞争是恶性竞争,降低参展商参展门槛并不能真正增加参展商,只会赶跑现有的优质展商;要有国际化的风险观念,国际市场既给企业带来了发展机会,也有可能给企业带来更多的经济风险、政治风险、信用风险、汇率风险等;要形成国际化的信誉观念,信誉是无形资产,只有高信誉才能成为不可模仿的竞争力;要相信:投资于全球营销网络的建立,将为企业和举办地带来源源不断的财富。因为:只有国际性程度高的展会才是一个成功的展会。城市会展业的国际化程度低意味着该城市会展业发展不成功,只有建立完善的全球营销网络,才能带来世界各国的参展商和专业观众,才能提高展会的国际化程度,才能充分发挥会展业的直接的经济带动作用和间接的经济拉动作用。目前展会仍旧将作为一种主要的营销推广模式存在。

大部分企业都有自己的企业网站,有一些还在行业网站和主流门户网站及各大搜索引擎做了推广。未来,数字营销会变得更加重要,汽车用品企业上网潮就能说明这一点。越来越多的汽车用品企业将卖场搬到了网上,配合一线城市的体验店进行销售。所有的品牌一旦诞生马上上网,虽然目前中国的电子商务模式并未完全成熟,现在各类网上的汽车用品网店主要还是偏向于形象展示和宣传,但无形中增加了品牌自身的维度。可以预见减少中间环节降低营销成本是汽车用品业未来发展的趋势的主流。传统的销售渠道目前仍旧将长期存在发挥自身的作用与其他的销售模式长期并存。

资料来源:杨龙.博锐管理在线.
http://www.boraid.com/article/html/152/152300.asp,2010-11-19

问题:参考本预测报告,收集今年当地的汽车美容市场资料,写一篇不少于2 000字的预测报告。

▶ 项目四

汽车服务调研与预测

任务　汽车服务专项调研与预测

❓ 学习目标

通过本单元任务的学习：
1. 清楚有关汽车服务的含义
2. 能够进行专项的汽车服务调查预测

☆ 期待效果
通过汽车服务专项调研与预测的学习，能够确定调查项目，较熟练地完成调研预测工作。

📖 项目理解

　　任务：汽车后市场在我国的发展较整车市场滞后，按国际通行说法后市场的利润将会是整个汽车产业链的 $60\%\sim70\%$。从汽车服务上下功夫，针对性的满足汽车用户的需求，汽车服务调研不可或缺。汽车服务调研预测同样是从调研项目选择、调研预测方案的制订、调查设计、调查实施、数据整理分析和预测、调研预测报告的撰写和应用几个环节。好的调研"产品"，才可能为决策者决策提供有效依据。

任务　汽车服务专项调研预测

知识目标
- 清楚有关汽车服务的含义。
- 基本掌握汽车服务市场调研与预测的程序和内容。

能力目标
- 会应用汽车市场调查与预测的知识进行专项的汽车服务调查预测。
- 能灵活使用汽车市场调查方法。
- 基本能对收集的资料分析并预测。

技能点
- 调查预测方法的综合利用。

知识点
- 汽车服务调查。

情境描述

汽车服务市场在整个汽车市场中占有重要地位,按国际上的通用说法,其利润与相对的前市场比较,比例大约是3:7。面对我国这个正在兴起的汽车消费大国来说,随着汽车消费的连年增长,汽车已经成为许多家庭不可缺少的重要交通工具,商务车更是汽车市场的重要力量。随着市场竞争的加剧,做好汽车服务,也是行业内竞争的有效手段。汽车服务都有哪些方面?哪些环节是汽车服务的关键环节? 消费者对于服务的需求到底是怎样? 这一系列的问题有的随着宏观和微观环境的变化而变化,也就需要经营者随时把握消费动态,广泛调研,及时调整策略,满足消费大众对服务的需求。

任务剖析

汽车服务服务是汽车商品的附加价值,是参与市场竞争的重要方面。消费者不同需求和期望也不同,对不同的消费者市场提供不同的服务,汽车企业在提供服务产品时要明确"服务产品"的"服务理念",注意服务品牌的建立。谁能为顾客提供优质服务,谁就能赢得顾客、赢得市场。汽车市场最大的利润空间在于服务环节,在于和汽车服务直接相关的事业的发展。

任务载体

汽车在销售前后,销售人员与消费者之间产生一系列的接触,需要销售者和售后服务人员为消费者不断地提供相关服务。按照国际上通行的说法,汽车后市场所产生的利润,与相对的前市场比较,比例大约是3:7。也就是说,在整个汽车产业链上,汽车后市场的利润可占60%~70%左右。2009年和2010年中国汽车市场疯狂增长,2011年、2012年脚步开始放缓,进入"微增长"时期,据中国汽车工业协会公布,2012年,全国汽车产销1927.18万辆和1930.64万辆,同比分别增长4.6%和4.3%。我国成为新兴的汽车消费大国。但在汽车后市场的发展上国内却还处于一种滞后与不平衡的现状。我国汽车后市场发展现状如何? 汽车服务是否能真正满足汽车消费者的需求? 汽车服务的发展如何? 通过调研可以为汽车销售业和汽车后市场的服务提供决策依据。

相关知识

4.1　汽车服务

ISO9000国际质量标准对服务的定义是"为满足顾客的需要,供方与顾客接触的活动和供方内部活动所产生的结果",与供方发生接触的顾客的各种活动对于提供的服务来说很重要,有形产品是服务的一个部分。

汽车服务是指从消费者打算购买与汽车销售人员接洽开始,直到汽车报废的过程中,围绕汽车销售前后,以及消费者在使用过程中产生的后续需求和服务总称为汽车服务,包含所有的

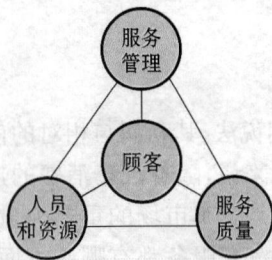

图 4-1　服务与顾客关系图

售后服务和少部分的售前和售中服务。汽车服务属于汽车后市场概念范畴。提供服务的好坏直接影响汽车产品甚至品牌。图 4-1 是服务与顾客关系示意图,顾客位于三角的中心地位,说明服务的重要。

1991 年美国哈佛商业杂志发表的一份研究报告显示,"再次光临的顾客可为公司带来 25%~85% 的利润,而吸引它们再次光临的因素首先是服务质量的好坏,其次是产品本身,最后才是价格"。《美国营销策略谋划》也有一个研究结果就是 91% 的顾客会避开服务质量低的公司,其中的 80% 会另找其他方面差不多、但服务要更好的企业,剩下 20% 的人宁愿多花钱寻找服务质量好的企业。汽车服务与其他行业相比较更为重要。因为,消费者购买的不是产品,而是期望。做好汽车服务工作,才是培养客户忠诚,谋求企业长远利益的上策。

我国汽车市场发展的现阶段,截至 2013 年上半年(不包括路边维修服务店),国内正式注册的汽车美容装饰维修厂家 30 余万家,经营汽车美容 9 000 多家。据统计,每台车售后服务金额约为车价的 2 倍,我国汽车销售市场每年递增,私家车主的整体汽车售后保养服务意识增强,加上报废期限制,汽车后市场将有很大的发展。国内一项调查表明,85% 的购车者对车有装饰改造需求:中低档普通型车购买者,愿意掏钱让车内饰、外观等具有个性;中高档私家车拥有者对汽车美容更是讲究。

资料 4-1　汽车产业链及主要业务

汽车产业是关系到国计民生的国家性支柱产业,在完整的汽车产业链中,可以分为零部件供应、整车制造、新车销售、售后服务四大环节,如图所示。

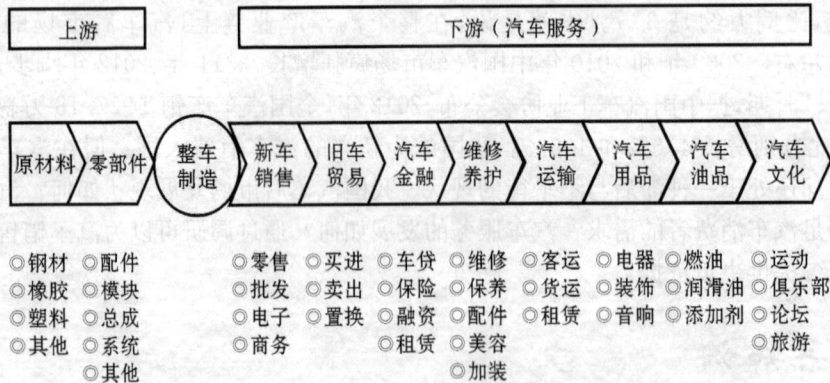

图　汽车产业链主要业务内容

资料来源:张播桃,段钟礼.汽车营销师(二级)[M].北京:中国劳动社会保障出版社.2008,11.

从汽车产业链中可以看出,汽车的上游市场只有原材料和零部件,整车制造的下游市场长而多,新车销售只是下游市场的开始,抓好销售后的每个链条,是市场发展的重要保证。

通过对现有的汽车后市场进行综合分析,汇总得到现有汽车服务市场主要有以下 19 种业务,具体见表 4-1 汽车后市场业务及内容:

表 4-1　汽车后市场业务及内容

项目	主要内容	作用
汽车专业维修	车身,底盘,发动机,电气系统等全面系统的维修	对汽车进行全面系统地维修,即,对病车"医治和抢救",使之恢复正常
汽车养护	①日常养护:必须进行的项目。主要有更换三滤、雨刮、刹车片,换机油、加防冻液、变速器止漏、刹车片清洗、空调检测及加氟、电瓶维护等 ②附加保养:客户选择做的项目。主要有:电脑检测及解码、发电机维护、发动机维护、尾气达标,燃烧系统、润滑系统、冷却系统的免拆清洗等	保证汽车运行的良好状态
汽车美容	①车表美容护理:洗车、漆面处理、玻璃抛光、轮胎增亮防滑、新车开蜡、氧化层去除、金属件增亮等 ②车内翻新护理:车内的各个部位的清洗及护理 ③高级护理:漆面封釉、漆面镀膜、汽车桑拿、底盘封塑、臭氧消毒、划痕修复等	美化和保护车内车外表面
汽车装饰	外部装饰、车内装饰和高级装饰。主要项目有:贴膜、加装雨晴档、座套安装、铺地、更换座椅,车外增加挡泥板、轮眉、防撞胶条、车门拉手,车内加装扶手箱、隔音设施、自动开启器等	在原车的基础上进行改进,以增加其美观性和便利性
汽车轮胎	轮胎的调试、更换、修补、充气、保养等	保证轮胎的良好状态
汽车电子	门锁及防盗器、电动门窗、车灯、电压转换器、胎压检测器、后视系统,以及车载倒车雷达、电话、GPS、冰箱、应急灯等	增加汽车使用的安全性和便利性
汽车娱乐影音系统	视听设备、电子游戏系统等。车载电视、DVD、喇叭、功放、显示器、电子游戏等	主要是供休闲用
汽车改装	①汽车外观改装:个性贴纸,更换轮胎、轮毂、仪表、方向盘等 ②提高汽车性能改装:主要是进气系统、排气系统、点火系统、供油系统的改装,还有增加氙气灯等 ③赛车按标准改装:主要是加强赛车安全带方面的改装,有赛车服饰、车内头盔、防滑架、避振器、悬挂改进等	从外观、性能方面满足个性化的需求;对特殊的赛车改装,按标准加强安全性能
汽车饰品	①专用饰品:野营套装,车载冰箱等 ②个性饰品:个性的香水、坐套、闪灯、气喉、地毯、挂件、摆件饰品、游侠伴侣、风火轮,车衣、天线、酷贴、地垫、置物架等	满足汽车装饰个性化的需求
汽车用办公用品	主要针对高端商务车,主要有:车载电话、车用传真机、办公桌椅、电脑、打印机、办公用品、电冰箱、热水器等	主要针对高端商务车,实现车内办公

笔记

项目	主要内容	作用
车主俱乐部	目前发展的车主俱乐部主要有：车迷、越野、品牌、维修和救援俱乐部等 ①车务服务，代办保险、验车、交养路费、泊位，管家提醒、换领补领驾照和行驶证、理赔、审证等汽车类服务 ②试乘试驾、车友会、驾车出游等汽车体验与交流等 ③快速抢修、拖车服务、提供24小时救援等汽车救援服务	为汽车用户提供信息方面、经验方面、购买和使用便利方面服务
汽车租赁	主要是政府、企业、个人的租赁	提供定时和临时租赁
汽车文化	汽车知识、汽车报刊、汽车影视、汽车车迷、汽车体育、汽车模型、汽车书籍、汽车与社会等	汽车市场发展到一定阶段的产物。使用汽车体会汽车文化，利用各种载体传播汽车文化
二手车业务	二手车评估、暂保管、置换、代颐养装新、中介，以及二手车买卖等	以方便二手车的交易为目的
汽车广告	涉及报纸、杂志、电视台、电台、户外、单页、竞赛赞助等	汽车广告是所有广告中的大户
汽车电子商务网站	探讨和完善汽车电子商务模式，为汽车的销售、服务等搭建方便、有效的平台	实现线上线下销售、服务的空间对接
汽车融资	汽车信贷和消费信贷	促使消费者购买
汽车资讯	主要包括：相关政策法规，汽车市场调查、统计分析和市场分析，汽车行业动态和未来发展等	在我国属于新兴产业
汽车培训	驾驶培训、维修培训、美容装饰培训、销售及服务接待培训、汽车管理培训、汽车行业高端培训等	从驾驶、销售，到管理、服务等多方面的学习提高

随着国内宏观环境的变化，汽车租赁也有了更新更快的发展，车企和汽车经销商也纷纷涉足租赁业务，如，大众汽车新动力投资有限公司、奔驰租赁有限公司、东风日产易租车等车企租赁。在发达国家，租赁业务大多是整车企业自己开办，以日本为例，马自达、日产、丰田等车企都开设了汽车租赁业务。在我国该类租赁业务才刚刚起步。

汽车广告既能够宣传汽车企业的产品，也能指导消费者的购买行为，汽车广告同时也承载着对汽车品牌形象和汽车文化的宣传。随着互联网的普遍应用，网络平台把用户和厂家、经销商平台距离拉近，汽车广告已经不局限于报纸、杂志、电视台、电台、户外、单页、竞赛赞助这些形式，而是以新的媒体形式，通过PC终端，通过手机传递给消费者。汽车广告传递着领先的科技，兜售着现代生活方式。

我国的汽车电子商务是近几年发展的新生业务，随着人们对电子商务的普遍认可，特别是奔驰SMART、吉利熊猫、江淮悦悦等陆续在电商平台上的成功销售，以及目前汽车的零配件的网络销售，预示着汽车的销售与服务的电子商务形式的发展前景。

资料4-2　汽车电子商务
近年来，越来越多的汽车品牌试水电子商务平台，"网上卖车"已成为汽车产品继4S

店后的又一个销售渠道。

2010 年 9 月 9 日上午 10 点奔驰 SMART 的大宗团购在淘宝聚划算上开演,团购活动的规则是:团购数超过 50 辆,即团购成功,如果团购数满 200 辆,每位用户就能享受到 7.7 折的最大额优惠,按照 SMART 原价 17.6 万计算,聚划算价 13.5 万,结果奔驰 SMART 团购活动开始仅 3 个小时 24 分钟 205 辆车就被抢购一空。支付定金的用户,可以在相应城市的 4S 店支付车款。据了解,除了团购活动,奔驰还提供一辆 SMART 车供淘宝用户进行一元秒杀。同时提供 150 辆 SMART 车模,供用户以一元的价格进行团购。

资料来源:

2010 年淘宝网年底火爆的"全民疯抢"大促销活动,吉利熊猫在淘宝网上正式出售,12 月 22 日凌晨 00:00 刚上线一分钟就卖出了 300 辆,这个记录在当年刷爆了消费者的眼球。

2012 年 11 月 11 日,淘宝天猫双 11 购物狂欢节活动中,江淮悦悦官方旗舰店热卖 1225 台轿车,并且通过淘宝网试用中心、预售平台和聚划算成功将全新的运动跨界车型悦悦 Cross 推向市场。

2011 年 4 月 7 日,全球鹰旗舰店开业仪式在北京举行,这是吉利汽车旗下全球鹰品牌与淘宝商城合作,推出中国汽车网购第一店,开创了国内汽车电子商务营销新的时代。中国汽车网购第一店建立之际,销售的是全球鹰双色熊猫。双色熊猫非常可爱,消费者可以预先到 4S 店进行试驾,最终在淘宝网形成交易,今后使用中的维修保养仍在 4S 店进行。

2013 年 4 月,吉利全球鹰网店在成立两周年之机,又推出了"7 天 7 夜抢熊猫"活动。据悉,该网店成立至今销售的 3 000 余辆汽车中,吉利熊猫的销量就近 2 000 辆。身为国内首款"五星安全"A00 级小车,吉利熊猫凭借可爱亮丽的造型、大空间以及高品质,上市后迅速赢得了消费者关注。

数据来源:中国质量新闻网. http://www. cqn. com. cn/news/zggmsb/diba/
757090. html

Autobild 汽车画刊网. http://www. autobild. com. cn,2010-09-15

除了以上列出的 19 种汽车售后服务,汽车旅馆、汽车主题酒吧、汽车主题餐厅、汽车电影院等也是近年来逐渐出现并发展的服务项目。还有一些专门的服务项目,比如,车身快修,就有三类业务,一是钣金喷漆;二是车身各处锁的更换;三是玻璃的修复与更换。

案例 4-1

大众汽车俱乐部

大众汽车俱乐部(DA ZHONG AUTOMOBILE ASSOCIATION,DAA)全称上海大众汽车俱乐部有限公司,成立于 2000 年 4 月,隶属于大众发展(集团)公司,是一家融汽车服务、汽车运动、汽车文化于一体的综合性俱乐部。大众汽车俱乐部服务网点遍布全国各地,由全球卫星定位系统(GPRS)调度的工程急修车、牵引车和各服务点构成了一个完美的专业汽车服务网络,为会员提供一年 365 天,每天 24 小时的全天候汽车服务。大众汽车俱乐部通过对市场

笔记

的充分调查,引入国内外优质的汽车美容养护产品和先进的汽车服务理念,综合公司多年来在汽车服务市场的巨大资源优势和技术优势,推出独具特色的"汽车俱乐部——汽车服务连锁"经营模式,其服务项目涵盖汽车快修、汽车美容、汽车装潢及相关的汽车服务。大众汽车俱乐部通过完善的专业化连锁服务网络,让汽车车主的驾驶生活变得更安全、更方便、更富有乐趣。

资料来源:张播枕,段钟礼.汽车营销师(二级).北京:中国劳动社会保障出版社.2008,11.

汽车服务是现代汽车消费的大趋势,汽车消费与其他消费不同的是,购买汽车从付款之时起,是一系列消费的开始,如正常使汽车运转需要加油、保养、年检、上各种保险,有些消费者还选择汽车的装饰、美容等;使用一段时间后还会有维修、更换配件;路上出现意外需要汽车救援、修理、保险理赔等。可见,汽车的消费从购买一直到报废为止,使用过程中的费用一般大于购买支出。因此汽车后市场是汽车发展强有力的支持。

随着汽车在家庭中的普遍拥有,人们对汽车驾驶、汽车安全、技术、环保、汽车文化相关知识逐渐熟悉和掌握,汽车消费者也不仅仅将汽车作为代步工具,还是具有文化品位的消费性奢侈品。由此也可以看出,汽车服务也具有广阔的发展空间。

资料4-3 汽车利润分析

据美国《新闻周刊》和英国《经济学家》刊载文章对世界排名前10位的汽车公司近10年的利润情况分析,完全成熟的国际化汽车市场,销售额中配件占39%,制造商占21%,零售占7%,服务占33%。汽车销售利润约占整个汽车业利润的20%,零部件供应利润约占20%,其余60%的利润是在服务领域中产生。我国国内汽车市场销售额的比例是:配件占37%,制造商占43%,零售占8%,服务占12%。从这个比例看,参照国内外成熟汽车市场盈利模式,国内汽车市场制造商的比重偏大,服务比重过小,目前国内汽车销售额中除金融、租赁等汽车服务有待加强外,汽车售后服务还有近10%的上升空间。汽车后市场是中国的朝阳产业。

资料4-4 "我坚信,销售是始于售后"

世界著名的汽车销售大师乔·吉拉德说过:"我坚信,销售是始于售后",说明售后服务的重要性。

乔·吉拉德15年的汽车销售生涯中,他以零售的方式销售了13 001辆汽车,这其中6年平均售出汽车1 300辆,月平均108辆,他创造的汽车销售最高纪录至今无人打破。谈到他的成功,吉拉德说:"我每月都会给所有的客户寄卡片。平均一月我要寄出16 000至17 000张卡片。我并不像其他汽车经销商那样在卡片上写一大堆'大降价'、'疯狂甩卖'、'独家降价'之类的话,我不会这样做。而是一年12个月里面,人们每月都会收到卡片,签上我的名字——乔·吉拉德,他们绝不会忘记我的名字。"

这个秘诀同样是IBM等许多杰出公司成功的秘诀,说穿了,就是服务,是压倒性的、无懈可击的服务,特别是售后服务。乔·吉拉德观察到:"有一件事许多公司没能做到,而我们做到了,我坚信销售真正始于售后,并非在货物尚未出售之前。顾客还没踏出店门之前,我就已经写好了'感谢惠顾'的卡片了。"一年之后,乔·吉拉德不仅会代表顾客亲自与服务部门保持联系,而且还继续维持两者之间的沟通。

乔·吉拉德不会让顾客买了车之后,就把他抛到九霄云外了。他们每个月都会收到一封大小、内容、颜色不同的信。这样才不会像一封垃圾信件。顾客们会打开来看,信的开头就有"我喜欢你!"还有"祝你××节快乐,乔·吉拉德贺。"除了信件,还会按不同月份特点寄贺卡给顾客。如,二月,会给顾客寄"美国国父诞辰纪念日快乐"的贺卡。

乔·吉拉德对顾客的关怀是贯彻到售后的。他说:"顾客回来在要求服务时,我尽力替他们做到最佳服务。你必须有医生的心肠,顾客的车出了毛病,你也替他难过。"从每月的17 000张卡片,到关注顾客需要的服务,对顾客的关怀是发自内心的诚意。"国内真正出色的餐馆,在厨房里就开始表现他们对顾客的爱心了;同样地,顾客从我这买走一部车,将会像刚走出一家出色的餐馆一样,带着满意的心情离去。"

资料来源:改自刘同福.汽车销售精英3层境界

资料4-5　我国汽车保有量排名前10位城市情况

下面是我国汽车保有量排名前10名城市情况,从图中可以看出,北京的私人汽车保有量在统计的城市中最多,其次是广州,汽车销售对于消费者来说是汽车消费开始,由此可知汽车销售之后的服务的重要。

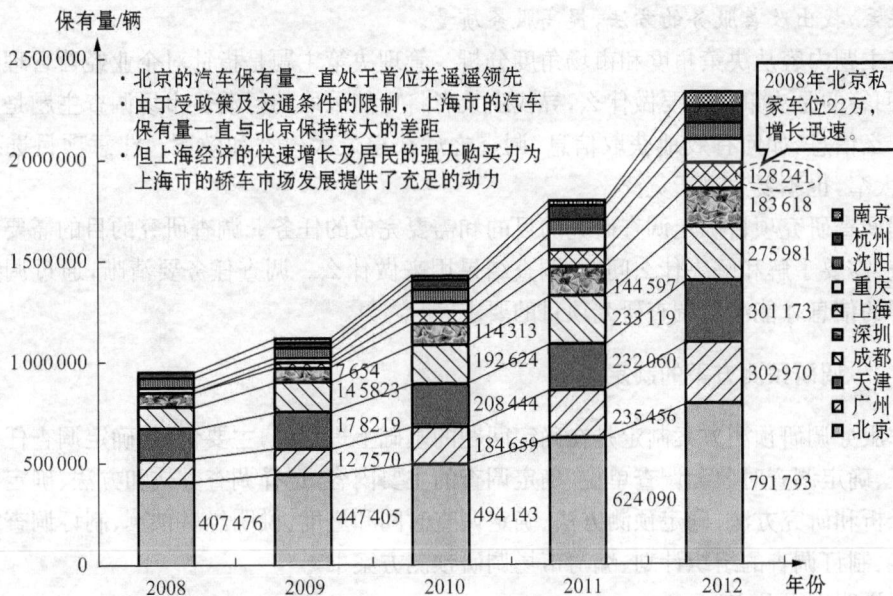

图　2008年中国排名前10位城市私人汽车保有量

资料来源:中国汽车新网

4.2　汽车服务项目调查预测

汽车服务调研预测的工作流程:项目选择与确定、调研预测方案的制定、调查设计及评估、调查实施、调查数据整理分析和预测、调查预测报告的撰写和应用。

项目选择有委托项目和自主项目。委托项目是以管理决策为主题,需要与委托者广泛交流,了解市场出现的问题、企业自身情况、企业环境、调查目的和要求,再进行调查研究。调查过程中要本着相互合作、相互信任的态度,保持持续接触,建立友善、密切的工作关系,做好调查工作。自选项目则是以市场调查为主题,根据市场存在的问题,通过分析找出需要调查研究的问题,再进行调查工作。

4.2.1　汽车服务项目选择与确定

汽车服务项目选择与确定是调查的首要工作,确定调查主题是选择调查项目的基础。主题界定正确与否会影响决策者决策。主题确定的既不过于空泛、又不过于狭窄,要清晰准确。

案例 4-2

如何面对竞争对手的降价行动

激烈的市场竞争,市场价格战此起彼伏,企业如何面对竞争对手的降价行动? 某企业开始将问题定位在"如何对付某竞争对手发动的降价行动"上,则相应的市场调查主题可以确定为:进行相应的减价以应对该竞争者的价格;维持原价格加大广告宣传的力度;适当减价,不必与竞争者相适应,但适当增加广告量等。事实上,上述调查主题研究的结果并没有给企业带来令人满意的结果。随后,对调查主题重新确定后又进行调查,才真正改变了公司的面貌。改变后的主题变为"扩大市场份额,加强服务能力",调查有关消费者将价格与相应的哪些产品因素和服务相联系,找出改善服务的方法,提高服务质量。

调查主题内容从决策角度和市场角度分析。管理决策主题是指针对企业经营管理中面临的问题,回答的是决策者需要做什么,寻找决策者将可能采取的行动。市场调查主题是判断需要获得什么信息,如何有效地获取信息,调查之后获得最大效益和效率。注意项目选择要适当、不要太窄,也不要太过于宽泛。

依据调查研究项目确定调查研究的目的和需要完成的任务。调查研究的目的需要回答为何要调查、需要了解和解决什么问题、调查结果用来做什么。调查任务要清晰,通过调查应获取什么样的信息才能满足调查研究项目的要求。

4.2.2　调研预测方案的制定

汽车服务调研预测方案制定是在确定问题的基础上进行的,主要包括:确定调查任务的目的和意义、确定调查对象和调查单位、确定调查的主要内容、选择调查方式和方法、确定各类资料整理分析和研究方法、确定预测方法、确定调查时间和进度、说明经费预算、制订调查结果的表达形式、制订调查的组织计划、编写市场调研预测方案书。

需要说明以下几点:

(1) 调查时间和进度包括调查研究所用的数据起止时间,调查研究工作的合理时间安排。

(2) 确定调查方式和方法选择根据调查的目的和任务、调查对象的特点、调查费用的多少、调查的精度要求、调查资料搜集的难易程度、数据的质量要求等作出选择。

(3) 资料整理分析和研究方法,主要确定资料整理中对资料的审核、订正、编码、分类、汇总、陈示等作出具体的安排,制订分析研究的初步方案,对分析的原则、内容、方法、要求、调查报告的编写、成果的发布等作出安排。

（4）经费预算要将可能需要的费用尽可能考虑全面，以免将来出现一些不必要的麻烦而影响调查的进度。

（5）为了确保调查工作的实施，调查方案中需要制订具体的调查的组织领导、机构设置、调查员的选择与培训、课题负责人及成员、各项调研工作的分工等人力资源配置计划。如果是企业委托市场调查机构进行市场调查，还需要对双方的责任人、联系人、联系方式作出规定。

（6）市场调研预测方案的构成包括封面（含有标题）、导语、目录、内容（主体）、附录几个部分。其中，附录主要包括调研项目负责人及主要参加者，抽样方案及技术说明，问卷及有关技术说明，数据处理所用软件等。

案例 4-3

某地区家用轿车市场调查方案（简化）

1. 前言

（1）调查问题的现状。

（2）为什么要调查？

（3）市场调查的中心任务。

2. 调查目的

为什么要进行此调查？本次调查能为企业做什么？

主要有：

（1）全面摸清企业品牌在消费者中的知名度、渗透率、美誉度和忠诚度。

（2）全面了解本品牌及主要竞争品牌在该区域销售现状。

（3）全面了解目前该区域市场汽车的主要竞争品牌，及其价格、广告、促销等营销策略。

（4）了解该地区的消费者对家用轿车消费的观点、习惯。

（5）了解该地区的人口统计学资料，预测家用轿车市场容量及潜力。

3. 调查内容

市场调研的内容要根据市场调查的目的来确定。此次汽车市场调查主要进行外部调研，其主要内容有：

1）行业市场环境调查

主要的调研内容有：

（1）调查地区市场的容量及发展潜力；

（2）该地区家用轿车行业的营销特点及行业竞争状况；

（3）消费者的工作及生活环境对该行业发展的影响；

（4）当前调查地区家用轿车的品牌、品种及销售状况；

（5）调查地区家用轿车行业各产品的经销网络状态；

2）消费者调查

主要的调研内容有：

（1）消费者对家用轿车的购买形态（购买过什么品牌、购买地点、选购标准等）与消费心理（必须品、偏爱、经济、便利、时尚等）；

（2）消费者对家用轿车各品牌的了解程度（包括功能、特点、价格、外观、售后等）；

（3）消费者对品牌的意识、对本品牌及竞争品牌的观念及品牌忠诚度；

（4）消费者平均月开支及消费比例的统计；

（5）消费者理想的家用轿车描述。

3）竞争者调查

主要的调研内容：

（1）主要竞争者的产品与品牌优、劣势；

（2）主要竞争者的营销方式与营销策略；

（3）主要竞争者市场概况；

（4）本产品主要竞争者的经销网络状态。

4. 调研对象及抽样

根据家用轿车购买人群，由于调查地区家庭收入差距较大，导致消费支出和购买习惯的差异，因此对家用轿车需求的品牌、价格、配置等的不同。为了准确、快速地得出调查结果，此次调查采用分层随机抽样法：按收入条件分层，然后再按层进行比例抽样。此外，针对经销商也是本次调查的对象，因其规模、档次的差异性，决定采用判断抽样法。

具体情况如表：

调查对象	样本量	备注
消费者	1000 名	其中工薪阶层占 50%
大型汽车销售市场	1 家	
4S 店	28 家	其中东、西、南、北各 7 家
汽车行业协会	1 家	

消费者样本要求：

（1）家庭成员中没有人在汽车生产单位或经销单位工作。

（2）家庭成员中没有人在市场调查公司或广告公司工作。

（3）消费者在最近半年中没有关注过汽车的。

（4）消费者月收入不能低于 500 元。

5. 调查员的规定、培训

1）规定

（1）仪表端正、大方。

（2）举止谈吐得体，态度亲切、热情。

（3）具有认真负责、积极的工作精神及职业热情。

（4）访员要具有把握谈话气氛的能力。

（5）访员要经过专门的市场调查培训，专业素质好。

2）培训

培训必须以实效为导向，本次调查人员的培训决定采用举办培训班、集中讲授的方法，针对本次活动聘请有丰富经验的调查人员面授调查技巧、经验。并对他们进行思想道德方面的教育，使之充分认识到市场调查的重要意义，培养他们强烈的事业心和责任感，端正其工作态度、作风，激发他们对调查工作的积极性。

6. 人员安排

根据调查方案设计，在北京地区进行本次汽车市场调查需要的人员有三种：调查督导、调查人员、复核员。具体配置如下：

调研督导：1名。

调查人员：20名（其中15名对消费者进行问卷调查、5名对经销商进行深度访谈）。

复核员：1～2名　可由督导兼职，也可另外招聘。

如有必要还将配备辅助督导（1名），协助进行访谈、收发和检查问卷与礼品。问卷的复核比例为全部问卷数量的30%，全部采用电话复核方式，复核时间为问卷回收的24小时内。

7. 市场调查方法及具体实施

（1）对消费者以问卷调查为主，具体实施方法如下：

在完成市场调查问卷的设计与制作以及调查人员的培训等相关工作后，就可以开展具体的问卷调查了。把调查问卷平均分发给各调查人员，统一时间段调查，选择时间段本着便于集中调查，能够给本次调查节约时间和成本的原则。调查员在调查时要说明来意，必要的可在调查结束后赠送精美礼物一份，以吸引被调查者的积极参与、得到正确有效的调查结果。调查过程中，调查员应耐心等待，切不可催促。在调查问卷上写明编号、调查所在具体地名等，便于以后的问卷复核。调查员可以在当时收回问卷，也可以留置改天收回（这有力于被调查者充分考虑，得出更真实有效的结果）。

（2）对经销商以深度访谈为主

由于调查形式的不同，对调查者所提出的要求也有所差异。与经销商进行深度访谈的调查者（访员）相对于实施问卷调查的调查者而言，其专业水平要求更高一些。因为时间较长，调查员对经销商进行深度访谈以前一般要预约好时间并承诺付于一定报酬，访谈前调查员要做好充分的准备、列出调查所要了解的所有问题。调查者在访谈过程中应占据主导地位，把握着整个谈话的方向，能够准确筛选谈话内容，并快速做好笔记以得到真实有效的调查结果。

（3）通过网上查询或资料查询调查北京地区人口统计资料

调查者查找资料时应注意其权威性及时效性，以尽量减少误差。因为其简易性，该工作可直接由复核员完成。

8. 调查程序及时间安排

市场调查大致来说可分为准备、实施和结果处理三个阶段。

（1）准备阶段：它一般分为界定调研问题、设计调研方案、设计调研问卷或调研提纲三个部分。

（2）实施阶段：根据调研要求，采用多种形式，由调研人员广泛地收集与调查活动有关的信息。

（3）结果处理阶段：将收集的信息进行汇总、归纳、整理和分析，并将调研结果以书面的形式——调研报告表述出来。

在客户确认项目后，有计划的安排调研工作的各项日程，用以规范和保证调研工作的顺利实施。按调研的实施程序，可分7个小项来对时间进行具体安排：

调研方案、问卷的设计　　　　　　　3个工作日

调研方案、问卷的修改、确认　　　　1个工作日

项目准备阶段（人员培训、安排）　　1个工作日

实地访问阶段　　　　　　　　　　　4个工作日

数据预处理阶段　　　　　　　　　　2个工作日

数据统计分析阶段	3个工作日
调研报告撰写阶段	2个工作日
论证结段	2个工作日

9. 经费预算(元)

(1) 策划费	1 500
(2) 交通费	500
(3) 调查人员培训费	500
(4) 公关费	1 000
(5) 访谈费	1 000
(6) 问卷调查费	1 000
(7) 统计费	1 000
(8) 报告费	500
总计	7 000

10. 附录

参与人员：×××

项目负责人：×××

调查方案、问卷的设计：待定

调查方案、问卷的修改：待定

调查人员培训：待定

调查人员：待定

调查数据处理：待定

调查数据统计分析：待定

调查报告撰写：待定

论证人员：待定

调查计划书撰写：×××

资料来源：参考调查公司实际项目改写

4.2.3 调查设计及评估

选择适合调查项目采用的调查方法，进行调查设计，包括问卷及访问设计、二手资料调查设计、观察调查设计、实验设计等。注意调查设计要符合调查研究的目的，还应该考虑其有效性和可行性。汽车服务调研预测注意态度测量技术的运用。

资料 4-6

问卷设计中的作业记录表

访问员	复核员	编码员	录入员

4.2.4 调查实施

有些调查需要较多的市场调查员,调查实施之前,要对调查人员进行招聘和培训。调查人员要具备道德素养,一定的市场调查基础知识,业务素质、心理及身体素质。培训有责任培训、调查项目操作培训、访谈技巧培训。

调查实施过程中,还需要做好调查项目的控制工作,主要从调查方案执行情况监督、调查问卷及二手资料的审核、实地调查的抽样方法审核等,保证调查过程有序、有效进行,收集的资料真实、完整、准确。

资料 4-7

由调查人员引起的问卷质量常见的问题情形:

(1) 调查人员没有按要求去调查被访者而是自己填写了很多问卷。

(2) 调查人员访问的对象并不是调查方案中指定的人选。

(3) 调查人员为了省事,放弃有些地址不好找或家里没人的受访者。

(4) 抽样选取的家庭成员,却没有按抽样要求进行。

(5) 问卷中有的问题设计的答案选择太多,不符合规定的要求。

(6) 调查人员按自己的想法自行修改问卷问题和答案。

(7) 存在漏记或没有记录的问题。

(8) 调查人员没有按要求发放礼品。

4.2.5 调查数据整理分析和预测

数据整理分四步。

第一步,资料的审核,包括完整性、及时性、协调性审核。对于问卷调查来说,如果问卷中至少有三分之一的问题没有回答,这份问卷应视为无效问卷;不符合要求的调查对象做答的问卷无效;问卷的回答没有什么变化,答案选择高度一致的为无效问卷;截止日期之后回收的问卷也为无效问卷。无效问卷直接作废处理。对于那些答案选择模糊不清、前后回答有明显错误、不符合作答要求等属于不满意问卷。对于不满意问卷要么重新调查,或对缺失数据适当填充,非关键问题可以空缺。

第二步,调查信息的编码,编码的基本原则是答案与代码要一一对应,每个答案只可能有一个代码,同一问题的所有答案代码位数必须一致。采用的编码方法有:单选题可以顺序编码、利用答案本身的数字编码,多选题、排序题可以用题目编号加答案编号的形式,如问卷题目编号是 10 的为一多选题,共有 8 个可选答案,选择的是 3、5、6,则表示为 103、105、106。对于那些无回答的可以用特别编码,以示区别。开放式问题只有在回收问卷后,逐一查看问卷,对答案进行逐一归类,再进行类别编码,将答案编码与类别编码组合使用。注意,列出编码表,以便查询和使用。如,开放式问题"你选择 4S 店购车的原因",收集的答案有很多种,列出收集的所有答案,并给出答案序号,把这些答案分类,每类给出编号,每类可能包含多个答案,最终编码为"类别码+答案顺序码"。

案例 4-4

信息编码案例

假设调查的样本量为 100,为保证不同问卷同一变量的代码所在位置一致,每个变量代码长度一致,问卷编号是从 001 至 100。假设汽车购买调查问卷中的几个问题:

1. 您的年龄是

小于 18 岁,18～30 岁,30～50 岁,大于 50 岁

2. 您购车是销售顾问的介绍对您的影响程度

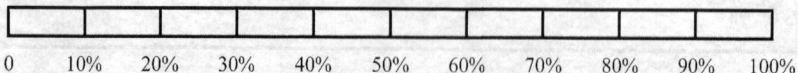

0　　10%　　20%　　30%　　40%　　50%　　60%　　70%　　80%　　90%　　100%

3. 您购车时可能会考虑的因素,请您按优先顺序排序

□价格　　□品牌　　□操控性　　□售后服务　　□外观　　□其他

4. 在其他条件不变时,如果车市有赠保险的促销活动,您的态度(请在相应空格中打"√")

□马上购买　　　　　□会来购买　　　　　□与其他店比较后再看

□不会有很大吸引力　□不会来购买　　　　□肯定不购买

针对以上 4 个问题,可以作一个编码簿。

假设 11 号、22 号、33 号和 100 号这 4 份问卷关于上述问卷几个问题的原始回答如下。

问卷编号	题目1答案	题目2答案	题目3答案	题目4答案
011	18～30岁	41%～50%	操控性、价格、品牌、外观、售后服务、其他	会来购买
022	31～50岁	61%～70%	外观、品牌、操控性、价格、售后服务、其他	与其他店比较后再看
033	31～50岁	61%～70%	品牌、操控性、价格、外观、售后服务、其他	马上购买
……				
100	50岁以上	61%～70%	品牌、外观、售后服务、价格、其他、操控性	马上购买

对此 4 人的回答按编码簿得到如下编码,录入的数据库格式见下表。

用户调查数据录入格式表

问卷编号	年龄	比例	购买选择因素顺序	购买时间选择
1～3列	4列	5、6列	7～11列	12列
011	2	05	312 546	2
022	3	07	523 146	3
033	3	07	231 546	1
…	…	…	…	…
100	4	08	254 163	1

则 4 份问卷的编码分别是:0112053125462,0223075231463,033307231546…1004082541631。

第三步,数据分组分析与陈示,数据分组的主要原则如下:①适当的分组组数。要能够真

实反映数据差异。②各组内回答的问题应该性质相同、答案相似;组间回答的问题应有差别。③各组之间不能有重合部分,每一个答案只能放在唯一的组。

第四步,调查分析和预测。对收集的二手资料和实地调查资料综合分析,采用定性分析和定量分析,尽可能采用定量分析法。

定性分析方法在项目二的资料分析和项目三中都有较详细的叙述。

定量分析可用的方法有列表法、图示法、相对指标法、平均指标、集中趋势和离散趋势分析等,需要定量预测的项目分为时间序列预测和因果关系预测。预测部分见项目三的知识点内容。

相对指标法是指两个相互联系的指标对比值,用来表示两个指标之间的相互关系差异程度,用百分数、系数等计量。相对指标可以是计划完成相对数、结构相对数(比重)、比例相对数、比较相对数、强度相对数、动态相对数等。

资料参考

(1) 计划完成程度相对数是用来检查、监督计划执行情况的相对指标,是在一定时期内的实际完成数与计划任务数进行对比,一般以百分数表示。如某地区某个汽车品牌计划 2012 年销售 25 万辆,实际销售 28 万辆,则:

$$计划完成程度相对数 = 实际完成数 / 计划任务数 \times 100\%$$
$$= 28/25 \times 100\%$$
$$= 112\%$$

(2) 结构相对数是总体某部分数值与总体全部数值之比,又称比重或比率,一般用百分数表示。

$$结构相对数 = 总体部分数值/总体全部数值 \times 100\%$$

如,调查的汽车销售服务满意度,调查总人数为 200 人,其中满意的为 120 人,不满意的为 30 人,其余为中立态度。则,满意的占 60%,不满意占 15%,中立态度的占 25%。

结构相对数可以分析竞争对手的竞争结构并比较。

(3) 比例相对数是同一总体各组成部分数量之间的对比而得到的相对指标,又称比例相对数。其计算公式为:

$$比例相对数 = 总体中某部分数值/总体中另一部分数值$$

(4) 比较相对数是将两个不同地区、部门、单位的同类指标作静态对比得到的相对指标,一般用百分数或倍数表示。其计算公式为:

$$比较相对数 = 某条件下的某类指标数值/另一条件下的同类指标数值$$

如,某品牌汽车服务质量综合评价,A 城市得分 500 分,B 城市得分 600 分,则 A 城市与 B 城市汽车服务质量综合评价比较相对数为:

$$500/600 = 5/6$$

该参数可以用来与竞争对手比较。

(5) 强度相对数是两个性质不同但有联系的统计指标之间数量对比关系的相对指标。计算公式为:

$$强度相对数 = 某一总量指标数值/另一有联系而性质不同的总量指标数值$$

(6) 动态相对数是指将同类指标在不同时期上数量对比关系的相对指标,用百分数或倍数表示。公式为：

$$动态相对数＝报告期水平/基期水平×100\%$$

4.2.6　调查预测报告的撰写和应用

依照市场调查报告撰写的程序和调查报告规范的格式，把调查分析和预测成果用报告形式呈现出来。注意调查报告的标题的确定，无论是直叙式标题，还是提问式标题，或者是表明观点式标题必须与调查内容相关。

撰写市场调查报告的技巧

1. 设计市场调查报告封面

封面包括报告的题目、报告的使用者、报告的编写者及提交报告的日期等内容。

2. 编写市场调查报告摘要

报告的摘要又称概要、内容提要。是针对撰写的调查报告以提供内容梗概为目的，不加评论和补充解释。报告的摘要可以写明调查目的、简要介绍调查内容和研究的方法、简要说明调查结论与建议。

其作用是让阅读者尽快了解调查报告的主要内容，同时也为文献数据库建设和维护提供方便。

3. 制作报告目录

目录是整个报告的检索部分，方便阅读者迅速了解报告结构。

4. 编写前言

前言也称引言、序言，作为调查报告的开端，提出调查研究预测的问题，引导阅读和理解报告。写作前言要求不完全一样，科技型的研究报告的前言说明主题、范围和目的；本研究的起因、背景、研究问题的现状、相关历史回顾；本研究意义或预期结果。汽车市场调查预测报告，可以写进上述内容，同时也应注意写为什么进行调查；怎样进行调查；调查的结论如何等问题。前言一般不分段，长短视调查项目大小和报告内容而定。

5. 编写调查预测报告正文

调查预测报告正文是报告的核心部分，一般由三部分组成，主要有开头、主体、结束语。

6. 编写结论与建议

结论和建议是通过调查研究形成的结论内容，同时也提出看法和建议。

7. 附件

通常提交调查预测报告中需要附有调查预测方案、抽样方案、调查问卷、主要质量控制数据，以及其他需要提供的文件。

8. 市场调查预测报告初稿进行修改

针对调查预测报告中的内容、结构、用词等方面反复审核和修改。做到调查预测报告重点突出；语言表述严谨、简明和通俗；资料的取舍合理；图表资料解释和分析充分；结论科学，论据确凿，所提建议可行；完成调查任务，达到调查目的。

9. 提交市场调查预测报告

通常以书面方式和口头方式提交。提交报告时提供一份提交函。

资料4-8 提交函的写法

尊敬的张总裁,您好:

按照您在2011年2月5日委托书中的要求,我公司已经完成了对2011年2~3季度B型车市场销售情况的调查分析与预测。现提交标题为"××品牌B型车目标市场销售调查与预测"的报告。该报告的基础是目标市场上900位该车型的车主和对该类车型感兴趣的人的现场访问、问卷调查,报告中对此进行了详细的描述。本次调查采用了市场营销调查预测的惯例,严格按调查方案执行,该报告符合贵公司的限制条件,其结果是可靠且有效的。

希望本次调查预测能够达到您的满意,也期望该结果对贵公司B型车2011年第四季度及其以后的销售有所帮助。如果您有什么问题,请再与我联系。

致礼!

××公司总裁×××

资料4-9 汽车后市场分析

汽车消费市场的成熟,带动了汽车服务及后市场等相关业务的迅速发展。就深圳汽车市场而言,这一领域的重要性日益凸显,成为汽车经销商增强综合竞争力、吸引消费者的主要手段之一,也是增加利润的一个重要方式。

售后领域:供不应求催生快速发展

(1)品牌维修店接待能力迅速提升。统计显示,深圳常规的汽车4S店中,平均每月的售后维修接待能力约为1 200辆/家,而按照目前深圳的品牌维修服务店数量,以及210.88万辆的汽车保有量来计算,接待能力相对不足。为此,汽车经销商主要通过三种方式来应对这一市场情况:其一是更换设备、提升工作效率;其二是增设各种快修网点;其三是规范流程,采用预约方式错峰进行。在利润的刺激下,品牌维修店得益于其获得授权的先天优势,在发展上不遗余力。

(2)非品牌维修店发展快速但良莠不齐:非品牌维修服务店是品牌维修服务店的有益补充,是该领域的竞争机制组成部分。其中最大的构成包括两个方面:一是维修店,二是汽车美容店。这类服务店用地灵活,收费较低,利润可观,而且由于在地点上与住宅区紧密结合,因而成长快速。但由于缺乏相对必要的培训和有力的监督,导致其在总体上有待进一步地规范和成熟。

二手车:流通快速逐渐规范

相对于国内其他主要城市,二手车市场的成熟是深圳车市的另一大特点。

(1)二手车车况良好。得益于深圳车市的消费潜力和消费理念,汽车消费者在汽车换购上更为超前。数据分析显示,在深圳,超过70%的消费者购买第一辆车的预算在15万元以内,而在换购中,重视二手车残值、选择合理的换购时段成为理性消费的一大重要表现。

（2）二手车流通速度快：目前，深圳汽车消费者在车辆换购上已经形成特点，具有换购意向的车主，更愿意在车辆使用 5 年以内达成计划。而首次购车的消费者中，相当一部分也愿意将目标车型选定为二手车。除此以外，由于二手车车况良好，深圳不少车源也输出到周边其他城市。各种因素促成了深圳二手车流通速度高于全国水平。

（3）行业规范逐渐成熟。在二手车车款良好以及流通速度加快的环境下，深圳二手车市场的规范程度也得以提升，目前已逐渐接近成熟。调查发现，深圳关于二手车的投诉绝对量远远低于新车销售领域；消费者对于二手车的抵触心理也较低。

后市场相关领域：全面发展重点突出

在汽车后市场其他相关领域，深圳表现出全面发展的态势，而且特点突出。

（1）汽车金融受到重视。汽车金融是汽车相关行业中利润较大的一个领域，不仅受到品牌汽车经销商的重视，也受到金融行业和其他汽车企业的普遍关注和参与。这与深圳的汽车消费环境有关。深圳的车主中，20～30 岁者占 36.8％，30～40 岁者占 46.4％。这部分人对汽车按揭方案的接受程度比例最高。

（2）汽车租赁方兴未艾。统计数据显示，我国汽车租赁产业正以年均 20％～30％的速度增长，预计到 2015 年，营业收入达到 180 亿元。在深圳，消费者对汽车租赁已有相当的认知和认可程度。从去年到今年，在汽车租赁领域，不仅品牌厂家直接涉足该领域，专业汽车租赁公司的数量也上升迅速。在市场潜力巨大，而集中度还不够强的深圳市场，汽车租赁已成为焦点竞争领域。

（3）汽车改装及精品开始流行。随着汽车改装相关法律法规的完善、随着深圳车主年龄的下降和用车理念的转变，汽车改装和精品的市场需求量逐步膨胀。对深圳车市而言，品牌汽车经销商已将其作为弥补新车销售的一大有力补充，而非品牌汽车服务商也在这一细分市场加大了投入。

（4）盈利性停车场成新焦点。相对于超过 200 万辆的汽车保有量来说，深圳在停车位的规划上每年都有一定规模地增加，但规定停车位不够依然是个城市用车环境的瓶颈之一。这一需求刺激了盈利性停车场的增加，其中立体停车场所占比例最大。

（5）汽车电子越来越重要。统计显示，汽车电子的成本，目前已占据轿车总成本的 30％以上，深圳得益于电子科技的高速发展和有利市场，年复合增长超过 30％，在汽车电子产业中的地位越来越重要。从车主的角度看，汽车电子产品方面的发展，主要集中在与影音、通信等最新科技相关的领域。

资料来源：http://auto.sina.com.cn/news/2012-09-28/15511040512_9.shtml

🔍 任务回顾

1. 汽车服务市场调查预测是寻找服务质量差距的有效方法之一。

2. 汽车服务调查预测可以从多个角度入手，调查方法的合理运用是获取有效资料的重要手段，而调查资料的处理分析是调查产品的基础，调查报告则是调查的具体产品表现形式。

任务实施步骤

(一) 任务要求

选择汽车服务调查项目,完成一个完整的调查预测。

(二) 任务实施的步骤

汽车服务调研预测任务实施的基本步骤:

(1) 项目选择与确定。

(2) 调研预测方案的制定。

(3) 调查设计及评估。

(4) 调查实施。

(5) 调查数据整理分析和预测。

(6) 调查预测报告的撰写和应用。

思考与训练

1. 汽车服务有哪些内容?

2. 现有的汽车服务的项目都有哪些?

3. 选择一合适的汽车服务调查主题,为其设计一份调查方案。

4. 利用 FREQUENCY 函数制作汽车购买价格频数表。

表1　汽车购买价格记录表

编号	价格/万	编号	价格/万	编号	价格/万	编号	价格/万
1	5 以下	6	10~15	11	10~15	16	20~25
2	5~10	7	15~20	12	10~15	17	10~15
3	5~10	8	5 以下	13	15~20	18	25~30
4	10~15	9	15~20	14	5~10	19	10~15
5	5~10	10	10~15	15	10~15	20	5~10

注:先制作 Excel 表,确定组数和每组的上限值并输入表格中,然后选择函数中"统计"下的"FREQUENCY",Data_array 是对数组单元区域的引用。Bins_array 为数据接受区间,是对数据进行频率计算的分段点,即上限值。输入完成后,不能单击"确定"按钮。按"Ctrl+Shift"组合键,同时敲回车键,就可以在选定的单元格中得到频数分布结果。

拓展提高

1. 学习案例,回答问题

案例1

标杆调研的汽车售后调查

1. 项目背景

客户是一家美资汽车合资厂家。顾客服务满意度在行业内已经处于行业平均水平以上,但是客户并不满足目前的状态,希望能达到行业领先位置。客户希望做一个满意度标杆调研,了解目前距行业最佳的某日系品牌的差距,以及具体的改进建议。

2. 调研方法

(1) 客户自己的用户抽样了 500 样本量,覆盖全国 5 个大区,每个大区 100 样本量。

(2) 4 家标杆目标竞争对手品牌,每个竞争对手抽样 300 样本量,也同样覆盖全国 5 个大区。

(3) 客户和竞争对手的用户都询问同一套售后服务满意度问卷,用同一套指标来衡量他们对目前售后服务的满意度。

3. 关键成果展示

调查数据的统计分析显示,总体售后服务可以分成五个大的方面:服务启动、服务顾问、经销商设施、服务质量和服务后交车。每个方面具体要素组成见表:

表　售后服务关键要素

售后服务的方面	要素组成
服务启动	• 维修保养安排的便利性 • 灵活地安排维修/保养的时间 • 接车过程迅速
服务顾问	• 服务顾问礼貌/友善 • 服务顾问有求必应 • 详细地解释
服务质量	• 完成整个维修/保养所需时间 • 维修/保养完成很彻底 • 维修/保养后车辆干净并且车况良好
经销商设施	• 开车进/出经销店/服务站容易 • 地理位置便利 • 经销店/服务站干净整洁 • 客户休息区舒适
服务后交车	• 提车过程迅速 • 收费合理 • 有专人协助提车

通过调查分析,车主在接受售后服务时最关心的是服务质量和服务后交车;其次是经销商设施。车主对服务顾问和服务启动关注度较低,对满意度影响的重要性较低。可以看出消费者重视的因素,主要是售后服务时服务质量和服务后交车,也看中经销商设施。

目前,在汽车服务中,客户服务水平相对竞争对手处于什么样的水平? 谁是汽车服务的标杆? 也是调查的重点之一。在调查中涉及的 A、B、C、D、E 五个品牌中,A、B、C、D 四个品牌均为日系品牌。客户品牌的服务水平在五个品牌中处于中间,总体服务水平高于日系品牌 C 和 D,但比日系品牌 A 和 B 要低,因此,客户需要以 A 和 B 为标杆,尽快提升自己的服务水平。以下是调查获取的五个品牌服务水平评分情况,见图 1。

相对于标杆竞争对手 A、B 两个品牌,服务差距在哪里? 对比发现,客户品牌和 A 和 B 最大的差距在"服务质量"和"经销商设施"两个方面。而在"服务启动"、"服务顾问"和"服务后交车"上客户品牌表现甚至优于竞争对手品牌。具体数据比较见图 2:

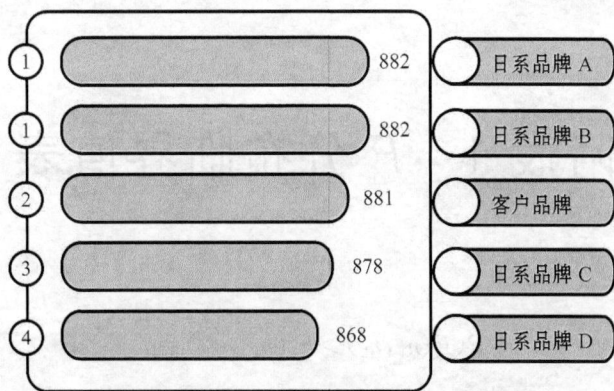

图1 五个品牌服务水平评分

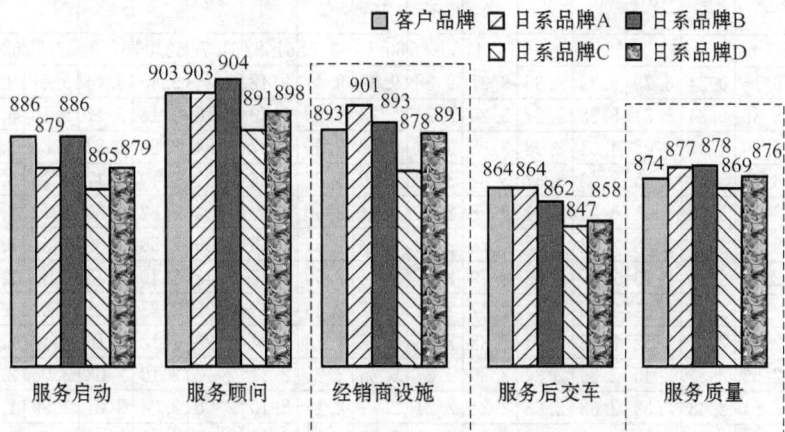

图2 五个品牌服务差距比较

4. 改进建议及客户收益

通过本次调研可以清楚认识到目前的售后服务水平在行业中处于中等水平,车主对日系品牌A和B的售后服务总体评价较高,应该以日系品牌A和B为参考标杆。对比服务上的差距,客户亟需做的是提升售后服务水平,可以首先改善差距较大、权重较高、车主关注度也高的因素或方面,与此同时,相应地提高其他方面的服务水平。对于客户的汽车售后服务首先改善和逐步提高"服务质量"和"经销商设施"两个方面,缩小服务差距,然后逐渐提高服务启动、服务顾问、服务后交车几个方面。在达到标杆水平的基础上,继续设立新的标杆学习。

资料来源:乐调研.http://www.lediaoyan.com/case/aftersales#methodology

问题:(1) 按照项目背景材料,选择吉利和其他四个日品牌,代表吉利品牌设计一份寻找服务标杆,找出售后服务差距的调查问卷。

(2) 利用汽车相关的电子商务平台,查找有关汽车售后服务满意度资料,参考案例中售后服务的五个方面,将查找的资料分类,并简单分析。

汽车服务项目调研预测报告应包括哪些内容?怎样进行数据分析与描述?请撰写一份有关"汽车美容服务分析与预测"的调研报告提纲。

附表 1　F 分布临界值表

$$P(F(n_1,n_2)>F_\alpha(n_1,n_2))=\alpha$$

$\alpha=0.10$

n_2 \ n_1	1	2	3	4	5	6	7	8	9	10	12	15	20	24	30	40	60	120	∞
1	39.86	49.50	53.59	55.33	57.24	58.20	58.91	59.44	59.86	60.19	60.71	61.22	61.74	62.06	62.26	62.53	62.79	63.06	63.33
2	8.53	9.00	9.16	9.24	6.29	9.33	9.35	9.37	9.38	9.39	9.41	9.42	9.44	9.45	9.46	9.47	9.47	9.48	9.49
3	5.54	5.46	5.39	5.34	5.31	5.28	5.27	5.25	5.24	5.23	5.22	5.20	5.18	5.18	5.17	5.16	5.15	5.14	5.13
4	4.54	4.32	4.19	4.11	4.05	4.01	3.98	3.95	3.94	3.92	3.90	3.87	3.84	3.83	3.82	3.80	3.79	3.78	3.76
5	4.06	3.78	3.62	3.52	3.45	3.40	3.37	3.34	3.32	3.30	3.27	3.24	3.21	3.19	3.17	3.16	3.14	3.12	3.10
6	3.78	3.46	3.29	3.18	3.11	3.05	3.01	2.98	2.96	2.94	2.90	2.87	2.84	2.82	2.80	2.78	2.76	2.74	2.72
7	3.59	3.26	3.07	2.96	2.88	2.83	2.78	2.75	2.72	2.70	2.67	2.63	2.59	2.58	2.56	2.54	2.51	2.49	2.47
8	3.46	3.11	2.92	2.81	2.73	2.67	2.62	2.59	2.56	2.54	2.50	2.46	2.42	2.40	2.38	2.36	2.34	2.32	2.29
9	3.36	3.01	2.81	2.69	2.61	2.55	2.51	2.47	2.44	2.42	2.38	2.34	2.30	2.28	2.25	2.23	2.21	2.18	2.16
10	3.20	2.92	2.73	2.61	2.52	2.46	2.41	2.38	2.35	2.32	2.28	2.24	2.20	2.18	2.16	2.13	2.11	2.08	2.06
11	3.23	2.86	2.66	2.54	2.45	2.39	2.34	2.30	2.27	2.25	2.21	2.17	2.12	2.10	2.08	2.05	2.03	2.00	1.97
12	3.18	2.81	2.61	2.48	2.39	2.33	2.28	2.24	2.21	2.19	2.15	2.10	2.06	2.04	2.01	1.99	1.96	1.93	1.90
13	3.14	2.76	2.56	2.43	2.35	2.28	2.23	2.20	2.16	2.14	2.10	2.05	2.01	1.98	1.96	1.93	1.90	1.88	1.85
14	3.10	2.73	2.52	2.39	2.31	2.24	2.19	2.15	2.12	2.10	2.05	2.01	1.96	1.94	1.91	1.89	1.82	1.83	1.80
15	3.07	2.70	2.49	2.36	2.27	2.21	2.16	2.12	2.09	2.06	2.02	1.97	1.92	1.90	1.87	1.85	1.82	1.79	1.76
16	3.05	2.67	2.46	2.33	2.24	2.18	2.13	2.09	2.06	2.03	1.99	1.94	1.89	1.87	1.84	1.81	1.78	1.75	1.72
17	3.03	2.64	2.44	2.31	2.22	2.15	2.10	2.06	2.03	2.00	1.96	1.91	1.86	1.84	1.81	1.78	1.75	1.72	1.69
18	3.01	2.62	2.42	2.29	2.20	2.13	2.08	2.04	2.00	1.98	1.93	1.89	1.84	1.81	1.78	1.75	1.72	1.69	1.66
19	2.99	2.61	2.40	2.27	2.18	2.11	2.06	2.02	1.98	1.96	1.91	1.86	1.81	1.79	1.76	1.73	1.70	1.67	1.63
20	2.97	2.50	2.38	2.25	2.16	2.09	2.04	2.00	1.96	1.94	1.89	1.84	1.79	1.77	1.74	1.71	1.68	1.64	1.61
21	2.96	9.57	2.36	2.23	2.14	2.08	2.02	1.98	1.95	1.92	1.87	1.83	1.78	1.75	1.72	1.69	1.66	1.62	1.59
22	2.95	2.56	2.35	2.22	2.13	2.06	2.01	1.97	1.93	1.90	1.86	1.81	1.76	1.73	1.70	1.67	1.64	1.60	1.57
23	2.94	2.55	2.34	2.21	2.11	2.05	1.99	1.95	1.92	1.89	1.84	1.80	1.74	1.72	1.69	1.66	1.62	1.59	1.55
24	2.93	2.54	2.33	2.19	2.10	2.04	1.98	1.94	1.91	1.88	1.83	1.78	1.73	1.70	1.67	1.64	1.61	1.57	1.53
25	2.92	2.53	2.32	2.18	2.09	2.02	1.97	1.93	1.89	1.87	1.82	1.77	1.72	1.69	1.66	1.63	1.59	1.56	1.52
26	2.91	2.52	2.31	2.17	2.08	2.01	1.96	1.92	1.88	1.86	1.81	1.76	1.71	1.68	1.65	1.61	1.58	1.54	1.50
27	2.90	2.51	2.30	2.17	2.07	2.00	1.95	1.91	1.87	1.85	1.80	1.75	1.70	1.67	1.64	1.60	1.57	1.53	1.49
28	2.89	2.50	2.29	2.16	2.60	2.00	1.94	1.90	1.87	1.84	1.79	1.74	1.69	1.66	1.63	1.59	1.56	1.52	1.48
29	2.89	2.50	2.28	2.15	2.06	1.99	1.93	1.89	1.86	1.83	1.78	1.73	1.68	1.65	1.62	1.58	1.55	1.51	1.47
30	2.88	2.49	2.22	2.14	2.05	1.98	1.93	1.88	1.85	1.82	1.77	1.72	1.67	1.64	1.61	1.57	1.54	1.50	1.46
40	2.84	2.41	2.23	2.00	2.00	1.93	1.87	1.83	1.79	1.76	1.71	1.66	1.61	1.57	1.54	1.51	1.47	1.42	1.38
60	2.79	2.39	2.18	2.04	1.95	1.87	1.82	1.77	1.74	1.71	1.66	1.60	1.54	1.51	1.48	1.44	1.40	1.35	1.29
120	2.75	2.35	2.13	1.99	1.90	1.82	1.77	1.72	1.68	1.65	1.60	1.55	1.48	1.45	1.41	1.37	1.32	1.26	1.19
∞	2.71	2.30	2.08	1.94	1.85	1.77	1.72	1.67	1.63	1.60	1.55	1.49	1.42	1.38	1.34	1.30	1.24	1.17	1.00

$\alpha=0.05$　　　　　　　　　　　　　　　　　　　　　　　　　（续表）　笔记

n_2 \ n_1	1	2	3	4	5	6	7	8	9	10	12	15	20	24	30	40	60	120	∞
1	161.4	199.5	215.7	224.6	230.2	234.0	236.8	238.9	240.5	241.9	243.9	245.9	248.0	249.1	250.1	251.1	252.2	253.3	254.3
2	18.51	19.00	19.16	19.25	19.30	19.33	19.35	19.37	19.38	19.40	19.41	19.43	19.45	19.45	19.46	19.47	19.48	19.49	19.50
3	10.13	9.55	9.28	9.12	9.90	8.94	8.89	8.85	8.81	8.79	8.74	8.70	8.66	8.64	8.62	8.59	8.57	8.55	8.53
4	7.71	6.94	6.59	6.39	6.26	6.16	6.09	6.04	6.00	5.96	5.91	5.86	5.80	5.77	5.75	5.72	5.69	5.66	5.63
5	6.61	5.79	5.41	5.19	5.05	4.95	4.88	4.82	4.77	4.74	4.68	4.62	4.56	4.53	4.50	4.46	4.43	4.40	4.36
6	5.99	5.14	4.76	4.53	4.39	4.28	4.21	4.15	4.10	4.06	4.00	3.94	3.87	3.84	3.81	3.77	3.74	3.70	3.67
7	5.59	4.74	4.35	4.12	3.97	3.87	3.79	3.73	3.68	3.64	3.57	3.51	3.44	3.41	3.38	3.34	3.30	3.27	3.23
8	5.32	4.46	4.07	3.84	3.69	3.58	3.50	3.44	3.69	3.35	3.28	3.22	3.15	3.12	3.08	3.04	3.01	2.97	2.93
9	5.12	4.26	3.86	3.63	3.48	3.37	3.29	3.23	3.18	3.14	3.07	3.01	2.94	2.90	2.86	2.83	2.79	2.75	2.71
10	4.96	4.10	3.71	3.48	3.33	3.22	3.14	3.07	3.02	2.98	2.91	2.85	2.77	2.74	2.70	2.66	2.62	2.58	2.54
11	4.84	3.98	3.59	3.36	3.20	3.09	3.01	2.95	2.90	2.85	2.79	2.72	2.65	2.61	2.57	2.53	2.49	2.45	2.40
12	4.75	3.89	3.49	3.26	3.11	3.00	2.91	2.85	2.80	2.75	2.69	2.62	2.54	2.51	2.47	2.43	2.38	2.34	2.30
13	4.67	3.81	3.41	3.18	3.03	2.92	2.83	2.77	2.71	2.67	2.60	2.53	2.46	2.42	2.38	2.34	2.30	2.25	2.21
14	4.60	3.74	3.34	3.11	2.96	2.85	2.76	2.70	2.65	2.60	2.53	2.46	2.39	2.35	2.31	2.27	2.22	2.18	2.13
15	4.54	3.68	3.29	3.06	2.90	2.79	2.71	2.64	2.59	2.54	2.48	2.40	2.33	2.29	2.25	2.20	2.16	2.11	2.07
16	4.49	3.63	3.24	3.01	2.85	2.74	2.66	2.59	2.54	2.49	2.42	2.35	2.28	2.24	2.19	2.15	2.11	2.06	2.01
17	4.45	3.59	3.20	2.96	2.81	2.70	2.61	2.55	2.49	2.45	2.38	2.31	2.23	2.19	2.15	2.10	2.06	2.01	1.96
18	4.41	3.55	3.16	2.93	2.77	2.66	2.58	2.51	2.46	2.41	2.34	2.27	2.19	2.15	2.11	2.06	2.02	1.97	1.92
19	4.38	3.52	3.13	2.90	2.74	2.63	2.54	2.48	2.42	2.38	2.31	2.23	2.16	2.11	2.07	2.03	1.98	1.93	1.88
20	4.35	3.49	3.10	2.87	2.71	2.60	2.51	2.45	2.39	2.35	2.28	2.20	2.12	2.08	2.04	1.99	1.95	1.90	1.84
21	4.32	3.47	3.07	2.84	2.68	2.57	2.49	2.42	2.37	2.32	2.25	2.18	2.10	2.05	2.01	1.96	1.92	1.87	1.81
22	4.30	3.44	3.05	2.82	2.66	2.55	2.46	2.40	2.34	2.30	2.23	2.15	2.07	2.03	1.98	1.94	1.89	1.84	1.78
23	4.28	3.42	3.03	2.80	2.64	2.53	2.44	2.37	2.32	2.27	2.20	2.13	2.05	2.01	1.96	1.91	1.86	1.81	1.76
24	4.26	3.40	3.01	2.78	2.62	2.51	2.42	2.36	2.30	2.25	2.18	2.11	2.03	1.98	1.94	1.89	1.84	1.79	1.73
25	4.24	3.39	2.99	2.76	2.60	2.49	2.40	2.34	2.28	2.24	2.16	2.09	2.01	1.96	1.92	1.87	1.82	1.77	1.71
26	4.23	3.37	2.98	2.74	2.59	2.47	2.39	2.32	2.27	2.22	2.15	1.07	1.99	1.95	1.90	1.85	1.80	1.75	1.69
27	4.21	3.35	2.96	2.73	2.57	2.46	2.37	2.31	2.25	2.20	2.13	1.06	1.97	1.93	1.88	1.84	1.79	1.73	1.67
28	4.20	3.34	2.95	2.71	2.56	2.45	2.36	2.29	2.24	2.19	2.12	1.04	1.96	1.91	1.87	1.82	1.77	1.71	1.65
29	4.18	3.33	2.93	2.70	2.55	2.43	2.35	2.28	2.22	2.18	2.10	1.03	1.94	1.90	1.85	1.81	1.75	1.70	1.64
30	4.17	3.32	2.92	2.69	2.53	2.42	2.33	2.27	2.21	2.16	2.09	2.01	1.93	1.89	1.84	1.79	1.74	1.68	1.62
40	4.08	3.23	2.84	2.61	2.45	2.34	2.25	2.18	2.12	2.08	2.00	1.92	1.84	1.79	1.74	1.69	1.64	1.58	1.51
60	4.00	3.15	2.76	2.53	2.37	2.25	2.17	2.10	2.04	1.99	1.92	1.84	1.75	1.70	1.65	1.59	1.53	1.47	1.39
120	3.92	3.07	2.68	2.45	2.29	2.17	2.09	2.02	1.96	1.91	1.83	1.75	1.66	1.61	1.55	1.50	1.43	1.35	1.25
∞	3.84	3.00	2.60	2.37	2.21	2.10	2.01	1.94	1.88	1.83	1.75	1.67	1.57	1.52	1.46	1.39	1.32	1.22	1.00

笔记　α＝0.025　　　　　　　　　　　　　　　　　　　　　　　　　（续表）

n_2 \ n_1	1	2	3	4	5	6	7	8	9	10	12	15	20	24	30	40	60	120	∞
1	647.8	799.5	864.2	899.6	921.8	937.1	948.2	956.7	963.3	968.6	976.7	984.9	993.1	997.2	1001	1006	1010	1014	1018
2	38.51	39.00	39.17	39.25	139.30	39.33	39.36	39.37	39.39	39.40	39.41	39.43	39.45	39.46	39.46	39.47	39.48	39.49	39.50
3	17.44	16.04	15.44	15.10	14.88	14.73	14.62	14.54	14.47	14.42	14.34	14.25	14.17	14.12	14.08	14.04	13.99	13.95	13.90
4	12.22	10.65	9.98	9.60	9.36	9.20	9.07	8.98	8.90	8.84	8.75	8.66	8.56	8.51	8.46	8.41	8.36	8.31	8.26
5	10.01	8.43	7.76	7.39	7.15	6.98	6.85	6.76	6.68	6.62	6.52	6.43	6.33	6.28	6.23	6.18	6.12	6.07	6.02
6	8.81	7.26	6.60	6.23	5.99	5.82	5.70	5.60	5.52	5.46	5.37	5.27	5.17	5.12	5.07	5.01	4.96	4.90	4.85
7	8.07	6.54	5.89	5.52	5.29	5.12	4.99	4.90	4.82	4.76	4.67	4.57	4.47	4.42	4.36	4.31	4.25	4.20	4.14
8	7.57	6.06	5.42	5.05	4.82	4.65	4.53	4.43	4.36	4.30	4.20	4.10	4.00	3.95	3.89	3.84	3.78	3.73	3.67
9	7.21	5.71	5.08	4.72	4.48	4.32	4.20	4.10	4.03	3.96	3.87	3.77	3.67	3.61	3.56	3.51	3.45	3.39	3.33
10	6.94	5.46	4.83	4.47	4.24	4.07	3.95	3.85	3.78	3.72	3.62	3.52	3.42	3.37	3.31	3.26	3.20	3.14	3.08
11	6.72	5.26	4.63	4.28	4.04	3.88	3.76	3.66	3.59	3.53	3.43	3.33	3.23	3.17	3.12	3.06	3.00	2.94	2.88
12	6.55	5.10	4.47	4.12	3.89	3.73	3.61	3.51	3.44	3.37	3.28	3.18	3.07	3.02	2.96	2.91	2.85	2.79	2.72
13	6.41	4.97	4.35	4.00	3.77	3.60	3.48	3.39	3.31	3.25	3.15	3.05	2.95	2.89	2.84	2.78	2.72	2.66	2.60
14	6.30	4.86	4.24	3.89	3.66	3.50	3.38	3.29	3.21	3.15	3.05	2.95	2.84	2.79	2.73	2.67	2.61	2.55	2.49
15	6.20	4.77	4.15	3.80	3.58	3.41	3.29	3.30	3.12	3.06	2.96	2.86	2.76	2.70	2.64	2.59	2.52	2.46	2.40
16	6.12	4.69	4.08	3.73	3.50	3.34	3.22	3.12	3.05	2.99	2.89	2.79	2.68	2.63	2.57	2.51	2.45	2.38	2.32
17	6.04	4.62	4.01	3.66	3.44	3.28	3.16	3.06	2.98	2.92	2.82	2.72	2.62	2.56	2.50	2.44	2.38	2.32	2.25
18	5.98	4.56	3.95	3.61	3.38	3.22	3.10	3.01	2.93	2.87	2.77	2.67	2.56	2.50	2.44	2.38	2.32	2.26	2.19
19	5.92	4.51	3.90	3.56	3.33	3.17	3.05	2.96	2.88	2.82	2.72	2.62	2.51	2.45	2.39	2.35	2.27	2.20	2.13
20	5.87	4.46	3.86	3.51	3.29	3.13	3.01	2.91	2.84	2.77	2.68	2.57	2.46	2.41	2.35	2.29	2.22	2.16	2.09
21	5.83	4.42	3.82	3.48	3.25	3.09	2.97	2.87	2.80	2.73	2.64	2.53	2.42	2.37	2.31	2.25	2.18	2.11	2.04
22	5.79	4.38	3.78	3.44	3.22	3.05	2.93	2.84	2.76	2.70	2.60	2.50	2.39	2.33	2.27	2.21	2.14	2.08	2.00
23	5.75	4.35	3.75	3.41	3.18	3.02	2.90	2.81	2.73	2.67	2.57	2.47	2.36	2.30	2.24	2.18	2.11	2.04	1.97
24	5.72	4.32	3.72	3.38	3.15	2.99	2.87	2.78	2.70	2.64	2.54	2.44	2.33	2.27	2.21	2.15	2.08	2.01	1.94
25	5.69	4.29	3.69	3.35	3.13	2.97	2.85	2.75	2.68	2.61	2.51	2.41	2.30	2.24	2.18	2.12	2.05	1.98	1.91
26	5.66	4.27	3.67	3.33	3.10	2.94	2.82	2.73	2.65	2.59	2.49	2.39	2.28	2.22	2.16	2.09	2.03	1.95	1.88
27	5.63	4.24	3.65	3.31	3.08	2.92	2.80	2.71	2.63	2.57	2.47	2.36	2.25	2.19	2.13	2.07	2.00	1.93	1.85
28	5.61	4.22	3.63	3.29	3.06	2.90	2.78	2.69	2.61	2.55	2.45	2.34	2.23	2.17	2.11	2.05	1.98	1.91	1.83
29	5.59	4.20	3.61	3.27	3.04	2.88	2.76	2.67	2.59	2.53	2.43	2.32	2.21	2.15	2.09	2.03	1.96	1.89	1.81
30	5.57	4.18	3.59	3.25	3.03	2.87	2.75	2.65	2.57	2.51	2.41	2.31	2.20	2.14	2.07	2.01	1.94	1.87	1.79
40	5.42	4.05	3.46	3.13	2.90	2.74	2.62	2.53	2.45	2.39	2.29	2.18	2.07	2.01	1.94	1.88	1.80	1.72	1.64
60	5.29	3.93	3.34	3.01	2.79	2.63	2.51	2.41	2.33	2.27	2.17	2.06	1.94	1.88	1.82	1.74	1.67	1.58	1.48
120	5.15	3.80	3.23	2.89	2.67	2.52	2.39	2.30	2.22	2.16	2.05	1.94	1.82	1.76	1.69	1.61	1.53	1.43	1.31
∞	5.02	3.69	3.12	2.79	2.57	2.41	2.29	2.19	2.11	2.05	1.94	1.83	1.71	1.64	1.57	1.48	1.39	1.27	1.00

$\alpha=0.01$

n_2 \ n_1	1	2	3	4	5	6	7	8	9	10	12	15	20	24	30	40	60	120	∞
1	4052	5000	5403	5625	5764	5859	5928	5982	6022	6056	6106	6157	6209	6235	6261	6287	6313	6339	6366
2	98.50	99.00	99.17	99.25	99.30	99.33	99.36	99.37	99.39	99.40	99.42	99.43	99.45	99.46	99.47	99.47	99.48	99.49	99.50
3	34.12	30.82	29.46	28.71	28.24	27.91	27.67	27.49	27.35	27.23	27.05	26.87	26.69	26.60	26.50	26.41	26.32	26.22	26.13
4	21.20	18.00	16.69	15.98	15.52	15.21	14.98	14.80	14.66	14.55	14.37	14.20	14.02	13.93	13.84	13.75	13.65	13.56	13.46
5	16.26	13.27	12.06	11.39	10.97	10.67	10.46	10.29	10.16	10.05	9.89	9.72	9.55	9.47	9.38	9.29	9.20	9.11	9.02
6	13.75	10.92	9.78	9.15	8.75	8.47	8.26	8.10	7.98	7.87	7.72	7.56	7.40	7.31	7.23	7.14	7.06	6.97	6.88
7	12.25	9.55	8.45	7.85	7.46	7.19	6.99	6.84	6.72	6.62	6.47	6.31	6.16	6.07	5.99	5.91	5.82	5.74	5.65
8	11.26	8.65	7.59	7.01	6.63	6.37	6.18	6.03	5.91	5.81	5.67	5.52	5.36	5.28	5.20	5.12	5.03	4.95	4.86
9	10.56	8.02	6.99	6.42	6.06	5.80	5.61	5.47	5.35	5.26	5.11	4.96	4.81	4.73	4.65	4.57	4.48	4.40	4.31
10	10.04	7.56	6.55	5.99	5.64	5.39	5.20	5.06	4.94	4.85	4.71	4.56	4.41	4.33	4.25	4.17	4.08	4.00	3.91
11	9.65	7.21	6.22	5.67	5.32	5.07	4.89	4.74	4.63	4.54	4.40	4.25	4.10	4.02	3.94	3.86	3.78	3.69	3.60
12	9.33	6.93	5.95	5.41	5.06	4.82	4.64	4.50	4.39	4.30	4.16	4.01	3.86	3.78	3.70	3.62	3.54	3.45	3.36
13	9.07	6.70	5.74	5.21	4.86	4.62	4.44	4.30	4.19	4.10	3.96	3.82	3.66	3.59	3.51	3.43	3.34	3.25	3.17
14	8.86	6.51	5.56	5.04	4.69	4.46	4.28	4.14	4.03	3.94	3.80	3.66	3.51	3.43	3.35	3.27	3.18	3.09	3.00
15	8.68	6.36	5.42	4.89	4.56	4.32	4.14	4.00	3.89	3.80	3.67	3.52	3.37	3.29	3.21	3.13	3.05	2.96	2.87
16	8.53	6.23	5.29	4.77	4.44	4.20	4.03	3.89	3.78	3.69	3.55	3.41	3.26	3.18	3.10	3.02	2.93	2.84	2.75
17	8.40	6.11	5.18	4.67	4.34	4.10	3.93	3.79	3.68	3.59	3.46	3.31	3.16	3.08	3.00	2.92	2.83	2.75	2.65
18	8.29	6.01	5.09	4.58	4.25	4.01	3.84	3.71	3.60	3.51	3.37	3.23	3.08	3.00	2.92	2.84	2.75	2.66	2.57
19	8.18	5.93	5.01	4.50	4.17	3.94	3.77	3.63	3.52	3.43	3.30	3.15	3.00	2.92	2.84	2.76	2.67	2.58	2.49
20	8.10	5.85	4.94	4.43	4.10	3.87	3.70	3.56	3.46	3.37	3.23	3.09	2.94	2.86	2.78	2.69	2.61	2.52	2.42
21	8.02	5.78	4.87	4.37	4.04	3.81	3.64	3.51	3.40	3.31	3.17	3.03	2.88	2.80	2.72	2.64	2.55	2.46	2.36
22	7.95	5.72	4.82	4.31	3.99	3.76	3.59	3.45	3.35	3.26	3.12	2.98	2.83	2.75	2.67	2.58	2.50	2.40	2.31
23	7.88	5.66	4.76	4.26	3.94	3.71	3.54	3.41	3.30	3.21	3.07	2.93	2.78	2.70	2.62	2.54	2.45	2.35	2.26
24	7.82	5.61	4.72	4.22	3.90	3.67	3.50	3.36	3.26	3.17	3.03	2.89	2.74	2.66	2.58	2.49	2.40	2.31	2.21
25	7.77	5.57	4.68	4.18	3.85	3.63	3.46	3.32	3.22	3.13	2.99	2.85	2.70	2.62	2.54	2.45	2.36	2.27	2.17
26	7.72	5.53	4.64	4.14	3.82	3.59	3.42	3.29	3.18	3.09	2.96	2.81	2.66	2.58	2.50	2.42	2.33	2.23	2.13
27	7.68	5.49	4.60	4.11	3.78	3.56	3.39	3.26	3.15	3.06	2.93	2.78	2.63	2.55	2.47	2.38	2.29	2.20	2.10
28	7.64	5.45	4.57	4.07	3.75	3.53	3.36	3.23	3.12	3.03	2.90	2.75	2.60	2.52	2.44	2.35	2.26	2.17	2.06
29	7.60	5.42	4.54	4.04	3.73	3.50	3.33	3.20	3.09	3.00	2.87	2.73	2.57	2.49	2.41	2.33	2.23	2.14	2.03
30	7.56	5.39	4.51	4.02	3.70	3.47	3.30	3.17	3.07	2.98	2.84	2.70	2.55	2.47	2.39	2.30	2.21	2.11	2.01
40	7.31	5.18	4.31	3.83	3.51	3.29	3.12	2.99	2.89	2.80	2.66	2.52	2.37	2.29	2.20	2.11	2.02	1.92	1.80
60	7.08	4.98	4.13	3.65	3.34	3.12	2.95	2.82	2.72	2.63	2.50	2.35	2.20	2.12	2.03	1.94	1.84	1.73	1.60
120	6.85	4.79	3.95	3.48	3.17	2.96	2.79	2.66	2.56	2.47	2.34	2.19	2.03	1.95	1.86	1.76	1.66	1.53	1.38
∞	6.63	4.61	3.78	3.32	3.02	2.80	2.64	2.51	2.41	2.32	2.18	2.04	1.88	1.79	1.70	1.59	1.47	1.32	1.00

笔记 α＝0.005　　　　　　　　　　　　　　　　　　　　　　　　　　　　　　　　（续表）

n_2＼n_1	1	2	3	4	5	6	7	8	9	10	12	15	20	24	30	40	60	120	∞
1	16211	20000	21615	22500	23056	2437	23715	23925	24091	24224	24426	24630	24836	24940	25044	25148	25253	25359	25465
2	198.5	199.0	199.2	199.2	199.3	199.3	199.4	199.4	199.4	199.4	199.4	199.4	199.4	199.5	199.5	199.5	199.5	199.5	199.5
3	55.55	49.80	47.47	46.19	45.39	44.84	44.43	44.13	43.88	43.69	43.39	43.08	42.78	42.62	42.47	42.31	42.15	41.99	41.83
4	31.33	26.28	24.26	23.15	22.46	21.97	21.62	21.35	21.14	20.97	20.70	20.44	20.17	20.03	19.89	19.75	19.61	19.47	19.32
5	22.78	18.31	16.53	15.56	24.94	14.51	14.20	13.96	13.77	13.62	13.38	13.15	12.90	12.78	12.66	12.53	12.40	12.72	12.14
6	18.63	14.54	12.92	12.03	21.46	11.07	10.79	10.57	10.39	10.25	10.03	9.81	9.59	9.47	9.36	9.24	9.42	9.00	8.88
7	16.24	12.40	10.88	10.05	9.52	9.16	8.89	8.68	8.51	8.38	8.18	7.97	7.75	7.65	7.53	7.42	7.31	7.19	7.08
8	14.69	11.04	9.60	8.81	8.30	7.95	7.69	7.50	7.34	7.21	7.01	6.81	6.61	6.50	6.40	6.29	6.18	6.06	5.95
9	13.61	10.11	8.72	7.96	7.47	7.13	6.88	6.69	6.54	6.42	6.23	6.03	5.83	5.73	5.62	5.52	5.41	5.30	5.19
10	12.83	9.43	8.08	7.34	6.87	6.54	6.30	6.12	5.97	5.85	5.66	5.47	5.27	5.17	5.07	4.97	4.86	4.75	4.64
11	12.23	8.91	7.60	6.88	6.42	6.10	5.86	5.68	5.54	5.42	5.24	5.05	4.86	4.76	4.65	4.55	4.44	4.34	4.23
12	11.75	8.51	7.23	6.52	6.07	5.76	4.52	5.35	5.20	5.09	4.91	4.72	4.53	4.43	4.33	4.23	4.12	4.01	3.90
13	11.37	8.19	6.93	6.23	5.79	5.48	5.25	5.08	4.94	4.82	4.64	4.46	4.27	4.17	4.07	3.97	3.87	3.76	3.65
14	11.06	7.92	6.68	6.00	5.86	5.26	5.03	4.86	4.72	4.60	4.43	4.25	4.06	3.96	3.86	3.76	3.66	3.55	3.44
15	10.80	7.70	6.48	5.80	5.37	5.07	4.85	4.67	4.54	4.42	4.25	4.07	3.88	3.79	3.69	3.52	3.48	3.37	3.26
16	10.58	7.51	6.30	5.64	5.21	4.91	4.96	4.52	4.38	4.27	4.10	3.92	3.73	3.64	3.54	3.44	3.23	3.22	3.11
17	10.38	7.35	6.16	5.50	5.07	4.78	4.56	4.39	4.25	4.14	3.97	3.79	3.61	3.51	3.41	3.31	3.21	3.10	2.98
18	10.22	7.21	6.03	5.37	4.96	4.66	4.44	4.28	4.14	4.03	3.86	3.68	3.50	3.40	3.30	3.20	3.10	2.99	2.87
19	10.07	7.09	5.92	5.27	4.85	4.56	4.34	4.18	4.04	3.93	3.76	3.59	3.40	3.31	3.21	3.11	3.00	2.89	2.78
20	9.94	6.99	5.82	5.17	4.76	4.47	4.26	4.09	3.96	3.85	3.68	3.50	3.32	3.22	3.12	3.02	2.92	2.81	2.69
21	9.83	6.89	5.73	5.09	4.68	4.39	4.18	4.01	3.88	3.77	3.60	3.43	3.24	3.15	3.05	2.95	2.84	2.73	2.61
22	9.73	6.81	5.65	5.02	4.61	4.32	4.11	3.94	3.81	3.70	3.54	3.36	3.18	3.08	2.98	2.88	2.77	2.66	2.55
23	9.63	6.73	5.58	4.95	4.54	4.26	4.05	3.88	3.75	3.64	3.47	3.30	3.12	3.02	2.92	2.82	2.71	2.60	2.48
24	9.55	6.66	5.52	4.89	4.49	4.20	3.99	3.83	3.69	3.59	3.42	3.25	3.06	2.97	2.87	2.77	2.66	2.55	2.43
25	9.48	6.60	5.46	4.84	4.43	4.15	3.94	3.78	3.64	3.64	3.37	3.20	3.01	2.92	2.82	2.72	2.61	2.50	2.38
26	9.41	6.54	5.41	4.79	4.38	4.10	3.89	3.73	3.60	3.49	3.33	3.15	2.97	2.87	2.77	2.67	2.56	2.45	2.33
27	9.34	6.49	5.36	4.74	4.34	4.06	3.85	3.69	3.56	3.45	3.28	3.11	2.93	2.83	2.73	2.63	2.52	2.41	2.29
28	9.28	6.44	5.32	4.70	4.30	4.02	3.81	3.65	3.52	3.41	3.25	3.07	2.89	2.79	2.69	2.59	2.48	2.37	2.25
29	9.23	6.40	5.28	4.66	4.26	3.98	3.77	3.61	3.48	3.38	3.21	3.04	2.86	2.76	2.66	2.56	2.45	2.33	2.21
30	9.18	6.35	5.24	4.62	4.23	3.95	3.74	3.58	3.45	3.34	3.18	3.01	2.82	2.73	2.63	2.52	2.42	2.30	2.18
40	8.83	6.07	4.98	4.37	3.99	3.71	3.51	3.35	3.22	3.12	2.95	2.78	2.60	2.50	2.40	2.30	2.18	2.06	1.93
60	8.49	5.79	4.73	4.14	3.76	3.49	3.29	3.13	3.01	2.90	2.74	2.57	2.39	2.29	2.19	2.08	1.96	1.83	1.69
120	8.18	5.54	4.50	3.92	3.55	3.28	3.09	2.93	2.81	2.75	2.54	2.37	2.19	2.09	1.98	1.87	1.75	1.61	1.43
∞	7.88	5.30	4.28	3.72	3.35	3.09	2.90	2.74	2.62	2.52	2.36	2.19	2.00	1.90	1.79	1.67	1.53	1.36	1.00

附表2 t 分布临界值表

$$P(t(n) > t_\alpha(n)) = \alpha$$

α / n	0.25	0.10	0.05	0.025	0.01	0.005
1	1.0000	3.0777	6.3138	12.7062	31.8207	63.6574
2	0.8165	1.8856	2.9200	4.3037	6.9646	9.9248
3	0.7649	1.6377	2.3534	3.1824	4.5407	5.8409
4	0.7407	1.5332	2.1318	2.7764	3.7649	4.6041
5	0.7267	1.4759	2.0150	2.5706	3.3649	4.0322
6	0.7176	1.4398	1.9432	2.4469	3.1427	3.7074
7	0.7111	1.4149	1.8946	2.3646	2.9980	3.4995
8	0.7064	1.3968	1.8595	2.3060	2.8965	3.3554
9	0.7027	1.3830	1.8331	2.2622	2.8214	3.2498
10	0.6998	1.3722	1.8125	2.2281	2.7638	3.1693
11	0.6974	1.3634	1.7959	2.2010	2.7181	3.1058
12	0.6955	1.3562	1.7823	2.1788	2.6810	3.0545
13	0.6938	1.3502	1.7709	2.1640	2.6503	3.0123
14	0.6924	1.3450	1.7613	2.1448	2.6245	2.9768
15	0.6912	1.3406	1.7531	2.1315	2.6025	2.9467
16	0.6901	1.3368	1.7459	2.1199	2.5835	2.9208
17	0.6892	1.3334	1.7396	2.1098	2.5669	2.8982
18	0.6884	1.3304	1.7341	2.1009	2.5524	2.8784
19	0.6876	1.3277	1.7291	2.0930	2.5395	2.8609
20	0.6870	1.3253	1.7247	2.0860	2.5280	2.8453
21	0.6864	1.3232	1.7207	2.0796	2.5177	2.8314
22	0.6858	1.3212	1.7171	2.0739	2.5083	2.8188
23	0.6853	1.3195	1.7139	2.0687	2.4999	2.8073
24	0.6848	1.3178	1.7109	2.0639	2.4922	2.7969

（续表）

α n	0.25	0.10	0.05	0.025	0.01	0.005
25	0.6844	1.3163	1.7081	2.0595	2.4851	2.7874
26	0.6840	1.3150	1.7056	2.0555	2.4786	2.7787
27	0.6837	1.3137	1.7033	2.0518	2.4727	2.7707
28	0.6834	1.3125	1.7011	2.0484	2.4671	2.7633
29	0.6830	1.3114	1.6991	2.0452	2.4620	2.7564
30	0.6828	1.3104	1.6873	2.0423	2.4573	2.7500
31	0.6825	1.3095	1.6955	2.0395	2.4528	2.7440
32	0.6822	1.3086	1.6939	2.0369	2.4487	2.7385
33	0.6820	1.3077	1.6924	2.0345	2.4448	2.7333
34	0.6818	1.3070	1.6909	2.0322	2.4411	2.7284
35	0.6816	1.3062	1.6896	2.0301	2.4377	2.7238
36	0.6814	1.3055	1.6883	2.0281	2.4345	2.7195
37	0.6812	1.3049	1.6871	2.0262	2.4314	2.7154
38	0,6810	1.3042	1.6860	2.0244	2.4286	2.7116
39	0.6808	1.3036	1.6849	2.0227	2.4258	2.7079
40	0.6807	1.3031	1.6839	2.0211	2.4233	2.7045
41	0.6805	1.3025	1.6829	2.0195	2.4208	2.7012
42	0.6804	1.3020	1.6820	2.0181	2.4185	2.6981
43	0.6802	1.3016	1.6811	2.0167	2.4163	2.6951
44	0.6801	1.3011	1.6802	2.0154	2.4141	2.6923
45	0.6800	1.3006	1.6794	2.0141	2.4121	2.6896

主要参考文献

[1] 袁岳. 零点调查[M]. 福州:福建人民出版社,2005.

[2] 徐井岗. 市场调研与预测[M]. 北京:科学出版社,2004.

[3] 刘学明. 汽车市场调研与预测[M]. 重庆:重庆大学出版社,2008.

[4] 马连福. 现代市场调查预测[M]. 北京:首都经济贸易大学出版社,2002.

[5] 何宝文. 汽车营销学[M]. 北京:机械工业出版社,2005.

[6] 郑聪玲. 市场研究与分析[M]. 杭州:浙江大学出版社. 2011.

[7] 张揩桄,段钟礼. 汽车营销师(四-二级)[M]. 北京:中国劳动社会保障出版社,2008.

[8] 郁广健. 市场调查与预测 110 方法和实例[M]. 北京:中国国际广播出版社,2000.

[9] 程言昌. 汽车销售与售后服务[M]. 北京:北京理工大学出版社,2009.

[10] 何向阳. 汽车市场调查与预测[M]. 北京:机械工业出版社,2007.

[11] 肖晓春. 汽车销售顾问职业化训练[M]. 北京:机械工业出版社,2009.

[12] 刘同福. 汽车销售精英 3 层境界[M]. 北京:机械工业出版社. 2009.

[13] 刘国良. 集中趋势在市场经济管理中的应用[J]. 商场现代化,2007(32).

[14] 王若军. 市场调查与预测[M]. 北京:清华大学出版社,2010.

[15] 陈道平,刘伟. 中国汽车市场需求及其弹性和预测分析[J]. 重庆大学学报. 2005(12):138-142.

[16] 马超群,赵海龙. 汽车市场需求预测建模及其应用研究[J]. 湖南大学学报. 2009(4):38-44.

[17] 国家统计局社情民意调查中心. CATI 基础知识介绍[EB/OL]. http://my12340.cn/article.aspx? ID= 463,2009-3-30.

[18] 51 调查网. 满意度调查[DB/OL]. http://www.51diaocha.com/typical/customer/10001.shtml.

[19] 中国质量网. 2013 年中国汽车行业用户满意度(CACSI)测评[EB/OL]. http://www.caq.org.cn/html/ cse_news/2013-9/27/174215.shtml. 2013-9-27.

[20] 胡航. 中国轿车市场需求短期预测及模型选择[J]. 汽车工业研究. 2001(10):16-19.

[21] 中商情报网. 汽车中商数据[DB/OL]. http://www.askci.com/data/index164.html. 2009-2.

[22] 搜狐汽车. 汽车产销数据库[DB/OL]. http://db.auto.sohu.com/cxdata/index.html. 2012-01.